I0148829

9 781939 123220

راهی بسوی راستی

A way toward truth

تقدیم، به والـدین و همچنـین خردمنـدان و
اندیشمندان اقسی نقاط جغرافیای زمین کـه
نه چون زورق مغروق، در برکهی دیـن، بلکـه
چـون زورق روان، در دریـای دانـش، بسـوی
حقایق رهسپارند.

Book Name : A way toward truth   نام کتاب : راهی بسوی راستی

Author : Mohammad mosaddegh   مؤلف : محمد مصدق

Born : August 20,1971   متولد : تهران، ۲۹ مرداد ۱۳۵۰ خورشیدی

شابک: ۰-۲۲-۹۳۹۱۲۳-۱-۹۷۸

Supreme Century, USA :ناشر

آماده سازی برای نشر: آسان نشر   (www.asanashr.com)

مقدمه

فردی خردمند و اندیشمند، مدتی فارغ از تعصبات و تعلقات دینی، خویشرا مخاطب قرار داده، می‌پرسد؟ بواقع آیین راستین الهی و توحیدی کدامین است؟ آیا آیین من، در مقابل سایر ادیان، راستین و برترین است؟ اکثر افراد، به تحقیق درباره دین خویش نپرداخته، پیرو دین موروثی و حاصل دانش و سخن متولیان دینی میباشند. همچنین برخی پس از مدتی تحقیق می‌پندارند که آیین راستین را یافته اند، بواقع آفریدگار فرید، کلید حقایق را، در اختیار خود دارد که او بواسطه‌ها و نشانه‌ها، قطره‌ای از بیکران حقایق را، در اختیار انسانهایی قرار می‌دهد که منقول از عیسی نبی، همچون کودکان ساده دل بوده، باور حقایق نمایند. مؤلف کتاب راهی بسوی راستی، در عنفوان جوانی و عنفوان میانسالی، پس از تجربه مکاشفات الهی، متعهد، به یک رسالت ملکوتی شده، آیین راستین الهی را بر اساس فرامین مستمع، از عصای واعظ موسی نبی و کاهن مؤمنی و موحدی که ماهیت کتب مقدس ادیان توحیدی را هویدا ساخته، در کران ماحصل تحقیق و بررسی، درباره ادیان توحیدی اعم از زرتشتی، یهودی، مسیحی، اسلامی و سیک برای خواننده‌ی مشتاق تحقیق و مشتاق حقایق تبیین ساخته است. مؤلف کتاب حاضر، فارغ از دعوی قداست و معصومیت، در مقام بندگی الهی و شاگردی موسی نبی، در محفل ملکوتی رستگاران، خود با موسی نبی، ملاقات نموده، به همگان بشارت می‌دهد که آفریدگار فرید، مشتاق هدایت و نجات همه‌ی بندگان خویش بوده، لطف، رحمت و مغفرت خود را حتی از گمراهان نادم و خطاکاران نادم، دریغ نمی‌ورزد؛ چنانکه خداوند فرید، بندگان مخلص خویش اعم از موسی،

زرتشت و عیسی را رهنمای مشفق برای خطاکاران و گمراهان برگزید که متعاقب آن وسعت گسترده ذات رحمانی و غفرانی خویشرا، به منصه ظهور رساند. بخشی از کتاب حاضر، بطور تفصیلی، به تبیین ماهیت اهم آیات قرآن، کتاب مقدس مسلمانان پرداخته است؛ لیکن نگارنده، بطور اجمالی و کافی، در احراز ماهیت کتب مقدس سایر ادیان توحیدی اعم از تورات، انجیل و اوستا غفلت نورزیده است. مؤلف کتاب حاضر، سخن از حقیقت رسالت موسی، زرتشت و عیسی رانده است که جان، در تندیس محبت دمیدند؛ زیرا اساس دین الهی، محبت و رافت است. عیسی، جان آخرین برای تندیس محبت، در آیین وحدانیت بود که حیات دگری و پویایی، به آیین راستین موسی نبی بخشید.

فرامین و حقایق مکشوفه‌ی ملکوتی و الهی، در بخش فرامین راستین آسمانی شرح داده شده است؛ لذا، خواننده ارجمند، شرح رؤیاهای ملکوتی و معنوی و نتایج آنها را، در بخش مذکور مطالعه خواهد نمود. بررسی شخصیتی و روانکاوی محمد بن عبدالله، پیامبر اسلام و دستاوردهای او، منقول از کتاب قرآن و تاریخ اسلام، بخشی دیگر از کتاب حاضر را شامل می‌گردد. همچنین مفهوم جهاد از منظر کتاب قرآن و اسلام بطور مختصر و مفید، شرح داده شده است. مؤلف طی قلم فرسایی، بخشی از متن کتاب را، به نقادی از حاکمیت علی بن ابیطالب، امام اول شیعیان، پرداخته است. طی مطالعه، خواننده ارجمند واقف، به برترین الی فروترین دین توحیدی، طبق ماحصل تجربیات و تحقیقات، در دو جدول عرضه شده، خواهد شد. تجارب مؤلف، درباره معیارهای اخلاقی، در طبیعت و موجودات، در قالب مکتب طبیعی که بسیاری آن را ماتریالیستی پنداشته اند - در بخش مکتب طبیعی، مکتب الهی وارد شده است. احادیث و اشعار اخیر مؤلف، در انتهای کتاب ثبت شده است. دفتر اول اشعار مؤلف، پس از نقل و انتقال منزل از استان تهران، به استان گیلان، مفقود شد که

همین موضوع، بسی سبب تاثر گردید؛ لذا مؤلف، به ثبت اشعار اخیر خود، در انتهای این کتاب، بسنده نموده است. شرح سایر موضوعات متعدد کتاب حاضر، در این مقال نمی‌گنجد. مؤلف اهتمام ورزیده است که ضمن بیان حقایق مکشوفه‌ی ملکوتی و تحقیقی، حرمت آزادی اندیشه و آزادی عقیده را، در حیطه پندار نیک، گفتار نیک و کردار نیک - گنجینه آیینی و فلسفی زرتشت نبی - پاس دارد. سبک تحقیق و بررسی مؤلف، در نگارش کتاب حاضر، پیرو سبک تحقیق و بررسی حوزوی، دینی، سنتی و تقلیدی نیست، بلکه آزاد منشی، در کران دستاوردهای نوین دانش بشری برای متن کتاب حاضر لحاظ شده است. مؤلف، در انتهای متن پاورقی، ضمن سپاسگزاری از دستاندرکاران محترم نشر و چاپ کتاب حاضر، امیدوار است که خواننده اندیشمند و ارجمند، کمی و کاستی، در متن کتاب را، به بزرگواری خود ببخشد.

محمد مصدق

کشور ایران - پاییز ۱۳۹۱ خورشیدی (دسامبر ۲۰۱۲ میلادی)

فرامین راستین آسمانی

مختصری آشنایی

زادگاهم کشور ایران، شهر تهران، منطقه نیروی هوایی است. من متولد ۱۳۵۰خورشیدی (۱۹۷۱میلادی) هستم. علی، پدرم از نژاد پارسی، برقکار ساختمان و سیاره، مادرم، از نژاد آذری، یک زن خانه دار بود. ایام زندگی ما از لحاظ اقتصادی - در بحبوحه بی عدالتی - به دشواری سپری می‌شد. ما، در مجموع، هفت برادر و خواهر هستیم. اکنون، در سال ۱۳۹۱ خورشیدی (۲۰۱۲ میلادی) حدود پنج سال است که باتفاق علی، پدر سالخورده‌ام و ناهید، کوچکترین خواهرم، در طبیعت استان گیلان، در کشور ایران اقامت دارم. طبیعت بکر جنگل، فرصت بهتر اندیشیدن و نوشتن را برایم فراهم ساخته است.

در سن نوجوانی وجودم مآلامال از شوق نویسندگی شده بود. خیلی مشتاق نگارش داستان بودم. دو داستان کوتاه نوشتم که متاسفانه آنها را از دست دادم. در سنین جوانی با درک بیشتر مسایل درون و پیرامون خود، معطوف، به خودسازی و از سویی مقاله نویسی سیاسی، اقتصادی، اجتماعی و فرهنگی شدم. سعی من، در بحبوحه نابسامانی ها، در عرصه های مختلفه حاکمه و جامعه، مشارکت، در استقرار دادگری و آزادگی جامعه ایران بوده است. گرچه خود از نواقص عاری نبوده ام که همواره مرا، به اهتمام، در راستای بهتر بودن و بهتر زیستن وا داشته است؛ اما هرگز این نواقص مرا از حرکت، در مسیر پیشرفت فکری و اعتقادی باز نداشته است. در سن نوجوانی و جوانی، کتابهای داستانی، علمی و

تاریخی و روزنامه و مجله سیاسی، فرهنگی و علمی را مطالعه کرده ام. سپس، در عنفوان جوانی، اقدام، به اخذ چند مدرک فنی و آموزشگاهی، در برخی زمینه‌های مورد علاقه ام نمودم. من، در زمان نوجوانی وعنفوان جوانی، همچون بسیاری از جوانان، از نشاط برخوردار بودم. من نیک آموخته بودم که همواره نسبت، به مردم مهربان باشم، گرچه عاری از نقصان نبوده ام. اکنون سالیانی است که برایم محرز شده است که عشق، در حیطه اعتدال نیست؛ چه واژه عشق را افراط عاطفی معنی کرده اند. غالباً احساس عشق، بین پسران و دختران و زوجین بوقوع می‌پیوندد که کمبودها و نیازهای عاطفی یا جنسی و واکنش‌های ژنتیکی یا هورمونی، در آن دخیل می‌باشد. از اینروست که معبود و پیامبر، مردم را، به مهربانی فراخوانده اند نه عاشقی. پیش از تمایل، به تعلقات معنوی، در کران سایر امور زندگی، گاهی با موسیقی، اوقات خود را سپری کرده ام. اکنون روانشناسان نیز استنتاج نموده اند که موسیقی معتدل، منجر، به آرامش، در عقل و احساس می‌گردد. خب ! گاهی ترانه می‌خواندم و گاهی موسیقی می‌نوازیدم.

هرگز موسی، زرتشت و عیسی، انسانها را از رقصیدن، خواندن و نوازیدن، در حیطه اخلاق و اعتدال نهی نکرده اند. چنانکه منقول از روایت راوی یهودی، در نوشته سفر خروج، مریم نبیه، خواهر موسی نبی باتفاق گروهی از بنی اسرائیل، پس از عبور از دریای سرخ، دف بدست با مسرت و فرحت سرودند و رقصیدند.

در سنین نوجوانی و عنفوان جوانی، موسیقی های متفاوت گوش فرا می‌دادم. موسیقی های احساسی و عاطفی را بسیار دوست دارم که هارمونی آهنگ آن موجبات آرامش را فراهم می‌سازد. موسیقی اخلاقی را خوب می‌دانم که سروده‌ی شاعری، آن را مزین ساخته باشد. موسیقی، هنری است که خداوند، به هنر خویش، استعداد آن را، در عقل بشری، در

راستای توصیف حالات و احساسات، نهادینه ساخته است. معهذا، در کران برخورداری از مواهب طبیعی، در زندگی، همواره خداوند یکتا، بخشی از زندگی اعتقادی و احساسی مرا شامل گشته است. رعایت موازین انسانی، جزیی از زندگی‌ام شده است. سیرت و سرشت من از کودکی نافی خشونت و جنگ بوده است. من بیشتر محبت و گذشت را دوست داشته ام. از اینرو سرشت مذکور مرا، در مواجهه با حوادث، مظلوم واقع ساخته است، نه ظالم.

فرمانروایی دینی - ولایی و نابسامانی، در کشور ایران

در برهه جوانی، بحبوحه نابسامانی‌های اقتصادی، شغلی، اجتماعی و فرهنگی، در ایران، تحت حکمروایی دینی، شادابی زندگی مرا همچون بسیاری از جوانان محروم، رفته رفته تحلیل داده، تحولاتی، در تمایلات ام پدید آورد. اکنون سعی داشتم که بیشتر، به خداوند مرتبط گردم. گویا خداوند را تنها پناه خودم، در بحبوحه ستم سیاسی و مذهبی یافته بودم. قاطبه مردم ایران، تحت حاکمه دینی، از عدم امنیت و عدالت سیاسی، اقتصادی، اجتماعی و فرهنگی، در تعب و تالم زیسته اند. این، در حالیست که مسؤلان و مدیران حاکمه سیاسی و دینی، امنیت سیاسی، اقتصادی، اجتماعی و فرهنگی را برای خود فراهم ساخته اند. حق الهی قرون وسطی کلیسای مسیحی، اینبار، در سرزمین ایران، با حق الهی قرون وسطی اسلامی، زیر سایه ظلام ستمکاری و تجاوزگری تاریخی تجلی یافته است. فاصله طبقاتی گسترده شده، سرمایه داری و خصوصی سازی، برخورداری مردم از مواهب و خدمات را بشدت کاهش داده است. سرمایه داری و الیگارشی، موجبات تنازع بقاء، در

جامعه بشری را پدید آورده است؛ از اینرو عواطف و محبت بشری، بشدت تنزل یافته است. نابسامانی‌ها، سلامت و صلابت خانواده را تهدید می‌کند. اغلب جوانان قادر، به تشکیل خانواده نیستند؛ زیرا ملزومات و امنیت فراهم نشده است. آری ! ناکارآمدی و الیگارشی پوپولیستی و میلیتاریستی، حریت، عدالت و امنیت را از تحقق باز داشته است. اعمال سیاست ماکیاولیستی و میلیتاریستی، در ایران، منجر، به آپولیتیسم؛ یعنی، لاقیدی سیاسی، اجتماعی و میهنی شده است. رسالت فرمانروایی دینی و ولایی، طبق خصایص نوشته قرآن و شرع اسلام، اشاعه تشتت، خشونت، جنگ و عداوت، در عرصه سیاسی داخلی و خارجی و مصیبت و فلاکت، در عرصه اقتصادی و اجتماعی داخلی بوده است. دریغا ! مردم ایران، اسیر و برده نبوکدیان زمانه بوده اند. سانسور گسترده رسانه ای، مطبوعاتی و اینترنتی از سوی نهادهای نظارتی و دولتی بشدت اعمال می گردد؛ حتی برخی سایتهای اقلیتهای دینی و برخی کتب اینترنتی مورد نیاز تحقیق را فیلتر کرده اند. از اینرو دسترسی آزاد، به اطلاعات، بشدت محدود شده است. حتی اقلیتهای دینی آزادی تام، در امور دینی و تبلیغاتی خود ندارند. حاکمه دینی – اسلامی جمهوری اسلامی، راکب بر توسن حق الهی می‌تازد و لگد مال می‌کند. حتی انقلاب کور ۵۷ خورشیدی که امنیت ملک و ملت را، به مخاطره افکند، تامین عدالت، حریت، امنیت و کرامت، در عرصه های مختلفه را تحقق نبخشید. حزب راست رفرمیسم و حزب چپ فوندامنتالیسم، در حاکمه سیاسی – دینی، منشعب از حزب جمهوری اسلامی، یک دماگوژی و عوامفریبی از سوی رژیم توتالیتر بوده است. تحزب و فاکسیونالیسم نیاز، به استقرار نظام دمکراتیک دارد، نه رژیم دسپوتیسم. بنابراین فاکسیونالیسم، در ایران کنونی تحقق نیافته است. اصلاح طلبها و بنیادگراها، در راستای تحصیل منافع و مطامع الیگارشی سیاسی – مذهبی خود گام برداشته اند.

کارل مارکس (۱۸۱۸-۱۸۸۳ م)، مبلغ مانیفست کمونیسم، دین را افیون ملتها خوانده است. او متاثر از ستمکاری قرون وسطی مسیحی بدین استنتاج دست یازیده بود. اما من متاثر از ستمکاری قرون وسطی اسلامی، بدین استنتاج دست یازیده ام؛ خاصه آنکه آیات قرآن، همچون سوره شوری/۱۲، تمکن و افلاس را حاصل مشیت الهی خوانده است. الله، خدای محمد، برخی را فزونی نعمت و برخی را کاستی نعمت می‌بخشد. بنابراین قرآن خود ناشر فئودالیسم (ارباب–رعیتی) و کاپیتالیسم (سرمایه داری) میباشد. اما امروز زندگی همچنان با همه سختی های آن، همچون رودخانه ای خروشان بسوی پیوستن، به دریای باقی جاری است. ملت‌ام و خانواده‌ام، هرگز عدالت - خاصه عدالت اقتصادی - را، در سرزمین سرشار از ثروت ایران، تجربه نکرده اند. متاسفانه بی عدالتی طی سده های اخیر رواج داشته است. البته سرمایه داری، بخشی از بی عدالتی، در جوامع بشری بوده است. از اینرو سال ۲۰۱۲ میلادی، دول غربی با اعتراضات دمکراتیک مردمی مواجهه بودند. عدالتی و فریاد رسی دولتی و حکومتی نبوده است که مسایل عدیده مستضعفان ایران را همیشگی و براستی مرتفع سازد. فقط وعده‌های پوشالی، عوامفریبی و شعارهای تبلیغاتی، حاکم بوده است و دیگر هیچ. تحت رژیم دینی و اسلامی، آزادی عقیده، آزادی اندیشه، آزادی بیان، آزادی تجمعات، آزادی قلم، آزادی رسانه و آزادی فردی سلب شده است. تامین آزادی‌های مذکور برای جلوگیری از ظهور دیکتاتوری، خیانتکاری و ستمکاری از سوی نهاد رسمی سیاست الزامی میباشد.

تجربه زندگی، در جامعه شیعی - اسلامی

در عنفوان جوانی، سالیانی طبق موازین شرع اسلامی - شیعی زندگی کردم. اما آموزه های اسلامی و قرآنی، در دراز مدت موجبات پریشانی مرا فراهم ساخته بود.خاصه آنکه طبق آموزه قرآن، در سوره اعراف/۵۵ و ۲۰۵ بایست، در حین نیایش و خواندن قرآن، زاری نمود. اکنون طی تحقیق دریافته ام که خدای موسی و زرتشت، خدای شادی است؛ اما خدای محمد، خدای زاری است. نماز اسلامی، تکرار جملات و مکررات عربی است که طی دراز مدت موجبات افسردگی را فراهم می‌سازد. چه تکرار مکررات از منظر روانشناسی منجر، به افسردگی می گردد. چنانکه گروهی از آخوندهای اسلامی مبتلا، به بیماری افسردگی هستند که علت آن افراط گرایی موازین اسلامی و آموزه‌های شرعی میباشد. مسلمان نمازگزار، در بیان جملات مقلد و اسیر است، نه متفکر و آزاد. او بر حسب تبعیت و عادت نماز می‌خواند، نه بر حسب حاجت و درایت. از اینرو است که بسیاری از مسلمانان همچون سایر ادیان علاقه ای برای اقامه نماز ندارند. اما اگر آداب و جملات نماز برای خداوند یکتا را اختیاری نموده ، آزادی انسان را رعایت نمایند، بسیاری متمایل،به اقامه نماز خواهند شد؛ زیرا انسان بطور غریزی از جبر ملول گشته، بسا عصیان نماید. البته ادیان یهودی و مسیحی، مگر روز مقرر شنبه و یکشنبه، در آداب و اوقات نماز آزاد هستند. بواقع نمازگزار دینی و اسلامی، محفوظات تقلیدی را بر زبان جاری می‌سازد، نه ادراکات عقلی و علمی را. پس هوش عقلانی او، در هنگام نماز فعال نیست.

چنانکه پیشتر گفته ام، تجربه زندگی، در جامعه سنتی شیعی، در ایران را تحصیل نموده ام. این فرقه اسلامی، علاقه وافر، به کسانی دارد که کارزار و کشتار، در راه دین انجام داده

اند؛ بنابراین شیعیان، آنان را ارزشمند می‌خوانند. گاهی کشتن و جنگیدن از منظر قرآن (بقره/۲۱۶) رفتار نیکو و خیر خوانده شده است. از اینرو اسلام با کارزار و کشتار بشری گسترش یافت، نه اعجاز و معجز نبوی. همچنین سیاه پوشی، سوگواری و عزاداری نیز، در این فرقه اسلامی ارزش محسوب می‌شود. این، در حالیست که پیش از ورود اسلام، به کشور ایران، ایرانیان زرتشتی، تعلق، به رنگ سفید داشتند که نماد مسئلت سعادت دنیوی و اخروی، در مراسمات میباشد. متولیان شیعی، خود را برتر از دیگران می‌شمارند؛ زیرا دانا، به تفاسیر قرآن، کتب فقه، حدیث، فلسفه و اخلاق هستند. اما آنان براستی دانایی و دانشی، مگر مفاهیمی پیرامون شریعت و اخلاقیات، در کران نقض اخلاقیات ندارند. سگال و افعال غالب متولیان دینی، دگماتیستی (جزمی) و ترادیسیونیستی (تقلیدی) میباشد، نه راسیونالیستی (منطبق با عقل) و علمی. متولیان دینی، خاصه یهودی و اسلامی، طی سالیان متمادی ریاضت و ممارست ، در تحصیل علوم دینی، عاقبت عرفان و اخلاق را باتفاق جهل و نقصان آموخته، عرضه میدارند. از اینرو است که مضامین نابسامان و چالش را همچنان، در جوامع بشری تداوم بخشیده اند. عیسی نبی، درباره تزویر متولیان دینی، به شرح ذیل گفته است :

«چقدر دوست میدارند که، در میهمانی ها ایشان را، در صدر مجلس بنشانند، و، در عبادتگاه ها همیشه، در ردیف جلو قرار گیرند – چه لذتی می برند که مردم، در کوچه و خیابان، ایشان را تعظیم کنند و به آنان " آقا " و " استاد " گویند ...» انجیل متی، ۶/۲۳-۷

آنان جهد می‌ورزند که سایرین را بواسطه تقلید، مرید خود نموده، افسار اختیار عقل، روان و تن انسان را، در اختیار خویش قرار دهند؛ همچنین برخی پیروان ادیان افسار خویشرا بدست روحانیونی سپرده اند که عاری از خطایای عقلی، احساسی و فعلی نیستند. بدینسان

سلب کرامت انسانی که همانا تفکر کردن، درهر زمینه ای و آزاد زیستن، در هر عرصه ای است، فراهم می‌گردد. آزاد زیستن، نه به معنای اشاعه‌ی بی قید و بندی، بلکه آزاد زیستن، طبق موازین اخلاقی و انسانی که تعریف آن را غرایز عقلی، احساسی و علمی خیر بشری تعیین نموده، به قوانین مدون اجتماعی و مدنی مبدل ساخته، رشد و نمو را، در عرصه های مختلفه برای همگان فراهم می‌سازد. از سوی دیگر، دین، در قالب شغل و اشتغال عرضه شده، متولیان دینی از آن امرار معاش می‌نمایند.

شیعیان، در ماه محرم، در مراسم سوگواری شهادت حسین بن علی، به سینه زنی، زنجیر زنی و نواختن طبل و دوقل می‌پردازند؛   هزینه های کلان را صرف عزاداری می‌کنند که بخشی از آن مرتبط با بیت المال و جنبه پلیسی و امنیتی دارد. عزاداری خیابانی، در ماه محرم، به ناهنجاری صوتی، نابسامانی ترافیکی و خود آزاری جسمی و روحی می‌انجامد که فاقد ارزش اخلاقی و علمی میباشد. من، به خاطر دارم که نخستین آموزه دینی ام را، در سن شش سالگی، در صف عزاداران حسینی و زنجیر زنی، در شهر تهران، منطقه نیروی هوایی آموختم که ثمره ای برای زندگی مادی ام و معنوی ام نداشت. در کودکی چنین می‌پنداشتم که برداشتن بیرق حسینی و زخمی شدن دستهای نهیف ام و کوچک ام، مرا، به تحصیل ثواب نایل می‌گرداند؛ دریغ از آنکه روح و روان ناعم خویشرا با خشونت مذهبی، اسلامی و بدوی می‌آلودم. من از کودکی الی نوجوانی، در این عزاداری ها مشارکت می‌جستم. بیشتر کودکان و نوجوانان، در راستای وقت گذرانی و تفریحی، در آن مراسمات حضور می‌یافتند. مگر ما، بدنیا آمده ایم که عزادار مستدام کسی باشیم که چنین بنده بندگان خداوند یکتا شویم؟ البته هرگز! برخی از شیعیان متعصب، آنقدر که برای علی و حسین می‌گریند، برای خطاهای خود نمی‌گریند. ضربه زدن توسط زنجیر یا ضربه زدن

توسط دست به بدن - حین سوگواری - افراد را، در معرض ابتلاء، به سادیسم قرار داده، از منظر تورات، رفتار مشرکان، در سرزمین کنعان خوانده شده است. متولیان شیعی، شعار صبر، در سوگ سر می‌دهند، اما از سویی هم آنان رفتار بیقراری، در سوگ اشاعه می‌دهند. بنابراین آنان شعار خود را، در کردار خود نقض می‌کنند. متولیان دینی، مشارکت، در ابراز چنین رفتارهای ناهنجار را حین سوگواری، در شان خویش نمی‌یابند. آنان هرگز سایرین را از چنین رفتارهای ناهنجار باز نمی‌دارند؛ زیرا جهل، تعلق و عشق سه ابزار استثمار برای استثمارگران است که همانا بقای آنها را برای بقای جایگاه قدسی و پایگاه مادی خویش الزامی می‌یابند. فرهنگ عاشورا، تکرار تاریخ حکومت طلبی بشری است که ذریه علی بن ابیطالب آن را حق وراثتی خود می‌پنداشتند. فرهنگ عاشورا جنگ بین اهل تسنن و تشیع میباشد که فرهنگ بربریستی تازی را تجدید کرده است. حسین بن علی، در راستای غصب حاکمیت ابن زیاد، در شهر کوفه، فرمان قرآن دال بر نهی جنگ، در ماه های حرام را نادیده انگاشته، زیر پا نهاد. سخن از آمادگی نظامی مریدان حسین بن علی و هزاران شمشیر، در کوفه بود. حسین بن علی، در ماه حرام، برای کشتار و کارزار رهسپار کوفه شد. اما او، در دسیسه مردم متعهد، به حاکمه ابن زیاد و یزید، غوطه ور شده، صف سپاه کوفه را مقابل کاروان خود یافته، طی ستیز، در ماه محرم و روزهای تاسوعا و عاشورا، جان، به جان آفرین تسلیم کرد. البته ستمی نبود که حسین بن علی؛ در پی ستمکاری باشد؛ چه مردم آهی از یزیدیان، در سینه نداشتند که فریاد بر آورده باشند. فقط اختلاف سنی و شیعی برای غصب خلافت و اسلوب سیاست بود و بس. بواقع شخصیت پردازی های ناشی از تعصبات و تعلقات شیعی، از حسین فردی مظلوم واز یزید فردی ظالم ساخته است. اما شخصیتهای واقعی و تاریخی، پنهان و کتمان شده اند. بواقع، نه یزدیان آنقدر معیوب بودند و نه

حسینیان آنقدر خوب. حسین بن علی، به منصب حکومت کوفه می‌اندیشید، نه خلافت مسلمین؛ از اینرو او، بسوی ابن زیاد تاخت نه بسوی یزید بن معاویه.

اغلب ایام سال، در آیین شیعی، ایام گرامیداشت سالگرد مردگان است. درگذشت یا شهادت هر کسی از بزرگان آنان، بهانه ای برای ثبت سالگرد، در تاریخ میگردد. متولیان شیعی، مردگان را بیش از زندگان دوست دارند؛ از اینرو است که آنان برای مردگان قصر می‌سازند و برای زندگان حصر؛ چنانکه کاهنان مصری برای فرعونیان مقابر مزین و زرین می‌ساختند، شیعیان نیز برای امامان خود مقابر مزین و زرین ساخته اند. بدینسان متولیان دینی، با سیاستی بشری با ساختن قصور مردگان، جاذبه مادی برای جلب زوار پدید آورده اند. آنان وجهه مادیگرایانه و متزورانه خود را با اسراف، در ساختن قصور مردگان و اجحاف، به زندگان نمایان ساخته اند. مردگان مقدس، مغروق، در زر هستند و خیل زندگان، مغروق، در فقر. در فصل پاییز، آذر ماه سال ۱۳۹۱ خورشیدی(دسامبر۲۰۱۲ م)   ضریح زرین و مزین مقبره حسین بن علی، امام سوم شیعیان، طبق خبرهای واصله، بالغ بر ۱۴ میلیارد تومان ارزش، به کشور عراق منتقل شد. بنابراین تزویر دینی محرز است. روحانیون بودایی، طی تاریخ پر فراز و نشیب کشور چین، در مقابل ستمکاران، بدفعات جان خویشرا فدای مردم نموده اند؛ اما روحانیون اسلامی طی حوادث تاریخی، جان مردم را فدای خود نموده اند. عیسی نبی نیز منقول از انجیل جان خویش را فدای مردم جهان نمود که دین حقیقی آسمانی را آکنده از محبت، گذشت، رافت، مصالحت و عدالت متجلی سازد. اگر ارزش نزد محمد بن عبدالله، جنگ و جنایت، در راستای خدمت، به دین است؛ لیکن ارزش نزد موسی، زرتشت و عیسی، محبت و گذشت، در راستای خدمت، به دین است. زیرا محبت و گذشت جاذبه دارد؛ حال آنکه خشونت، جنگ و جنایت دافعه دارد. محبت و

گذشت، مردم را، به تعظیم فرا می‌خواند؛ حال آنکه خشونت، جنگ و جنایت، مردم را، به

تسلیم وا می‌دارد. از اینروست که قرآن طی سوره حجرات/۱۴ سخن از اسلام آوردن اعراب

یا بادیه نشینان رانده است؛ نه ایمان آوردن آنان.

جدال یزیدیان و حسینیان، در کربلا

مراسم زنجیر زنی، در ماه محرم

جایگاه رؤیاهای صادقه، در ادیان توحیدی

هنوز انگیزه‌ای برایم پدید نیامده بود که تحقیقات مفیدی درباره ماهیت ادیان توحیدی انجام دهم. در این حین، سنین جوانی را سپری می‌کردم که لطف و عنایت خداوند، شامل حال این بنده شده، طی رویای ملکوتی، در حضور رستگاران، عصای موسی و موسی نبی حضور یافته، قطره‌ای از بیکران حقایق الهی را اخذ نمودم. بدینسان خداوند یکتا، مردم را، به دین محبت که موسی نبی، زرتشت نبی و عیسی نبی خواستار آن بودند، راهنمایی کرده است. معجزه ای والاتر از محبت نیست که عدالت و امنیت را بگستراند. بسا کلام یوئیل

نبی، منقول از خداوند یکتا، تحقق یافته است که پطرس، یکی از شاگردان عیسی نبی بدان اشاره داشته است :

«خدا از زبان او فرمود : در روزهای آخر تمام مردم را از روح خود پر خواهم ساخت تا پسران و دختران شما نبوت کنند و جوانان شما رویاها و پیران شما خوابها ببینند» عهد جدید، اعمال رسولان، ۱۷/۲

«پس از آن ، روح خود را بر همه مردم خواهم ریخت. پسران و دختران شما نبوت خواهند کرد. پیران شما خوابها و جوانان شما رؤیاها خواهند دید» یوئیل، ۲۸/۲

آری ! بسا پیشگویی یوئیل نبی تحقق یافته است که من مکاشفاتی از حقایق الهی و ملکوتی را مشاهده نموده ام. رؤیاهای صادقه جزیی از باورهای اعتقادی ادیان توحیدی است. خاصه تورات و قرآن درباره رؤیاهای صادقه، روایات متعددی ذکر کرده اند. رؤیاهای صادقه، خاص طبقه ای، مقامی یا گروهی نیست؛ بلکه عنایات و الطاف خداوند نسبت، به همه بندگانش را نمایان می‌سازد. واژه رؤیا، در کتاب قرآن ۶ مرتبه، در سوره یوسف/۵-۴۳-۱۰۰، اسراء/۶۰، صافات/۱۰۵ و فتح/۲۷ تکرار شده است.کتب اسلامی، درباره رؤیای محمد بن عبدالله، در غار حرا و مشاهده جبرئیل و انزال سوره علق سخن رانده اند. بدیهی است که طبق روایات اسلامی، او نیز، تحت تاثیر رؤیای معنوی، بسوی رسالت متمایل گردید.

گاهی برخی برگزیده می‌شوند که رؤیاهای صادقه را تجربه نموده، سایرین را واقف، به حقایق نمایند. براحتی نمی‌توان دریافت که معیارهای خداوند یکتا، در گزینش یک انسان، برای رسالت چیست؟ اما آنچه تجربه بدست داده است، افراد ساده دل، بسیار مورد توجه خداوند یکتا هستند؛ زیرا زودتر از دیگران ایمان آورده، دیده‌ها و شنیده‌ها را باور می‌کنند.

منقول از عیسی نبی، خداوند یکتا افراد ساده دل را، به حقایق واقف می‌سازد. بنابراین لازم است که چنین افرادی، بسان کودکان، ساده دل باشند. همچنین منقول از نوشته تورا، دواریم۱۳/۲-۵ بیننده رؤیای صادقه کسی است که دیگران را از پرستش خداوند یکتا منحرف نساخته، دعوت، به شرک نکند. نوشته دانیال، سخن از رؤیاهای صادقه نبوکد نصر و دانیال نبی رانده است. یوسف و دانیال، به تعبیر رؤیاها می‌پرداختند. نوشته برشیت، از رؤیای ابراهیم و پیروی او از فرمان خداوند، دال بر قربانی کردن اسحاق و رؤیاهای دو خطاکار محبوس، در کران یوسف می‌گوید. همچنین کلام قرآن، در سوره صافات/ ۱۰۲ منبعث از نوشته برشیت، سخن از رؤیای صادقه ابراهیم و فرمان ذبح فرزندش رانده است. محمد بن عبدالله، پیامبر اسلام - به نقل از تفسیر مجمع البیان - یک شب قبل از غزوه بدر، در روز جمعه، ۱۸ یا ۱۹ ماه رمضان، در رؤیای خود تعداد نیروی مشرکان را اندک مشاهده نمود. در متن سوره انفال/۴۳ می‌خوانیم که الله، بدین وسیله خواسته بود که امید و اراده پیامبر خود و مسلمانان یثرب را، در مقابل مشرکان، در روز غزوه بدر قوت بخشد. امین الاسلام طبرسی، در تفسیر سوره مذکور، برخی رؤیاها را الهامات الهی خوانده است. ادیان جهان باستان و نوین، اعم از شرقی و غربی، عقایدی خاص، درباره رؤیاهای صادقه داشته اند. واژه عربی " نوم و منام "؛ یعنی ، رؤیا و خواب، در قالب روایات کتاب قرآن، بدفعات آمده است. همچنین واژه عربی " منام " به معنی " خوابگاه " استفاده می‌شود. همچنانکه دانیال، در رؤیای نخست خود جانواران عجیب و غریب و داوری آخر زمان را مشاهده کرده است، یوحنا، منجمله شاگردان عیسی، طی مکاشفه یا رؤیا بدین تجربه دست یازیده است. یک تشابه بین رؤیای دانیال و یوحنا وجود دارد. یهودیان، دانیال را

پیامبر میخوانند و حال اینکه مسیحیان یوحنا را شاگرد پیامبر میدانند. بنابراین مشیت، لطف و عنایت خداوند، نسبت، به همه بندگانش جاری است.

رؤیاها را همچون رسالتها میتوان، به سه دسته تقسیم نمود :

۱-رویاهای لاهوتی

۲-رویاهای ملکوتی

۳-رویاهای ناسوتی

در رویاهای لاهوتی، نوع بشری، بطور مستقیم با خداوند یکتا مرتبط بوده است که فقط پیامبران دارای معجزات را شامل میگردد. پیامبران مذکور، در مرحله نخست رسالت، در حضور مردم، به معجزات شگفت میپرداختند. فقط موسی، زرتشت و عیسی، در حضور قاطبه مردم، در اماکن مختلف، دارای معجزات شگفت بودند. اکنون ما نمیتوانیم که وقوع معجزات از سوی آنان را اثبات کنیم؛ لیکن خصوصیات ممتاز شخصیتی و اخلاقی آنان، برایمان کفایت میکند که آکنده از مهربانی، فروتنی و نیکوکاری، مردم را، به یکتاپرستی و یگانگی دعوت میکردند. سایر راهنمایان بشری را نمیتوان پیامبر لاهوتی خواند، گرچه نیروی پیشگویی و آینده نگری داشته باشند؛ زیرا پیشگویی و آینده نگری را گروهی از انسانها، طی رؤیاهای ناسوتی و مادی یا حین بیداری تجربه میکنند.

در رویاهای ملکوتی، نوع بشری با پیامبران، فرشتگان، رستگاران و قدسیان مرتبط بوده است. در رؤیاهای ملکوتی پیامهایی الهی و خواستههایی الهی را بوسیله واسطهها اخذ

می‌نماییم که گاهی رسالت، هدایت و نجات و گهی بشارت و نذارت از آنها می‌تراود. دیار ملکوت، درحیطه حیات مادی است. رسالت ملکوتی، حاصل دریافت فرامین الهی از سوی واسطه‌های ملکوتی است.

در رویاهای ناسوتی، نوع بشری با علایق مادی و معنوی و مسایل مادی و معنوی مرتبط بوده است که برخی واقعی و برخی تصنعی میباشد. گاهی ما، در رؤیا، نظاره گر واقعه ای از آینده نزدیک یا دور هستیم. مشاهده برخی وقایع آینده، منجمله رؤیاهای ناسوتی و مادی میباشد که اغلب، به واقعیت می‌پیوندند. روح، بعث اموات و قیامت، مبحث مادی و معنوی بوده است، نه فرا مادی؛ زیرا، آنها، در عرصه آفرینش، بوقوع پیوسته اند. بنابراین مبحث آفرینش روحانی نیز مبحث آفرینش مادی است. ما ارواح متوفای رستگار را پیش از انتقال، به دیار ملکوت، در رؤیاهای ناسوتی خویش مشاهده می‌کنیم که سخن از حقایق دیار روحانی دارند.

رؤیای ابراهیم و فرمان ذبح اسماعیل به روایت کتاب قرآن

« و وقتی [ابراهیم] با او (اسماعیل)، به جایگاه سعی رسید، گفت : ای پسرکم، من در خواب می‌بینم که تو را سر می‌برم. پس ببین چه به نظرت می‌آید. گفت : ای پدر من، آنچه را ماموری انجام بده! ان شاء الله مرا از شکیبایان خواهی یافت! قرآن، صافات/۱۰۲

رؤیای محمد، درباره غزوه بدر، به روایت کتاب قرآن

آنگاه که الله آنان را، در خوابت به تو اندک نشان داد و اگر ایشان را به تو بسیار نشان می‌داد قطعاً سست می‌شدید و حتما در کار [جهاد] منازعه می‌کردید ولی الله شما را به سلامت داشت چرا که او به راز دلها داناست. قرآن، انفال/۴۳

رؤیای النِفِری، به روایت کتاب المواقف

« او [خداوند] مرا، در [وضعیت] مرگ نگه داشت و من همه‌ی آن اعمال بد و پلیدی که گناه محسوب می‌شد را یک به یک دیدم و هراس و وحشت را دیدم که بر امید غلبه کرده و حکمفرما شده بود. و دارایی و ثروت را دیدم که به آتش تبدیل شده بود و درهم می شکافت و از شکاف هایش، شعله های آتش زبانه می‌کشید. و فقر و تهیدستی را همچون دشمن و رقیبی دیدم که [افراد را] محک می‌زد و مقام ها و درجه ها [ی افراد] را نشان می‌داد. و همه چیز را دیدم که [دیگر] بر هیچ چیز دیگری، قدرت [تاثیرگذاری] نداشت. و این دنیا را دیدم که خیالی باطل و تصویری موهوم و فریبنده بوده و آسمان ها را دیدم که فریب و پنداری بی پایه و اساس بود. و من فریاد بلندی سر دادم و گفتم: آه ! ای علم و دانایی ! و جوابی نیامد. پس بار دیگر فریاد زدم : آه ! ای معرفت و دانش اسرار روحانی ! و باز هم جوابی نیامد. و من همه چیزهایی را دیدم که [علیرغم خوب و شایسته بودن] ترک شان کرده بودم و همه مخلوقات و چیزهای خلق شده را دیدم که از من گریخته و دوری جسته بودند؛ و من تنها ماندم. و آن عمل نزد من آمد و در آن تخیلات پنهان را دیدم و آن بخش سری و نهانی همانی بود که باقی و پا برجا می‌ماند؛ و هیچ چیز برایم سودمند نبود و

به کارم نیامد، جزء رحمت و بخشایش خداوند. و او به من گفت: کجاست علم و دانایی تو؟ و آتش [جهنم] را دیدم. و گفت : کجاست عمل و کارهای تو؟ و آتش [جهنم] را دیدم و او [خداوند] در مقابل من، پرده از معرفت یکتایی و فردانیت خود برداشت و آتش از میان رفت. و به من گفت : من دوست تو هستم. و من محکم و استوار شدم. و گفت: من همان معرفت و دانش های رازهای نهانی تو هستم. و من لب به سخن گشودم. و گفت: من جوینده‌ی تو هستم. و من پیش رفتم و رهیدم.» متون مقدس بنیادین از سراسر جهان، میرچا الیاده، ترجمه مانی صالحی علامه، جلد۴، صفحه ۲۳۴-۲۳۵

رؤیای ابراهیم، به روایت کتاب پیدایش

هنگام غروب ، ابرام به خواب عمیقی فرو رفت . درعالم خواب تاریکی وحشتناکی او را احاطه کرد. در آن حال ، خداوند به ابرام فرمود: نسل تو مدت چهارصد سال در مملکت بیگانه ای بندگی خواهند کرد و مورد ظلم و ستم قرار خواهند گرفت. ولی من آن مملکت را تنبیه خواهم نمود و سرانجام نسل تو با اموال زیاد از آنجا بیرون خواهند آمد. پیدایش،۱۵/۱۲-۱۴

رؤیای اول دانیال و تفسیر آن، به روایت کتاب دانیال :

«در سال اول سلطنت بلشصر پادشاه بابل ،یک شب دانیال خوابی دید و آن را نوشت. این است شرح خواب او : درخواب دریای پهناوری دید که در اثر وزش باد از هر سو، متلاطم شد. سپس چهار جانور عجیب و بزرگ از دریا بیرون آمدند. هر کدام از آنها با دیگری

تفاوت داشت . اولی شبیه شیر بود، اما بالهای عقاب داشت ! وقتی به آن خیره شده بودم بالهایش کنده شد و دیگر نتوانست پرواز کند و مانند انسان روی دو پایش بر زمین ایستاد و عقل انسان به او داده شد. جانور دوم شبیه خرس بود و روی پاهایش ایستاد و آماده‌ی حمله شد. در میان دندانهایش سه دنده دیدم و صدایی شنیدم که به آن جانور می گفت : برخیز و هر چه می توانی گوشت بخور! سومین جانور شبیه پلنگ بود. او بر پشتش چهار بال مثل بالهای پرندگان داشت و دارای چهار سر بود! به این جانور اقتدار و تسلط بر مردم داده شد. سپس در خواب جانور چهارم را دیدم که بسیارهولناک و نیرومند بود. این جانور قربانیان خود را با دندانهای بزرگ و آهنینش پاره پاره کرد و بقیه را زیر پاهایش له نمود. این جانور از سه جانور دیگر متفاوت بود و ده شاخ داشت . وقتی به شاخهایش خیره شده بودم ، ناگهان یک شاخ کوچک دیگر ازمیان آنها ظاهر شد و سه تا از شاخهای اول از ریشه کنده شدند. این شاخ کوچک چشمانی چون چشم انسان داشت و از دهانش سخنان تکبرآمیز بیرون می آمد.آنگاه تختهایی دیدم که برای داوری برقرار شد و وجود ازلی بر تخت خود نشست . لباس اوهمچون برف ، سفید و موی سرش مانند پشم خالص بود.تخت او شعله ور بود و بر چرخهای آتشین قرارداشت .   رودخانه ای از آتش در برابرش جریان داشت. هزاران نفر او را خدمت می کردند و میلیونها نفر در حضورش ایستاده بودند. آنگاه دفترها برای داوری گشوده شد.

سپس آن جانور چهارم را دیدم که کشته شد وبدنش در آتش سوزانده شد، زیرا شاخی که او داشت سخنان تکبرآمیز می گفت . قدرت سلطنت سه جانور دیگر نیز از ایشان گرفته ، ولی اجازه داده شد مدتی همچنان زنده بمانند.آنگاه در خواب وجودی شبیه انسان دیدم که روی ابرهای آسمان به آنجا آمد.او بحضور آن وجود ازلی آورده شد و اقتدار و جلال و

قدرت سلطنت به او داده شد تا همه‌ی قومها از هر زبان و نژاد او راخدمت کنند. قدرت او ابدی و سلطنتش بی زوال است .من ، دانیال ، از تمام آنچه دیده بودم گیج و مضطرب شدم . پس به یکی از کسانی که کنارتخت ایستاده بود نزدیک شده ، معنی این رؤیا را از او پرسیدم و او نیز آن را اینچنین شرح داد: چهار جانور بزرگ ، چهار پادشاه هستند که بر زمین سلطنت خواهند کرد. ولی سرانجام برگزیدگان خدای متعال تا ابد قدرت سلطنت را به دست خواهند گرفت. سپس درباره جانور چهارم که از سه جانور دیگر متفاوت بود سؤال کردم ، آنکه هولناک بود و با دندانهای آهنین و چنگالهای مفرغی، قربانیان خود را پاره پاره می کرد و بقیه را زیر پاهایش له می نمود .همچنین درباره آن ده شاخ و شاخ کوچکی که بعد برآمد و سه تا از آن ده شاخ از ریشه کنده شد، سؤال کردم شاخی که چشم داشت و از دهانش سخنان تکبرآمیز بیرون می آمد و از شاخهای دیگر بلندتر بود، چون دیده بودم که این شاخ با برگزیدگان خدا جنگ کرده بر آنها پیروز شد تا آنکه آن وجود ازلی آمده و داوری را آغاز کرده از برگزیدگان خدای متعال حمایت نمود و زمانی رسید که قدرت سلطنت به ایشان واگذار شد. او به من گفت : جانور چهارم سلطنت چهارم است که بر زمین ظهور خواهد کرد. این سلطنت از سلطنتهای دیگر متفاوت خواهد بود و تمام مردم دنیا را پاره پاره کرده زیر پاهایش له خواهد نمود. ده شاخ او ده پادشاه هستند که از این سلطنت به قدرت می رسند. سپس پادشاهی دیگر روی کار خواهد آمد که با سه پادشاه پیشین فرق خواهد داشت و آنها را سرکوب خواهد کرد. او برضد خدای متعال سخن خواهد گفت و بر برگزیدگان او ظلم خواهد کرد وخواهد کوشید تمام قوانین و اعیاد مذهبی را دگرگون سازد. برگزیدگان خدا به مدت سه سال و نیم در زیرسلطه او خواهند بود.اما پس از آن ، داوری آغاز خواهد شد و قدرت و سلطنت این پادشاه از او گرفته شده

بکلی از بین خواهد رفت. آنگاه قدرت و عظمت تمام سلطنتهای دنیا به برگزیدگان خدای متعال واگذار خواهد شد. سلطنت خدای متعال سلطنتی جاودانی خواهد بود و تمام پادشاهان جهان او را عبادت و اطاعت خواهند کرد. این بود خوابی که دیدم. وقتی بیدار شدم، بسیارآشفته بودم و از ترس رنگم پریده بود، اما خوابم را برای کسی تعریف نکردم .»

کتاب دانیال، ۱/۷- ۲۸

کتابهای مقدس ادیان توحیدی، بشری هستند

امروز بواسطه تجربیات، نیک دریافته ام که بهشت موعود، در اخبار ادیان باستانی و توحیدی، مژده خداوند، به همه بندگان است که گرچه گروهی از آنان خدا را نمی‌پرستند، گرچه گروهی از آنان پیامبر را نمی‌پذیرند، اما مهربانی، نیکوکاری، خوبی، راستی و درستی را ضمیمه زندگی خویش نموده اند. خداوند از حق خود، ایمان و نیایش، چشم پوشی می‌کند؛ زیرا وسعت رحمت و مغفرت دارد؛ البته نگارنده، همگان را، به نیایش آفریدگار یکتا دعوت می‌کند. اما خداوند از حق مردم چشم پوشی نمی‌کند. پس اگر ما ستمی، کوتاهی یا بدی علیه دیگران داشته ایم، بخاطر تمتع از عدل و بخشش ایزدی، به ستردن آنها پردازیم. اگر خداوند معایص و نواقص را، در عقل و اخلاق انسان نهادینه ساخته است، آمرزش را از برای عدل مقرر کرده است که همگان از درجات فردوس برین بهره مند گردند. تجربه رویاها نمایان ساخته است که بهشتیان، بیش از دوزخیان خواهند بود؛ زیرا اغلب انسانها مورد عفو قرار خواهند گرفت. بهشت بهترین وعده است که ادیان باستانی و کنونی آن را برای نیکوکاران مقرر داشته اند. اما خداوند مشتاق هدایت، نجات و مغفرت

انسانها است؛ پس ما نیز بایست مشتاق خداوند باشیم. امروز نیک دریافته ام که ایمان، به بعث اموات، قیامت، بهشت، دوزخ و حیات آخرت اهمیت ندارد، بلکه ایمان، به خداوند یکتا اهمیت دارد که پولس، پطرس و یوحنا، در نوشته های خود، به حقیقت، از آن سخن رانده اند؛ گرچه کتب منتسب، به آنان، به اشتباه، عیسی، نوع بشر، پیامبر و بنده آفریدگار را خداوند خوانده است؛ لیکن کلام و اندرز حق، در کتب آنان یافت می‌شود. من، به آن دسته از ماتریالیستها و مادی‌گراها می‌گویم که نشانه‌های الهی، در دانشها، نظامها، شگفتیها و پیچیدگی‌های ذرات و کائنات، گواهی، به وجود سازنده ای برای گیتی و هستی می‌دهند. کائنات از عدم گام، به عرصه وجود نهاده است. کشفیات نوین دانشمندان نجوم، ادعاهای ماتریالیستی و اعتقاد، به اصالت مادی قرن هیجدهم و نوزدهم را با چالش مواجه ساخته است. چه اکنون همگان نیک واقف هستند که جهان و زمین و هر کائن، از عدم، به عرصه وجود گام نهاده اند.

مدتها میباشد که سعی می‌نمایم، سیرت و سرشت عیسی را، در شخصیت اعتقادی خویش نهادینه سازم؛ زیرا ایشان همچون موسی نبی، اسوه محبت و گذشت است. محبت و گذشت، به انسانی آرامش می‌بخشد. عیسی نبی، به ما می‌آموزد که تعالی اخلاقی از تعالی عاطفی حاصل می‌گردد. اگر همه انسانها براستی، به یکدیگر محبت می‌ورزیدند، چنین با خشونت، جنگ، جنایت، عذوبت و تشتت مواجه نمی‌شدند. از سوی دیگر پیروی از شخصیت اخلاقی و عاطفی موسی نبی و عیسی نبی، نواقص اخلاقی و عاطفی ما را کاسته، توفیق، در خودسازی شخصیت و مرضات آفریدگار را فراهم می‌سازد. موسی، زرتشت و عیسی، اسوه مهرورزی و نیکوکاری محسوب می‌شوند که نافی و ناهی غضب، خشونت، جنایت، عداوت، لعنت و نفرت علیه بشریت بودند. بنابراین سعی بنده طاعی، مهرورزی

نسبت، به همه انسانها با دین و سنن مختلف است. انسانها را نبایست توسط دین اشان ارزیابی نمود، بلکه انسانها را بایست توسط فضایل اشان ارزیابی کرد. این جمله را طی سطور آتی کتاب بدفعات تکرار می‌کنم؛ زیرا برخی مردم، انسانها را با دین اشان ارزیابی می‌کنند، نه با فضایل اشان.

گرچه کلام ایزدی و نبوی، در بخش هایی از متون کتب ادیان توحیدی یافت می‌شود، لیکن آنها،به کتب مذهبی،وجاهت الهی و نبوی نمی‌بخشند.تورات سخن از انزال کتاب آسمانی یا الواح سنگی ده فرمان، در کوه سینا و در جایی دیگر کوه حوریب رانده است که متناقض میباشد. از سوی دیگر تورات، در سفر خروج، فصل ۲۴، پاسوق ۱ الی ۷ سخن از کتاب موسی نبی بنام "کتاب عهد" رانده است که شامل همه قوانین ایزدی و نبوی بود. این کتاب را، به دستور موسی نبی، در کران صندوق عهد نگاه میداشتند. همچنین نوشته پیدایش(برشیت)، خروج (شموت)، لاویان (وییقرا)، اعداد (بمیدبار) و تثنیه (دواریم) عاری از کتابی بنام "تورا یا تورات" است.

بنابراین تورات یهودیان، بدفعات سخن از نوشته موسی نبی رانده است. اما تورات، در دسترس یهودیان، کتاب عهد موسی نبی نیست؛ بلکه آن روایت یک یا تعدادی کاهن کاتب است که برخی نگارش آن را همچون نگارش نوشته اول و دوم تواریخ، به عزرا نسبت داده اند. عزرا، کاتب و کاهن یهودی بود که، او، در سال هفتم سلطنت اردشیر اول هخامنشی (۴۲۴-۴۶۵ ق م)، از بابل عازم سرزمین یهودیه شد؛ یعنی، ۸۱ سال پس از فتح بابل و ورود مقتدرانه کوروش دادگر و کبیر، به آن سرزمین (۵۳۹ ق م).

« موسی تمام دستورات خداوند را نوشت و صبح روز بعد، بامدادان برخاست ... سپس کتابی را که در آن دستورات خدا را نوشته بود؛ یعنی، «کتاب عهد» را برای بنی اسرائیل خواند و قوم بار دیگر گفتند: ما قول می‌دهیم که از تمام دستورات خداوند اطاعت کنیم » تورات، خروج، ۱/۲۴- ۱۱

« آنگاه موسی قوانین خداوند را نوشت و آن را به کاهنان لاوی که صندوق عهد خداوند را حمل می‌کردند و نیز به ریش سفیدان اسرائیل سپرد... » تورات، تثنیه، ۹/۳۱

« وقتی که موسی کلیه قوانینی را که، در این کتاب ثبت شده است نوشت، به لاویانی که صندوق عهد خداوند را حمل می‌کردند فرمود : این کتاب قانون را بعنوان هشداری جدی به قوم اسرائیل، در کنار صندوق عهد خداوند،خدایتان قرار دهید؛ چون می‌دانم که این قوم چقدر یاغی و سرکش اند» تورات ، تثنیه ، ۲۴/۳۱- ۲۷

نوشته اوستای زرتشتیان، ادعای انزال کتاب آسمانی ندارد. این کتاب بیش از آنکه آیت باشد، سروده های مذهبی میباشد که مگر گفتارهای راستین زرتشت نبی، در بخش گاهان، در بخش های دیگر، به نیایش ایزدان و فرشتگان نیز پرداخته است. یشت (یسنه)؛ به منعی، ستایش و پرستش، در اوستا وارد شده است. نیایش خورشید، ماه، تیر، خرداد، آبان، گوش، مهر، آناهیتا، فروردین، بهرام، رام و ... بر خلاف رسالت توحیدی زرتشت، در یشتهای اوستا گنجانیده شده است. زرتشت، در بخش گاهان، فقط ستاینده اهورا مزدا، آفریدگار یکتا است.

نوشته های انجیل و قرآن، در اینباره دارای تناقض میباشند. عیسی، در بخشی از انجیل، رسالت خویشرا کامل نمودن تورات خوانده است؛ اما ایشان، در بخشی دیگر، سخن از

انجیل، گنج نوین رانده است. البته! انجیل تاکید بر محبت، گذشت، رافت و مصالحت دارد که نمایانگر فرامین دین راستین آسمانی است که توسط عیسی نبی ابلاغ گشت. قرآن نیز بدفعات سخن از انزال کتاب رانده است؛ اما انزال کتاب از سوی الله و عرضه آن ، به اعراب توسط محمد تحقق نیافت. بواقع محمد بن عبدالله بر خلاف ادعاهای آیات قرآن مبنی بر انزال کتاب، فاقد کتاب بود. او، به گواه سوره نساء/۱۵۳ مطالبه یهودی و مسیحی و حتی تازی مبنی بر انزال کتاب مدون آسمانی را اجابت نکرده است. همین مهم درماندگی و ناتوانی محمد را نمایان می‌سازد. آیات قرآن، مطابق با حوادث دوره بعثت، حاصل بیست سال قرائت بود، نه حاصل کتاب و کتابت. بنابراین تاریخ مذهبی گواهی می‌دهد که تنها نوشته آسمانی، متعلق، به موسی نبی است؛ اما کتاب موسی نبی، در اختیار انسانها نیست. تورات بنی اسرائیل، یکبار، مفقود شده بود که طبق گفتار دوم تواریخ، فصل ۳۴، پاسوق ۱۴، حلقیا، کاهن اعظم، در برهه پادشاهی یوشیا، ادعا یافتن آن را، در خانه خدا نمود. اما دگر بار کتاب تورات دستخوش نابودی شده، در حمله نبوکد نصر یا بخت النصر، به یهودیه، در معبد سلیمان یا هیکل محروق و مهدوم گشت.

پس از بررسی کافی دریافته ام که اناجیل چهارگانه نیز ناشر شرک صرف هستند؛ گرچه فرامین اخلاقی اناجیل، تاکید بر محبت و گذشت دارد که نقل فرامین راستین الهی از سوی عیسی بود. بواقع آفریدگار و عیسی نبی کتابی بنام انجیل، نازل و عرضه نکرده اند؛ چه اگر ایشان مبادرت، به عرضه کتاب انجیل نموده بودند؛ بی گمان یگانگی، در محتوای متن اناجیل متی، مرقس، لوقا و یوحنا تحقق می‌یافت. انجیل عیسی نبی، همانا، در واژه گان عبودیت، محبت، گذشت، عدالت و مصالحت ارزشمند میباشد. بنده گرایش، به دین

اسلامی و دین مسیحی را، به کسی توصیه نمی‌کنم؛ اما من پیروان آنها را طبق فرمان خداوند دوست میدارم.

ادیان، تلفیق اخلاق و نقض اخلاق هستند که همچون انسان عاری از نقصان نیستند؛ زیرا انسان آنها را پرداخته است. اکنون، بدین مهم دست یازیده ام که رسالت عیسی نبی همانا ابلاغ آیین راستین موسی نبی بر اساس یکتاپرستی، بندگی، مهرورزی و نیکوکاری بود که مطابق با فرامینی است که من طی رویای ملکوتی ام، در محفل رستگاران و موسی نبی از عصای حضرت موسی، در حین مؤعظه استماع نموده‌ام. از اینروست که عیسی نبی بشدت تاکید بر مهرورزی و نیکوکاری دارد. عیسی نبی مظلوم ترین و معصوم ترین پیامبر خداوند است. صلیب عیسی نبی، جایگاه مجاهدت و شهادت، در راه ابلاغ حقیقت است. مسیحیان چنین پنداشته اند که عیسی، جان خویشرا برای بخشایش گناهان بشری فدا کرده است. لیکن عمده هدف رسالت عیسی، تبیین حقیقت و بطلان تورات و بطلان شریعت، در دیانت میباشد که همچنین شریعت قرآن را شامل می‌گردد. احکام عیسی، سهل و آسان است؛ همان که خداوند یکتا مرا طی رؤیای ملکوتی بدانها واقف ساخته است که صفحات آتی، به شرح آن خواهم پرداخت.

وقتی خداوند یکتا مرا بسوی حقیقت هدایت کرد

من وظیفه خویشرا بر پایه شرح مشاهدات و تجربیات ملکوتی و معنوی، عرضه میدارم. همچنین بخش‌هایی از رویای ملکوتی ام منطبق با برخی رویدادهای رویای ملکوتی یوحنا،

در نوشته مکاشفه میباشد. بنابراین گواهی میدهم که یوحنا مکاشفه ای یا رویایی ملکوتی را تجربه نموده بود که طی متن مکاشفه، به شرح آن پرداخته شده است. اما بنده واقف، به مصونیت متن مکاشفه از تحریفات، اضافات یا محذوفات طی حوادث تاریخی نیستم. ضمن احترام معقول، به آزادی اندیشه و عقیده، بایست بیان نمایم که این ادیان نزد انسانها، همچون عروسکی، در آغوش کودکانی است که خداوند یکتا از بدو آفرینش با مقرر نمودن آزادی، قصد آزار آنان و جبر بر انسان را نداشته است. خداوند، هرگز قومی یا کسی را مجاب نساخته است، بلکه دعوت نموده است. زندگی جاودانی و روحانی، پاکی را برای همه انسانها، به ارمغان خواهد آورد، چنانکه شوق مهربانی، شوق نیکی و شوق عبادی، در وجود نوع بشری را، به کمال خواهد رسانید.

گرچه من، همچون سایرین، از قداست و معصومیت برخوردار نبوده‌ام، لیکن آفریدگار یکتا با مشیت خویش و وسعت لطف و رحمت خویش، دین راستین را بری از هر مضمون خشونت و جنایت و فریب علیه بشریت و بری از هر مضمون اهانت و شرک، در ادیان کنونی، در یک مکاشفه‌ی ملکوتی برایم هویدا ساخت که من پس از یک دهه تاخیر از سال ۱۳۷۶ خورشیدی (۱۹۹۷م) الی ۱۳۸۶ خورشیدی (۲۰۰۸م)، به فهم حقایق آن دست یازیده ام؛ پس پیش از آن همچنان، مغروق، در اعتقادات پیشین اسلامی میزیستم. اما حادثه‌ای دنیوی و تلنگری الهی، عقل و احساس مرا متاثر ساخته، تجدید نظری درباره عقایدم نمودم. سپس رویای ملکوتی خویش را، در ذهن تداعی نموده، واقف، به ناسپاسی‌ام، در مقابل الطاف و عنایات ایزدی شدم. آری ! اسلام؛ به معنای تسلیم منبعث از جبر، دین آفریدگار فرید نبود. پس از آن، با عطش دریافتن حقیقت، ادیان توحیدی را مورد تحقیق و بررسی قرار دادم که حقیقت را بیش از پیش دریابم. خشنودم که این بنده سراپا تقصیر،

مورد عنایات و الطاف ایزدی قرار داشته است، چنانکه اکنون طی تحقیق و بررسی ادیان توحیدی و تجربه‌ی رویاهای ملکوتی و معنوی دریافته ام :

- کتب مذهبی قرآن، تورات، انجیل و اوستا، نوشته‌های بشری هستند، نه نوشته‌های الهی و نبوی.

اکنون بنده، در ذیل، به شرح برخی از رویاهای مهم خویش می‌پردازم که نخستین رویای مشروحه، نمایانگر دین واقعی الهی بوده، پیروی خود و سایرین از فرامین آنها را توصیه می‌کنم که نیل، به آنها، امنیت، عدالت و اخلاقیات را، در راستای سعادت، برای جوامع بشری، به ارمغان آورده، بارهای سنگین ادیان کنونی را از دوش انسانها برمی‌دارد. دین موسی، زرتشت و عیسی، محبت و گذشت میباشد، نه خشونت و عداوت. ایزد فرید، دگر بار، دین واقعی موسی، بزرگترین پیامبر خویش را متجلی ساخته است که زرتشت پیامبر و عیسی پیامبر، مبلغ آن بودند. امیدوارم منقول از عیسی نبی، همچون کودکان ساده دل، این حقایق را تحصیل نماییم. آمین!

۱- شرح رویای ملکوتی و ابلاغ دین راستین الهی و نبوی:

آن زمان، در کشور ایران، شهر تهران اقامت داشتیم. سال ۱۳۷۶خورشیدی (۱۹۹۷ میلادی) بود. من، در آن زمان حدود ۲۶ سال سن داشتم. شبانگاه، به خواب فرو غلطیدم. نیمه شب بود که رؤیایی برایم هویدا گشت که متاسفانه ، در رسانیدن آن، به سایرین سالیانی قصور ورزیدم؛ زیرا فرامین ملکوتی، مردم را خطاب قرار داده بود. روح خود را،

نیمه شب، در خیابانی خلوت ، در تهران نظاره نمودم که آهسته بسوی غرب اتوبان گام بر می‌داشت. احساس گرسنگی نمودم. مغازه ای را یافته، وارد آن شده، ضمن سلام به صاحب مغازه یک کیک خریداری کردم. آن کیک را نصف نموده، نیمی از آن را، به صاحب مغازه تعارف کردم. ایشان میل به کیک نداشت ، لذا به تناول کیک پرداختم. در این حین صدای رعد آسای موتورسیکلت، در اتوبان مرا به خود معطوف ساخت . پول کیک را پرداخته ، به سوی اتوبان رهسپار شدم. در این حین مشاهده نمودم که دو موتورسیکلت که هر یک دو راکب داشت ، در تعقیب یکدیگر به سمت شمال اتوبان بر خلاف جهت شتابان حرکت می‌کنند. ناگاه موتورسیکت جلویی و نخستین توقف کرد. سپس موتورسیکت عقبی و دومین ، در تعقیب آن ، از حرکت باز ایستاده، راکبین آنها از موتورسیکلت پیاده شده، دو راکب موتورسیکلت دومین، به تعجیل بسوی دو راکب موتورسیکلت نخستین تهاجم نمودند. بین آن چهار جوان، نزاع سخت خیابانی در گرفت. در همین اثناء موتورسیکلت سومین از راه رسید که دارای دو راکب بود. در آن نیمه شب خلوت چهار راکب موتورسیکلت دومین و سومین بر دو راکب موتورسیکلت نخستین تهاجم نموده، به ضرب و جرح یکدیگر پرداختند. در این حین سراپا وجودم را اضطراب فرا گرفته بود. چنین پنداشتم که مکان امن برایم همان منزل است، لذا هراسان مترصد جستجوی خودرویی بودم که مرا، به منزل برساند. اتوبان عاری از خودرویی بود. ناگاه مشاهده نمودم که دو راکب موتورسیکلت نخستین سوار بر موتور شده و عزم گریز از مهلکه نمودند. لیکن نیرویی غیبی، فرمان را از کنترل آنان خارج ساخت و دو جوان داخل جوی عریض آب سقوط کردند. آنان آغشته، به خون شده، جان باختند. سپس دو راکب موتورسیکلت دومین، هراسان عزم گریز از صحنه نمودند. لذا سوار بر موتورسیکلت بسوی

جنوب اتوبان گسیل شدند. لیکن فرمان موتورسیکلت آنان نیز توسط یک نیروی غیبی، از کنترل خارج شده، با گارد لاین های آهنین وسط اتوبان تصادم کردند. سپس راکبین آن از موتورسیکلت بسمت آسمان پرتاب شده، سمت باند شرقی اتوبان فرود آمده، متعاقب برخورد شدید با سطح آسفالت جاده، در خون خود غلطیده، جان به جان آفرین تسلیم کردند. من بسی مضطرب گشتم و علت آن حوادث را در نمی‌یافتم. در این حین موتورسیکلتی، در مقابل من آشکار شد که راکب آن غیب بود. وجود راکب غیب، برایم محسوس بود. راکب غیب، خطاب به من گفت:

- کجا می‌روی ؟

من با حالتی نگران پاسخ داده، گفتم:

- می‌خواهم، به منزل بازگردم.

هاتف غیب به نرمی گفت :

- من ترا، به منزل می‌رسانم. بنشین!

باتفاق راکب غیب مسیر جنوب اتوبان را پیمودیم. وقتی، به چهار راه رسیدیم. تعدادی خودرو، پشت چراغ قرمز حضور داشتند. من از وجود آن خودروها متحیر شدم. لحظاتی بطول نیانجامیده بود که ناگاه موتورسیکلت سومین را از پشت سر مشاهده کردم که گریزان و شتابان بسوی چهار راه، در حرکت بود. وقتی موتورسیکلت، به ما نزدیک شد، به ناگاه همان نیروی غیبی، فرمان موتورسیکلت را از دستان راننده خارج نموده، موتورسیکلت را بسوی مغازه ای، در سمت غرب اتوبان هدایت نمود. پس از لحظه ای موتورسیکلت، به سنگ های داخل مغازه سنگ فروشی برخورد نموده، راکبین آن ، نقش بر

زمین شده، دار فانی را وداع گفتند. هراسی و اضطرابی وافر سراپا وجودم را فرا گرفته بود.

همچنان تنها امنیت خویش را، در منزل می‌یافتم. در این حین چراغ راهنمایی سبز شده،

خودروها، به سوی جنوب اتوبان حرکت کردند. وسط چهار راه با خود زمزمه نموده،

کنجکاوانه پرسیدم:

- چرا آنان یکدیگر را ضرب و جرح کردند و کشته شدند؟

بی آنکه انتظار پاسخی از سوی کسی داشته باشم ، راننده هاتف و غیب موتورسیکلت، به

نرمی پاسخ مرا داده، گفت:

- آنان تعادل خود را ، در زندگی از کف داده بودند.

ناگاه کسری از ثانیه بطول نیانجامید که مرا، به محیطی ملکوتی انتقال دادند. در این

حین، خود را با حالتی ایستاده، در بلندایی یافتم. چشمانم بسوی پایین معطوف گشته،

دورا دور نظاره گر حلقه ای انسانی متشکل از رستگاران و نیکوکاران گشت که با حالتی از

کمال مودت و محبت و ملبس، به پارچه ای سپید و فاقد پا افزار، دست بر شانه یکدیگر

افکنده بودند. در افق آن مجمع روحانی و ملکوتی ، پلکانی سنگی را مشاهده نمودم که

منتهی، به ابرهای سپید آسمان می‌شد. ارتفاع آن حدود ۱۰ متر بود.در همین اثناء

معجزه ای بوقوع پیوست که تحیر مرا بشدت برانگیخت. عصایی، در حدود ۱۰۰ سانتی

متر طول، با حدود یک ۱ متر فاصله از زمین و حالت معلق، بدین سوی و آنسوی ، در

یک مرکز حرکت نموده، رستگاران را مؤعظه می‌نمود. کسری از ثانیه بطول نیانجامید که

میان آن حلقه انسانی ظهور یافته، در یک قدمی عصاء مستقر شدم. پس از آن من توانستم

که سخنان آن عصاء را استماع نمایم. در این حین، عصا، به سخن آمده، با نوای ملکوتی و نرینه‌ی خود، پنج فرمان را، به نرمی خطاب، به مردم صادر نمود :

ای مردم از خدا بترسید! ... ای مردم نماز بخوانید! ... ای مردم، به والدین خود احترام بگزارید! ... ای مردم، به دیگران محبت کنید! ... ای مردم نیکوکار باشید!

در همین اثنا، در مقابل پلکانی سنگی با حدود ۱۰ متر ارتفاع، ظهور یافتم. نهور و نظر خویشرا بسوی بالای پلکانی معطوف ساختم که منتهی، به ابرهای سپید آسمان می‌شد. مردی روحانی را، در جلال ملکوتی، در حدود ۵ متری بالای پلکان دیدم. او ملبس، به دستاربند و ردای مشکی بود. ایشان، در کمال فروتنی ایستاده بود و هیبت تنومندی داشت. شال سبز رنگی، به کمر بسته بود. ریش و محاسن مشکی داشت. ایشان پا افزاری از جنس کنف بر پایش پوشانیده بود. کتابی مجلد، به پارچه مشکی، دارای حدود هزار ورق، در قطع کوچک، در کف دستانش قرار داشت و مهو نظاره بر آن بود. تو گویی با لسان بی لسانی، گواهی به حقانیت خود و کتاب می‌داد. لیکن من آن زمان از دریافتن حقایق آن ناتوان بودم. ناگه فرشته ای هاتف و غیب ، در سمت چپ بدن ایشان ظهور یافت. او هیبت انسانی داشت و تنها دستان منورش تا ناحیه کتف هویدا بود. در این حین ایشان دست راست خویش را، درنهایت ادب و محبت بر شانه مرد روحانی نهاده، خطاب، به حضار ، در مجمع رستگاران ملکوتی ، به نرمی گفت:

- می‌خواهم پیامبر بزرگ خدا را معرفی کنم! حضرت موسی، که سلام خدا بر ایشان باد!

فرشته هاتف و غیب، توسط ایما و اشاره دست چپ خویش ، حضرت موسی را برای انعقاد مؤعظه بسوی پایین پلکان و میان رستگاران دعوت نمود. موسی نبی، در کمال فروتنی ،

چنانکه تورات ایشان را فروتن ترین انسان روی زمین خوانده است، با تأنی پلکان را یکی پس از دیگری بسوی پایین می پیمود. همچنان ایشان مغروق، در نظاره کتابی بود، که کف دستانش و مقابل چشمانش قرار داشت. فروتنی موسی هر سنگی را ذوب می‌کرد و سنگ احساس من، غرق، در جلال ملکوتی ایشان، هر آینه بیشتر ذوب می‌شد. در همین اثنا حضرت موسی، در یک قدمی این بنده سراپا تقصیر حضور یافت. لحظاتی، در سکوت، مهو سیمای ملکوتی و قدسی ایشان شدم. ناگاه نیروی ایستادن از تن تهی شده، و بسان مردگان احساس ناتوانی، در بدن نموده، زانوهایم خم شده، بر زمین نشستم. سپس سر بر زمین نهاده، مدتی بشدت گریستم. در حال گریستن، مقابل پاهای موسی نبی و بسوی خدای متعال بودم که ناگهان از خواب رستم و برخاستم.

سپیده دم بود. لیکن همچنان تاریکی بر روشنایی فرمان می‌راند. وقتی صبحدم فرا رسید، رؤیای خویش را برای خانواده بازگو نمودم و فرامینی که طی رؤیا، به انسان ابلاغ شده بود، برای خانواده، به دفعات قرائت نمودم و حتی آنان را واقف ساخته ام که دین راستین الهی، فرامین بنیادین ملکوتی موسی نبی است که من برای رسانیدن آن و در مقام بندگی الهی و شاگردی موسی نبی برایتان بازگو می‌کنم.

پیام رؤیای ملکوتی فوق الذکر

چنانکه عیسی نبی، منقول از انجیل گفته است : متولیان دینی، احکام بشری خود را عرضه داشته، بارهای سنگین بر دوش انسانها نهاده‌اند. لذا رؤیای ملکوتی فوق الذکر، تبیین ساخت که احکام خداوند یکتا سهل و آسان میباشد. دین موسی، زرتشت و عیسی، فقط

یکتاپرستی، مهربانی و نیکوکاری میباشد که فرامین عصای حضرت موسی، ابتدا، به اذن الهی و سپس، به اذن نبوی، ابلاغ کرده است. رعایت مضامین نیکوکاری، به پرهیزگاری می‌انجامد. پس از مدتها دریافته ام که بخشی از پیام رؤیای مذکور، رعایت اعتدال اخلاقی و عاطفی، در زندگانی و تبری از افراط گرایی و تفریط گرایی است. پس از آن من درباره فرمان « از خدا بترسید» اندیشیده ام. چنانچه حیات بشری سرمدی نبود، هرگز دلیلی بر هراس نبود. لیکن هراسیدن از خداوند دادار و داور، به علت حیات اخروی و عقوبت اخروی است. بنابراین آن، تاییدی بر آخرت و عقوبت میباشد. اکنون پس از سالیان دریافته ام که خداوند از طریق رؤیای مذکور سعی داشته است که مرا و دیگران را بسوی آیین راستین آسمانی خود هدایت نموده، همگان را از ادیان کنونی رهایی بخشد. من پس از حدود یک دهه، به حقایق رؤیای خود واقف شده، بدان ایمان آورده ام. خداوند، در این رؤیا برایمان نمایانده است که موسی نبی بزرگترین پیامبر او میباشد که تنها کتاب آسمانی را، در ملکوت، در اختیار دارد. اگر انسانها، در جوامع بشری مهربانی و نیکوکاری را ضمیمه زندگی روزمره خویش نمایند، سعادت، امنیت و عدالت قوت خواهد یافت. پنج فرمان مذکور که عصای حضرت موسی، در ملکوت و در حضور رستگاران ابلاغ نموده است، کامل تر از ده فرمان منتسب، به حضرت موسی، در کتاب تورات میباشد. ده فرمان منتسب، به موسی، در حوزه اخلاق تنها، به نهی قتل، نهی زنا، نهی دزدی، نهی دروغ و نهی غصب مال و ناموس دیگران و احترام، به والدین پرداخته است؛ لیکن خداوند، من و سایرین را، در پنج فرمان عصای حضرت موسی، فرمان مهربانی و نیکوکاری داده است که نیکوکاری شامل نهی همه مضامین بدکاری و گناهکاری میباشد که انسانها بطور غریزی و عقلی، واقف بدانها هستند. همچنین فرمان مهربانی، معجزی الهی است که وحدت، مودت، امنیت و

سعادت همگان را فراهم می‌سازد. بواقع پنج فرمان الهی، فرامین راستین موسی است که زرتشت و عیسی، به احیای آن پرداختند.

شال سبز رنگ، بر کمر موسی نبی، برایم نیک نمایاند که ایشان سید و سرور راستین جهانیان است. پیشتر چنین می‌پنداشتم که سید و سرور مذهبی، موسی کاظم، امام هفتم فرقه شیعه اسلامی است. کتاب، در دستان موسی نبی برایم محرز ساخته است که تنها کتاب واحد الهی، متعلق، به موسی نبی میباشد که وجود ملکوتی دارد. همچنین عصای ناطق موسی را، در صباحتی منقوش یافتم که حدود ۱۰۰ سانتی متر طول آن بوده، همچون بخشی از شاخه نازک و صاف یک درخت، با دسته‌ی نیم دایره مناسب ساخته شده بود. پس از مدتی با رجوع، به کتابهای تعبیر خواب، نیک دریافتم که مضامین ملکوتی و معنوی رؤیاهایم، خیر و نیکو است.

۲- شرح رؤیای معنوی و نیایش وحدانی، در کلیسای مسیحی

سال ۱۳۸۶ خورشیدی (۲۰۰۷ م) تحولات و تغییرات بنیادین اعتقادی، در شخصیت اعتقادی‌ام فزونی یافت. من سعی، در بازنگری و تجدید نظر، در اعتقاداتم نمودم. بین حوادث و اعتقادات اختلاف یافته بودم. ادیان، به گمراهی رفته، هر یک منجی بشری را برای دین خود برگزیده اند. اما موسی، زرتشت و عیسی سخنی درباره منجی آخر الزمان نرانده اند. چه آفریدگار، هادی و منجی راستین است. عیسی نبی خود را داور قیامت خوانده است، نه منجی بشریت. من ادیان را بررسی می‌نمودم که قابلیتها و ارزشهای آنها را دریابم. سال ۱۳۸۶ خورشیدی، (۲۰۰۷ م) مدتی آیین مسیحی را نزد خود پذیرفتم. انجیل متی، مرقس، لوقا و یوحنا را بررسی نمودم. اما من نمی‌توانستم که عیسی نبی و

بشری را خداوند بخوانم. بدفعات احساس کردم که نیاز، به خلوت عبادی، در کلیسای مسیحی دارم. اما رفتن، به کلیسای مسیحی، در شهر تهران برایم تحقق نیافت. پس از مدتی دو مرتبه، در رویا، در کلیسای مسیحی حضور یافتم. اما آفریدگار یکتا اجازه نداد که من باتفاق مسیحیان، به نیایش بپردازم؛ زیرا آنان متن کتاب انجیل را برای نیایش قرائت می‌کردند که عیسی را خداوند خوانده است. پس من دورتر از جمع عابدان مسیحی، در کلیسا بطور ایستاده، دستان خود را برای نیایش گشوده، آفریدگار را، مدتی، به یکتایی پرستش کردم. پس از آن از خواب برخاسته، رؤیای خود را نگاشتم.

بلاخره متوجه شدم که علاقه ای، به آیین مسیحی ندارم؛ گرچه دین مسیحی توام با رافت، محبت و گذشت است که تصدیق فرامینی میباشد که من طی رؤیای ملکوتی از عصای موسی نبی شنیده، دریافت کردم. ولی کتاب انجیل، شرک صرف میباشد. بنابراین من، در جستجوی، برترین آیین منتسب، به توحیدی سالیانی، به تحقیق و بررسی پرداختم که مالاً دریافته ام که برترین آیین، همان آیین حق است که طی رؤیای ملکوتی و صدور پنج فرمان از سوی عصای موسی نبی، به من و همگان ابلاغ شده است. آری! عاقبت من به همان آیین راستین موسی نبی بازگشتم که مهربانی و نیکی است.

۳- شرح رویای معنوی و نجات از دوزخ اخروی :

پس از مشاهده رویای ملکوتی مذکور، تعدادی رویای معنوی دیگر نیز مشاهده نمودم که دو رویا مرتبط با حوادث سالیان آتی زندگی‌ام بود که بوقوع پیوسته است. اما من قصد

ندارم که همه رویاهایم را، در این مقال برایتان شرح دهم. بنابراین سعی بنده شرح رویاهای مهم بوده است که آیین راستین آسمانی را نمایان ساخته، نوشته قرآن، انجیل، تورات و اوستا را بشری خوانده، همنشینی و دوستی رستگاران بنی اسرائیل با من را هویدا می‌سازد. بنده، در فروردین سال ۱۳۸۹ خورشیدی (مارس ۲۰۱۰) رؤیایی بدین مضمون مشاهده نمودم:

نیمه شب بود. در خواب مشاهده کردم که حدود ۵۰ نفر مرد یهودی، دستان مرا گرفته، کشان کشان مرا بسوی دوزخ می‌بردند. من هراسان و ملتمس خطاب، به آنان با صدای رسا گفتم:

- من کاری انجام نداده ام. چرا می‌خواهید مرا، به دوزخ بیافکنید؟!

لیکن سخن من تاثیری بر تصمیم آنان نگذارد. سپس هراسان، به سخن آمده، گفتم:

- من موسی را ملاقات کردم... من موسی نبی را از نزدیک ملاقات کردم.

در این حین آنان مرا رها کرده، از پیرامون ام دور و مهو شدند. پس از آن از خواب رستم و برخاستم.

مدتها بدقت درباره رؤیای خویش اندیشیدم. سپس پیام آن را نیک دریافتم. ناسپاسی من، در قبال هدایت و نجات آفریدگار، منجر، به مشاهده رویای فوق الذکر شده بود؛ زیرا دیر زمانی بطول انجامیده بود که حقایق پنهان، در رویای ملکوتی خویش و آیین راستین آسمانی را فهم نمایم. بنابراین آفریدگار فرید مرا بسوی موسی نبی و آیین واقعی موسی نبی معطوف ساخت که بزرگترین پیامبر اوست. خداوند فرید - بواسطه موسی نبی - مرا از

دوزخ غفلت و جاهلیت نجات بخشید. خادمان بشریت بسان موسی، زرتشت و عیسی، متعلق، به همه جوامع بشری هستند.

۴- شرح رؤیای ملکوتی و بطلان کتب مقدس ادیان توحیدی

من نمی‌خواستم که رویای مشروحه زیر را برای کسی مگر خانواده ام بازگو کنم، اما سؤالات سایرین را بایست پاسخ می‌دادم. از اینرو این رؤیا را برای انجمن کلیمیان تهران بازگو نمودم. آنان برآشفته شده، مرا تهدید، به شکایت نموده، گفتند: رویای منقول حجت محسوب نمی شود. بنده نیز، در پاسخ ایشان گفتم : کتب مذهبی شما حجت محسوب نمی‌شوند؛ زیرا اعجازی صریح و بلیغ که همگان را، به تعظیم فراخواند، در آنها وجود ندارند. همچنین آنها، دارای اشکالات و اشتباهات هستند. اما حجت خداوند، مهربانی و نیکوکاری است که سعادت و امنیت می‌آفرینند، نه خشونت علیه بشر و اهانت و شرک علیه آفریدگار که مضامین مذکور، کتب مذهبی شما را، تضییع ساخته است. بواقع عیسی نبی منقول از انجیل متی می‌فرماید

«مالک آسمان و زمین شکرت می‌کنم که حقیقت را از کسانی که خود را دانا می‌پندارند پنهان ساختی و آن را به کسانی که همچون کودکان ساده دلند، آشکار نمودی.» انجیل متی، ۱۱/ ۲۵

اکنون نیز این رویا را برای شما عزیزان بازگو می‌کنم. این رؤیای معنوی و ملکوتی می‌نمایاند که کتب مذهبی منتسب، به آسمانی، بشری هستند، نه الهی و نبوی. من این

رویا را، در شب چهارشنبه ۱۳۸۹/۷/۲۱خورشیدی(۱۳ اکتبر ۲۰۱۰) مشاهده نموده ام که آن را بازگو می‌نمایم. تنها کسانی فهم حقیقت دارند که منقول از عیسی نبی چون کودکان ساده دل باشند.

نیمه شب، در رؤیا مشاهده نمودم که، در مقابل یک محراب و صحن عبادت، به طول حدود ۱۰ متر، در رختخواب خود خوابیده بودم. نظرم معطوف، به محراب عبادت بود. حدود ۴۰ شمعدان با طول تقریبی ۱ متر ارتفاع از سطح زمین با فاصله ای معین که حدود ۲۰ شمعدان با شمع روشن سمت راست و حدود ۲۰ شمعدان با شمع روشن سمت چپ قرار داشت، دیده گان مرا بسوی خود معطوف ساخته بود. تنها یک شمعدان با شمع خاموش – میان شمعدانها - در صحن محراب عبادت قرار داشت. در این حین کاهنی روحانی ملبس، به پارچه ای قرمز رنگ مایل، به ارغوانی و سر کاملاً فاقد مو و کچل را، در انتهای صحن عبادت مشاهده نمودم که کتابی بزرگ، با ابعاد حدود ۳۰ در ۲۰، را در دستانش، بغل نموده بود. ایشان، در انتهای صحن روشن محراب عبادت، در مقابل من ایستاده بود. سپس کاهن روحانی بسوی شمعدان وسطی آمد که شمع آن خاموش بود. ایشان کتاب را با دست چپ، در بغل گرفته، دست راست خویش را بسمت شمع شمعدان دراز نموده، آن را توسط انگشت اشاره خود روشن نمود. سپس با پای برهنه از صحن محراب عبادت پایین آمده، بسوی رختخواب من گام نهاد. در حالیکه چشمانم با دقت بسوی ایشان معطوف بود، کاهن، از سمت چپ بدنم عبور نموده، خود را، به بالای سرم رسانید. من، در حالی که خوابیده بودم، سعی داشتم که ایشان را بالای سر خویش بنگرم. پس نظرم را، به بالای سر خود معطوف ساختم. قطعه سنگی را بالای سرم دیدم که کاهن بر آن نشست. سپس ایشان کتاب قطور و مجلد مذهبی را گشوده، شروع، به خواندن مطالب بخشی از آن نمود. زبان او

همچون سومری، عبری یا پهلوی، باستانی بود. من هرگز با آن زبان آشنایی نداشتم، لذا من نمی‌دانستم که کاهن روحانی چه مطالبی یا دعایی برایم خواند. پس از فوت دقایقی ایشان از روی قطعه سنگ برخاسته، به آهستگی از سمت راست بدنم بسوی پایین پاهایم گام نهاده، در مقابل ام ایستاد. اکنون چشمان ایشان، در چشمان من تلاقی نمود. کاهن روحانی، با حالت فروتن و مهربان، در حالی که کتاب مذهبی خود را، در دست راست، به آغوش گرفته بود، مرا خطاب قرار داده، گفت :

- تورات دروغ است !

سخن ایشان ناگاه چون پوتکی بر احساس و عقل من فرود آمده، احساس مرا، در اخگران حزن غوطه ور ساخت. من آخرین گزینه اعتقادی را برای خود، آیین یهودی یافته بودم. من نسبت، به صحت کلام کاهن احساس تردید نمودم. پس لحظه ای با خود اندیشیده، با حالتی از هشیاری خطاب، به کاهن گفتم :

ـ آیا شما یکتا پرست هستید ؟

کاهن، در کمال فروتنی، سؤال مرا اجابت نموده، پاسخ داد :

- بلی ! من یکتا پرست هستم.

احساس من منقلب شده بود. هنوز گمان می‌بردم که بسا کاهن روحانی، به دینی باشد که مغایر با دین یهودی است، از اینرو ایشان، به نفی تورات پرداخته است. پس با جسارت، به سیمای ایشان نظر افکنده، گفتم :

- چه بسا شما، به دینی هستید که نافی دینی دیگر می‌باشید؟

اما کاهن پاسخی، به من نداده، ناگاه من نیمه شب از خواب جستم.

پیام رؤیای ملکوتی فوق الذکر

سپس مدتهای مدید، درباره تعبیر رؤیای فوق الذکر با خویش اندیشیدم. تعبیر مضامین رؤیایم خیر و نیکو است؛ بواقع تعبیر کاهن، در رؤیا، دعوت، به ترک لذات دنیوی و نفسانی و اشاره، به تارک دنیا است. مآلاً من دریافتم که مفهوم این رؤیا چیست. شمعدانها با شمع‌های روشن، در سمت راست صحن محراب عبادت، قرآن بود که من پیشتر طی تحقیق و بررسی، به ماهیت کذب، فریب، شرک و اهانت آن نسبت، به ایزد فرید پی برده بودم. پس خداوند شمع عقل مرا، در تبیین ماهیت قرآن روشن نموده بود. شمعدانها با شمع روشن سمت چپ، در صحن محراب عبادت، انجیل بود که من، به ماهیت کذب، فریب، شرک و اهانت آن نسبت، به ایزد فرید پی برده بودم. پس خداوند شمع عقل مرا، در تبیین ماهیت انجیل روشن نموده بود. اما آفریدگار یکتا دگربار مرا مورد عنایت و لطف قدسی خویش قرار داد. پیشتر من مسیر وصال با خداوند را با گامهای استوار درنوردیده بودم. پس آفریدگار نیز یک گام بسوی من درنوریده، تنها شمع خاموش عقل و دانش مرا، پیرامون ماهیت ادیان منتسب، به توحیدی روشن نمود. پس شمعدان با شمع خاموش، در وسط شمعدانها، در صحن محراب عبادت، تورات، در دسترس یهودیان بود که خداوند عزم کرد که خود شمع عقل و دانش مرا، در تبیین ماهیت تورات، در دسترس یهودیان روشن نماید. بدینسان، خداوند شمع عقل و دانش مرا روشن نمود. خداوند، هدایت و نجات برای مقدسان و خطاکاران را رحمت خویش قرار داده است. اکنون من دریافته ام که تورات بر خلاف ادعای آیات قرآن تحریف نشده است، بلکه انتساب کتاب تورات، به آفریدگار و پیامبر کذب میباشد. تحریف، اصالت کتاب را پذیرفته، فقط دعوی قلب جملات دارد؛ لیکن کذب،

اصالت کتاب را رد کرده، دعوی کذب دارد. بنابراین کاهن رستگار و یکتا پرست، در صحن عبادی و ملکوتی، تورات را حاصل کذب خواند، نه حاصل تحریف. آیات قرآن، کتب تورات و انجیل را تصدیق کرده است که همین مهم، صحت کلام قرآن را ساقط ساخته است. قرآن و انجیل، به تصدیق تورات پرداخته اند که نمایانگر کذب میباشند؛ زیرا موسی نبی کتابی بنام تورات عرضه نکرد؛ چنانکه عیسی نبی، کتابی بنام انجیل عرضه نکرد. بنابراین کتب قرآن، تورات، انجیل و اوستا بشری هستند، نه الهی و نبوی.

«کلمات را از مواضع خود تحریف می‌کنند» قرآن، مائده/۱۳

«این کتاب را در حالی که مؤید آنچه پیش از خود می‌باشد به حق بر تو نازل کرد و تورات و انجیل را نازل کرد» قرآن،آل عمران/۳

ضمن احترام، به آزادی عقیده و اندیشه، اکنون من تورات، در دسترس یهودیان را بعنوان کتاب بشری نفی نمی کنم. بسا کلام الهی و نبوی، در بخش‌های اندکی از آن یافت شود که ماحصل نسل ها یاد آوری وقایع تاریخی، در کران قصه گویی و افسانه سرایی است.

۵- شرح رویای ملکوتی و همنشینی با رستگاران بنی اسرائیل

اکنون، به شرح رویای دیگر می‌پردازم که این رویا را، در مورخه دوشنبه ۱۳۹۱/۱/۲۸خورشیدی (۱۶ آوریل ۲۰۱۲) مشاهده کرده ام. شبانگاه بود. من همراه تعدادی از پیروان مؤمن موسی، ملبس، به جامه سفید رنگ، بسمت خانه ای گام می نهادیم. سپس وارد آن خانه شدیم. سفره ای، در آن خانه برایمان مهیا بود. همه دور سفره

غذا نشستیم. تعدادی از مؤمنان بنی اسرائیل، غذا را نزد ما آوردند. پیش از آنکه خوردن و تناول را آغاز کنیم، هر یک از یهودیان، نشسته، در کران سفره غذا، دعایی خواند. سپس همه مشغول تناول غذا شدیم. پس از فوت مدتی، غذایم، به اتمام رسید. من عادت کرده ام که هنگام نماز و دعا دستهایم را، به یکدیگر گره بزنم؛ زیرا گشودن دست، در آستان حق را ناسپاسی می‌خوانم. البته! مدتی است که گاهی دستانم را در حین نماز و دعا، بدون درخواست حاجات مادی می‌گشایم. لذا پس از اتمام غذا دستهایم را به یکدیگر گره زده، چنین دعا کردم :

«خدایا بخاطر برکتی که به ما ارزانی می‌دهی، از تو سپاسگزارم!»

در این حین نظری خجالت آمیز، به اطراف خود افکندم؛ زیرا یهودیان، در هنگام دعا دستان خود را، در حضور آستان حق می‌گشایند. اما کسی، در محفل معترض من نشد. سپس رستگاران یهودی از جای خود برخاسته، به یاری یکدیگر شروع، به جمع آوری سفره نمودند. در این حین با خود اندیشیدم :

- من باید به آنان، در جمع کردن سفره کمک کنم !

پس من نیز برخاسته، آنان را، در جمع کردن سفره یاری دادم. اما یکی از یهودیان با تعارف مرا از آن کار باز داشت. ولی همچنان آنان را کمک نمودم؛ گرچه من، در آن محفل ملکوتی، میهمانی بیش نبودم.

پیام رؤیای معنوی فوق الذکر

بدینسان خدای موسی مرا برکت معنوی بخشید و دوستی مؤمنان و رستگاران یهودی را برایم فراهم ساخت؛ زیرا فرامین و دین راستین موسی نبی را، با وجود، مسایل متعدد ابلاغ نموده ام. دوستی همگان و پیروان موسی نبی، در دنیای باقی، برایم با ارزش است؛، زیرا نیک دریافته ام که مؤمنان بنی اسرائیل، در ملکوت از من خشنود هستند؛ امید آنکه چنین باشد. آمین!

۶- شرح رویای معنوی و بطلان شریعت ادیان توحیدی

شهریور تابستان سال ۱۳۸۵ خورشیدی (سپتامبر ۲۰۰۶) مـادرم، در سـن هفتـاد و پنج سالگی بدلیل بیماری سختی، به دیار باقی شتافت. شب اول دفن و کفن مادرم بود. ساعت از نیمه شب گذشته بود. من بسیار آشفته، به خیابان رفته، نزد خداونـد ملـتمس و مویـان، احراز جایگاه مادرم را پس از مرگ خواستار شدم. آیا او بهشتی شـده اسـت؟ آیا خداونـد پاسخی، به من می‌دهد که فراغ بال مرا حاصل نماید؟

پس از فوت ساعتی، با حالتی پریشان از خیابان، به خانه بازگشتم. برخی از خانواده از فرط خستگی خوابیده بودند؛ اما تعدادی از اهل خانه همچنان سوگوار، در کنار یکدیگر نشسـته بودند. بدلیل خستگی مفرط ناشی از روز دفن و کفن، خواب، دقایقی کوتاه مرا فـرا گرفت. در همین اثناء، وارد عالم رؤیا شده، خـود را، در قبرسـتان تهـران (بهشت زهـرا) یـافتم. تاریکی شب، در قبرستان حکمفرما بود. مـن، پـایین قبر مـادرم نشسـته بـودم کـه ناگـاه روشنایی درخشانی مرا معطوف، به بالای قبر مادرم نمـود. سیاره (planet)، مـادرم کـه

همچون روشنایی سیاره ونوس، وجودش روشنایی خانه و خـانواده و همچـون گسـتردگی سیاره ژوپیتر، گستردگی، در مهربانی، نیکوکاری و فداکاری داشت، بسی فـروزان، همچـون فروزندگی خورشید، تا نیمه تن از قبر خود بیرون آمده، نظرش معطوف، بـه سـمت راسـت قبر خود بود. این، در حالی است که سمت راست قبرش، قبری وجود ندارد که متصور، بـه مصاحبت مادرم با روح فردی متوفا باشم. اما او خرسند و شاد با حالتی از تبسم با فردی یـا افرادی غیبی، در سمت راست قبر خود، به محاوره مشغول بود. بی گمان سمت راست روح او، فرشته ای یا پیامبری یا رستگاری حضور داشت که موجبات آرامش و حـال شـادمان او را فراهم ساخته بود.

در همین اثناء مادرم با حالتی از تبسم، متوجه حضورم، در پاییـن قبـرش شـده، سـیمای فروزان خویشرا بسویم معطوف نمود. سپس او بسوی سمت راست قبر خود نظر افکنده، در حالی که همچنان تبسم بر لب داشت، دست راست خود را دراز کرده، گل سـرخ زیبـایی را از غیب دریافت کرده، با حالتی از ملاطفت بسویم نظر افکنده، آن را، در دست راستم قـرار داد. سپس مادرم که از مصاحبت با قدسیان، در لذت وافر بود، با ایما و اشاره دست چـپ خویش، از من درخواست نمود که محل را ترک نموده، او را تنها بگذارم.

در این حین با حالتی مسرور ازخـواب برخاسـتم. سـاعت ۴ بامـداد بـود. تـاریکی شـبانگاه همچنان بر روشنایی صبحگاه استیلاء داشت. بی درنگ رویای خود را برای برخی از اعضای خانواده که هنوز بیدار بودند، شرح دادم. سپس همگان با خرسندی، خداوند یکتا را سـپاس گفتیم.

آری! خداوند یکتا، دو مرتبه، درعالم رویا بواسطه ها و نشانه ها، سؤالات مرا اجابت نمـوده، جواب داده است. البته من درخواستهای خویشرا با حالت ملتمس و مویـان، بـرای خداونـد نقل می‌کردم. همچنین حق تعالی دو مرتبه مرا، در عالم رویا بواسطه ها و نشانه ها هـدایت کرده است. بنابراین من همان شب اول قبـر مـادرم، دریـافتم کـه خداونـد او را از سـعادت اخروی بهره مند ساخته است.

پیام رؤیای معنوی فوق الذکر

اکنون تجربی می‌توان استنتاج نمود که شریعت ادیان، تاثیری، در سعادت اخروی اشخاص ندارد. چنانکه مادرم، واقف، به اصول و فروع دین و شرع دین اسلامی نبود. او کتاب قرآن نیاموخته، کتاب قرآن را قرائت نکرد. غالب عمر خویش، نماز اسلامی نخواند. همچنین مادرم، روزه اسلامی را رعایت نکرد. او خمس و زکات پرداخت نکرد. حتی از آخوندی یا مرجعی دینی، پیروی ننموده، تقلید نکرد. مادرم زائر خانه کعبه و حاجیه نبود. اما، در کران این توصیفات صادقانه، بایست گفت که ایشان همواره شاکر و ذاکر خداوند یکتا و انسانی مهروز، نیکوکار و فداکار نسبت، به خانواده و دیگران بود. بواقع ایشان ستمی، به دیگران روا نداشته بود. از اینرو مادرم، به سعادت اخروی دست یازیده است.

بنابراین شریعت ادیان، فقط بار سنگین دینی و بشری است که بـر دوش سـایرین افکنـده شده است که وجاهت الهی و نبوی ندارنـد. پایبنـدی، بـه شـریعت ادیـان، ملاک سعادت اخروی یا فلاکت اخروی نیست؛ بلکه حضرت موسی، حضرت زرتشت و حضرت عیسـی، دین خداوند یکتا را محبت، گذشت و عدالت خوانده اند. اما علمای دینی بایست بدانند کـه حضرت عیسی فرموده است که همگان بـا هـم برابـر و بـرادر هسـتند. چـه علمـای دینـی امتیازی برتر از سایرین ندارند. همچنین حضرت عیسـی، در لفافـه کـلام خـویش، فقـط پیامبران را پیشوای دین خداوند خوانده است، نه آخوندها، خاخام ها، پدرها یـا موبـدها. از سوی دیگر ضمن احترام، به روحانیون مهروز و نیکوکار مسیحی، بایسـت کـلام حضـرت عیسی را، در اذهان متجلی ساخت. پیامبر خداوند یکتا، مردم جهان را واقف سـاخته اسـت که کسی را از منظر دینی و مذهبی، "پدر" نخوانید. متعاقب احراز صداقت کلام عیسـی، در بخش هایی از اناجیل چهارگانه، ایمان تحصیلی و اکتسابی یافته ام که ایشـان پیامبر و

بنده خداوند بوده، پیامبر زمان و مقتدای مؤمنان خوانده می‌شود. اما همواره من، درعنفوان جوانی، نافی مهدی شیعی و حامی عیسی نبی بوده ام.

متولیان دین یهودی، مسیحی، اسلامی و زرتشتی، بایست، به اجماع عقلی و علمی دست یازیده، دین خداوند یکتا، دین حق تعالی را، در راستای گسترش وحدت بشری، بر مبنای وحدانیت، عبودیت، محبت، گذشت، حریت و عدالت، واحد ساخته، فاقد شریعت دینی، سرپرست دینی و عقوبت دینی، به انسانها عرضه نمایند. انسانها مضامین نیکی و بدی را بطور غریزی دانسته، طی رشد عقلی و تحصیلی از یکدیگر تمیز می‌دهند. همه ما دارای شریعت غریزی – عقلی هستیم. بواقع نقش والدین، مربیان، جامعه شناسان و روانشناسان، در بالندگی شریعت غریزی منجر، به خیر، در نهاد شخصیت عقلی و احساسی انسانها، تاثیر بسزایی دارد. اما شخصیت انسانها، از بدو خردسالی، بطور تقلیدی، ذاتی و ژنتیکی تکوین می‌یابد که توجه ، به تربیت خردسالان را حائز اهمیت می سازد.

« همه شما با هم برابر و برادر هستید » انجیل متی، ۸/۲۳

« هیچکس را، روی زمین پدر نگویید » انجیل متی، ۹/۲۳

« نگذارید کسی شما را پیشوا بخواند؛ زیرا شما یک پیشوا دارید که مسیح باشد » انجیل متی، ۱۰/۲۳

هر کسی تعلقاتی دنیوی و معنوی دارد که متاثر از آن، ممکن است تصویری از آن را، در متن رویای خویش مشاهده کند. هدف از رویاهای معنوی و ملکوتی هدایت، نجات، بشارت و نذارت میباشد. برخی پیروان ادیان، رویاهای معنوی را تجربه می‌کنند که تعلق آنان، در متن رویا دخیل است. در مثال فردی مسیحی، در رویای خود عیسی را، در مقام خداوند

ستایش نموده، وجودش یا قبرش فروزان و مسیرش منتهی، به فردوس می‌گردد. چنانکه فردی بودایی، در رویای خود تمثیل بودا را پرستش نموده، محیط اش فروزان می‌گردد. بنابراین تعلقی که مسلمانی، در آیین مسیحی باطل می‌خواند، فردی مسیحی، در رویای معنوی خویش آن را موجب رحمت و برکت مشاهده می‌کند. همچنین تعلقی که مسلمانی، در آیین بودایی باطل می‌خواند، فردی بودایی، در رویای خویش آن را موجب رحمت و برکت مشاهده می‌کند.این افراد کسانی هستند که گرچه تعلقی باطل یا حق، در رویا را مشاهده نموده اند، اما خداوند از طریق تعلق آنان، بشارت سعادت، مشروط، به نیکوکاری، مهربانی و پرهیزگاری می‌دهد. شما خود می‌توانید، به کنیساها، کلیساها و معبدها رفته، تجربیات پیروان ادیان را، در رویاهای آنان تحصیل نمایید. چنانکه بین آنان افرادی را خواهید یافت که رویایی معنوی از هدایت، نجات یا بشارت و سعادت را بواسطه مشاهده تعلقات خویش مشاهده نموده باشد. اسلام، یهودیان و مسیحیان را مشرک و نجس خوانده است، لیکن ملاک سعادت، دیانت نیست، بلکه حسنات میباشد. دیانت، نقصان دارد، لیکن حسنات نقصان ندارد. خداوند، به بطلان بسیاری از اعتقادات بشری واقف است، اما بشر گرفتار اعتقادات بطلانی می‌گردد که واقف، به بطلان آنها نیست. پس خداوند انسانها را بخاطر عدم وقوف و عدم مستندات فرابشری نسبت، به بطلان اعتقاداتشان مواخذه نخواهد نمود، مگر فردی، به ستمی دائمی آلوده شود که مرضات خویشرا، در آن یافته باشد. از اینرو انتظار داشته باشید که فردی هندوی نیکوکار و بودایی نیکوکار، در کران فردی یهودی نیکوکار، زرتشتی نیکوکار، مسلمان نیکوکار و مسیحی نیکوکار وارد بهشت شود. خداوند منیر و مهر، همچون والدین مهرورز، عروسک کودکانه‌ی دین را از آغوش نمی‌رباید که کسان را گریان و محزون سازد، لیکن انسانها با یکدیگر چنین می‌کنند.

من، در دعاهایم برای سیدارتا گوتاما بودا، کنفوسیوس و نانک دعای خیر می‌نمایم. همچنین همه انسانها را، در دعاهای خود فراموش   نمی کنم. ما بایست نسبت، به همه انسانها اعم از افراد معتقد، به ادیان هندویی، بودایی، کنفوسیوسی، جنیزیمی و ... ارزش قایل باشیم؛ زیرا هدف خداوند، دین و نجات دین نیست، بلکه هدف خداوند، انسان و نجات انسان است؛ زیرا انسان، دین می‌آفریند؛ اما دین، انسان نمی‌آفریند؛ پس ارزش انسان نزد خداوند والاتر از ارزش ادیان است. خداوند نیک می‌داند که انسان خود دین می‌آفریند؛ زیرا فطری و غریزی واقف، به مضامین و اساس خیر و شر است.

در انتهای این بخش از متن کتاب، یاد آوری می‌کنم که آیین واقعی موسی، زرتشت و عیسی، تنها پنج فرمان ملکوتی است که عصای واعظ حضرت موسی، نزد رستگاران، در ملکوت صادر نمود. این پنج فرمان را پیشتر شرح داده‌ام. عیسی، بنده فرهیخته آفریدگار یکتا، بار گزاف مناسک وشریعت را از دوش انسانها برداشت. بدینسان آیین واقعی الهی را سبک و راحت می‌یابید که رعایت آنها، موجبات سلامت، محبت، مودت، فرحت، فراغت و امنیت را فراهم می‌سازد. همچنین آخرت روحانی و عقوبت اخروی را، در اعتقادات خویش لحاظ نمایید که آفریدگار یکتا، مرا و شما را بدانها واقف ساخته است و دیگر هیچ.

عیسی مسیح و بطلان تورات و شریعت

اکنون یکی از اهداف رسالت عیسی نبی برایم احراز گشته است که همانا بیان فرامین کتاب واقعی موسی نبی است. عیسی نبی، در زمانی رسالت خویشرا آغاز نمود که طبق روایات اناجیل چهارگانه، ضلالت و انحرافات اخلاقی، مذهبی و اعتقادی گسترده، در سرزمین یهودیه پدید آمده بود. عیسی نبی، در محتوای سخنان اناجیل قصد داشته است که کتاب راستین آسمانی را بر مبنای وحدانیت، عبودیت، محبت، گذشت و مصالحت احیاء نماید. چه عیسی نبی حتی فردی غضبناک را مورد شماتت قرار داده است که وجه شخصیتی سیدارتا گوتاما بودا، در شخصیت ایشان هویدا است؛ زیرا بودا نیز بشدت خشونت و غضب را نهی می‌نمود. جواهر لعل نهرو، نگارنده کتاب نگاهی، به تاریخ جهان، آیین عیسی را همچون آیین بودا خوانده است که حتی قانون اهیمسا؛ یعنی، نهی کشتن موجود زنده را تبلیغ می‌نمود.عیسی خطاب، به یهودیان، ترحم و دلسوزی را برای خشنودی خداوند خواستار شده است، نه هدیه و قربانی. عیسی نبی را بخاطر تبلیغ وحدانیت، عبادت، محبت، گذشت و عدالت نکشتند، بلکه بخاطر مباحثه و منازعه با ضلالت و انحراف متولیان دینی و قوانین کذب و فریب دینی کشتند؛ زیرا عیسی نبی بر تعلقات و تعصبات آنان تاخته بود. عیسی نبی بخاطر بیان حقیقت کشته شد. منقول از انجیل، وقتی زنی را برای مجازات زنا نزد عیسی نبی آوردند، عیسی نبی، او را مجازات نکرده، همگان را گناهکار خواند که این مهم خود نقض قانون تورات، در دسترس یهودیان بود. از سوی دیگر عیسی، به نقض حکم طلاق، در تورات یهودیان پرداخته، طلاق را نهی کرده است. حتی ایشان تعطیلی روز

شنبه را نقض نمود. عیسی نبی ناقض موارد متعددی از قوانین تورات میباشد. از اینرو تجربیات ملکوتی و معنوی و تحقیات دینی برایم مسلم ساخته است که عیسی نبی برای نفی تورات، در دسترس یهودیان معبوث شده، دین واقعی را بر مبنای وحدانیت، محبت، گذشت و عدالت ابلاغ نموده است. بنابراین ایشان، کاهنان یهودی را، در تعلیم احکام بشری بجای احکام واقعی مؤاخذه نموده است. چنانکه سایر ادیان احکام بشری را اشاعه داده اند. عیسی نبی، در لفافه کلام اناجیل، نافی عقوبت و مجازات مذهبی است. پس مجازاتهای مذهبی، در کتب مذهبی، بشری هستند، نه الهی و نبوی. یهودیان، در تورات ادعا کرده اند که موسی، فردی را تنها بدلیل کفر به خدا، محکوم به مجازات سنگسار نمود. یهودیان، پیرو ادعاهای تورات، موسی نبی را آمر کشتار هزاران نفر از رؤسای اسرائیلی، انتقامجویی بربریستی از مدیانیان بت پرست، غنیمت بردن زنان و کودکان دیگران، برده داری و خرید و فروش انسان و کشتار زنان و کودکان خوانده‌اند. اما خشونت بنی اسرائیل علیه اقوام سرزمین کنعان، پس از رحلت موسی نبی بوقوع پیوسته است. چه موسی نبی هرگز، به سرزمین موعود وارد نشد. طبق کلام عیسی نبی و تجارب ملکوتی ام و تحقیقات دینی ام، ادعاهای تورات و قرآن، مبنی بر خشونت و عقوبت الهی و نبوی علیه بشریت طی تاریخ بشری، کذب محض میباشد. حتی کلام عیسوی را می‌توان، در آیات متناقض قرآن یافت.

« اگر گناهان کسی را ببخشید، بخشیده می‌شوید و اگر نبخشید، بخشیده نمی‌شوید » انجیل یوحنا، ۲۳/۲۰

« خوشا به حال آنان که مهربان و با گذشتند؛ زیرا از دیگران گذشت خواهند دید » انجیل متی، ۷/۵

« خداوند می‌فرماید : اگر تا وقت باقی است با تمام دل خود، با روزه و گریه و ماتم بسوی من بازگشت کنید - اگر واقعاً پشیمانید، دلهایتان را چاک بزنید نه لباس هایتان را. بسوی خداوند، خدای خود بازگشت نمایید، زیرا او بخشنده و مهربان است . زود به خشم نمی آید، رحمتش بسیار است و راضی به مجازات شما نمی‌باشد » یوئیل،۱۲/۲-۱۳

« کسانی که در فراخی و تنگی انفاق می‌کنند و خشم خود را فرو می‌برند و از مردم، در می‌گذرند و خداوند نیکوکاران را دوست دارد» قرآن،آل عمران/۱۳۴

«ایشان احکام دینی را همچون بارهای سنگینی بر دوش شما می‌گذارند، اما خودشان حاضر نیستند آنها را بجا آورند – هر کاری می‌کنند برای تظاهر است. دعاها و آیه های کتاب آسمانی را می‌نویسند و به بازوهایشان می‌بندند و دامن رداهایشان را عمداً درازتر می‌دوزند تا جلب توجه کنند و مردم آنان را دیندار بدانند» انجیل متی، ۴/۲۳-۵

« وای به حال شما ای علمای دینی و فریسیان ریاکار ! شما حتی ده یک محصول نعنا و شوید و زیره باغچه تان را زکات می‌دهید، اما از طرف دیگر مهمترین احکام خدا را که نیکویی ، گذشت و صداقت است، فراموش کرده اید » انجیل متی، ۲۳/۲۳

«مردم را وادار می کنند بجای احکام خدا، به مقررات پوچ ایشان گوش دهند. بلی! اشعیا درست گفته است – چون شما دستورات مهم خدا را کنار گذاشته اید تا آداب و رسوم خودتان را حفظ کنید» انجیل مرقس، ۶/۷-۸

از اینرو از لفافه کلام اناجیل می‌توان بدین حقیقت دست یازید که عیسی نبی، مصلح کتاب، مذهب و بشریت بود. او پیامبر خداوند است که دین واقعی الهی را بر اساس یکتاپرستی، مهربانی و نیکوکاری ابلاغ کرد. عیسی نبی، خط بطلان بر تورات و شریعت

کشید. ایشان همه احکام خداوند را، در دو حکم بر حق، خلاصه نموده است : "دوست داشتن خدا و دوست داشتن هم نوع خود".

متی، یکی از دوازده شاگرد عیسی، روایت کرده است که نبی الهی برای بطلان تورات نیامده است، بلکه او برای تکمیل تورات (انجیل متی،۱۷/۵-۱۹) آمده است. لیکن تناقض، در اینباره زمانی هویدا می‌گردد که متی، در کلام خود سخن از انجیل، گنج نوین (انجیل متی،۵۲/۱۳) رانده است. بدینسان متی منقول از عیسی، یهودیان را از رجوع، به تورات، گنج کهن باز داشته، به انجیل، گنج نوین حواله کرده است. همچنین برخی روایات انجیل متی، گواهی می‌دهند که عیسی قوانین مسیحیت را بر خلاف قوانین تورات صادر کرده است که همانا این تناقضات، اعتبار کلام انجیل را زایل ساخته است. این بدعت عیسی از شریعت یهودی را می‌توان، در راستای بیان حقیقت، از سوی نبی الهی خواند. تعلقات یهودی راوی انجیل متی، منتهی بدین تناقضات شده است. اگر تورات، کتاب الهی و نبوی بود، هرگز عیسی، به صدور احکام مسیحی، مبادرت نمی‌ورزید؛ گرچه تورات از مضامین خوب و نیک تهی نیست که البته عیسی، در کلام انجیل با آن مضامین مخالفت ندارد.

بواقع کثرت کتب منتسب، به الهی و نبوی اعم از کتب تورات، انجیل، قرآن و اوستا از کذب می‌تراود؛ زیرا وحدانیت بایست کثرت را بسوی وحدت فراخواند، نه کثرت را بسوی تشتت.

بدیهی است که احکام درست مسیحیت بر نسخ احکام نادرست تورات دلالت دارد. همچنین عیسی، به صدور احکام جدید می‌پرداخت که مغایر با احکام یهود بود. عیسی

احکام تورات را لباس پوسیده و احکام مسیحیت را پارچه نو خوانده است که حتی ایشان وصله پارچه نو (انتساب احکام مسیحیت) را، به لباس پوسیده (به احکام تورات) برنمی‌تابید. بواقع از این کلام عیسی، مستفاد می‌گردد که احکام کهن یهودی با صدور احکام نوین مسیحی، منسوخ شده است. عیسی احکام بنیادی و واقعی موسی را متجلی ساخت که طی حوادث تاریخی و سرکشی و گناهکاری قوم بنی اسرائیل حذف و تحریف شده، در کذب غوطه ور شده است. متعاقب نقض حکم روزه یهودی است که عیسی، احکام بشری تورات را، به لباس پوسیده و احکام الهی مسیحیت را، به پارچه نو تشبیه نموده است. پس عیسی برای تکمیل یا تمام کردن تورات نیآمده بود، بلکه ایشان برای بطلان تورات آمده بود که همانا آفریدگار یکتا، نگارنده را طی رؤیای ملکوتی، بدان حقیقت واقف ساخته است.

«هیچیک از شما، به لباس پوسیده، پارچه نو وصله نمی‌کند؛ زیرا وصله، لباس را پاره می‌کند و سوراخ، گشادتر می‌شود – و یا کسی شراب را، در مشک کهنه نمی‌ریزد، چون در اثر فشار شراب، مشک پاره می‌شود؛ هم مشک از بین می‌رود و هم شراب ضایع می‌شود. شراب تازه را باید، در مشک تازه ریخت، تا هم شراب سالم بماند، هم مشک» انجیل متی،۹/۱۶-۱۷

« هر که احکام مرا می‌شنود و آنها را بجا می‌آورد، شخص دانا است؛ او مانند مرد عاقلی است که خانه اش را بر صخره ای محکم ساخت.» انجیل متی،۷/۲۴

برخی از احکام منسوخ تورات توسط عیسی

۱-نقض حکم طلاق، در تورات از سوی عیسی

« گفته شده است: اگر کسی می‌خواهد از دست زنش خلاص شود، کافی است طلاقنامه ای بنویسد و به او بدهد — اما من می‌گویم هر که زن خود را بدون اینکه خیانتی از او دیده باشد طلاق دهد و آن زن دوباره شوهر کند، آن مرد مقصر است، زیرا باعث شده نش زنا کند و مردی نیز که با این زن ازدواج کرده، زنا کار است » انجیل متی،۳۱/۵-۳۳

۲- نقض حکم قسم، در تورات از سوی عیسی

« باز گفته شده که قسم دروغ نخور و هر گاه به نام خدا قسم یاد کنی، آن را وفا کن — اما من می‌گویم هیچگاه قسم نخور، نه به آسمان که تخت خداست — و نه به زمین که پای انداز اوست... - - فقط بگو بلی یا نه. همین کافی است ... » انجیل متی،۳۳/۵-۳۷

۳-نقض حکم قصاص، در تورات از سوی عیسی

« گفته شده که اگر کسی چشم دیگری را کور کند، باید چشم او را کور کرد و اگر دندان کسی را بشکند، باید دندانش را شکست — اما من می‌گویم که اگر کسی به تو زور گوید، با او مقاومت نکن؛ حتی اگر به گونه راست تو سیلی زند، گونه دیگرت را نیز پیش ببر تا به آن سیلی بزند...» انجیل متی،۳۸/۵-۳۹

۴- نقض حکم روزه، در تورات از سوی عیسی

« یک روز شاگردان یحیی تعمید دهنده نزد عیسی آمده، از او پرسیدند:چرا شاگردان شما مانند فریسیان روزه نمی‌گیرند؟- عیسی، در جواب گفت : آیا میهمانان تا زمانی که داماد با ایشان است می‌توانند ماتم کنند و روزه بگیرند؟ ولی یک روز خواهد رسید که من از نزد دوستانم خواهم رفت. آن زمان وقت روزه گرفتن است.» انجیل متی، ۱۴/۹-۱۵

۵- نقض حکم سبت، در تورات از سوی عیسی

« و روز سبت، در یکی از کنایس تعلیم می‌داد - و اینک زنی که مدت هیجده سال روح ضعیف داشت و کمرش منحنی شده، ابداً نمی‌توانست راست بایستد، در آنجا بود - چون عیسی او را دید وی را خوانده، گفت: ای زن از ضعف خود خلاص شو! - و دست های خود را بر وی گذارد که در همان لحظه راست شده، خدا را تمجید نمود - آنگاه رئیس کنیسه غضب نمود، از آنرو که عیسی او را در سبت شفا داد. پس به مردم توجه نموده، گفت : شش روز است که باید کار بکنید. در آن روزها آمده، شفا یابید،، نه در روز سبت - اما عیسی خداوند در جواب او گفت : ای ریاکار! آیا هر یکی از شما در روز سبت گاو و الاغ خود را از آخور بیرون نمی‌برد تا سیرابش کند؟ و این زنی که دختر ابراهیم است و شیطان او را مدت هیجده سال تا به حال بسته بود، نمی‌بایست او را در روز سبت از این بند رها نمود؟...» انجیل لوقا،۱۳/۱۰-۱۶

۶- نقض حکم زنا، در تورات از سوی عیسی

«در همین وقت، سران قوم و فریسیان زنی را که در حال زنا گرفته بودند، کشان کشان به مقابل جمعیت آوردند – و به عیسی گفتند: استاد ما این زن را به هنگام عمل زنا گرفته ایم – او مطابق قانون موسی باید کشته شود، ولی نظر شما چیست؟ - آنان می‌خواستند عیسی چیزی بگوید تا او را به دام بیندازند و محکوم کنند. ولی عیسی سر را پایین انداخت و با انگشت بر روی زمین چیزهایی می‌نوشت – سران قوم با اصرار می‌خواستند که او جواب دهد. پس عیسی سر خود را بلند کرد و به ایشان فرمود: بسیار خوب؛ آنقدر بر او سنگ بیاندازید تا بمیرد. ولی اول کسی به او بزند که خود تا به حال گناهی نکرده است – سپس دوباره سر را پایین انداخت و به نوشتن بر روی زمین ادامه داد – سران قوم از پیر گرفته تا جوان، یک یک بیرون رفتند تا اینکه در مقابل جمعیت فقط عیسی و آن زن ماند – آنگاه عیسی بار دیگر سر را بلند کرد و به زن گفت : آنانی که تو را گرفته بودند کجا رفتند؟ حتی یک نفر هم نماند که تو را محکوم کند؟ - زن گفت : نه آقا! عیسی فرمود: من نیز تو را محکوم نمی‌کنم. برو و دیگر گناه نکن.» انجیل یوحنا، ۱/۸-۱۱

انسان از دیر باز از طریق شریعت غریزی - عقلی و طبیعی خدادادی خویش، به قوانین اخلاقی آشنا بوده است. در مثال سیدارتا گوتاما بودا نهی شرابخواری را حدود شش قرن پیش از میلاد مسیح مقرر نمود، این، در حالی است که اسلام، در قرن هفتم میلادی به نهی شرابخواری پرداخته است. انجیل و قرآن، عیسی نبی را حاضر و زنده خوانده اند. قرآن، در سوره نساء/۱۵۸ سخن از زنده بودن و عروج عیسی نبی رانده است. البته قرآن، در سوره مریم/۳۳-۳۴ سخن از وقوع مرگ و سپس زنده شدن عیسی نبی طبق روایت انجیل رانده است که خود تناقض گویی قرآن را هویدا ساخته است. پس ادیان معتقد، به مسیح، اعم از

یهودی، مسیحی و اسلامی، بایست پیرو پیامبر زمان باشند. از اینرو وجود عیسی، پیامبر زمان، نافی وجود مهدی، امام زمان شیعیان است. سوشیانس، آخرین فروشی یا فروهر، در آیین زرتشتی نیز منجی خوانده شده است. لیکن بدرستی آفریدگار فرید است که منجی بندگان میباشد. اما عیسی نبی تنها وسیله آن منجی لایتناهی و منادی دادگستری الهی است، نه منجی الهی. پس هرگز انسانی را منجی نوع بشری، در گستره‌ی جغرافیای زمین نخوانیم، چه چنین قدرت بسیط، فقط ، در اختیار خداوند است، نه بشر.

اناجیل، کتب بشری هستند، نه الهی و نبوی

اناجیل، خود گواهی می‌دهند که متونی بشری هستند، نه الهی و نبوی. انجیل متی، در آخر الزمان و وقایع آن سخن از دروازه شهر اورشلیم رانده است. همگان نیک می‌دانند که امروزه، در قرن بیست و یکم، شهر اورشلیم دروازه شهر ندارد. بنابراین نگارنده انجیل متی، از در پیشگویی منتسب، به عیسی نبی اشتباه کرده است. چه هرگز مردم ، در آخرالزمان از دروازه اورشلیم نخواهند گریخت؛ زیرا اکنون دروازه ای برای اورشلیم و شهرهای دیگر وجود ندارد. بنابراین ما نبایست این اناجیل را، به عیسی نبی نسبت دهیم؛ گرچه بخش هایی از سخنان ایشان، در متن اناجیل یافت می‌شود. مسیحیان عیسی نبی را منقول از اناجیل، خداوند خود خطاب می‌کنند. اما عیسی نبی، طبق فرامین یهودی، در روز هشتم ولادت ختنه شد. بواقع خداوند مبرا از جنسیت، نیاز، به آلت تناسلی برای دفع ادرار و مقاربت جنسی ندارد. بنابراین مسیحیان بدلیل کذب بشری، در متن اناجیل، مبتلا، به تناقض اعتقادی هستند. از سویی مسیحیان، در رجوع، به تورات با آفریدگار فرید مواجه

هستند که بصراحه خطاب، به موسی نبی بیان داشته است که «انسان نمی‌تواند سیمای خداوند را بنگرد و زنده بماند». از سوی دیگر مسیحیان، در رجوع، به اناجیل با عیسی خداوند مواجه هستند که او، در قالب و هیبت بشری و حاجات و ملزومات بشری می‌زیست. حتی عیسی نبی، منقول از انجیل مرقس، طی محاوره و گفتگو با یکی از علمای مذهبی یهودی، اذهان عمومی را معطوف، به آفریدگار فرید نموده، او را واحد خوانده است.

« اگر دو دل هستید که پیامی از جانب خداوند است یا نه، - راه فهمیدنش این است : اگر چیزی که او می‌گوید اتفاق نیفتد، پیام او از جانب خداوند نبوده، بلکه ساخته و پرداخته خودش است؛ پس، از او نترسید » تورات، تثنیه، ۲۲/۱۸-۲۱

« وای به حال زنانی که، در آن زمان آبستن باشند یا طفل شیرخوار داشته باشند — دعا کنید که فرار شما، در زمستان یا در روز شنبه که دروازه شهر[اورشلیم] بسته است، نباشد » انجیل متی، ۱۹/۲۴-۲۰

خداوند را نمی‌توان دید

« موسی [خطاب به خداوند] عرض کرد : استدعا دارم جلال خود را به من نشان دهی — خداوند فرمود : من شکوه خود را از برابر تو عبور می‌دهم و نام مقدس خود را در حضور تو ندا می‌کنم. من خداوند هستم و بر هر کس که بخواهم رحم و شفقت می‌کنم. من نخواهم گذاشت سیمای مرا ببینی؛ زیرا انسان نمی‌تواند مرا ببیند و زنده بماند ... » تورات، خروج، ۳۳ / ۱۸-۲۰

« کسی هرگز خدا را ندیده است » انجیل یوحنا، ۱۸/۱

عیسی، خداوند را یکتا خواند

« یکی از علمای مذهبی که آنجا ایستاده بود و به گفت و گوی ایشان گوش می‌داد، وقتی دید عیسی چه جواب دندان شکنی به آنان داد، پرسید : از تمام احکام خدا، کدام از همه مهمتر است؟ - عیسی پاسخ داد : آنکه می‌گوید : ای قوم اسرائیل گوش کن، فقط خدایی که وجود دارد، خداوند ما است – و باید او را با تمام قلب و جان و فکر و نیروی خود دوست بداری – دومین حکم مهم این است : دیگران را به اندازه خودت دوست داشته باشد. هیچ دستوری مهمتر از این دو نیست – عالم مذهبی، در جواب عیسی گفت : استاد کاملاً درست فرمودید؛ فقط یک خدا وجود دارد و غیر او خدای دیگری نیست – و من قبول دارم که باید او را با تمام قلب و فهم و قوتم دوست بدارم و دیگران را نیز به اندازه خودم دوست بدارم...» انجیل مرقس، فصل۱۲/۲۸- ۳۳

عیسی، منادی آزادی بشری از یوغ شریعت مذهبی

عیسی نبی، به پیامبری برگزیده شد که دین و آیین حقیقی الهی و آیین حقیقی موسی را بیان نماید. ایشان، در انجیل متی هدف از رسالت خویشرا« بازگرداندن گمراهان » بسوی خداوند خوانده است؛ اما از سوی دیگر رسالت عیسی نبی منقول از انجیل یوحنا « بیان حقیقت» است. عیسی، در برابر کدامین کذب، از حقیقت سخن رانده است؟ بی گمان کلام مؤکد ایشان، دین راستین ایزدی بر اساس یکتاپرستی، بندگی، مهرورزی و نیکوکاری بوده است که حقیقت صرف میباشد. چه بنده نیز، در ملکوت، فرامینی را که عیسی بر آن تاکید

داشت، اخذ نموده‌ام. پس عیسی نبی، در برابر کذب و اکاذیب کتب و شریعت دینی و مذهبی منتسب، به آسمانی، الهی و نبوی، به رسالت پرداخت. از اینرو است که آرای شرعی عیسی نبی، منقول از روایات اناجیل، در اختلاف با کتاب تورات، در دسترس یهودیان میباشد. پس آفریدگار فرید، عیسی نبی و بشری را راهی بسوی راستی برگزیده بود که من بدان انسان راهنمای راستی، ایمان   آورده ام. وقتی عیسی نبی، انزال معجزات را حق مردم و وسیله اثبات پیامبری خوانده است، صداقت کلام ایشان هویدا می‌گردد. اما محمد بن عبدالله، در متن آیات قرآن فاقد صداقت ، مطالبه معجزه را از سوی کفار خوانده، از انزال آن طفره رفته است؛ زیرا او از فقدان نیروی فرا بشری و ایزدی، در کران خود متالم بود. هدف متعالی رسالت عیسی، بطلان شریعت تورات و بطلان شریعت ، در دیانت بود؛ زیرا رعایت یکتاپرستی، مهربانی و نیکوکاری برای سعادت دنیوی و اخروی بشری کفایت می‌کند.

« عیسی فرمود : من برای همین منظور متولد شده ام؛ آمده ام که حقیقت را به دنیا بیاورم، و تمام کسانی که حقیقت را دوست دارند، از من پیروی می‌کنند » انجیل یوحنا،۳۶/۱۸

« شما همراه مسیح بر روی صلیب مردید. از اینرو از قید ازدواج و تعلق به شریعت یهود، آزاد شده اید و شریعت، دیگر بر شما تسلط و حکمرانی ندارد» نامه پولس، به مسیحیان روم، رومیان، ۴/۷

« اکنون دیگر وظیفه ای نسبت، به احکام دین یهود ندارید؛ زیرا در همان زمان که اسیر آنها بودید، مردید و حال می‌توانید خدا را به طور حقیقی خدمت کنید، نه به روش سابق » نامه پولس، به مسیحیان روم، رومیان، ۶/۷

« پیش از آمدن مسیح، همه ما در زندان موقت احکام و قوانین مذهبی بسر می‌بردیم، و تنها امید ما این بود که نجات دهنده ما عیسی مسیح بیاید و ما را رهایی دهد» نامه پولس، به مسیحیان غلاطیه، غلاطیان،۲۳/۳

دو پیشگویی از صحف انبیاء، دال بر پیامبری عیسی

اشعیای نبی پیشگویی حامله شدن زنی باکره و تولد پسری مقدس را، در کلام خویش دارد. میکای نبی پیشگویی تولد مسیح، در بیت لحم را، در کلام خویش دارد. بنابراین از روایات اناجیل و صحف پیامبران، می‌توان استنتاج نمود که مریم و عیسی (منجی) یا عمانوئیل (خدا با ما است) برگزیدگان آفریدگار یکتا بودند. لیکن گروهی از متولیان دین یهودی، بدلیل تعصبات و تعلقات دینی و منافعی دینی، به انکار عیسی پرداخته، مریم و عیسی را با نادیده انگاشتن پیشگویی پیامبران و حقگویی آنان، مورد اتهام ناروا قرار دادند. اناجیل گواهی می‌دهند که گروهی از مردم اسرائیل، یوسف را پدر عیسی می‌دانستند. اما گروهی جاهل، به توهین علیه ایشان می‌پرداختند. اما صدق کلام عیسی را می‌توان، در بخش هایی از متن اناجیل یافت.

« پس اشعیا گفت : ای خاندان داود، آیا این کافی نیست که مردم را از خود بیزار کرده اید؟ اینک می‌خواهید خدای مرا نیز از خود بیزار کنید؟ - حال که چنین است خداوند

خودش علامتی به شما خواهد داد. آن علامت این است که باکره ای حامله شده، پسری بدنیا خواهد آورد و نامش را عمانوئیل خواهد گذاشت.» اشعیا،۱۲/۷-۱۴

«خداوند می‌فرماید: ای بیت لحم افراته، هر چند که در یهودا روستای کوچکی بیش نیستی با وجود این از تو کسی برای من ظهور خواهد کرد که از ازل بوده است و او قوم من، اسرائیل را رهبری خواهد نمود ...» میکا، ۲/۵

کلام آخر نگارنده، در این بخش از کتاب

اکنون من خدا را با خواسته‌هایم نمی‌شناسم، بلکه خدا را با دانسته‌هایم می‌شناسم. دانسته‌ها، حاصل تجارب زندگی شخصی و اجتماعی است. متولی دین راستین آسمانی، خداوند است و در دین راستین خداوند، کسی بر کسی برتری ندارد. متاسفانه گروهی از متولیان دینی، طی تاریخ مذهبی، بار بشری را با احکام بشری خود سنگین نموده اند که همچنین عیسی نبی بدین مسئله معترض بوده است. متولیان ادیان منتسب، به آسمانی، به گواه تاریخ بشری، به اشاعه تشریفات، خرافات، خشونت، جنگ، تعصب و تشتت پرداخته؛ هزینه های گزافی را بر بشریت تحمیل نموده اند. دین یهودی و اسلامی سهم بسزایی، در ابراز خشونت علیه بشریت داشته اند که منافات با دین راستین الهی و نبوی دارد. دین راستین، وحدانیت، عدالت و محبت است و دین دروغین، شرک، عداوت و خشونت میباشد. ما، در مقاطعی از تاریخ بشری مواجه با فساد و بیداد متولیان دین زرتشتی، یهودی، مسیحی و اسلامی بوده ایم؛ لیکن انصاف آن است که نیکوکاری های گروهی از آنان را نیز مد نظر قرار دهیم.

نهی قصاص از سوی عیسی مسیح

در حالی که یهودیان و مسلمانان، متعاقب فرامین کتب تورات و قرآن، به قصاص می‌پردازند؛ خداوند یکتا، در سال اول میلادی، مردی از ابناء بشری را، به رسالت برگزید که خشونت مذهبی را نهی کرده، خدا و پیامبر را از آن خشونتها منزه بخواند. پس عیسی نبی، آن تجلی گاه حقیقت و اسوه محبت و گذشت، فرمان نهی قصاص را از زبان قدسی خویش صادر نمود. قصاص؛ یعنی، خطاکاری، در برابر خطاکاری است. اما عیسی نبی، آن یاقوت سرخ بشری، فرمان نیکی، در مقابل بدی را صادر نموده، انتقامجویی و بدی، در برابر بدی را نهی نمود. کلام راستین عیس نبی، در انجیل متی، نهی انتقام مظلوم از ظالم و نهی پاسخ خطا با خطا است. قتل، به عوض قتل، آمر قتل میباشد، نه ناهی قتل. از سوی دیگر قصاص، انسانی را، به تجربه بدی و خطاکاری می‌آلاید. بنابراین قصاص، حکم الهی و نبوی نبود که وارد احکام ادیان یهودی و اسلامی شده است. پیشتر چنین می‌پنداشتم که انجیل متی منقول از عیسی نبی، فرمان انظلام (ستمپذیری)، در مقابل ظلم (ستمکاری) صادر کرده است. لیکن ظریف و ژرف، درباره کلام منتسب، به عیسی، در انجیل متی اندیشیدم. مالاً نیک دریافته ام که حقیقت کلام راستین عیسی نبی، درانجیل متی، باب ۵، مبتنی بر نهی قصاص، نهی انتقامجویی و نهی بدی، در برابر بدی است. چه عیسی نبی، در بسیاری موارد، قوانین تورات را نقض کرده است که همین مهم می‌نمایاند که هدف رسالت عیسی نبی، ابلاغ دین راستین الهی بوده است. بواقع احکام یهودی و اسلامی، احساس انسانی را قسی می‌سازند. از اینرو دشمنی های دینی ظهور نموده است که منجر، به جنگها و

کشتارها شده است. حال آنکه احکام عیسی نبی، احساس انسانی را سخی می‌نماید. بنابراین احکام یهودی و اسلامی، جامعه ای سنگدل را می‌آفرینند. اما احکام عیسی نبی، جامعه ای نرمدل را می‌آفریند. بدینسان، دین الهی، دین سخی است، نه دین قسی. عیسی نبی، انسانی قدسی بود که نوع بشری را، به مودت، محبت، امنیت، فراغت و فراحت فراخواند. دین خداوند متعالی و لایتناهی، محبت است و بس.

دین عیسی، ناهی قصاص

« گفته شده که اگر کسی چشم دیگری را کور کند، باید چشم او را کور کرد و اگر دندان کسی را بشکند، باید دندانش را شکست – اما من می‌گویم که اگر کسی به تو زور گوید، با او مقاومت نکن؛ حتی اگر به گونه راست تو سیلی زند؛ گونه دیگرت را نیز پیش ببر تا به آن نیز سیلی بزند – اگر کسی تو را به دادگاه بکشاند تا پیراهنت را بگیرد، عبای خود را نیز به او ببخش – اگر یک سرباز رومی به تو دستور دهد که باری را به مسافت یک میل حمل کنی، تو دو میل حمل کن – اگر کسی از تو چیزی خواست، به او بده؛ اگر از تو قرض خواست، او را دست خالی روانه نکن - شنیده اید که می‌گویند با دوستان خود دوست باش و با دشمنانت دشمن؟ - اما من می‌گویم که دشمنان خود را دوست بدارید، و هر که شما را لعنت کند، برای او دعای برکت کنید؛ به آنانی که از شما نفرت دارند، نیکی کنید و برای آنانی که به شما ناسزا می‌گویند و شما را آزار می‌دهند، دعای خیر نمایید ... - ... - اگر فقط آنانی را که شما را دوست دارند محبت کنید چه برتری بر مردمان پست دارید، زیرا

ایشان نیز چنین می‌کنند – اگر فقط با دوستان خود دوستی کنید با کافران چه فرقی دارید، زیرا اینان نیز چنین می‌کنند – پس شما کامل باشید » انجیل متی، ۳۸/۵-۴۸

دین یهودی، آمر قصاص

« باید همان صدمه به ضارب نیز وارد گردد: جان بعوض جان، چشم بعوض چشم ، دندان بعوض دندان ، دست بعوض دست ، پا بعوض پا، داغ بعوض داغ ، زخم بعوض زخم ، و ضرب بعوض ضرب .» تورات، سفر خروج، ۲۰/۲۱-۲۵

دین اسلامی، آمر قصاص

« ای کسانی که ایمان آورده‌اید درباره کشتگان بر شما قصاص مقرر شده آزاد عوض آزاد و بنده عوض بنده و زن عوض زن و هر کس که از جانب برادراش چیزی به او گذشت شود به طور پسندیده پیروی کند و با احسان به او بپردازد این تخفیف و رحمتی از پروردگار شماست پس هر کس بعد از آن از اندازه درگذرد وی را عذابی دردناک است - و ای خردمندان شما را در قصاص زندگانی است باشد که به تقوا گرایید » قرآن، بقره/۱۷۸-۱۷۹

دین اسلامی، آمر قصاص

« این ماه حرام، در برابر آن ماه حرام است و [هتک] حرمتها، قصاص دارد پس هر کس بر شما تعدی کرد همان گونه که بر شما تعدی کرده بر او تعدی کنید و از خدا پروا بدارید و بدانید که خدا با تقواپیشگان است» قرآن، بقره/۱۹۴

« و در [تورات] بر آنان مقرر کردیم که جان در مقابل جان و چشم در برابر چشم و بینی در برابر بینی و گوش در برابر گوش و دندان در برابر دندان می‌باشد و زخمها قصاصی دارند و هر که از آن درگذرد پس آن کفاره او خواهد بود و کسانی که به موجب آنچه الله نازل کرده داوری نکرده‌اند آنان خود ستمگرانند » قرآن، مائده/۴۵

تعدادی از تناقضات تورات و انجیل

۱-خداوند ناهی قتل و خداوند آمر قتل

✓ قتل نکن تثنیه ۱۷/۵

✓ همه مردان و زنان و اطفال را به قتل رساندیم تثنیه ۳۳/۲-۳۴

✓ تمامی قوم هایی را که خداوند، خدایتان بدست شما گرفتار   می سازد نابود کنید. به ایشان رحم نکنید تثنیه ۵/۷

۲- خداوند ناهی انتقام و خداوند آمر انتقام

✓ از همسایه خود انتقام نگیرید و از وی نفرت نداشته باشید بلکه او را چون جان خود دوست بدارید زیرا من خداوند، خدای شما هستم. لاویان، ۱۸/۱۹

✓ خداوند به موسی فرمود : از مدیانی ها بدلیل اینکه قوم اسرائیل را به بت پرستی کشاندند انتقام بگیر. پس از آن ، تو خواهی مرد و به اجداد خود خواهی پیوست. پس موسی به قوم اسرائیل گفت : عده ای از شما باید مسلح شوید تا انتقام خداوند را از مدیانیها بگیرید. اعداد، ۱/۳۱-۳

۳-خدا به موسی برای تعیین جانشین گفت و موسی به خدا برای تعیین جانشین
گفت

✔ آنگاه خداوند به موسی فرمود پایان عمرت نزدیک شده است. یوشع را بخوان و با خود
به خیمه عبادت بیاور تا دستورات لازم را به او بدهم. موسی و یوشع به خیمهء عبادت وارد
شدند. تثنیه ۱۴/۳۱

✔ موسی به خداوند عرض کرد : ای خداوند، خدای روحهای تمامی افراد بشر، پیش از
آنکه بمیرم التماس می کنم برای قوم اسرائیل رهبر جدیدی تعیین فرمایی، مردی که
ایشان راهدایت کند و از آنان مراقبت نماید تا قوم خداوند مثل گوسفندان بی شبان
نباشند. خداوند جواب داد : برو و دست خود را بر یوشع پسر نون که روح من در اوست،
بگذار. سپس او را نزد العازار کاهن ببر و پیش چشم تمامی قوم اسرائیل او را به رهبری قوم
تعیین نما. اختیارات خود را به او بده تا تمام قوم اسرائیل او را اطاعت کنند. او برای دستور
گرفتن از من باید پیش العازار کاهن برود. من بوسیله اوریم * با العازارسخن خواهم گفت
و العازار دستورات مرا به یوشع و قوم اسرائیل ابلاغ خواهد کرد. به این طریق من آنان را
هدایت خواهم نمود. پس موسی، همانطور که خداوند امر کرده بود عمل نمود و یوشع را
پیش العازار کاهن برد. سپس در حضور همه قوم اسرائیل ، دستهایش را بر سر او گذاشت و
طبق فرمان خداوند وی را بعنوان رهبر قوم تعیین نمود. اعداد، ۱۵/۲۷ -۲۳

۴- محل دریافت ده فرمان در کوه حوریب و محل دریافت ده فرمان در کوه سینا

✓ خداوند، خدایمان در کوه حوریب عهدی با شما بست .این عهد را نه با پدرانتان بلکه با شما که امروز زنده هستید بست . او در آن کوه از میان آتش رور رو با شما سخن گفت . من بعنوان واسطه ای بین شما و خداوند ایستادم ، زیرا شما از آن آتش می ترسیدید و بالای کوه پیش او نرفتید. او با من سخن گفت و من قوانینش [ده فرمان] را به شما سپردم . تثنیه ۵/۲-۵

✓ این بود قوانینی که خداوند در کوه سینا به شما داد. او این قوانین را با صدای بلند از میان آتش و ابرغلیظ اعلام فرمود و غیر از این قوانین ، قانون دیگری نداد. آنها را روی دو لوح سنگی نوشت و به من داد. تثنیه ۲۲/۵

۵- خداوند ناهی غصب مال و ناموس دیگران و خداوند آمر غصب مال و ناموس دیگران

✓ چشم طمع به مال و نامو س دیگران نداشته باش. تثنیه ۲۱/۵

✓ هنگامی که خداوند، خدایتان شهری را به شما داد، همه مردان آن را از بین ببرید – ولی زنها و بچه ها، گاوها و گوسفندها، و هرچه را که در شهر باشد می‌توانید برای خود نگه دارید. تمام غنایمی که از دشمن بدست می‌آورید مال شماست. تثنیه، ۱۳/۲۰-۱۴

۶- جان بعوض جان و جان به عوض لعنت

✓ هر کس پدر و مادر خود را لعنت کند، باید کشته شود. خروج، ۱۷/۲۱

✓ جان به عوض جان، چشم به عوض چشم، دندان به عوض دندان، دست به عوض دست، پا به عوض پا، داغ به عوض داغ، زخم به عوض زخم و ضرب به عوض ضرب خروج، ۲۴-۲۳/۲۱

۷- خداوند یکتا و خداوند رب الارباب

✓ پس بدانید که تنها خدایی که وجود دارد، خداوند، خدایتان است. تثنیه، ۹/۷

✓ خداوند، خدایتان، خدای خدایان و رب الارباب است. تثنیه، ۱۷/۱۰

۸- خداوند ناهی ازدواج با دختران اسیر کنعان و خداوند آمر ازدواج با دختران اسیر کنعان

✓ باید همه آنها را بکشید. با آنها معاهده ای نبندید و به آنها رحم نکنید؛ بلکه ایشان را بکلی نابود کنید. با آنها ازدواج نکنید و نگذارید فرزندانتان با پسران و دختران ایشان ازدواج کنند؛ زیرا درنتیجه ازدواج با آنها جوانانتان به بت پرستی کشیده خواهند شد ... . تثنیه،۷ /۲-۴

✓ چنانچه در میان اسیران، دختر زیبایی را ببینید و عاشق او بشوید، می‌توانید او را به زنی بگیرید. تثنیه، ۱۱/۲۱

۹- خداوند را نمی‌توان دید و خداوند را می‌توان دید

✓ خداوند فرمود : من شکوه خود را از برابر تو عبور می دهم و نام مقدس خود را در حضور تو ندا می کنم . من خداوند هستم و بر هر کس که بخواهم رحم و شفقت می کنم . من نخواهم گذاشت چهره مرا ببینی، چون انسان نمی تواند مرا ببیند و زند ه بماند. خروج، ۲۰-۱۹/۳۳

✓ موسی و هارون و ناداب و ابیهو با هفتاد نفر از بزرگان اسرائیل از کوه بالا رفتند، و خدای اسرائیل را دیدند. به نظر می رسید که زیر پای او فرشی از یاقوت کبود به شفافی آسما ن گسترده شده باشد. هر چند بزرگان اسرائیل خدا را دیدند، اما آسیبی به ایشان وارد نشد. آنها در حضور خدا خوردند و آشامیدند. خروج، ۹/۲۴-۱۱

۱۰- مرگ هارون ، در ادوم و کوه هورم و مرگ هارون، در ئبیروت بنی یعقان

✓ آنها پس از ترک قادش به کوه هور در سرحد سرزمین ادوم رسیدند. خداوند در آنجا به موسی فرمود: زمان مرگ هارون فرا رسیده است و او بزودی به اجداد خود خواهد پیوست. او به سرزمینی که به قوم اسرائیل داده ام داخل نخواهد شد، چون هر دو شما نزد چشمه مریبه از دستور من سرپیچی آردید. حال ای موسی، هارون و پسرش العازار را برداشته، آنها را به بالای کوه هور بیاور. در آنجا، لباسهای کاهنی را از تن هارون درآور و به پسرش العازار بپوشان. هارون، در همانجا خواهد مرد و به اجداد خود خواهد پیوست اعداد، ۲۲/۲۰-۲۶

✓آنگاه از کوه پایین آمدم و طبق فرمان خداوند لوح ها را در صندوقی که ساخته بودم گذاشتم . آن لوح ها تا امروز هم در آنجا قرار دارند. سپس قوم اسرائیل از بئیروت بنی یعقان به موسیره کوچ کردند. در آنجا هارون درگذشت و مدفون گردید. تثنیه، ۱۰/۵-۶

۱۱- پیدایش شب و روز، در روز اول و پیدایش شب و روز، در روز چهارم

✓در آغاز، هنگامی که خدا آسمانها و زمین را آفرید، زمین ، خالی و بی شکل بود، و رو ح خدا روی توده های تاریکِ بخار حرکت می کرد. خدا فرمود : روشنایی بشود و روشنایی شد. خدا روشنایی را پسندید و آن را از تاریکی جدا ساخت. او روشنایی را روز و تاریکی را شب نامید. شب گذشت و صبح شد. این روز اول بود. پیدایش، ۱/۱-۵

✓پس خدا دو روشنایی بزرگ ساخت تا برزمین بتابند: روشنایی بزرگتر برای حکومت بر روز و روشنایی کوچکتر برای حکومت بر شب . او همچنین ستارگان را ساخت . خدا آنها را در آسمان قرار داد تا زمین را روشن سازند، بر روز و شب حکومت کنند، و روشنایی و تاریکی را از هم جدا نمایند. و خدا خشنود شد. شب گذشت و صبح شد. این روز چهارم بود. پیدایش، ۱/۱۶-۱۹

۱۲- موسی بر کوه نبو سرزمین موعود را دید و موسی بر کوه عباریم سرزمین موعود را دید

✔ آنگاه موسی از دشتهای موآب به قله پیسگاه در کوه نبو، که در مقابل اریحا است رفت و خداوند تمامی سرزمین موعود را به او نشان داد: از جلعاد تا دان . تمام زمین قبیله نفتالی، زمینهای قبایل افرایم و منسی، زمین قبیله یهودا تا دریای مدیترانه ، صحرای نگب و تمام ناحیه دره اریحا تا صوغر. خداوند به موسی فرمود: این است سرزمینی که من به ابراهیم و اسحاق و یعقوب وعده دادم که به فرزندانشان بدهم . اکنون به تو اجازه دادم آن را ببینی، ولی پایت را در آنجا نخواهی گذاشت. بنابراین موسی، خدمتگزار خداوند، چنانکه خداوند گفته بود در سرزمین موآب درگذشت . خداوند او را در دره ای نزدیک بیت فغور در سرزمین موآب دفن نمود، ولی تا به امروز هیچکس مکان دفن او را نمیداند.موسی هنگام مرگ صد و بیست سال داشت ، با وجود این هنوز نیرومند بود و چشمانش به خوبی می دید. قوم اسرائیل سی روز در دشتهای موآب برای او عزاداری کردند. تثنیه، ۱/۳۴-۸

✔ روزی خداوند به موسی فرمود: به کوه عباریم برو و از آنجا سرزمینی را که به قوم اسرائیل داده ام ببین. پس از اینکه آن را دیدی مانند برادرت هارون خواهی مرد و به اجداد خود خواهی پیوست ، زیرا در بیابان صین هر دو شما از دستور من سرپیچی کردید. وقتی که قوم اسرائیل بضد من قیام کردند، در حضور آنها حرمت قدوسیت مرا نگه نداشتید. اعداد، ۱۲/۲۷-۱۴

تعدادی از تناقضات انجیل

۱- خداوند را کسی ندیده است و خداوند را کسی دیده است

✓ خدا را هرگز کسی ندیده است... . یوحنا، ۱۸/۱

✓ پس خداوند ما، عیسی مسیح فهمید که فریسی ها شنیده اند او بیشتر از یحیی مردم را غسل تعمید می‌دهد. یوحنا، ۱/۴

۲- صلح طلبی عیسی و نزاع طلبی عیسی

✓ خوشا به حال آنانکه برای برقراری صلح در میان مردم کوشش می‌کنند. انجیل متی، ۹/۵

✓ گمان مبرید که آمده ام صلح و آرامش را بر زمین بر قرار سازم؛ نه ! من آمده ام تا شمشیر را برقرار نمایم. انجیل متی،۳۴/۱۰

۳- رسالت برای تکمیل کتاب تورات و رسالت برای آوردن کتاب انجیل

✓ گمان مبرید که آمده ام تا تورات موسی و نوشته های سایر انبیاء را منسوخ کنم. من آمده ام تا آنها را تکمیل کنم و به انجام برسانم. انجیل متی، ۱۷/۵

✓ کسانی که در شریعت موسی استادند و حال شاگرد من شده اند، از دو گنج کهنه و نو برخوردارند. گنج کهنه تورات است و گنج نو، انجیل. انجیل متی، ۵۲/۱۳

۴- عیسی جدا کننده بدها و خوبها و فرشته ها جدا کننده بدها و خوبها

✓ در آخر دنیا نیز همینطور خواهد شد. فرشته ها آمده، انسانهای خوب را از بد جدا خواهند کرد. انجیل متی، ۴۹/۱۳

✓ سپس تمام قوم های روی زمین در مقابل من خواهند ایستاد و من ایشان را از هم جدا خواهم کرد، همان طور که یک چوپان، گوسفندان را از بزها جدا می‌کند. گوسفندها را در طرف راستم قرار خواهم داد و بزها را در طرف چپم. انجیل متی، ۲۵/۳۲-۳۳

۵- دو دزد مصلوب به عیسی ناسزا گفتند و دو دزد مصلوب به عیسی ناسزا نگفتند

✓ حتی آن دو دزد [مصلوب] در حال مرگ، او را ناسزا میگفتند. انجیل مرقس،۱۵/۳۲

✓ یکی از آن دو جنایتکار که در کنار عیسی مصلوب شده بود، به طعنه به او گفت : اگر تو مسیح هستی، چرا خودت و ما را نجات نمی‌دهی؟ اما آن دیگری، او را سرزنش کرد و گفت : حتی در حال مرگ هم از خدا نمی ترسی؟ ما حقمان است که بمیریم، چون گناهکاریم. اما از این شخص یک خطا هم سر نزده است. انجیل لوقا، ۲۳/۳۹-۴۱

۶- عیسی در زمان مرگ امیدوار به خداوند و عیسی در زمان مرگ نومید از خداوند

✔ به هنگام ظهر، برای مدت سه ساعت، تاریکی همه جا را فرا گرفت — و نور خورشید از تابیدن باز ایستاد. آنگاه پرده ضخیمی که در جایگاه مقدس خانه خدا آویزان بود، از وسط دو تکه شد — سپس عیسی با صدایی بلند گفت : ای پدر، روح خود را به دستهای تو می‌سپارم. این را گفت و جان سپرد. انجیل لوقا، ۲۳/۴۴-۴۶

✔ به هنگام ظهر، تاریکی همه جا را فرا گرفت و تا ساعت سه بعد از ظهر ادامه یافت- در این وقت عیسی با صدای بلند فریاد زد : ایلویی، ایلویی، لما سبقتنی؟ یعنی خدای من ، خدای من، چرا مرا تنها گذارده ای؟ - بعضی از حاضرین گمان بردند که الیاس نبی را صدا می‌زند- پس شخص دوید و اسفنجی را از شراب تراشیده، پر کرد و بر سر چوبی گذاشت و نزدیک دهان او برد و گفت : بگذار ببینم الیاس می‌آید کمکش کند — آنگاه عیسی فریاد دیگری برآورد و جان سپرد. انجیل مرقس، ۱۵/۳۳-۳۷

۷- پس از شش روز بر بالای تپه رفتند و پس از هشت روز بر بالای تپه رفتند

✔ هشت روز پس از این سخنان، عیسی به همراه پطرس، یعقوب و یوحنا، بر فراز تپه ای برآمد تا دعا کند- به هنگام دعا، ناگهان چهره عیسی نورانی شد و لباس و از سفیدی، چشم را خیره می کرد. انجیل لوقا، ۹/۲۸-۲۹

✓ شش روز بعد، عیسی با پطرس، یعقوب و یوحنا به بالای تپه ای رفت. کس دیگری در آنجا نبود. ناگاه صورت عیسی به طرز پرشکوهی شروع به درخشیدن کرد،و لباسش درخشان و مثل برف سفید شد. انجیل مرقس ۹/ ۲-۳

۸- یک فرشته بر سر مزار عیسی و دو فرشته بر سر مزار عیسی

✓ ناگهان زمین لرزه ای شدیدی رخ داد، زیرا یکی از فرشتگان خداوند از آسمان پایین آمده، به سوی قبر رفت و آن را به کناری افکند و بر آن نشست. انجیل متی ۲/۲۸

✓ مریم مجدلیه به سر قبر برگشته بود و حیران ایستاده، گریه می کرد؛ همچنانکه اشک می ریخت، خم شد و داخل قبر را نگاه کرد - درهمان هنگام، دو فرشته را دید با لباس سفید، که در جایی نشسته بودند که جسد عیسی گذاشته شده بود. انجیل یوحنا ۱۲-۱۱/۲۰

۹- یک نفر کور را شفا داد و دو نفر کور را شفا داد

✓ وقتی عیسی و شاگردانش از شهر اریحا خارج می شدند، جمعیت انبوهی به دنبال ایشان به راه افتاد - در همین هنگام، دو کور که کنار جاده نشسته بودند، چون شنیدند که عیسی از آنجا می گذرد، صدای خود را بلند کرده، فریاد زدند: ای سرور ما، ای پسر داود پادشاه بر ما رحم کنید – مردم کوشیدند ایشان را ساکت سازند. اما آنان صدای خود را بلندتر و بلندتر می‌کردند. سرانجام وقتی عیسی به آنجا رسید ایستاد و از ایشان پرسید : چه می‌خواهید برایتان انجام دهم؟ جواب دادند : سرور ما، می‌خواهیم چشمانمان باز شود -

عیسی دلش به حال ایشان سوخت و دست بر چشمانشان گذاشت. چشمان ایشان فوری باز شد و توانستند ببینند. پس به دنبال عیسی رفتند. انجیل متی،۲۰/۲۹-۳۴

✓ سپس به اریحا رسیدند، وقتی از شهر بیرون می رفتند، عده ی زیادی به دنبالشان به راه افتادند. در کنار راه، کوری به نام باریتمائوس نشسته بود و گدایی می کرد- وقتی باریتمائوس شنید که عیسای ناصری از آن راه می گذرد، شروع به داد و فریاد کرد و گفت : ای عیسی، ای پسر داود، به من رحم کن! – وقتی سر و صدای او بگوش عیسی رسید، همانجا ایستاد و فرمود : بگویید اینجا بیاید. پس مردم او را صدا زده، گفتند: بخت، به تو روی آورده، برخیز که تو را می‌خواهد – بارتیمائوس ردای کهنه خود را کناری انداخت و از جا پرید و پیش عیسی آمد – عیسی پرسی : چه می‌خواهی برایت بکنم؟ گفت : استاد، می‌خواهم بینا شوم - عیسی به او فرمود: آنچه خواستی شد، ایمانت ترا شفا داد. کور، فوری بینا شد و در پی عیسی به راه افتاد. انجیل مرقس، ۱۰/۴۶-۵۲

۱۰– پدر یوسف، یعقوب بود و پدر یوسف، هالی بود

✓ یعقوب، پدر یوسف و یوسف شوهر مریم و مریم مادر عیسی مسیح بود. انجیل متی، ۱/۱۶

✓ عیسی، تقریباً سی ساله بود که خدمت خود را آغاز کرد. مردم او را پسر یوسف می‌دانستند. پدر یوسف،هالی بود. انجیل لوقا، ۳/۲۳

۱۱- دو مریم سر قبر عیسی و یک مریم سر قبر عیسی

✓ یکشنبه صبح زود، مریم مجدلیه و آن مریم دیگر به سر قبر رفتند. انجیل متی، ۱/۲۸

✓ روز یکشنبه صبح زود، وقتی هوا تاریک روشن بود، مریم مجدلیه به سر قبر آمد. انجیل یوحنا، ۱/۲۰

۱۲- یهودا خودکشی کرد و یهودا سقوط کرد

✓ یهودای خائن وقتی دید که عیسی به مرگ محکوم شده است، از کار خود پشیمان شد و سی سکه نقره ای را که گرفته بود ، نزد کاهنان اعظم و سران قوم آورد تا به ایشان بازگرداند – او به آنان گفت : من گناه کرده ام چون باعث محکومیت مرد بیگناهی شده ام. آنان جواب دادند: به ماچه ! – پس او سکه ها را درخانه خدا ریخت و بیرون رفت و خود را با طناب خفه کرد. انجیل متی، ۳/۲۷-5

✓ یهودا یکی از ما بود. او را نیز عیسی مسیح انتخاب کرده بود تا مانند ما رسول خدا باشد – ولی با پولی که بابت خیانت خود گرفت، مزرعه ای خرید . در همان جا با سر سقوط کرده، از میان دو پاره شد و تمام روده هایش بیرون ریخت – خبر مرگ او فوری در شهر پیچید و مردم اسم آن مزرعه را مزرعه خون گذاشتند.اعمال رسولان،۱/۱۷-۱۹

افسانه ها و اسطوره ها، در ادیان توحیدی

این مقوله سعی دارد که بررسی تطبیقی و تشبیهی خود را بین   افسانه ها و آیه ها عرضه نماید. قرآن کتابی است که عاری از مضامین خرافه، افسانه و اسطوره نیست. چنین آیات افسانه ای و اسطوره ای، تنها از مخیله نوع بشری می‌تراود. چه افسانه ها و اسطورها حاصل فقدان دانش بشری نسبت، به حقایق پیرامون و درون خویش است. همچنین حس خشم، حس انتقام و حس مکر، در الله، منقول از آیات قرآن، در خدایان کوهستان المپ، واقع، در شمال کشور یونان هویدا میباشد. چنانکه زئوس یونانی یا ژوپیتر رومی، خدای آسمانها، دارای حس خشم، حس انتقام و حس مکر میباشند. بنابراین خدایان، در اسطوره و افسانه همچون الله، در قرآن یا یهوه، در تورات، دارای خلق و خوی بشری هستند که آن خلق و خوی، منبعث از نادانی، ناتوانی، درماندگی یا پشیمانی، در مشیت خدایان است. بنابراین ما، در ادیان مونیتیستی(توحیدی) و ادیان پولیتیستی (چند خدایی)، رفتارهای بشری را، در خدایان می‌یابیم. زئوس- خدای آسمانها- بادها و ابرها را با نیروی خود میراند؛ چنانکه الله، آفریدگار هستی، بادها و ابرها را می فرستد و میراند. بدینسان ما درمی‌یابیم که حماسه، خرافه ، افسانه و اسطوره، در برخی آیات قرآن از فقر علمی می‌تراود؛ انسانی، در آن زمان قادر، به تشریح علمی پدیده ها نبود، چنانکه الله، در متن قرآن، قادر، به تشریح پدیده ها نیست.

« و اوست که بادها را پیشاپیش رحمتش مژده رسان می‌فرستد » قرآن، اعراف/۵۷

« آیا ندانسته‌ای که الله ابر را به آرامی می‌راند » قرآن، نور/۴۳

در قرآن ستارگان و شهاب ها را بسان افسانه‌های یونانی و رومی وارد روایات خرافی نموده اند. همگان، در قرن بیست و یکم دارای دانش نجوم، نیک واقف، به ماهیت ستارگان و شهاب ها هستیم. رومیان باستان چنین می‌پنداشتند که یوره پرو دیگیالیس (یوپیتر) صاعقه را ابزار نابودی بد کاران قرار داد. همین اعتقاد خرافی را می‌توان، در بین سومری‌های باستان، در سرزمین بابل یافت. آنان بر این باور بودند که مردوخ،خدای کل و خدای نرینه، باد و طوفان را ابزار نابودی تیامات، اژدهای دریای تاریکی قرار داد. اکنون قرآن، در قرن هفتم میلادی متاثر از جهل بشری، به خرافه و حماسه، شهاب را ابزار الهی برای طرد شیاطین خوانده است. از اینرو یوپیتر توسط صاعقه ، به جنگ بدکاران رفت و مردوخ توسط باد و طوفان به جنگ تیامات رفت و الله توسط شهاب، به جنگ شیاطین رفت. بواقع سوره حجر/۱۸ و ملک/۵ از منظر روانشناسی و تجربه تاریخی از ذهن خلاق بشری می‌تراود نه ایزدی خالق. همچنین قرآن خود اذعان داشته است که شیطان توانایی اغوای بشری دارد. بنابراین شهاب ها برای طرد شیاطین کارآمد نیستند. بدیهی است که عقل بشری مکون چنین داستانهای حماسی و خرافی بوده است :

« شیطان شما را وعده فقر و نداری می‌دهد و به کارهای زشت وادار می‌سازد » قرآن، بقره/۲۶۸

« و پیروی وساوس شیطان نکنید که محققاً شیطان از برای شما دشمنی آشکار است » قرآن، بقره/۱۷۸

« هر شیطانی برای استراق سمع به آسمان نزدیک شود تیر شهاب و شعله آسمانی او را تعقیب کند » قرآن، حجر/۱۸

« و به تیر شهاب آن ستارگان، شیاطین را راندم و عذاب آتش فروزان را بر آنها مهیا ساختیم » قرآن ، ملک/۵

مکون بشری آیات قرآن، در سوره حج/۶۵، در اوج فقر علمی قرار دارد. او واقف، به گستره آسمان نیست که میلیاردها سال نوری وسعت دارد. او بشری است که وسعت بیکران آسمان را وسعت دیدگان غیر مسلح خود یافته است که پیرامون زمین را احاطه کرده است. مکون آیات قرآن، دگربار سخن حماسی و افسانه ای، منقول از الله رانده است که فاقد وجاهت علمی میباشد. قرآن مدعی است که الله آسمان را با وسعت ۹ میلیارد سال نوری (هر سال نوری ۹٫۶میلیون میلیون کیلومتر است) طبق آخرین رصد کنونی ستاره شناسان، نگاه داشته است که بر سیاره زمین با وسعت حدود ۵۱۰ میلیون کیلومتر مربع و محیط حدود ۴۰۰۰۰ کیلومتر سقوط نکند.

« و آسمان را نگاه می‌دارد تا بر زمین فرو نیفتد مگر به اذن خودش در حقیقت الله نسبت به مردم سخت رئوف و مهربان است » قرآن،حج/۶۵

در مسیر تحقیقات ادیان و قرآن با نخستین بشر نر و ماده برخورد می‌کنیم. سخن قرآن و تورات از آدم و حوا است. این نخستین مرد و زن بشری، میراث افسانه ها و اسطوره های ادوار باستان است که وارد اندیشه دینی یهودی، زرتشتی، مسیحی و اسلامی شده است. اپی مته و پرومته، در کران زئوس، در کوه المپ میزیستند. وقتی پرومته در می‌یابد که

اپی مته همه برکات را، به حیوانات اختصاص داده است؛ اقدام، به آفرینش انسان می‌کند.

در افسانه‌های یونان، درباره آفرینش نخستین مرد و زن بشری آمده است :

« پرومته [یکی از پسران دیو یاپتوس] کار آفرینش را کنار گذاشته و در پی یافتن راه چاره بر آمد تا کاری کند که بشر از همه‌ی موجودات دیگر قوی تر شود.پس او را، در پوششی بهتر از حیوانات پوشاند و او را شبیه خدایان آفرید ... » افسانه‌های بی زمان، ادیت هامیلتون، ترجمه پریرخ صنیعی، چاپ اول ۱۳۸۷، صفحه۱۰۴

آری! در افسانه یونان انسان، شبیه خدایان آفریده شده است؛ چنانکه، در تورات، نوشته پیدایش، انسان شبیه خداوند آفریده شده است. متعاقب چنین پندارهای بشری است که قرآن آدم را جانشین (خلیفه)، در زمین خوانده است. پس خطوات افسانه و خرافه، در کتب مذهبی تورات و قرآن وارد شده است.

« سرانجام خدا فرمود : انسان را شبیه خود بسازم، تا بر حیوانات زمین و ماهیان دریا و پرندگان آسمان فرمانروایی کند ـ پس خدا انسان را شبیه خود آفرید. او انسان را زن و مرد خلق کرد و ایشان را برکت داد ...» تورات، پیدایش، فصل ۱،باب۲۶-۲۸

« چون پروردگار تو به فرشتگان گفت من در زمین جانشین خواهم گماشت. [فرشتگان] گفتند آیا در آن کسی را می‌گماری که در آن فساد انگیزد و خونها بریزد و حال آنکه ما با ستایش تو [تو را] تنزیه می‌کنیم و به تقدیست می‌پردازیم فرمود من چیزی می‌دانم که شما نمی‌دانید» قرآن، بقره/۳۰

حوا نخستین زن، در متن تورات و قرآن موجبات گمراهی آدم را فراهم ساخته ، هر دو از سوی خداوند از بهشت عدن رانده شده، مبتلا، به مصائب دنیوی گشتند. در افسانه های

یونان، نقش حوا را پاندورا ایفا می‌کند که بزرگترین شیطان نزد مرد پنداشته شده است که زن نزد مرد صباحت داشته، دلفریب باشد. پاندورای دلفریب یا حوای دلفریب، در روایت افسانه‌ی یونانی و در روایت قرآنی و روایت توراتی، متشابه میباشند که تراوش از ذهن داستان سُرای بشری است، نه حقایق الهی و علمی.

« مدتی طولانی، به خصوص، در عصر طلایی، فقط مردان، در زمین زندگی می‌کردند و زنی، در جهان نبود. زئوس، زن را بعد آفرید و این کار را به این علت انجام داد که از کارهای پرومته و اهمیتی که به انسان می‌داد، به خشم آمده بود. او نه تنها آتش را برای مردان دزدیده بود، بلکه ترتیبی داد که بهترین بخش گوشت جانور قربانی شده به انسان برسد و خدایان بدترین قسمت آن را دریافت کنند. او گوزن بزرگی ذبح کرد و بخش لذیذ گوشت را زیر امعاء و احشاء آن پنهان کرد. بعد با حیله گری استخوان ها را با چربی درخشان پوشاند، نزد زئوس برد و پیشنهاد انتخاب یکی از آن دو قسمت را داد. زئوس هم تکه ای از چربی سفید برداشت و وقتی متوجه شد زیر آن استخوان ها جا گرفته اند، بسیار عصبانی شد، ولی تصمیم گرفت برای تلافی منتظر فرصت بماند. این گونه بود که فقط چربی و استخوان قربانی، در محراب خدایان سوزانده شد و مردان قسمت های خوب گوشت را برای خود برداشتند. اما پدر انسان و خدایان کسی نبود که زیر بار چنین نیرنگ هایی برود. او سوگند خورد اول از بشر و بعد هم از طرفداران بشر انتقام گیرد. بنابراین بزرگترین شیطان را، در شکلی بسیار دلفریب و دوست داشتنی، در هیئت دوشیزه ای محجوب و زیبا آفرید. هر کدام از خدایان نعمتی بر او ارزانی کردند، جامه ای نقره ای بر او پوشاندند و نقابی بزرگ بر چهره اش نهادند، طوری که دیدنش باعث حیرت همه می‌شد. حلقه ای از گل های تازه شکفته بر گردنش بود تاجی از طلا بر سرش می‌درخشید. به این

ترتیب زیبایی مفتون کننده ی او کامل شد. او را به خاطر هدایایی که دریافت کرد، پاندورا نامیدند ... » افسانه های بی زمان، ادیت هامیلتون، ترجمه پریرخ صنیعی، چاپ اول ۱۳۸۷خورشیدی، صفحه ۱۰۵-۱۰۶

« آنگاه خداوند آدم را به خواب عمیقی فرو برد و یکی از دنده هایش را برداشت و جای آن را با گوشت پر کرد – و از آن دنده زنی سرشت و او را پیش آدم آورد. آدم گفت : این است استخوانی از استخوانهایم و گوشتی از گوشتم. نا او نساء باشد، چون از انسان گرفته شد ... مار از همه حیواناتی که خداوند به وجود آورد، زیرک تر بود. روزی مار نزد زن آمده، به او گفت: آیا حقیقت دارد که خدا شما را از خوردن میوه تمام درختان باغ منع کرده است؟ - زن، در جواب گفت : ما اجازه داریم از میوه همه درختان بخوریم بجز میوه درختی که در وسط باغ است. خدا امر فرموده است که میوه آن درخت نخوریم و حتی آن را لمس نکنیم وگرنه می‌میریم- مار گفت : مطمئن باش نخواهید مرد! بلکه خدا خوب میداند زمانی که از میوه آن درخت بخورید چشمان شما باز می‌شود و مانند خدا می‌شوید و می‌توانید خوب را از بد تشخیص دهید – آن درخت در نظر زن زیبا آمد و با خود اندیشید : میوه این درخت دلپذیر می‌تواند خوش طعم باشد و به من دانایی بخشد. پس از میوه درخت چید و خورد و به شوهرش هم داد و او نیز خورد. آنگاه چشمان هر دو باز شد و از برهنگی خود آگاه شدند. پس با برگهای درخت انجیر پوششی برای خود درست کردند ... سپس خداوند به آدم فرمود : چون گفته زنت را پذیرفتی و از میوه آن درختی که خوردی که به تو گفته بودم از آن نخوری، زمین زیر لعنت قرار خواهد گرفت و تو تمام ایام عمرت با رنج و زحمت از آن کسب معاش خواهی کرد ... » تورات، پیدایش، فصل ۲،باب۲۱-۲۴ و فصل۳،باب۱-۱۷

« و گفتیم ای آدم خود و همسرت در این باغ سکونت کنید و از هر کجای آن خواهید فراوان بخورید به این درخت نزدیک نشوید که از ستمکاران خواهید بود - پس شیطان هر دو را از آن بلغزانید و از آنچه در آن بودند ایشان را به درآورد و فرمودیم فرود آیید شما دشمن همدیگرید و برای شما در زمین قرارگاه و تا چندی برخورداری خواهد بود » قرآن، بقره/۳۵-۳۶

مشابه آدم و حوا را می‌توان، در افسانه ها و اسطورها یافت :

در اساطیر بابلی و اکدی آنان را مردوخ و سرپینت نامیده اند

در اساطیر مصری آنان را اوزیس و ازیریس نامیده اند

در اساطیر سومری آنان را دوموسی و اینانا نامیده اند

در اساطیر هندی آنان را برهما و شاکتیس نامیده اند

در اعتقاد زرتشتیان آنان را مشی و مشیانه نامیده اند

در اعتقاد بین النهرین آنان را اپسو و تیامات نامیده اند

بلای آسمانی نیز بیش از آنکه مشیت ایزدی باشد؛ خرافی و افسانه ای است. آفریدگار یکتا اختیار خیر و شر را از بدو آفرینش انسان، در سیرت عقلانی او نهادینه ساخته است. خداوند وجود انسان طاعی و طاغی را، در بدو آفرینش پذیرفته بود. پس او آزادی انسان را مهیا ساخت. خداوند انسان را اختیار بخشید و فرشتگان را جبر. پس خداوند، به انسان کرامت بخشید؛ زیرا انسان آزاد باشد و اختیار داشته باشد. نقض خود نقص محسوب می‌شود. خداوند هرگز اختیار انسان را، در استعمال خیر یا شر نقض نکرده است؛ زیرا

نقض، ناشی از نقص دیوانگی، نادانی، ناتوانی، درماندگی یا پشیمانی موجودی است. بنابراین روایاتی از بلایای آسمانی، در کتب قرآن و تورات، نقض مشیت الهی است که مبتلا، به نقص میباشد. ادعای بلای آسمانی خاص کتب تورات و قرآن نیست؛ بلکه افسانه ها و اسطوره ها از آن سخن ها رانده اند.

ماجرای افسانه یونانی دیونیزوس از آنجا آغاز می‌شود که سمله، یکی از زنان زئوس، مورد غضب هرا، الهه تولد و حقیقت و نخستین همسر زئوس قرار گرفته، طی حادثه ای جان می‌سپارد. سمله، در هنگام مرگ، باردار بود. پس زئوس تا هنگام بدنیا آمدن کودک، جسد سمله را نزد خود نگاه داشت. هرمس، کودک را نزد پری نیسا برد که او را بزرگ کند. سپس زئوس تربیت کودک را بعهده گرفت.

« یک روز، در کنار دریای یونان، کشتی دزدان دریایی لنگر انداخت. آنان در ساحل نزدیک دماغه، جوان بسیار زیبا و برازنده ای را دیدند. موهای بلند و سیاه اطراف گردن آفتاب سوخته اش افشان بود و شانه های ستبرش را میپوشاند. شکوهی چون شاهزادگان داشت و دزدان فکر کردند اگر او را بدزدند، در مقابل آزادی اش می‌توانند، پولی هنگفت از والدینش طلب کنند. ملاحان به وی حمله کردند و او را به درون کشتی کشاندند. در عرشه ، طناب محکمی آوردند تا او را ببندند، اما هر چه می‌کردند، گره ها به هم نمی‌پیچید و هر بار که می‌خواستند دست و پایش را طناب پیچ کنند، بندها پاره می‌شد. جوان با دیدگان درخشان و تبسمی شیرین، تلاش آنان را نگریست و هیچ نمی‌گفت. ناگهان سکان دار کشتی ماجرا را فهمید و فریاد زد تا دست نگه دارند، چون ممکن است او از خدایان باشد. ملاح خواست او را آزاد کند و هشدار داد که اگر این کار را نکنند بلای آسمانی بر سرشان فرود خواهد آمد. ناخدا او را به باد تمسخر گرفت و حرف هایش را ابلهانه خواند و به

جاشوان دستور داد عجله کنند و بادبان برافرازند تا به راه افتند. باد موافق می‌وزید و مردان بادبان ها را کشیدند، همگی آماده ی کار شند تا از تنگه بگذرند، اما هر چه کوشش می کردند کشتی از جایش تکان نمی‌خورد. ناگهان اتفاقات عجیبی یکی پس از دیگری روی داد. شرابی خوشبو بر عرشه ی کشتی جاری شد و یک درخت مو با خوشه های پر از انگور در کشتی سبز شد، پیچک های مملو از میوه های سبز تیره دور دیرک ها پیچید و مانند تاج های گل پر از میوه های عالی همه جا را پوشاند. لرزه ای از وحشت بدن کارکنان کشتی را فراگرفت. ناخدا به ملاحان دستور بازگشت به خشکی داد، اما دیگر بسیار دیر شده بود، چون به مجردی که لب به سخن گشود ، جوان اسیر به صورت شیری درآمد و شروع به غرش کرد و به طرز وحشیانه و مخوف به آنان حمله برد. همه برای فرار از شیر به دریا پریدند، ولی ناگهان به قالب دلفین درآمدند. فقط سکان دار که قبلاً هشدار داده بود، عوض نشد. دیونیزوس که خود را مدیون او می‌دانست اجازه داد به کشتی بازگردد. به او گفت که شجاع باشد و افتخار کند که مورد لطف کسی چون او قرار گرفته است که از بطن سمله و پشت زئوس به دنیا آمده است. او که نتیجه ی پیوند زئوس و سلمه است. ... »

افسان های بی زمان، ادیت هامیلتون، ترجمه پریرخ صنیعی، چاپ اول، ۱۳۸۷خورشیدی، صفحه ۸۴

روایاتی از بلاهای آسمانی، در قوم نوح، لوط، هود، عاد، ثمود و ... را می‌توانیم، در کتب قرآن و تورات بخوانیم، خاصه داستان نوح و بلای طوفان که مفصل میباشد، در کتب مذکور وارد شده است. اما پژوهشگران و محققان باستان شناس، بر این باورند که طوفان نوح منبعث از افسانه ها و اسطوره های بابلی است که تطابق بین آنها محرز است. نوح را، در افسانه های باستان «اوت نپیشتیم» خوانده اند. همچنین یاد آوری می‌گردد که بنی

اسرائیل سالیان متوالی، در سرزمین بابل اسیر بودند که این اسارت، فرصتی برای آشنایی یهودیان با ادیان بابلی و زرتشتی و افسانه ها و اسطورهای آنان فراهم ساخته بود.

زئوس، خدای آسمانها بر بشر طاغی خشم گرفته، نُه شبانه روز باران را بر زمین سرازیر نمود که موجودات زمین را طی توفان و سیل مغروق نماید. پیش از وقوع این اتفاق پرومته،خدای زمین، دیوکالیون و پیرا، پسر خود و دختر عمویش که دختر اپی مته و پاندورا، نخستین بشر زن باشد را از وقوع بلای آسمانی از سوی زئوس آگاه ساخته بود. دیوکالیون و پیرا با تقوا و پرهیزکار بوده، همیشه خدایان را پرستش می‌کردند. از اینرو زئوس تنها آنان را شایسته نجات خوانده بود. آن دو اقدام، به ساختن صندوق چوبی کردند که سوار بر آن خود را از سیل و طوفان نجات داده، نسل بشر را حفظ کنند. بدینسان می‌توان استنتاج نمود که داستان نوح، در مسیر توسعه فکری و دینی بشری از اندیشه باستانی اقتباس شده است. حماسه گیلگمش، قدیمی ترین منبع یافته شده، در کتابخانه آشور بانیپال است که سایر ادیان همچون یهودی و متعاقب آن اسلامی، داستان طوفان بزرگ را از آن اقتباس کرده اند.

طوفان بزرگ، در روایت افسانه های سومر و بابل :

«اسطوره طوفان نیز از زمان سومریان آغاز می‌شود و ظاهراً ناشی از طغیان شدیدی است که وقتی در دو رود دجله و فرات به وقوع پیوسته بوده است از این داستان صورت گوناگون به قطعات مختلف به دست و زمان ما رسیده است. لطیف ترین آنها صورتی است که در ذیل حماسه گیلگمش، پهلوان بابلی، آمده است و در ضمن آن حکایت طوفان نقل و روایت

شده است. بنابراین داستان خدایان چون از گناه ابنای بشر به خشم درآمدند، آهنگ آن کردند که با طوفانی شدید نوع و نژاد او را براندازند و آدمیان را محو و نابود سازند. این سر نهانی اتفاقاً به گوش یکی از افراد آدمیان رسید؛ یعنی خدای ائـا که از خدایان مهربان بود و نسبت به مردی مرسوم به اوت نپیشتم بر سر لطف بود، نهانی او را از این خطر که در پیش بود آگاه ساخت. آن مرد در حال بشتافت و کشتی بزرگ بساخت که صد و بیست زارع اضلاع آن و صد و چهل زارع ارتفاع آن بود. اوت نپیشتیم بعدها سرگذشت خود را برای پهلوان مذکور یعنی گیلگمش چنین نقل کرده است : من خاندان و کسان خود را در این کشتی بردم و نیز خزندگان مزرعه و دام و دد صحرا و صنعتگران بلاد عده ای چند را با خود بردم. در روز معین که رب شمش مقرر داشته بود، و در آن روز خدای ظلمات بارانهای سنگین روان داشته، من به کشتی درون رفتم و درها را فرو بستم. روز موعود نزدیک شد. از افق ابری سیاه برخاست و رعدی هولناک به غرش آمد. خدایان ... و مردوخ از پیش رفتند، و طوفان به غایت شدت رسید. نور و روشنی به ظلمت و تاریکی مبدل شد، و سیلاب تمام سطح جهان را فرا گرفت، و آب از قلل جبال بالاتر رفت، و آبها جاروی فنا بر روی نوع انسان کشید. هیچ کس به یاد دیگری نبود، و هیچ کس طاقت سربر داشتن و بر آسمان نگریستن نداشت. چون کار به اینجا رسید خدایان خود از این طوفان به هراس افتادند. پس برخاستند و به آسمان رفتند. چنانکه مانند سگ از ترس خم شده بودند. عشتر، چون زنی در هنگام زایمان ناله می‌کرد، آن ملکه خدایان زار زار می‌گریست، و آدمیان همه در گل و لای مدفون گشتند.چون روز هفتمین در رسید آشفتگی آرام گرفت و طوفان که مانند لشکری مهاجم بود عقب نشست. دریاها ساکن شد و سیلاب خاموش گشت. من دریچه را گشوده به آن دریای بی کران نظر افکندم و شیون و زاری آغاز کردم،

ولی سراسر آدمیان در گل فرو رفته بودند. دشتها و مزرعه ها همه چون باتلاقی وسیع در برابر دیده من می‌نمود. پرتو خورشید بر چهره من تافت، خم شدم و بنشستم و بگریستم. اشک از دیدگان من روان بود. چون به جهان نظر کردم همه سراسر دریا بود. پس از دوازده روز خشکی نمودار گشت. کشتی به سوی سرزمین نیسیر روان بود، کوه نیسیر آن را به خود محکم گرفت و از آن پس بی حرکت ماند. پس، من کبوتری رها کردم و به بیرون فرستادم. آن پرنده از هر طرف به دقت بال گشود و چون مقر و مکانی نیافت به کشتی باز آمد. پس پرستویی پرواز دادم. او نیز به هر سو پرید و چون جای آرامش پیدا نکرد ناگزیر بازگشت. پس بار دیگر زاغی را از کشتی آزاد ساختم. آن پرنده فرو رفتن آب را ملاحظه کرد. پس، من هر چه داشتم به چهار گوشه جهان رها کردم و بر فراز کوهی قربانی گذرانیدم، و شراب مقدس نوشیدم. — شباهت و نزدیکی این اسطوره با آنچه در تورات آمده است به خوبی معلوم و مشهود است.»تاریخ جامع ادیان، جان بایر ناس، چاپ نهم ۱۳۷۷خورشیدی، صفحه ۷۰-۷۲

طوفان بزرگ، در روایت قرآن :

« و به راستی نوح را به سوی قومش فرستادیم [گفت] من برای شما هشداردهنده‌ای آشکارم - که جز خدا را نپرستید زیرا من از عذاب روزی سهمگین بر شما بیمناکم - پس سران قومش که کافر بودند گفتند ما تو را جز بشری مثل خود نمی‌بینیم و جز فرومایگان ما آن هم نسنجیده نمی‌بینیم کسی تو را پیروی کرده باشد و شما را بر ما امتیازی نیست بلکه شما را دروغگو می‌دانیم - گفت ای قوم من به من بگویید اگر از طرف پروردگارم

حجتی روشن داشته باشم و مرا از نزد خود رحمتی بخشیده باشد که بر شما پوشیده است آیا ما شما را در حالی که بدان اکراه دارید به آن وادار کنیم - و ای قوم من بر این [رسالت] مالی از شما درخواست نمی‌کنم مزد من جز بر عهده خدا نیست و کسانی را که ایمان آورده‌اند طرد نمی‌کنم قطعا آنان پروردگارشان را دیدار خواهند کرد ولی شما را قومی می‌بینم که نادانی می‌کنید - و ای قوم من اگر آنان را برانم چه کسی مرا در برابر خدا یاری خواهد کرد آیا عبرت نمی‌گیرید - و به شما نمی‌گویم که گنجینه‌های خدا پیش من است و غیب نمی‌دانم و نمی‌گویم که من فرشته‌ام و در باره کسانی که دیدگان شما به خواری در آنان می‌نگرد نمی‌گویم خدا هرگز خیرشان نمی‌دهد خدا به آنچه در دل آنان است آگاه تر است. من در آن صورت از ستمکاران خواهم بود - گفتند ای نوح واقعا با ما جدال کردی و بسیار جدال کردی پس اگر از راستگویانی آنچه را به ما وعده می‌دهی برای ما بیاور - گفت تنها خداست که اگر بخواهد آن را برای شما می‌آورد و شما عاجز کننده نخواهید بود - و اگر بخواهم شما را اندرز دهم در صورتی که خدا بخواهد شما را به بیراه گذارد اندرز من شما را سودی نمی‌بخشد او پروردگار شماست و به سوی او باز گردانیده می‌شوید - یا [در باره قرآن] می‌گویند آن را بربافته است بگو اگر آن را به دروغ سر هم کرده‌ام گناه من بر عهده خود من است. من از جرمی که به من نسبت می‌دهید برکنارم - و به نوح وحی شد که از قوم تو جز کسانی که ایمان آورده‌اند هرگز [کسی] ایمان نخواهد آورد پس از آنچه می‌کردند غمگین مباش - و زیر نظر ما و وحی ما کشتی را بساز و درباره کسانی که ستم کرده‌اند با من سخن مگوی چرا که آنان غرق شدنی‌اند - و کشتی را می‌ساخت و هر بار که اشرافی از قومش بر او می‌گذشتند او را مسخره می‌کردند می‌گفت اگر ما را مسخره می‌کنید ما شما را همان گونه که مسخره می‌کنید مسخره خواهیم کرد -

به زودی خواهید دانست چه کسی را عذابی خوار کننده درمی‌رسد و بر او عذابی پایدار فرود می‌آید - تا آنگاه که فرمان ما دررسید و تنور فوران کرد فرمودیم در آن [کشتی] از هر حیوانی یک جفت با کسانت مگر کسی که قبلا درباره او سخن رفته است و کسانی که ایمان آورده‌اند حمل کن و با او جز اندکی ایمان نیاورده بودند - و [نوح] گفت در آن سوار شوید به نام خداست روان شدنش و لنگر انداختنش بی گمان پروردگار من آمرزنده مهربان است - و آن [کشتی] ایشان را در میان موجی کوه آسا می‌برد و نوح پسرش را که در کناری بود بانگ درداد ای پسرک من با ما سوار شو و با کافران مباش - گفت به زودی به کوهی پناه می‌جویم که مرا از آب در امان نگاه می‌دارد گفت امروز در برابر فرمان خدا هیچ نگاهدارنده‌ای نیست مگر کسی که [خدا بر او] رحم کند و موج میان آن دو حایل شد و [پسر] از غرق شدگان گردید - و گفته شد ای زمین آب خود را فرو بر و ای آسمان [از باران] خودداری کن و آب فرو کاست و فرمان گزارده شده و [کشتی] بر جودی قرار گرفت و گفته شد مرگ بر قوم ستمکار - و نوح پروردگار خود را آواز داد و گفت پروردگارا پسرم از کسان من است و قطعا وعده تو راست است و تو بهترین داورانی - فرمود ای نوح او در حقیقت از کسان تو نیست او [دارای] کرداری ناشایسته است پس چیزی را که بدان علم نداری از من مخواه من به تو اندرز می‌دهم که مبادا از نادانان باشی - گفت پروردگارا من به تو پناه می‌برم که از تو چیزی بخواهم که بدان علم ندارم و اگر مرا نیامرزی و به من رحم نکنی از زیانکاران باشم - گفته شد ای نوح با درودی از ما و برکتهایی بر تو و بر گروههایی که با تو می‌باشند فرود آی و گروههایی هستند که به زودی برخوردارشان می‌کنیم سپس از جانب ما عذابی دردناک به آنان می‌رسد - این از خبرهای غیب است که

آن را به تو وحی می‌کنیم پیش از این نه تو آن را می‌دانستی و نه قوم تو پس شکیبا باش که فرجام [نیک] از آن تقوا پیشگان است » قرآن، هود/۲۵-۴۹

طوفان بزرگ، در روایت تورات :

« این تاریخچه خانواده نوح است. نوح مردی صدیق، در دوره خودش کامل بود نوح به خداوند تقرب جست. نوح سه پسر بدنیا آورد: شم، حام و یفت. جهان در پیشگاه خداوند فاسد گشت و آن سرزمین از ظلم پر شد. خداوند جهان را دید که اینک فاسد شده است زیرا هر بشری بر روی زمین راه تباهی را برای خود انتخاب کرده بود. خداوند به نوح گفت: پایان عمر هر ذی حیاتی به حضورم فرا رسیده است؛ زیرا جهان بخاطر آنها از ظلم پر شده است و اینک من آنان را از جهان نابود می‌کنم. برای خود از چوب های کاج کشتی بساز. در کشتی اتاقکها بساز و آن را از درون و بیرون با قیر اندود کن. و این است آنچه می‌سازی. سیصد اَما در ازای کشتی پنجاه اَما پهنا و سی اَما بلندی اش باشد. دریچه برای کشتی بساز و آن را به فاصله یک اَما از بالای سقف تمام کن و در کشتی را کنارش قرار بده و آن را سه طبقه زیرین و دوم و سوم بساز و اینک من برای نابود کردن هر موجود زنده ای زیر آسمان که در او روح زندگی موجود است طوفان آب بر زمین می‌آورم تا آنچه بر روی زمین است هلاک گردد. عهدم را با تو استوار خواهم کرد و در حالی که پسرانت و زنت و زنان پسرانت با تو هستند به کشتی خواهی آمد. و از هر حیوان از هر موجود زنده ای از همه دو تایی به کشتی بیاور تا آنها را با خودت زنده نگه داری نر و ماده باشند. از پرنده به نوعش و از چهار پا به نوعش از خزنده به نوعش برای زنده نگه داشتن دو تایی از هر کدام سوی تو خواهند

آمد و تو از هر خوراکی که قابل خوردن است برای خودت بردار و نزد خود ذخیره کن تا برای تو و برای آنها وسیله تغذیه باشد.پس نوح طبق آنچه که خداوند او را فرمان داده بود همان گونه عمل کرد[فصل ۶] ادونای به نوح گفت چونکه تو را در این دوره در پیشگاهم صدیق دیدم تو با تمام خانواده ات به کشتی داخل شو. از تمام چهار پایان حلال گوشت از هر نوع هفت جفت نر و ماده‌اش را برای خود بردار و از چهارپایانی که حلال گوشت نیستند از هر نوع دو جفت نر و ماده اش. از پرنده آسمان هم از هر نوع هفت جفت نر و ماده تا بر روی تمام زمین نسل را نگه داری؛ زیرا هفت روز دیگر من چهل روز و چهل شب بر زمین باران می‌بارانم و هر موجودی را که درست کرده ام از روی زمین نابود خواهم کرد. نوح موافق آنچه ادونای او را فرمان داده بود عمل نمود و نوح ششصد سال داشت که طوفان آب بر روی زمین پدید آمد. نوح و با او پسرانش و زنش و زنان پسرانش به خاطر ترس از آبهای طوفان به کشتی آمدند. از چهارپایان حلال گوشت و از چهار پایانی که حلال گوشت نیست و از هر پرنده و از هر جنبده ای که روی زمین است. همانطوری که خداوند به نوح فرمان داده بود جفت جفت یعنی نر و ماده پیش نوح به کشتی وارد شدند. بعد از آن هفت روز بود که آب طوفان بر روی زمین باقی ماند. در ششصدمین سال زندگی نوح در ماه دوم در هفدهمین روز ماه در همین روز تمام چشمه های اعماق زمین شکافته شده و روزنه های آسمان گشوده شد. چهل روز و چهل شب باران بر زمین می‌بارید. در خود همین روز نوح شم، حام و یفت پسران نوح و زن نوح و سه تا زنان پسرانش همراهشان به کشتی وارد شدند. آنها و هر حیوانی به نوعش و هر چهار پایی به نوعش و هر جنبده ای که روی زمین حرکت میکرد به نوعش و هر مرغی به نوعش و هر پرنده ای و هر بالداری. از هر موجود زنده ای که روح زندگی داشت جفت جفت نر و ماده پیش نوح به کشتی داخل شدند و

آنهایی که می‌آمدند همانطوریکه خداوند به آنها فرمان داده بود از هر موجود زنده ای نر و ماده وارد شدند و ادونای در کشتی را برای او بست چهل روز بر زمین طوفان بود. آبها زیاد شد و کشتی را بلند کرد تا از روی زمین بالا رفت. آبها زور آور گشته بر روی زمین زیاد شد و کشتی بر سطح آبها می‌رفت و آبها بر روی زمین بسیار زیاد شد و تمام کوه های بلندی که زیر همه آسمان بود پوشیده شد. آبها از قله کوه ها بالاتر رفته و کوهها پوشیده شد و هر موجود زنده ای که روی زمین حرکت می‌کرد از پرنده و چهار پا و هر حیوان و هر حشره ای که روی زمین تولید مثل می‌کند و هر آدمی هلاک گردید. هر موجودی که در بینی اش نفس زندگی بخش داشت و هر آنچه بر روی خشکی بود مرد. هر موجودی که بر روی زمین بود نابود گردید از آدم تاچهار پا تا جنبنده و تا پرنده آسمان از روی زمین ناپدید شدند. فقط نوح و آنچه با او در کشتی بود باقی ماندند. آبها صد و پنجاه روز بر روی زمین زور آور باقی ماندند ^{فصل۷} خداوند نوح و هر حیوانی و هر چهار پایی را که با او در کشتی بودند مد نظر قرار داد. خداوند بادی بر زمین عبور داد و آبها فروکش کرد چشمه های اعماق زمین و روزنه های آسمان مسدود گشته باران از آسمان باز ایستاد. آبها بر زمین رفت و برگشت می‌کرد و در پایان صد و پنجاه روز آبها کم شد. روز هفدهم ماه هفتم کشتی روی کوه های آرارات قرار گرفت. و آبها تا ماه دهم رفته رفته کم می‌شد. در اول ماه دهم قله های کوه ها دیده شد. پس از چهل روز نوح پنجره کشتی را که ساخته بود باز کرد. کلاغ را روانه کرد. کلاغ تا خشک شدن آبها از روی زمین داخل و خارج می‌شد. کبوتر را از پیش خود روانه نمود تا ببیند آیا آبها از روی زمین سبک شده است یا نه . کبوتر برای پنجه ی پایش مقری نیافت و چون سطح تمام زمین آب بود به سوی کشتی برگشت. نوح دست دراز کرد و آن را گرفت او را پیش خود به کشتی آورد. هفت روز دیگر صبر کرد و باز

کبوتر را از کشتی روانه کرد. کبوتر درحالیکه برگ زیتون به دهان گرفته بود شامگاهان بسویش آمد و نوح دانست که آبها از روی زمین کم شده است. هفت روز دیگر منتظر شد و کبوتر را روانه کرد بار دیگر بسویش بر نگشت. در ششصد و یکمین سال زندگانی نوح در اولین ماه در روز اول ماه بود که آبها از روی زمین خشک شده، نوح سرپوش کشتی را کنار زد و دید اینک رویه‌ی زمین خشک شده است. و در ماه دوم در روز بیست و هفتم ماه زمین خشک شد خداوند به نوح چنین سخن گفت : تو از کشتی خارج شو زنت و پسرانت و زنان پسرانت هم همراه تو باشند. هر حیوانی که پیش توست از هر موجود زنده‌ای از پرنده و از چهار پا و هر جنبده‌ای را که روی زمین حرکت می‌کند با خود بیرون ببر تا در جهان زیاد تولید مثل کنند و روی زمین بارور و بسیار گردند. نوح خارج گشت و پسرانش و زنش و زنان پسرانش همراه او بودند هر حیوانی و هر خزنده‌ای و هر پرنده‌ای یعنی هر جنبده‌ی روی زمین بطور خانوادگی از روی کشتی خارج شد. نوح قربانگاهی برای ادونای بنا کرد و از هر چهار پای حلال گوشت و از هر پرنده حلال گوشت قربانی های سوختنی بر قربانگاه تقدیم کرد ادونای این بوی خوش را بویید. ادونای در دلش گفت : دیگر بخاطر آدم خاک را مجدداً نفرین نخواهم کرد زیرا تمایل نفسانی آدم از نوجوانی به بدی است و دیگر بار تمام زندگان را آنچنان که عمل کردم نخواهم کشت. تمام روزگار جهان دیگر بار کشت و زرع و درو و سرما و گرما و تابستان و زمستان و روز و شب باز نایستد^{فصل۸} » تورات، پیدایش یا بریشیت، باب ۶ الی ۸

پس از بررسی مفصل داستان نوح، اکنون، به تشابه روایتی دیگر، در افسانه های یونان و آیات قرآن می‌پردازیم. سخن قرآن درباره حمل عرش الله توسط فرشتگان بر سرشان و سخن افسانه های یونان درباره حمل جهان و آسمان توسط اطلس، برادر پرومته است .

« برادر پرومته، اطلس، به سرنوشت شوم تری محکوم شد. او باید تا ابد بر پشت خود حمل کند جهان پر توان و سنگین را و پهنه ی آسمان را و همواره بر شانه هایش بنشاند ستونهای عظیمی که زمین را و بهشت را از هم جدا می‌کرد باری که به آسانی حمل نمی‌شد کرد. با چنان باری سهمگین بر پشت، اطلس، درمکانی معلق بین ابرها و تاریکی ایستاد در جایی که شب و روز به سرعت به هم نزدیک شده و یکدیگر را دنبال می‌کردند. .. » افسانه های بی زمان، ادیت هامیلتون، ترجمه پریرخ صنیعی، چاپ اول ۱۳۸۷ خورشیدی، صفحه ۱۰۰

«و آسمان از هم بشکافد و در آن روز است که آن از هم گسسته باشد - و فرشتگان در اطراف [آسمان] هستند و عرش پروردگارت را آن روز هشت [فرشته] بر سر خود بر می‌دارند» قرآن، حاقه، ۱۶/ ۱۷-

برخی از آیات قرآن سخن از رویدادهای قیامت رانده است. این آیات سعی نموده اند که وقایع قیامت را، در ذهن، مخوف و هولناک مجسم نمایند؛ زیرا ترس یکی از علل پرستش، نیایش انسان و تدین میباشد. پس مکون آیات قرآن از همین حس ترس که ابناء بشری را، در برهه حجری و باستانی، به نیایش و تدین خدایان و قوای طبیعی وا میداشت، سود جسته است. خورشید تاریک شده، ستارگان فرو ریخته، بی نور شده یا پراکنده شده، زمین، به لرزه درآمده یا متلاشی شده و نظایر چنین ادعاهایی، در قرآن، متعدد یافت می‌شود. اما سؤال نخست این است که آیا خداوند کائنات را برای بهره مندی بشریت آفریده است که رحلت انسان از زمین منجر، به نابودی آن شود؟ آیا کائنات، به وجود آمده است که فقط بشریت از آن بهره مند شود؟ بی گمان پاسخ منفی است. البته بیهودگی و بی هدفی را می‌توان، در وجود اجرام و اجسام سماوی، مگر خورشید و زمین مشاهده نمود. اما بیهودگی

و بی هدفی، در مواهب زمین و آسمان پیرامون آن نمی‌توان یافت. چه همه این مواهب، زندگی جانداران بر زمین را تحقق بخشیده اند. اگر مفروض بر آن باشیم که کائنات برای خلقت بشریت فراهم شده بود؛ چرا پس از فاصله میلیاردها سال از بدو خلقت کائنات، بشریت بر زمین خلقت یافت؟ چرا اشرف مخلوقات، آخرین مخلوقات است، نه نخستین مخلوقات؟ از اینرو حتی زمین برای نوع بشری خلق نشده است. اما قیامت قرآن، زمین را با نابودی نوع بشری مصادف خوانده است. توگویی زمین فقط برای انسان آفریده شده است. لیکن چنین نیست. از منظر دانش استرونومی، سیاره زمین مورد تهدید برخی اجرام سماوی سرگردان و طوفانهای خورشیدی است؛ چنانکه خورشید پس از حدود ۵ میلیارد سال نابود خواهد شد. اما رشد فزاینده جمعیت، کاهش منابع حیات و آلودگیها، بیش از هر تهدیدی، زندگی جانداران روی زمین را تهدید می‌کند. برخلاف ادعای برخی، انسان اشرف مخلوقات نیست؛ زیرا معصیت و شرارت، در ذات عقلانی او نهادینه میباشد. امتیاز برجسته انسان نسبت، به حیوان، قوه خلاقیت و پیشرفت میباشد. پس آنچه هدفمند و سودمند آفریده شده باشد، نوع بشری را بهره مند می‌سازد. از اینرو چنین استنتاج می گردد که سرنوشت کائنات و سرنوشت بشریت از یکدیگر مجزا و متمایز هستند. اعتقاد، به وجود روح و زندگی پس از مرگ نیز، در عصر حجر بنیان گذارده شد. پس از آن، در فرآیند اندیشه مذهبی، توسعه یافته، ادیان پیش از میلاد و پس از میلاد از آن متمتع گشتند. منقول از قرآن، ستارگان، در هنگام قیامت پراکنده خواهند شد یا فرو خواهند ریخت، چنانکه منقول از افسانه‌های نروژی و اسکاندیناوی، ستارگان فرو خواهند ریخت. البته مترجمان تفسیری قرآن، واژه «نثر؛ یعنی، پراکندن» را، به «انهیار؛یعنی،سقوط و فروافتادن» نیز ترجمه کرده

اند. ایضاً ردپای افسانه سرایی بشری را می‌توان، در آیات قرآن یافت که نمونه ای از آن را، در ذیل ملاحظه می‌کنید.

«آنگاه که خورشید به هم درپیچد - و آنگه که ستارگان تیره شوند - و آنگاه که کوهها به رفتار آیند - وقتی شتران ماده وانهاده شوند - و آنگه که وحوش را همی‌گرد آرند - دریاها آنگه که جوشان گردند» قرآن، تکویر/۱-۶

« آنگاه که آسمان ازهم بشکافد - و آنگاه که اختران پراکنده شوند - و آنگاه که دریاها از جا برکنده گردند» قرآن، انفطار/۱-۳

«آن جا پس از شکست خدایان، هنگامی که خورشید سیاه می‌شود و زمین در دریا غرق می‌شود، ستارگان سوزان از آسمان فرو می‌ریزند و شعله های آتش تا بهشت خود را بالا می‌کشد. آن هنگام بهشت و زمین جدیدی پدید می‌آید» افسانه‌های بی‌نشان، ادیت هامیلتون، ترجمه پریرخ صنیعی، چاپ اول۱۳۸۷خورشیدی، صفحه ۴۴۴

بررسی تطبیقی بین افسانه ها و آیه ها را با مرگ و زندگی پس از مرگ ادامه می‌دهم. البته قصد ندارم که مفصل، در اینباره، به شرح پردازم، بلکه من، به مقالی تحقیقی، بسنده می‌کنم. بواقع هادس یونانی یا پلوتوی رومی، خدای مرگ و جهان زیرین که باتفاق پرسفونه، دختر زئوس و سمله، راکب بر ارابه، به دیار مرگ رهسپار شدند، در قرآن، بنام فرشته مرگ (ملک الموت) خوانده شده است. فقط یک اندیشه خلاقه توحیدی، منجر شده است که خدای مرگ، به فرشته مرگ تنزل مقام یابد؛ چنانکه پیروان دین بهی و مزدیسنایی قوای طبیعه را از مقام خداوندی، به مقام ایزدی تنزل جایگاه داده اند، گرچه شبه یا شبهه شرک، در کلام اوستا، در قالب نیایش بهرام، مهر، آناهیتا و ... تلاش های اشو

زرتشت را برای نیل، به ستایش وحدانی ناکام گذارده است. همچنین آن جهان بهشتی الله، در قرآن را، آن بهشت عدنی یهوه، در تورات را، در افسانه های مصری اوزیریس می‌توان یافت. اوزیریس، پادشاه بهشت خوشایند و دلپذیر است که ارواح نیک از آن بهره مند می‌گردند.

چنانکه الله، در حج شتر قربانی می‌طلبد، آرتمیس، دختر زئوس،   دوشیزه ای قربانی می‌خواهد. پس تشابه شخصیتی بین الله و خدایان باستان وجود دارد که ماحصل وحدت اندیشه بشری است. بنابراین مسلمانان، در برهه مدرن نیز با چنین شریعت حجری و باستانی وفق یافته اند. قربانی مظلوم ترین موجودی است که انسان برای خداوند، خدایان و سیاستمداران تقدیم می‌کرده است. غول ها و دیوها برای زئوس، خدای آسمانها، خدای رعدها، خدای ابرها و بادها، گوزن قربانی می‌کردند. بهترین بخش از گوشت گوزن سهم زئوس بود.

«بگو فرشته مرگ که بر شما گمارده شده جانتان را می‌ستاند آنگاه به سوی پروردگارتان بازگردانیده می‌شوید» قرآن، سجده/۱۱

شرح بهشت اوزیرس :

«... جهان اوزیریس ملکی خوشایند و دلپذیر است، و در آنجا چمنها و مزارع بسیار خرم و سر سبز و انبوهی از نباتات و غلات، که هر یک دوازده پا ارتفاع دارد، و درختان برومند سایه افکن فراوان است. روح سعادتمند در آنجا، به خوشی و شادمانی، در زیر   سایه های آن اشجار قرار گرفته با همسر گشاده روی خود و با دوستان عزیز، به خوشی و

خوشکامی مشغول است و غلامان متعدد   (اوشبتیس) آن اراضی سیاه را با گاوهای نر شیار می‌کنند، و   سنبله های بسیار بزرگ گندم یا ذرت را بر می‌چینند. لیکن برای آنکه همه کس نتواند به این سرانجام مبارک نائل گردد، روح باید از دیوان حساب بگذرد تا آنکه سرانجام به آن سرزمین سعادت و خرمی قدم گذارد» تاریخ جامع ادیان، جان بایر ناس، چاپ نهم، ۱۳۷۷خورشیدی، صفحه۶۱

شرح بهشت الله :

« پس کدام یک از نعمتهای پروردگارتان را منکرید - و هر کس را که از مقام پروردگارش بترسد دو باغ است - پس کدامیک از نعمتهای پروردگارتان را منکرید - که دارای شاخسارانند- پس کدام یک از نعمتهای پروردگارتان را منکرید - در آن دو دو چشمه روان است - پس کدام یک از نعمتهای پروردگارتان را منکرید - در آن دو از هر میوه‌ای دو گونه است - پس کدام یک از نعمتهای پروردگارتان را منکرید - بر بسترهایی که آستر آنها از ابریشم درشت بافت است تکیه آنند و چیدن میوه آن دو باغ در دسترس است - پس کدام یک از نعمتهای پروردگارتان را منکرید - در آن [باغها دلبرانی] فروهشته نگاهند که دست هیچ انس و جنی پیش از ایشان به آنها نرسیده است - پس کدام یک از نعمتهای پروردگارتان را منکرید - گویی که آنها یاقوت و مرجانند» قرآن، رحمن/۴۵-۵۸

شرح بهشت یهوه :

« خداوند، در سرزمین عدن، واقع، در شرق، باغی به وجود آورد و آدمی را که آفریده بود در آن باغ گذاشت. خداوند انواع درختان زیبا در آن باغ رویانید تا میوه های خوش طعم

دهند. او وسط باغ، درخت حیات و همچنین درخت شناخت نیک و بد را قرار داد. از رودخانه عدن، رودخانه ای بسوی باغ جاری شد تا آن را آبیاری کند. سپس این رودخانه به چهار رود کوچکتر تقسیم گردید – رود اول فیشون است که از سرزمین حویله می‌گذرد. در آنجا طلای خالص، مروارید و سنگ جزع یافت می‌شود – رود دومین، جیحون است که از سرزمین کوش عبور می‌کند – سومین رود دجله است که بسوی شرق آشور جاری است و رود چهارم فرات است – خداوند آدم را در باغ عدن گذاشت تا در آن کار کند و از آن نگهداری کند ...» نوشته پیدایش، ۸/۲-۱۵

خطاب قرار دادن خداوند یکتا، به پدر آسمانی، در دین مسیحی، بی گمان آشنا میباشد. اما خداوند، در کتاب مذهب مزدیسنایی و یهودی نیز، پدر خوانده شده است. بنابراین اندیشه پدر آسمانی، در دین مسیحی، منبعث از نوشته تورات است. اما، در قرآن، پدر آسمانی را نمی‌توان یافت. بواقع قرآن، به نفی شرک، در قالب تثلیث؛ یعنی، پدر، پسر و روح القدوس پرداخته است. از سوی دیگر زئوس و پتاح، خدایان یونان، در افسانه ها، پدر آسمانی خوانده شده اند. پدر آسمانی را می‌توان، در مقام خدا و خدایان اقوام و قبایل بشری یافت.

« همانا زئوس می‌باشد که قبایل آریایی هند او را دایوس پیتار یعنی پدر آسمانی نام داده و رومیها او را یوپیتر گفته اند. پس از او نوبت به دمتر می‌رسد که خدای زمین است» تاریخ جامع ادیان، جان بایر ناس،چاپ نهم، ۱۳۷۷خورشیدی،صفحه۷۸

« آیا این چنین از خدای خود قدردانی می‌کنی؟ آیا او پدر و خالق تو نیست؟ آیا او نبود که تو را بوجود آورد؟ » تورات، تثنیه ۶/۳۳-۹

« پدر آسمانی شما را بشرطی خواهد بخشید که شما نیز آنانی را که به شما بدی کرده اند ببخشید » انجیل، متی ۱۴/۶-۱۵

« مزدا پدر اشه است – ای مزدا تویی پدر سپند مینو. تویی که این جهان خرمی بخش را برای او بیافریدی و بدان رامش بخشیدی و آنگاه او با منش نیک همپرسگی کرد، آرمئیتی را به راهبری و آبادانی برگماشتی» اوستا،گاهان، یسنه، هات ۴۷، بند ۲-۳

مسیحیان چنین می‌پندارند که خداوند، عیسی، فرزند خود را، در قالب انسان، از رحم مریم متولد نمود. چنین اعتقاداتی را می‌توان، در برخی عقاید قبایل بشری یافت. در عهد عتیق و تورات، سخن از پسران و دختران خداوند رانده شده است. اکنون می‌توان دریافت که کتب مقدس ادیان توحیدی، آکنده از اندیشه های بشری است.

«وقتی خداوند دید که پسران و دخترانش چه می‌کنند، خشمگین شده، از آنان بیزار گشت.» تورات، تثنیه، ۱۹/۳۲

«بایامه در [زبان قبیله] کامیلاروی (kamilaroi) نام صانع یا آفریننده‌ای (از ریشه‌ی بیای (baiai) به معنی ساختن یا خلق کردن) است که همه چیزها را آفریده و حفظ و نگهداری می‌کند. به عقیده‌ی آنها، بایامه که به طور نامرئی است، به صورت انسانی ظاهر شده و مواهب و هدایای گوناگونی را، به قوم و قبیله‌ی آنها اعطا کرده است.» متون مقدس بنیادین از سراسر جهان، میرچا الیاده، ترجمه مانی صالحی علامه، جلد۱، صفحه۲۳

اندیشه‌ی «انسان نجس» از منظر دینی، اندیشه‌ی دیرینه‌ی بشری بوده است. قرآن، مشرکان و برخی چیزها را نجس خوانده است؛ سپس انجیل پندار، گفتار و کردار بد را

نجس خوانده است؛ چنانکه، در اقوام بدوی نیز رفتاری خلاف قائده دینی، افراد را نجس می‌نمود.

« در نزد این امتهای بدوی اگر کسی، بر خلاف قاعده، رسم تابو را بشکند آلوده و نجس شمرده می‌شود. تولد، مرگ، ریختن خون، آلایش به خون و تماس با اشخاص تابو، همه موجب نجاست و پلیدی است، و مستلزم حدوث یک وضع غیر طبیعی خواهد شد» تاریخ جامع ادیان، جان بایر ناس، چاپ نهم، ۱۳۷۷خورشیدی، صفحه۱۸

«ای کسانی که ایمان آورده‌اید حقیقت این است که مشرکان ناپاکند پس نباید از سال آینده به مسجدالحرام نزدیک شوند و اگر از فقر بیمناکید پس به زودی خدا اگر بخواهد شما را به فضل خویش بی‌نیاز می‌گرداند که خدا دانای حکیم است» قرآن، توبه/۲۸

«هیچکس با خوردن چیزی نجس نمی‌شود. چیزی که انسان را نجس می‌سازد، سخنان و افکار [پلید] اوست» انجیل متی، ۱۱/۱۵

درسوره انبیاء/۳۰ سخن از پیوستگی زمین و آسمانها، در ابتدای آفرینش و سپس گسستگی آنها از یکدیگر آمده است. همچنین، در برخی افسانه‌های اقوام بشری، بدین موضوع پرداخته شده است که نمایانگر دخیل بودن اندیشه بشری، در ظهور چنین ادعاهای غیر علمی و واقعی میباشد. ضمن آنکه زمین از منظر علمی، هرگز از آسمانها جدا نشده است. سیاره زمین، ضمیمه آسمانها و یکی از اجرام سماوی است. از اینرو ادعای قرآن، مبنی بر جدا شدن زمین از آسمانها غیر علمی و غیر منطقی میباشد. بواقع پیوستگی و گسستگی پیش سیاره زمین از یک سحابی یا گوی بزرگی از گازها و غبارها، در آسمان یکی از بازوهای کهکشان راه شیری، از منظر دانش استرونومی و فیزیک نجومی پذیرفته

شده است. پس اگر قرآن مسلط، به دانش نجومی و فیزیکی بود، سخن از پیوستگی و سپس گسستگی پیش سیاره زمین یا سیاره زمین از سحابی و گوی گازی و غباری، در آسمان می‌راند.

فرضیه های متعددی، پیرامون پیدایش منظومه شمسی عرضه شده است که دانشمندان تاکید بر صحت فرضیه "پیش سیاره" از لحاظ فیزیکی و مکانیکی دارند. اما همه دانشمندان، در تحقیقات خود، متفق هستند که پیوستگی و گسستگی پیش سیاره زمین و سایر پیش سیارات منظومه شمسی، از نو اختر خورشیدی یا قرص گوی گازی صحت علمی دارد، نه پیوستگی و گسستگی زمین و آسمانها. پیش از واقعه بیگ بنگ، عناصر مادی، مگر مواد بنیادین هیدروژن و هلیوم وجود نداشت. پس از بیگ بنگ، مواد دیگر همچون اکسیژن، کربن، آهن، ازت، سیلیکون و ... رفته رفته، پس از ۳۰۰۰۰۰ سال پدید آمدند که نو اختران پدید آمده از سحابی ها، آنها را طی فرآیندهای شیمیایی و فیزیکی بوجود می‌آورند. بنابراین پیوستگی و گسستگی آسمانها و زمین، قصه و افسانه است که برخی کتب ادیان عرضه داشته اند. فرضیه های متعددی درباره پیدایش منظومه شمسی از سوی دانشمندان ارائه شده است که نگارنده، فرضیه پیش سیاره و مورد قبول منجمان را با اقتباس از کتاب نجوم، به زبان ساده شرح می‌دهد.

مهم ترین فرضیه های پیدایش منظومه خورشیدی عبارتند از :

أ- فرضیه سحابی یا فرضیه نیروی گریز از مرکز

ب- فرضیه کشندی

ت- فرضیه تصادم

ث- فرضیه برخورد ستاره دو گانه

ج- فرضیه تلاطم

ح- فرضیه پیش سیاره

« فرضیه پیش سیاره که در سال ۱۹۵۰ به وسیله منجم هلندی تبار آمریکایی، ج.پ.کوئیپر پیشنهاد شد، چندین قسمت از نظریه سحابی لاپلاس را تغییر می‌دهد. بر طبق این فرضیه : آ- گوی بزرگی از گاز و غبار، بر اثر نیروهای گرانشی و گریز از مرکز، تبدیل به قرصی شد که به سرعت دوران می‌کرد. نود و پنج درصد ماده اصلی در نزدیکی مرکز قرص جمع شد.[دیری نگذشت که این مواد، به خورشید جوان سرد تبدیل شدند] و ۵ درصد دیگر در قرص بجا ماند [که پس از چندی پیش سیاره های منظومه شمسی گردیدند] ب- تلاطم بر قرص حاکم بود و تجمع ماده در قسمت های مختلف آن پیوسته تشکیل می‌شد و بی درنگ از بین می‌رفت. با وجود این زمانی فرا سید که چنان تجمعی از ماده پدید آمد که جاذبه گرانشی آن به اندازه ای بود که می‌توانست بر نیروهای گسلنده تلاطم چیره شود. اندازه و جرم چنین تجمعی، با جذب ماده از محیط مجاور به سرعت رشد کرد و سرانجام پیش سیاره ای شد (یعنی قطعه بزرگی از گاز و غبار که می‌رفت تا به سیاره ای تبدیل شود). پیش سیاره های دیگر نیز به طرزی مشابه، در فواصل گوناگون از خورشید تشکیل شدند. پیش سیاره های نزدیک به خورشید جرم زیادی در خود جمع نکردند. زیرا در آن فواصل قبلاً خورشید خود بیشتر مواد را جذب کرده بود. پیش سیاره هایی که از خورشید خیلی دور بودند چندان بزرگ نشدند، زیرا در این نواحی بیرونی، قرص مقدار ماده اندک بود. پ- خورشید جوان و سرد، به انقباض و گرم شدن ادامه داد.

سرانجام در حدود ۵ بیلون سال پیش، هسته آن به قدری گرم شد که گداخت تیدروژن به هلیوم در آن آغاز گردید و خورشید با قدرت تمام به گسیل تابش و باد خورشیدی پرداخت. تابش و باد خورشیدی (۱) تمام ماده ای که بین پیش سیاره های منظومه وجود داشته جاروب کرد و (۲) پیش سیاره ها را گرم کرد و سبب شد که مقدار زیادی از جرم آنها به فضا میان ستاره ها بگریزد. در این جریان جاروب زمین ۹۹٫۹ درصد (!) جرم پیش سیاره ای خود را از دست داد (جرم از دست رفته عمدتاً ئیدورژن و هلیوم بود). پیش سیاره مشتری نیز تقریباً همه جرمش (۹۵ درصد) را در جریان تبدیل به سیاره مشتری از دست داد.

* امروزه رئوس فرضیه پیش سیاره کوئیپر، مورد قبول منجمان است. صورت های گوناگونی از این فرضیه ارائه شده است که در جزئیات با یکدیگر فرق دارند و ویژه گی های خاصی را توضیح می‌دهند. فرایندهای بر افزایش دانه ها و خرده سنگ ها و پیدایش خرده سیارات و بلاخره تکوین پیش سیاره ها از طریق ماده اطراف، در همه آنها مشترک است ... » نجوم، به زبان ساده، مایر دگانی، ترجمه محمد رضا خواجه پور، چاپ پنجم ۱۳۸۸خورشیدی، صفحه ۳۷۵-۳۷۶

پیوستگی و گسستگی زمین و آسمانها، به روایت قرآن

«آیا کسانی که کفر ورزیدند ندانستند که آسمانها و زمین هر دو به هم پیوسته بودند و ما آن دو را از هم جدا ساختیم و هر چیز زنده‌ای را از آب پدید آوردیم آیا ایمان نمی‌آورند» قرآن، انبیاء/۳۰

پیوستگی و گسستگی زمین و آسمان، به روایت افسانه

«اساطیر اولیه ژاپنی، در اوایل قرن هشتم میلادی، در دو مجموعه گرد آوری شد:

نیهونگی (تاریخ ژاپن) و کوجوکی (گزارش امور باستانی)

در [ایام] قدیم، آسمان و زمین هنوز تفکیک نگشته واین (in) و یو (yo) هنوز از هم جدا نشده بودند. آنها توده‌ای در هم پیچیده و بی نظم را تشکیل می‌دادند مثل تخم مرغی با مرزهای مبهم و نامشخص که حاوی نطفه‌ها بود. بخش خالص تر و روشن تر آن، با تراکم کم پراکنده و پخش شد و آسمان را تشکیل داد، در حالی که عنصر سنگین تر و سخت تر و خشن تر، ته نشین شد و به صورت زمین در آمد ...» متون مقدس بنیادین از سراسر جهان، میرچا الیاده، ترجمه مانی صالحی علامه، جلد۱، صفحه۱۶۴-۱۶۵

کار، موهبت الهی، در عدن و کار، مجازات الهی، بر زمین

در تورات، نوشته پیدایش آمده است که آدم پس از آنکه از میوه بهشتی درخت نیک و بد خورد، از سوی خدا، به مجازات کار، بر زمین محکوم شد. این، در حالیست که پیشتر همان خداوند، کار را، در بهشت عدن، بر عهده آدم نهاده بود :

« خداوند، آدم را در باغ عدن گذاشت تا در آن کار کند و از آن نگهداری نماید » پیدایش، ۱۵/۲

« پس خداوند او را از باغ عدن بیرون راند تا برود و در زمینی که از خاکِ آن سرشته شده بود، کار کند.» پیدایش، ۲۳/۳

تبییــن ماهیت قرآن

به یاری آفریدگار فرید که تن، عقل، منطق و دانش از اوست، در سطور آتی ماحصل تحقیق
و بررسی خود، درباره متن قرآن را میآورم.شایان ذکر است که قرآن، کتاب مذهبی
مسلمانان است که توسط محمد بن عبدالله طی ۲۰ سال قرائت شد و پس از درگذشت او،
زید بن ثابت - کاتب بزرگ پیامبر اسلام، در برهه خلافت ابوبکر - با فرمان عمر بن الخطاب
طی دو سال آیات را از گوشه و اکناف بلاد اسلامی جمع آوری نموده، به نظم و وضع
امروزی تدوین و نگارش نمود. پس از خلافت عمر بن الخطاب و در زمان خلافت عثمان،
دگر بار مسلمین دربارهی صحت آیات، به اختلاف پرداختند. لذا عثمان بدلیل اختلافات
مسلمین، در قرائت قرآن، طی فرمانی، به زید بن ثابت، کتابت نوین قرآن را با همکاری
قریش خواستار شد. پس از آنکه یک نسخه از قرآن تهیه شد، همه کتب قرآن به دستور
خلیفه مسلمین از بلاد اسلامی جمع آوری شده، سپس آنها را سوزاندند. پس از خلافت
عثمان نیز علی بن ابیطالب، قرآن عثمان را بازنویسی نموده، به انتشار آن مبادرت ورزید.
همچنان امروز مسلمین از قرآن زید بن ثابت و یک قرآن واحد بهره مند میباشند. از اینرو
این فصل از کتاب برای محققان ادیان و همچنین کسانی که قصد آشنایی واقعی با اهم
آیات قرآن دارند، بسیار مفید میباشد.

هرگز متولیان دینی حاضر، به اذعان نواقص دین خود نیستند؛ بنابراین هر انسانی خردمند
و متفکر بایست، خود حقایق ادیان را مورد کاوش قرار دهد. اما اگر ضیق وقت و مضیغه، در
زمان برای افراد مطرح میباشد، ماحصل تحقیقات سایرین را مطالعه نموده، بررسی نمایید.

بررسی، در هر زمینه نیازمند سه ابزار اساسی است که فقدان آنها مطالبات را بر حقیقت رجحان خواهد داد و استنتاج مطلوب حاصل نخواهد شد :

۱- از تعلقات، نسبت، به مورد بررسی و تحقیق پرهیز نماییم

۲- از تعصب، نسبت، به مورد بررسی و تحقیق پرهیز نماییم

۳- از عداوت، نسبت، به مورد بررسی و تحقق پرهیز نماییم

بواقع تعلقات، احساس را و تعصب، منطق را و عداوت، عدل را، در راستای تشریح و تبیین موضوع مورد بررسی و تحقیق ناتوان می‌سازد. از اینرو محقق، واقعیات را استخراج می‌کند، نه مطالبات را. آزاد منشی و آزاد اندیشی، نگارنده را مجاب می‌سازد، متن خویش‌را با رعایت آزادی بیان بنگارد. گرچه ایران، در برهه حاکمیت جمهوری اسلامی، در اسارت انکیزاسیون اسلامی و دینی میباشد؛ لیکن وقعی بدان نمی‌نهیم. یکبار من، در سال ۱۳۸۹ خورشیدی(۲۰۱۰ میلادی)، بدلیل انتشار رویای ملکوتی‌ام و ماحصل تحقیقام، در خیابان شهر کوچصفهان - واقع، در استان گیلان - دستگیر شده، در پایگاه بسیج شهرستان مذکور، مورد تهدید، به مرگ، شکنجه و اسلحه قرار گرفته، با چشمان بسته، به اطلاعات سپاه پاسداران شهر رشت منتقل شده، توسط عوامل سپاه پاسداران مورد تفتیش عقاید قرار گرفتم که من پس از بازجویی، طی هشت صفحه عقاید خویش‌را برای آنان نگاشته، سپس بی آنکه مرا اذن دفاع دهند، بی آنکه وکیل داشته باشم، بی آنکه، در دادگاه حاضر شوم، بر خلاف حداقل موازین دمکراسی، در اصول قانون اساسی جمهوری اسلامی، برخلاف موازین دمکراسی بین المللی و برخلاف موازین حقوق بشری، قاضی اسلامی دادگاه انقلاب شهرستان رشت، حکم اقدام علیه مصالح دینی را صادر نمود. البته حکم مذکور را، به من

ابلاغ نکردند، بلکه خودم با زیرکی برگه حکم را، در دستان مامور سپاه پاسداران قرائت نموده، واقف، به مضمون حکم شدم. همه سعی من دوری از زندان قرون وسطی اسلامی و آزادی، در راستای تلاش برای تنویر افکار عمومی بود.

معهذا تاکنون من، در کنف حمایت و مراقبت آفریدگار یکتا، از آسیب، تعصب، جاهلیت و عداوت اسلامگرایان، مصونیت یافته ام. بواقع دادگاههای اسلامی، دادگاههای انکیزاسیون قرون وسطی را، در اذهان عمومی متبادر میسازد که امیال نهان جنایی، روانی و سادیسمی، متاثر از نابسامانی ژنتیکی، ایدئولوژیکی و اکتسابی، از سوی مقنن، دادستان، قاضی و مجری، حکم را، تحت پوشش حق و عدل، به منصه ظهور میرسانند. بدینسان قتل و تنکیل، در قالب قوانین، به ابقای توحش استعانت ورزیده است. چه قتل، قصاص و تنکیل، در قالب دانش مدرن و قوانین مدرن نمیگنجد.

من بدلیل انتشار رؤیای ملکوتی خویش و ابلاغ فرامین واقعی الهی و ماحصل تحقیق دینی خود، یکبار تجربه تفتیش عقاید، نقض آزادی اندیشه و نقض آزادی عقیده را برخلاف اصل ۲۳ قانون اساسی از سوی نیروی سپاه پاسداران داشته ام. لیکن گسترش ستمگری و بی عدالتی رژیم جمهوری اسلامی، مرا دو مرتبه مجاب، به اعتراض خیابانی بطور تدافعی، لفظی و شعاری نمود که متعاقب آن توسط پلیس سپاه پاسداران، در شهر تهران و شهر کوچصفهان، دستگیر شده، مورد پرخاشجویی (Agressivite) - بطور فیزیکی - برخلاف اصل ۳۸ و اصل ۳۹ قانون اساسی قرار گرفته، بدفعات مورد ضرب و شتم و متاثر از آن تنکیل و شکنجه قرار گرفتم. من پس از حضور اعتراض آمیز اقتصادی و سیاسی علیه عمال سپاهی و بسیجی، در خیابان شهر مذکور و مقاومت، در برابر تسلیم شدن، بدست تعدادی پلیس سپاه پاسداران محاصره شده، بر زمین افکنده شده، سپس آنان بشدت با لگد، مدتی،

به سرم و بدنم ضربه وارد کردند که در این حین یکی از سربازان وظیفه با رجوع، به وجدانیت انسانی و سلامت روانی، با درخواست خود، از تداوم رفتار بربریستی آن افسران سپاه پاسداران جلوگیری نمود. یکی از افسران پاسگاه شهرستان کوچصفهان، دقایقی مشت های محکم خود را بر سرم کوفت؛ لیکن من، در مقابل این ضرب و شتم‌ها مقاومت نمودم. این، در حالیست که من هرگز کسی را مورد ضرب و جرح قرار نداده ام. یکبار، در نوجوانی، حریف هم محلی خود را که بی محابا مشتی بر چشم‌ام وارد ساخته بود، بر زمین کوفتم، لیکن او را، در وضعیت شکست، ضرب و شتم نکردم. بنابراین او هر گاه، در خیابان با من مواجه می‌گشت، با حالتی از دوستی با یکدیگر سلام و احوالپرسی می‌نمودیم. بنابراین بسا من حریفم را زمین کوفته ام، لیکن ضرب و جرح نکرده ام.

من پیشتر، در سال ۱۳۸۰ خورشیدی، در راستای احقاق حقوق مدنی، ملی، قضایی، سیاسی و اقتصادی مبادرت، به مشارکت، در اعتراضات مورخه ۱۸ تیر و ۱۶ آذر و حضور، در مقابل هتل لاله تهران (در هتل لاله، فعالان حقوق بشر بین الملل اقامت داشتند)، برای آزادی زندانیان سیاسی و رسیدگی، به اوضاع آنان نموده بودم. لیکن هرگز من، در دادگاه‌های جمهوری اسلامی، طبق اصل ۳۵ قانون اساسی، حق داشتن وکیل و برخورداری از قانون عدل را تجربه نکرده‌ام. رژیم جمهوری اسلامی، به رفتارهای فرافکنی، فراقانونی و جنایی متمایل بوده است.

بواقع پرخاشجویی و ستیزه جویی تهاجمی نیروی سپاه پاسداران و نیروی پلیس؛ زیبنده شخصیتی عادله، عاقله، فرهیخته و پرهیخته نیست که سلامتی اخلاقی و روانی داشته باشد. این، در حالی است که پرخاشجویی و ستیزه جویی تدافعی، در راستای احقاق حقوق پایمال فردی و اجتماعی، در عرصه های مختلفه، در بحبوحه ناکارآمدی، ستمکاری،

خیانتکاری و کوتاهی، در رژیمی سیاسی، قضایی، تقنینی، اجرایی و نظامی، واکنشی طبیعی و اخلاقی محسوب می‌شود که کوتاهی از آن، به آپیسی (Apathy) و لاقیدی و بی تفاوتی اجتماعی، میهنی و سیاسی و استمرار نابسامانی و ناهنجاری، در عرصه های مختله می‌انجامد.

جرم، پدیده زیستی، روانی و اجتماعی خوانده شده است که پیشگیری نسبی از آن، زمانی تحقق می‌یابد که همکاری نهادهای سیاسی، قضایی، اجرایی، تقنینی، آموزشی و اقتصادی با روانشناسان جنایی، قضایی، تربیتی و اجتماعی و جامعه شناسان جنایی، قضایی، تربیتی و اجتماعی، به بسط هنجار (Norme) تربیتی، مدیریتی، آموزشی، سیاسی، تقنینی، قضایی، نظامی، انتظامی، اجتماعی و فرهنگی انجامد. متاسفانه امروزه نیروی پلیس، امنیت هنجار شکنان حاکمه و سرمایه داران بهره کش را بعهده دارد که هزینه آن را جامعه پرداخت می‌کند. حاکمه ای و جامعه ای فاقد عدالت، به امنیت دست نمی‌یازند. پس نیروی پلیس، در شرایط فقدان عدالت، ابزار سرکوب و خشونت حاکمه، علیه جامعه است. الزامی است که قوه قضاییه، مستقل از نهاد رسمی سیاست بوده، مدیریت نیروی پلیس را خود، به عهده گرفته، طبق موازین حقوق بشری و انسانی، ناظر بر اعمال و اخلاق آنان باشد. بدیهی است که خشونت تهاجمی بسیاری از افراد نیروی نظامی، سپاه پاسداران و نیروی پلیس، بدلیل آنومی (Anomie) و ناهنجار (Anormal) اعم از ناهنجاری ایدئولوژیکی، ناهنجاری ژنتیکی، ناهنجاری روانی، ناهنجاری عاطفی، ناهنجاری تربیتی و ناهنجاری محیطی بوقوع می‌پیوندد که بررسی تخصصی و علمی ناهنجاری‌های مذکور، در بین نیروهای نظامی، تقنینی، قضایی و قشرهای سیاسی و اجتماعی و ارائه راهکارهای جلوگیری از خشونت تهاجمی، در این مقال تحقیقی و دینی نمی‌گنجد. برخی افراد،

تمایلات ضمیر ناخودآگاه سادیک (Sadique) خود را، با گرایش، به مشاغل خشن علیه تن و جان حیوان و انسان، ارضاء می‌کنند که وضع قوانین خشن علیه تن و جان انسان، دلالت بر آن دارد. برخی افراد، در ضمیر ناخود آگاه خویش، مبتلا، به سادیک هستند. آنان از طریق آزار دادن تن، روان و جان دیگران، کسب لذت می‌نمایند. سلاخان، قصابان، مذبوحان، مقننان، دادستانان، قاضیان، جراحان و نظامیان، عمده افرادی هستند که واقف، به سادیک ضمیر ناخود آگاه خویش علیه تن و جان دیگران نیستند. از اینرو روانشناسی جنایی و قضایی، در تبیین علل مختلفه وقوع جرم، فرمانبرداری متهم یا مجرم را، در حین ارتکاب جرم، از ضمیر خود آگاه یا ضمیر ناخودآگاه خود، در مد نظر قرار می‌دهد. انسان، بدلیل گوشتخواری، اساس قتل و کشتن را پذیرفته است؛ پس انگیزه ای، به هنجار و دفاعی یا انگیزه ای ناهنجار و تهاجمی لازم است که قتل و کشتن بوقوع پیوندد. من از کشتن حیوانات اهلی ناراحت می‌شوم. لیکن برخی نزدیکان براحتی سخن از سر بریدن مرغ و خروس می‌رانند. حتی وقتی سال ۱۳۸۵ خورشیدی، خودرویی برای خود خریداری نمودم، سخن نزدیکان را دال بر قربانی نمودن حیوانی اهلی مقبول نخوانده، جان حیوانی را نستانده، سخنان خرافی و دینی آنان را نپذیرفتم. مسلمین شادی خویشرا با خونریزی مصادف می‌سازند که عید قربان منجمله اعیادی است که قوه سادیسمی و جنایی بشری را برانگیخته می‌سازد. بواقع انسان قادر، به تداوم حیات با نباتات و سایر اقلام گیاهی و غذاهای مقوی نباتی است که همین مهم اجرای قانون اهیمسا و نهی جان ستاندن از جانداران اهلی و وحشی را میسر می‌سازد.

شاید تعجیل، در استنتاج از ماحصل تحقیقات نباشد، اگر بگویم که قرآن بیش از اینکه زندگی ساز بوده باشد، زندگی سوز بوده است. خشونت‌های تهاجمی، کارزارها و کشتارهای

بسیاری بخاطر اسلام و قرآن بوقوع پیوسته است. اغلب متدینان، دین خود را از بدو ولادت دریافت کرده اند که آن تدین ارثی و اکتسابی است، نه تدین عقلی و تحقیقی. از اینرو، اغلب آنان متدین نیستند؛ زیرا حقایق را، در نمی‌یابند. جبر دینی، در اسلام از بدو ولادت آغاز می‌گردد. قرآن از سویی سخن از آزادی اندیشه رانده و از سویی فرمان جبر و جهاد اسلامی را برای نابودی غیر مسلمان صادر نموده است. قرآن اندیشیدن را، در کران قتل توصیه نموده است. اندیشیدن، اختیار، در دین است. اما قتال و قتل، جبر، در دین است. بنابراین وجود دو تفکر اعجمی و فارسی و عربی و محمدی، در آیات قرآن، به چنین تناقضاتی انجامیده است. تناقض، اعتبار کلام را ساقط می‌سازد.

«آیا، در قرآن نمی‌اندیشید؟» سوره نساء/۸۳، سوره انعام/۵۰

«الله آیات خود را برای شما این چنین روشن بیان می‌کند باشد که تفکر کنید!» سوره بقره/۲۶۶

«و شما که کتاب را می‌خوانید آیا نمی‌اندیشید؟» قرآن، بقره/۴۴

«ما آن قرآن را عربی قرار دادیم باشد که بیاندیشید» قرآن، نساء/۸۲

«پس چون ماه‌های حرام سپری شد مشرکان را هر کجا یافتید به قتل برسانید و آنان را دستگیر کنید و به محاصره درآورید و در هر کمینگاهی به کمین آنان بنشینید پس اگر توبه کردند و نماز برپا داشتند و زکات دادند راه برایشان گشاده گردانید زیرا الله آمرزنده مهربان است» قرآن، توبه/۵

برخی می‌پندارند که فهم قرآن نیاز، به تخصص زبان عربی دارد، بنابراین از ورود، به بررسی و تحقیق درباره آن کوتاهی می‌ورزند. چنین افکاری را متولیان دینی، در راستای پاسداشت دین خود و نگاهداشت جایگاه مقدس خود، بین مردم اشاعه داده اند. لیکن مردم بایست بدانند که آیات قرآن، به فارسی ترجمه شده است. محقق بایست ضمن مطالعه مفصل، محتوای دانش و قرآن را دانسته، سپس آیات قرآن را تحقیق و تبیین نماید. یکی از عزیزان، چنین بیان داشت :

- بخشی از کتاب قرآن را قرائت نمودم. آرامش برایم پدید آورد.

من، در پاسخ، به ایشان گفتم :

- شما به آیه انفال/۱۷ مراجعه نمایید که سخن از قطع گردن و انگشتان داده است، بی گمان آرامش را از شما سلب خواهد نمود. کودکان، با قرائت داستانی از سوی مادر چنان می‌آرامند که می‌خسبند.

پس داستان ذهنی و تصنعی نویسنده ای، کودکی را، به آرامش می‌رساند. بنابراین ممکن است که آرامش با داستانی تصنعی و ذهنی فراهم شود و لیکن حقیقی نباشد. در مثال، فیلمهای ترسناک حقیقی نیستند، لیکن تاثیر خود را بر عقل می‌گذارند و موجبات هراس را فراهم می‌سازند. پس حتی احساس انسان متاثر از مطلبی کذب منقلب می‌گردد. آرامش را، در عقل، تن و احساس خود پدید آوریم که آرامش پایدار خواهیم داشت. بدرستی که جهل، تعلق، عشق، حرص، غیض، جنون و برخی موارد دیگر، آرامش عقلی، جسمی و روانی انسان را سلب می‌سازند. آرامش منبعث از کتب داستانی و مذهبی، مسکن مقطعی است؛ نه درمان قطعی! عدل، اعتدال، دانش، اشتغال، کوشش و تمکن فردی، اجتماعی و

حکومتی، به درمان قطعی نابسامانی‌های درونی و پیرامونی خواهد انجامید. اغلب مُسکن، انسان را از درمان غافل می‌سازد. روانشناسی و جامعه شناسی یاری می‌رساند که ما کارکترهای دینی و کتابی دینی را بهتر بشناسیم و محتوای آنها را از لحاظ کیفی، روانی و روحی بهتر دریابیم. امروز دانش زیست شناسی، انسان شناسی، روانشناسی و جامعه شناسی، در جستجوی راهکارهایی است که خردسالان و کودکان، در خانواده و جامعه بیش از پیش از مضامین خشونت، قساوت و جنایت مصونیت یابند؛ لیکن برنامه های سیاسی، رسانه ای و دینی توجهی بدان ندارند و خود عامل خشونت، قساوت و جنایت هستند. در این بخش از متن کتاب، بر خلاف شاگردان حوزوی، مسیری جبری، سنتی، تحمیلی و تقلیدی، در راستای استخراج حقیقت از قرآن پیموده نشده است. شاگردان حوزوی از منظر جامعه شناسی دارای شخصیت پیرو دیگری (other directed) و پیرو سنت (tradition direction) هستند؛ از اینرو آنان افرادی مقلد هستند. شخصیت تحمیلی و تقلیدی طلبه‌های حوزوی، پیشرفت شخصیتی را از آنان سلب نموده است، چنانکه اندیشه وابسته، به دیگری دارند. طلبه‌های حوزوی استقلال ارادی و عقلی ندارند، از اینرو آنان فاقد نقل حدیث و حریت در تحقیقات بوده، همواره سخن دیگران را، در مجالس نقل می‌کنند. طلبه‌های اسلامی هرگز نقاد دین خود نیستند؛ چه آنان محصور، متحجر و محافظه کار (conservatism) می‌باشند. پس آنان سایرین را محصور، متحجر و محافظه کار می‌خواهند. بی گمان همه ادیان، دارای مضامین اخلاقی هستند؛ لیکن ادیان تلفیق خوبی و بدی، دانایی و نادانی می‌باشند که خسران بسیار برای بعد شخصیت اعتقادی و تجربی و مدیریت اخلاقی و اجتماعی می‌آفرینند. پیش از میلاد فرخنده عیسی، تولد فرخنده اشو زرتشت، پیامبری که ایران، به قدوم رسالت ایشان مفتخر شده؛ به فرهنگ متعالی دست

یازیده، بوقوع پیوست. ایشان فر، مهر و فروز را برای حیات معنوی ایرانیان، به ارمغان آورد. اشو زرتشت، متعاقب طبیعت پرستی را ملغی نموده، یکتا پرستی را، در سرزمین ایران گسترانید. زرتشت موجد تعالی فرهنگی بسان کنفوسیوس، درچین و سیدارتا گوتاما بودا، در هند بود. جواهر لعل نهرو، مبارز ضد استعمار پادشاهی انگلیس - در هندوستان - در نوشته «نگاهی به تاریخ جهان» تعالی فرهنگ ایران زمین را مرهون رسالت اشو زرتشت خوانده است. اگر تاکنون ایرانیان با آیین وحدانی و زرتشتی، در قالب پندار نیک، گفتار نیک و کردار نیک و سنتهای فرحت بخش آن زیسته بودند، هرگز چنین مشوش، محزون و خشن، ایران متمدن را، در فرهنگ بربریست، سوگ و جهلانیت نمی‌یافتند. سخنان زرتشت، در اوستا، خود روایت ذکاوت و درایت ایشان، در درک مبانی و موازین الهی و اخلاقی است. آنچه محرز است، همه ادیان پس از مرگ بنیانگذار خود، از سوی متولیان، دستخوش تحولات، تغییرات و تبدیلات شده اند. برخی ادیان از ابتدا محتوای انحراف داشته اند و برخی، در مسیر تاریخ منحرف شده اند. بنابراین دینی نمی‌توان یافت که محذوفات، الحاقات، تغییرات و تبدیلات نداشته باشد. جمله‌ای ستوده از اشو زرتشت، پیامبر مهربان و فروتن، در ایران زمین، در ذیل آمده است :

«ای خدای دانا، آنگاه تو را مقدس شناختم که وهومن (منش پاک) به من روی آورد و پرسید: چه راهی را با صمیم قلب، پیروی خواهی کرد؟ و من پاسخ دادم : من راستی را که بهترین و والاترین راه است پیروی می‌کنم و تا آن زمان که نیرو دارم، دل به این فروغ مینوی خواهم بست.» زرتشت پیامبر ایران باستان، سعید قانعی و مرتضی یداللهی، چاپ ۱۳۸۷، صفحه ۱۶۶

پس از تحقیق و بررسی استنتاج نموده ام که قرآن شامل حوزه های ذیل است، گرچه آخوندهای اسلامی حوزه محکمات و متشابهات و ... را بیان نموده اند، لیکن آن موارد، در احراز ماهیت قرآن دخیل نمی‌باشند. بسیاری از آیات قرآن، ارزش تحقیق ندارند و ادعاهای عامیانه میباشد نه ادعاهای عالمانه :

۱- حوزه روایات و تمثیل :سوره آل عمران،سوره مریم

۲- حوزه اولترا فیزیکی و فرابشری : سوره اعراف/۵۰، مدثر/۴۳

۳- حوزه مواعظ اخلاقی : سوره نسا/۲۹،بقره/۱۸۰،۱۸۱

۴- حوزه قضایی : سوره نور/۲،۲۳، مائده/۳۸،۳۹

۵- حوزه سیاسی – نظامی : سوره انفال/۱۲،بقره/۱۹۱،توبه/۵

۶- حوزه آفرینش و عقل : سوره بقره/۴۴،شوری/۱۱،مؤمنون/۱

۷- حوزه عبادی : بقره/۱۵۲،اعراف/۵۵،طه/۱۳۰،اسراء/۷۸

۸- حوزه فردی و خانوادگی : سوره بقره/۱۸۰،۱۸۲،بقره/۲۲۲

۹- حوزه حلال و حرام : سوره بقره/۱۶۸،۱۷۳،۲۱۷،مائده/۳،۴

در این بخش از کتاب، طی تحقیق و بررسی، از منابع متعدد، آرای علمی و حتی مقالاتی مختلف سود جسته ام. همچنین از روانشناسی و جامعه شناسی و ادراکات روانشناسی شخصی یاری گرفته ام. تفسیری که آخوندهای اسلامی از قرآن عرضه نموده اند، جنبه علمی را لحاظ ننموده است، بلکه محتوای سنتی و تشریحی میباشد، نه تحقیقی و علمی.

مفسر قرآن به ماحصل علمی توجه ای ندارد. او خود از آرای مختلف سایر مفسران سود جسته است. بنابراین بین آرای مفسران اختلاف وجود دارد. وحدت رای، در تمامی آیات از سوی مفسران یافت نمی‌شود.

عبادت به تقلید گمراهی است   خنک روهرویرا که آگاهی است

بی گمان گنجی بهتر از دانایی و رنجی بدتر از نادانی نیست. بنابراین فردی دانا، در هر مقطعی توانا است؛ زیرا پندار را، به کردار فرا می‌خواند. دانایی بر دو حوزه نیکی و بدی وارد است. برخی دانایی را برای نیکی و برخی برای بدی استفاده می‌کنند. در این نوشته، قصد ندارم که همه آیات قرآن را بسان روحانیون تفسیر نمایم. بسیاری از آیات فاقد ارزش تحقیقی هستند، بلکه اهم آیات که ماهیت بشری یا فرابشری قرآن را هویدا می‌سازد، مورد بررسی قرار   می گیرند. بنابراین هدف من، در این نوشته بیان تفسیری نیست، بلکه بیان تحقیقی می‌باشد. فصول متعددی را برای شرح موضوعات متعدد قرآن مد نظر قرار داده ام که شرح آن موضوعات برای تبیین ماهیت بشری یا آسمانی قرآن کافی است. من بررسی را از الله و نام الله، در قرآن شروع نموده ام که خدای مسلمانان میباشد، لیکن از بررسی شخصیت محمد بن عبدالله، در آیات قرآن غفلت نورزیده ام. همچنین کسی که آیات قرآن را، به محمد بن عبدالله می‌آموخت، مکون آیات قرآن (پدید آرنده بخش اخلاقی قرآن) خوانده ام؛ زیرا ابتدا بایست اثبات شود که چه کسی، به محمد بن عبدالله بخش اخلاقی آیات قرآن را می‌آموخت؟ آیا الله و جبرئیل یا فردی بشری؟ گرچه نگارنده، طی هدایت و نجات الهی دریافته است که کتب مقدس ادیان توحیدی، بشری هستند؛ لیکن کوتاهی، در تحقیق نشده است. آیا آیات قرآن، فرا بشری است یا بشری؟ این فصل از کتاب، پاسخی، در

خور برای سؤالات شما خردمندان و اندیشمندان دارد که امیدوارم بهره لازم را از آن تحصیل نمایید.

برخی مورخان و محدثان اسلامی و برخی خاورشناسان مبحث تحریف، در آیات قرآن را باب نموده اند که محل اختلاف بوده است. این تحریف قرآن را شامل نام محمد خوانده اند، چنانکه نام واقعی او را قثامه دانسته اند. تغییر نام پیامبر اسلام، در آیات قرآن را حاصل یک تحریف مصلحتی خوانده اند؛ زیرا برخی مورخان و مفسران و خاورشناسان آورده اند که کاتبان و بزرگان صدر اسلام، مترصد اثبات جایگاه پیامبری محمد بن عبدالله که فاقد معجزات مثبوت، در قرآن میباشد، پس از جایگزینی نام قثامه، به جای نام محمد، در متن قرآن، متوسل، به انجیل یوحنا شده، ادعای تحریف، در آن را وارد دانسته اند. این موضوع، در فصلی مجزا مورد بررسی اجمالی قرار گرفته است. اکنون اهم آیات قرآن را که شایسته تحقیق و بررسی میباشد، در فصولی مجزا، قاصر و مفید، به خواننده ارجمند، عرضه میدارم که امیدوارم از آن بهره مند گردید.

الله، در قرآن

الله نام خاص میباشد نه عام. همچنین این نام واژه عربی است که ۱۸۴۲ مرتبه، در قرآن تکرار شده است. لیکن نام رب ۱۰۶۹ مرتبه، در قرآن تکرار شده است. رب، نام عام است و هر خدایی را می‌توان بدان اطلاق نمود. جان بایر ناس، مولف تاریخ جامع ادیان، چنین بیان نموده است:

« در شهر مکه بخصوص سه خدای مؤنث محل عبادت بوده است : نخست، لات، الاهه ماده (ظاهراً خدای آفتاب) - دوم، منات، خدای سرنوشت و زمان - سوم، عزی، کوکب صبحی که صورتی ضعیف از عقیده به ونوس می‌باشد.اصنام مادینه ایشان را یک نوع عبادت جنسی بوده است بسیار مشابه با عقایدی که ممالک دیگر در ازمنه دیرین نسبت به ایشتار ، در بابل و ایسیس، در مصر معمول بوده است. باری این اصنام سه گانه را دختران خدا یا بنات الله   می‌نامیده‌اند و همچنین اعراب نسبت به الله نیز ایمان مبهمی داشتند و او را خدای بزرگ و خالق می‌دانستند و خاصه قریش، یعنی قبیله محمد، به وجود الله بی عقیده نبود» جان بایر ناس، تاریخ جامع ادیان، اسلام

« الله جامع‌ترین نام خدا است؛ زیرا بررسی نامهای خدا که در قرآن مجید و یا، در سایر منابع اسلامی آمده، نشان می‌دهد که هر کدام از آن یک بخش خاص از صفات خدا را منعکس می‌سازد. تنها نامی که جامع صفات جلال و جمال است همان الله می‌باشد. به همین دلیل اسماء دیگر خداوند غالباً به عنوان صفت برای کلمه الله گفته می‌شود. به عنوان نمونه «غفور» و «رحیم» که به آمرزش خداوند اشاره می‌کند (فان الله غفور رحیم) بقره/۲۶۶» تفسیر نمونه، جلد اول

قرآن، الله را، در بخشی‌هایی از آیات خود، موجودی در اذهان عمومی ترسیم نموده است که : خشمگین می‌شود، گمراه می‌کند، قاتل میباشد، انتقام می‌گیرد و مکر می‌ورزد. بواقع شخصیت الله، در ابراز رفتارهای مذکور از موضع ناتوانی و درماندگی بوقوع می‌پیوندد. لیکن همگان بر این باورند که آفریدگار نقص ندارد، بنابراین ناتوانی و درماندگی ندارد. بواقع کردارهای مذکور می‌نمایاند که الله موجودی دارای نیروی فرا بشری نیست، چنانکه توانایی فرابشری ندارد. انسان بدلیل ناتوانی و نقصی، به خشمگین شدن، قتل کردن، انتقام گرفتن

و مکر ورزیدن پناه می‌جوید که آن موارد اغلب کرامت و عزت بشری را می‌درند. همانا کرامت بشری، در عقل، منطق و دانش اوست. بنابراین کردارهای مذکور منتسب به آفریدگار، در حیطه سرشت و سیرت بشری است که موجبات اهانت، به آفریدگار فرید را فراهم ساخته است. کسی که خشمگین می‌شود، اوضاع مطابق با مرضات او نیست. گرچه مرضات خداوند خیر است، لیکن او رضایت، به شر داد. پس او خیر را، در کران شر آفرید که شر، نقیض خیر است. خداوند نوع بشری را اختیار خیر و شر بخشید. انسان، به جبر آفریده شده است؛ لیکن دارای اختیار است. اگر والدین، ناتوان، در تربیت و مدیریت فرزند باشند، بسا روزی از رفتار شر فرزند خود خشمگین شوند. پس خدای خشمگین، ناتوان، در علمیت، خلقت و مدیریت قلمداد می‌شود؛ زیرا او را نقص، در خلقت و مدیریت بشری، مغضوب نموده است. خداوند خشمگین، موجودی ناتوان و نادان است، چه انسان بدلیل ناتوانی، در ممانعت از بروز مسائل و حل و فصل آن، به غضب روی می آورد. متعاقب ناتوانی، نادانی هویدا می‌گردد. اما آفریدگاری که اختیار خیر و شر، مقرر نموده باشد، سپس جبر و قهر بر اختیار روا دارد، جنون دارد. لیکن خداوند دانا و توانا، انسان را به همراه خوبی و بدی نهادینه، در عقل و احساس آفریده است. پس خداوند از آنچه خود مقرر داشته، خشمگین نمی‌شود. بواقع خداوند، به انسان اختیار اعتقادی عطاء کرده است، گرچه به واسطه‌ها و نشانه‌ها، افق روشن رهایی و راهنمایی را نمایان می‌سازد، لیکن او مبرا از جبر و قهر اعتقادی علیه نوع بشری میباشد. موارد ذیل ازموضع نادانی، ناتوانی، درماندگی و پشیمانی تجلی یافته است :

الله گمراه می‌کند (یظل الله) – قرآن،شوری/۴۴

الله آنان را به قتل رسانید – قرآن، انفال/۱۷

الله شکست ناپذیر انتقام جو است – قرآن، ابراهیم/۴۷

آیا از مکر الله خود را ایمن دانستند؟ - قرآن، اعراف/۹

و به خشم الله گرفتار شدند – قرآن، آل عمران/۱۱۲

قرآن، الله، خدای اسلام را قاتل خوانده است. چنانکه می‌توان الله را قاتل خواند. بواقع قرآن، در این موضوع نیز، توهین، به آستان قدس ایزدی روا داشته است. داود نبی، طی نیایش خود، خداوند را از قتل بیزار می‌خواند. آفریدگار دانا و توانا نیاز، به جنگیدن، کشتن ، دروغگویی و مکاری ندارد. از اینرو، استیصال است که فردی را، به رفتارهای ناهنجار مذکور وا میدارد. طی تحقیق و بررسی قرآن، الله را مستاصل و ناتوان می‌یابیم :

«[داود نبی گفت :] ای خداوند، تو از قاتلان و حیله گران بیزاری و دروغگویان را هلاک میکنی» مزامیر داود،۶/۵

«و شما آنان را بقتل نرساندید، بلکه الله آنان را به قتل رسانید» قرآن، انفال/۱۷

قرآن سعی می‌نماید که آفریدگارفرید را بنام الله موجودی، در اذهان ترسیم نماید که دخیل، در همه مقدرات است. تو گویی موجودات، اراده ای از خود ندارند. الله نوع کروموزوم و جنس دختر و پسر را بر میگزینند، الله زنی را نازا می‌کند، الله برخی را رزق بیشتر و برخی را رزق کمتر می‌دهد و قرآن را دخیل ، در جامعه و حاکمه طبقاتی، متشکل از طبقات بورژوا(سرمایه‌دار) و پرولتاریا (تهیدست) می‌خواند، قرآن، الله را موجودی می‌نمایاند که مخالف برده داری نبوده، برده داری را چنانکه کوروش کبیر، در منشور حقوق بشری، نهی و نکوهش نمود، نهی و نکوهش نکرده است، بلکه، حتی، در سوره احزاب، محمد را برای

بهره مندی جنسی و زناشویی از دختران و زنان، به غنیمت گرفته و کنیزان خود، آزادی بخشیده است.

وقتی قرآن را مورد بررسی و تحقیق قرار بدهیم، استنتاج خواهیم نمود که الله موجودی فاقد قوای فرابشری است. او، نه وعده‌های عذاب آسمانی خود علیه اعراب را محقق ساخت، نه مطالبات بر حق مردم، مبنی بر انزال معجزات از سوی اعراب و اهل کتاب را جامه عمل پوشانید و نه حتی نوشته ای آسمانی نازل کرد. پس الله، طبق شواهد آیات قرآن، موجودی مستاصل و ناتوان میباشد . الله، منبعث از ذهن بشری، آنقدر ناتوان است که اغلب آیات قرآن را، به مباحثه و مجادله بی حاصل پرداخته، سیرت و سرشت مغلوب بشری یافته است، چنانکه مآلاً لعنت، خشونت، ضرب و شتم، قطع اعضاء بدن، جنگ و غنمیت او را بر کرسی خدایی و محمد را بر کرسی پیامبری نشانیده است. لیکن قرآن را بری از اعجازی، معجزی، دانشی، عذابی آسمانی و نوشته ای آسمانی می‌یابیم.

خشونت و قساوت قرآن، در لفافه فرمان قتال (جنگ کردن) و قتل (کشتن)، خود از موضع ناتوانی و درماندگی بشری میباشد. قرآن همواره این موضع ناتوانی و درماندگی الله، خدای تازی را، به آفریدگار هستی نسبت می‌دهد. پس الله، خدایی است که برخلاف خدای موسی و عیسی، طی ۱۳ سال، در شهر مکه، شاهدی برای وحی و اعجازی، معجزی، کتابی و عذابی برای مردم نداشت. بنابراین تنها ایراد محمد برای تبلیغ آیین، بیسوادی او نیست، چنانکه قرآن خود او را امی و عامی می‌خواند؛ بلکه فقدان اعجاز و معجز و اعمال جبر، قهر و شر، خود دلیلی بر بطلان ادعای قرآن است.

«همانان که از این فرستاده پیامبر امی و درس نخوانده که او را نزد خود در تورات و انجیل نوشته می‌یابند پیروی می‌کنند» قرآن،اعراف/۱۵۷

از اینروست که قرآن خود اذعان میدارد : اعراب آیات را بشری و ساختگی می‌خواندند و قرآن، در اینباره اغلب از واژه « افتراء » سود می‌جوید؛ زیرا اعراب محتوای شگفت و فرا بشری، در آن نمی‌یافتند که آنان را مجاب، به تسلیم و تعظیم نماید. بنابراین طبیعی بود که به گواهی قرآن، اعراب، محمد را دروغگو، شاعر و دیوانه بخوانند که مترصد تحصیل منافعی، مقامی و جایگاهی است. محمد پیش از اسلام ، در سن ۲۵ سالگی، در نهایت تهیدستی با زنی ۴۰ ساله بنام خدیجه وصلت نمود. خدیجه، زنی متمکن بود. لیکن پس از اسلام و رحلت خدیجه (در ۶۵ سالگی)، محمد (از ۵۰ سالگی) قادر، به اختیار ۹ زن دیگر شد. او ۹ منزل را از لحاظ مالی و اقتصادی اداره می‌نمود. بنابراین اسلام تمکن اقتصادی و مالی را برای محمد، به ارمغان آورده بود. آیت ذیل حقیقتی از رسالت محمد بن عبدالله را می‌نمایاند.

«سران روان شدند که بروید و بر پرستش و نگهداری معبودان‌اتان ایستادگی کنید که این [دعوت] برای چیزی (منافعی) اراده شده است» قرآن،ص/۶

بواقع هر خردمندی و دانشمندی گواهی می‌دهد که قرآن سخنانی عامیانه بیش نیست که از سوی امی پدید آمده است که اسیر و محصور، در نادانی علمی قرن هفتم میلادی بود.. چه واژه دانش، در قرآن ملعبه ای بیش نیست. قرآن، بدفعات صاحبان دانش را خطاب قرار داده، به قلم، قسم خورده است. لیکن محمد، بیسواد و بدون توان خواندن و نوشتن، دار فانی را وداع گفت.

قرآن ، در آیات خود سعی، در طفره از انزال معجزات دارد؛ بنابراین قرآن مطالبه معجزه را از سوی کفر میخواند. معجزه وسیله اثبات جایگاه پیامبری است که انجیل یوحنا، منقول از عیسی، آن را حق مردم خوانده است. بنی اسرائیل و قوم یعقوب (ایسرائیل)، در سرزمین مصر، پیامبری موسی (مشه) را بواسطه معجزات پذیرفتند. آنگاه آنان تسلیم او شدند. لیکن خدای موسی و عیسی هرگز معجزات را کفر و از سوی کافر نخوانده، بهانه جویی نکردهاند. گروهی معجزات عیسی را دیده، پیامبری او را پذیرفتند؛ لیکن گروهی بر پیامبری او گردن ننهادند. اما خداوند عذاب آسمانی فرود نیاورده، قهر خود را نمایان نساخت. فرعون از سویی معجزات را مشاهده نموده، آفریدگار را پذیرا نشد و از سویی حاضر، به آزادی بنی اسرائیل نبود. از اینرو قوم فرعون مواجه با عذاب آسمانی شد. گرچه عذاب آسمانی متناقض با مشیت الهی میباشد. بواقع بلایای آسمانی قصه سرایی بشری بیش نیستند.

این، در حالیست که قرآن حق معجزات را، به ا نحاء گوناگون طی آیات خود زایل ساخته است. توفیق قرآن، در قدرت نظامی و سفاکی مسلمین بود، نه نیروی فرابشری، نه علمی ، نه حکمتی، نه کتابی، نه اعجازی، نه معجزی و نه عذابی. آیات مینمایاند که مردم تازی، طی ۱۳ سال، در شهر مکه و ۸ سال، در شهر مدینه یا یثرب، درخواست انزال معجزات داشتند که الله و محمد ناتوان از انزال نیروی فرابشری بودند، زیرا نیروی فرا بشری نداشتند:

مطالبه معجزات، در شهر مکه، طی۱۳سال که از سوی الله تحقق نیافت:

«و گفتند چرا فرشتهای بر او نازل نشده است و اگر فرشتهای فرود میآوردیم، قطعا کار تمام شده بود، سپس مهلت نمییافتند» قرآن،انعام/۸

« و گفتند تا از زمین چشمه‌ای برای ما نجوشانی هرگز به تو ایمان نخواهیم آورد - یا [باید] برای تو باغی از درختان خرما و انگور باشد و آشکارا از میان آنها جویبارها روان سازی - یا چنانکه ادعا می‌کنی آسمان را پاره پاره بر [سر] ما فرو اندازی یا خدا و فرشتگان را در برابر [ما حاضر] آوری» قرآن، اسراء/۹۰-۹۲

«و گفتند چرا از جانب پروردگارش معجزه‌ای برای ما نمی‌آورد آیا دلیل روشن آنچه در صحیفه‌های پیشین است برای آنان نیامده است - و اگر ما آنان را قبل از [آمدن قرآن] به عذابی هلاک می‌کردیم قطعا می‌گفتند پروردگارا چرا پیامبری به سوی ما نفرستادی تا پیش از آنکه خوار و رسوا شویم از آیات تو پیروی کنیم »- قرآن،طه/۱۳۳-۱۳۴

« و می‌گویند چرا معجزه‌ای از جانب پروردگارش بر او نازل نمی‌شود بگو غیب فقط به خدا اختصاص دارد پس منتظر باشید که من هم با شما از منتظرانم »- قرآن، یونس/۲۰

مطالبه معجزات، در شهر یثرب، طی۸سال که از سوی الله تحقق نیافت:

« و آنان که کافر شده‌اند می‌گویند چرا معجزه ای آشکار از طرف پروردگارش بر او نازل نشده است [ای پیامبر] تو فقط هشداردهنده‌ای و برای هر قومی رهبری است » قرآن، رعد/۷

« و کسانی که کافر شده‌اند می‌گویند چرا از جانب پروردگارش معجزه‌ای بر او نازل نشده است بگو در حقیقت‌خداست که هر کس را بخواهد بی‌راه می‌گذارد و هر کس را که [به سوی او] بازگردد به سوی خود راهنمایی می‌کند » قرآن، رعد/۲۷

« و چون آیات ما بر آنان خوانده شود می‌گویند به خوبی شنیدیم اگر می‌خواستیم قطعا ما نیز همانند این را می‌گفتیم این جز افسانه‌های پیشینیان نیست - و هنگامی را که گفتند

خدایا اگر این همان حق از جانب توست پس بر ما از آسمان سنگهایی بباران یا عذابی دردناک بر سر ما بیاور » قرآن، انفال/۳۲

قرآن منقول از الله، سعی می‌کند که اعراب را معتقد، به زندگی پس از مرگ و بعث اموات نماید. لیکن او توانایی ندارد که آن ادعا را از طریق دانشی و معجزه ای فرا بشری، به اثبات برساند. این ، در حالیست که اگر عیسی سخن از زندگی پس از مرگ رانده است، خود چنانکه اذعان میدارد بواسطه نیروی خداوند یکتا، مردگان را زنده می‌کرد و مردمی که معجزات را مشاهده می‌نمودند، به سخن او ایمان می‌آوردند. قرآن، به اعراب حق نداد که معجزه ای، در اینباره مشاهده نموده، سپس ایمان و یقین آورند. این، در حالیست که قرآن سخن از تردید ابراهیم، در بعث اموات می‌راند. بنابراین الله، طی معجزه ای، به او زنده شدن مردگان را نمایاند :

« و آنگاه که ابراهیم گفت: پروردگارا، به من نشان ده؛ چگونه مردگان را زنده می‌کنی؟ فرمود: مگر ایمان نیاورده‌ای؟ گفت: چرا، ولی تا دلم آرامش یابد. فرمود: پس، چهار پرنده برگیر، و آنها را پیش خود، ریز ریز گردان؛ سپس بر هر کوهی پاره‌ای از آنها را قرار ده؛ آنگاه آنها را فرا خوان، شتابان به سوی تو می‌آیند، و بدان که خداوند توانا و حکیم است » قرآن، بقره/۲۶۰

« زنده می‌کند و می‌میراند پس به خدا و فرستاده او که پیامبر درس‌نخوانده‌ای است که به خدا و کلمات او ایمان دارد بگروید و او را پیروی کنید امید که هدایت‌شوید »قرآن، اعراف/۱۵۸

قرآن مدعی میباشد که روایات را از غیب بر محمد وحی نموده است. لیکن اعراب با درایت و فراست بر محمد اعتراض نموده، روایات را اقتباس از کتب سالف (کتابهای پیشینیان) میخواندند.

اعراب گرچه با فرهنگ بربریستی و وحشی میزیستند و لیکن قرآن مینمایاند که آنان از درایت و ذکاوت برخوردار بودند. وحی ملاک صحت و حقیقت آسمانی بودن آیات نیست؛ زیرا محمد، گواهانی امین، بر وحی ندارد و قرآن وحی را آنقدر تنزل اعتبار بخشیده است که سخن از وحی، به زنبور عسل و حواریون میراند. پس وحی، در لفافه کلام قرآن عمومی است، نه خصوصی :

«و پروردگار تو به زنبور عسل وحی کرد که از پارهای کوهها و از برخی درختان و از آنچه داربست میکنند خانههایی برای خود درست کن» قرآن،نحل/۶۸

«و هنگامی را که به حواریون وحی کردم که به من و فرستادهام ایمان آورید گفتند ایمان آوردیم و گواه باش که ما مسلمانیم» قرآن،مائده/۱۱۱

همه فلاسفه بر این باورند که واجب الوجود (صانع)، در زمان و مکان که خاص ممکن الوجود (مصنوع) میباشد، نمیگنجد. لیکن الله، در قرآن خدای مکانی و زمانی است. وقتی قرآن سخن از بازگشتن انسان پس از وقوع مرگ، بسوی خداوند میراند، مکان مجزا بین خالق و مخلوق پدید آورده است که خدا را موجودی مکانی و محیطی ساخته است. اما انجیل منقول از عیسی، بیان میدارد که انسان، در خدا و خدا، در انسان است. بواقع سخن منتسب، به عیسی از لحاظ فلسفی، قرین، به صحت است. بدینسان ما، در مکانی دور از وجود خداوند نیستیم، که پس از مرگ نیاز، به بازگشتن بسوی خداوند داشته باشیم. وجود

و حضور خداوند محیط بر وجود و حضور هستی و هستی محاط، در وجود خدا است. بدینسان مخلوق، ملزم، در محیط میگردد و خالق از محیط مبرا میشود. بنابراین الله، خدای قرآن، مکانی و محیطی است. اما وقتی الله، آسمانها و زمین را طی شش روز یا شش دوره آفرید، بواقع موجودی محصور، در روز یا دوره میگردد. او وارد زمان شده است؛ حتی پاره ای از روز یا دوره، در حیطه زمان است؛ زیرا سخن از زمان فیزیکی و مادی میباشد. قرآن سخن از مدت میراند. الله، در آفرینش، محصور مدت است. تفهیم بیشتر، نیاز، به طرحی بصری و هندسی دارد که طبق اشکال و شرح ذیل، در متن گنجانیده شده است :

« طرح منطقی ذیل ، از لحاظ عقلی و فلسفی درست است »

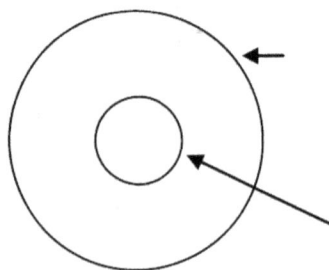

دایره فرضی خالق محیط بر مخلوق که

می‌تواند بی انتها و فاقد مکان و زمان باشد

دایره فرضی مخلوق محاط ، در خالق

که ، در محیط خالق است. فاصله زمانی و مکانی بین خالق و مخلوق نیست

« طرح قرآنی ذیل ، از لحاظ عقلی و فلسفی درست نیست »

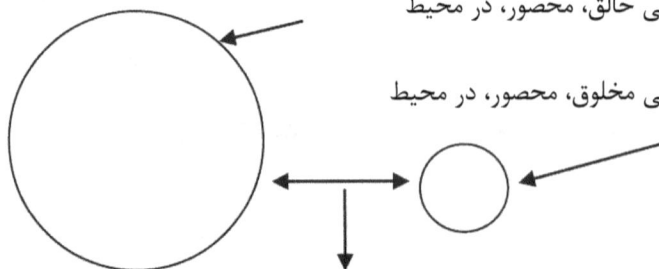

دایره فرضی خالق، محصور، در محیط

دایره فرضی مخلوق، محصور، در محیط

فاصله زمانی و مکانی بین خالق و مخلوق است که خالق و مخلوق را، در محیط محصور ساخته است (رفتن و بازگشتن)

«ثم الینا ترجعون – سپس بسوی ما بازگردانده می‌شوید» قرآن، عنکبوت/۵۷

«اوست کسی که آسمانها و زمین را در شش روز آفرید» قرآن، هود/۷

قرآن، الله را موجودی می‌خواند که فرامین قضایی فرعون، فرامین قضایی او است. فرمان قرآن منتسب، به الله، در سوره مائده/۳۳ مبنی بر قطع دست و پای محارب (جنگ کننده)، به خلاف یکدیگر و اعدام، همان فرمان فرعون، در سوره اعراف/۱۲۴ می‌باشد. بنابراین فرمان قضایی متشابه الله و فرعون از اندیشه بشری تراویده است، نه رای ایزدی. تطابق بین مجازات الله و مجازات فرعون، علیه مخالفان مشهود می‌باشد.

تشابه رای قضایی الله و فرعون :

« و ساحران به سجده درافتادند –[و] گفتند به پروردگار جهانیان ایمان آوردیم- پروردگار موسی و هارون - فرعون گفت آیا پیش از آنکه به شما رخصت دهم به او ایمان آوردید قطعا این نیرنگی است که در شهر به راه انداخته‌اید تا مردمش را از آن بیرون کنید پس به زودی خواهید دانست دستها و پاهایتان را یکی از چپ و یکی از راست خواهم برید سپس همه شما را به دار خواهم آویخت - گفتند ما به سوی پروردگارمان بازخواهیم گشت » قرآن، اعراف/۱۲۰-۱۲۵

« سزای کسانی که با الله و پیامبر او می‌جنگند و در زمین به فساد می‌کوشند جز این نیست که کشته شوند یا بر دار آویخته گردند یا دست و پایشان در خلاف جهت یکدیگر بریده شود یا از آن سرزمین تبعید گردند این رسوایی آنان در دنیاست و در آخرت عذابی بزرگ خواهند داشت » قرآن، مائده/۳۳

تشابه دو روایت، منتسب، به الله و عیسی :

«و هنگامی را که پروردگار تو به فرشتگان گفت من بشری را از گلی خشک از گلی سیاه و بدبو خواهم آفرید – پس وقتی آن را درست کردم و از روح خود در آن دمیدم پیش او به سجده درافتید» قرآن،حجر/ ۲۸-۲۹

«[عیسی گفت:] در حقیقت من از جانب پروردگارتان برایتان معجزه‌ای آورده‌ام من از گل برای شما به شکل پرنده می‌سازم آنگاه در آن می‌دمم پس به اذن الله پرنده‌ای می شود و به اذن الله نابینای مادرزاد و پیس را بهبود می‌بخشم و مردگان را زنده می‌گردانم و شما را از آنچه می‌خورید و در خانه‌هایتان ذخیره می‌کنید خبر می‌دهم مسلما در این [معجزات] برای شما اگر مؤمن باشید عبرت است » قرآن، آل عمران/۴۹

انسان، در زندگی خود هدف دارد. زندگی بسان مزرعه ای است که مراحل کاشت، داشت و برداشت دنیوی و اخروی دارد. حتی ذرات اتمی، سلولی، گلبولی و هورمونی بدن انسان، دارای هدف هستند. بنابراین زندگی موجودی دارای هدف، سرگرمی و بازی محسوب نمی‌شود. هدف سازنده ای که زندگی را برای متنفس پدید آورده است، بهره برداری از زندگی است. قرآن خدایی، به نام الله را برای اذهان ترسیم نموده است که زندگی را بازی و سرگرمی می‌خواند :

«زندگی این دنیا لهو و لعب بیش نیست و اگر ایمان بیاورید و پروا بدارید پاداش شما را می‌دهدو اموالتان را نمی‌خواهد» قرآن،محمد/۳۶

مکون آیات قرآن (موجد بخش عمده آیات)، در کران محمد بن عبدالله، برای نیل به اهداف سیاسی خود، تنها وعده بهشت اخروی را، به مسلمانان و مجاهدان تازی ندادند، بلکه قرآن طی سوره فتح/۲۰ سعی، در تطمیع؛ یعنی، به طمع افکندن مادی و دنیوی مسلمانان برای شرکت، در جنگ دارد. در آیت مذکور سخن از پاداش بهشت مادی و اخروی نیست، بلکه سخن از پاداش غنیمت مادی و دنیوی میباشد. پس قرآن بخاطر نیل، به اهداف سیاسی خود از تطمیع مادی و دنیوی انسان دریغ نمی‌ورزد. بدینسان قرآن موجد تناقض بین سوره انعام/۳۲ و فتح/۲۶ می‌گردد؛ زیرا سوره انعام/۳۲ اخگران طمع دنیوی را خاموش و سوره فتح/ ۲۶ اخگران طمع دنیوی را روشن می‌سازد. حتی اهل کتاب یهودی و نصاری و غیر مسلمان نیز از نتیجه تطمیع مادی و دنیوی مسلمانان از سوی قرآن مصونیت نیافته‌اند، چه غیر مسلمان با فرمان جزیه (مالیات غیر مسلمان)، طی سوره توبه/۲۹ مواجه شده است. پس قرآن برای ترغیب اعراب، به اسلامیت و جنگ از تطمیع مادی و دنیوی (غنیمت)، در کران تطمیع مادی و اخروی (بهشت) سود جسته است. بنابراین نیمی از ارزش جهاد، در اسلام از منظر قرآن تحصیل مطامع مادی و دنیوی است. بی‌گمان تطمیع اخروی برای ترغیب مسلمانان، به قتال و قتل کافی نبود؛ بنابراین مکون آیات قرآن از سیاست تطمیع دنیوی سود جسته است؛ زیرا غالباً انسان، بر خلاف سایر حیوانات، موجودی حریص است که تحصیل مطامع دنیوی، او را، به هر رفتاری و کرداری وامیدارد. قرآن نیز از حرص دنیوی نوع بشری برای نیل، به اهداف سیاسی خود بهره مند شده است که حیطه اخلاق، آنرا نمی‌پذیرد. تطمیع مادی قرآن، اخلاق معنوی را زایل ساخته است.

بنابراین قرآن از حرص انسان و انسان حریص، سود جویی نموده است. این همان قرآنی است که نهی تطمیع مادی و دنیوی نموده، طی سوره انعام/۳۲، محمد/۳۶ و حدید/۲۰ زندگی را بازی و سرگرمی   (لعب و لهو) خوانده است. گرچه برخلاف ادعای قرآن، زندگی جانداران بازی و سرگرمی نیست، بلکه هدف دارد. موجودی که دارای هدف ساخته شده باشد، بازی و سرگرمی نیست. لیکن بیهودگی را می‌توان، در بخشی از آفرینش اجرام سماوی همچون ماه   (تنها قمر زمین) مشاهده نمود که فاقد هدف، حدود ۴/۷ میلیارد سال، حول زمین، در گردش است. بواقع فقط آفرینش خورشید و زمین را می‌توان دارای هدف یافت. آنها برای بازی و سرگرمی پدید   نیامده اند؛ زیرا موجد حیات موجودات روی زمین هستند.

« و زندگی دنیا جز بازی و سرگرمی نیست و قطعا سرای بازپسین برای کسانی که پرهیزگاری می‌کنند بهتر است آیا نمی‌اندیشید » قرآن، انعام/۳۲

« و خدا به شما غنیمتهای فراوان وعده داده که به زودی آنها را خواهید گرفت و این [پیروزی خیبر] را برای شما پیش انداخت و دستهای مردم را از شما کوتاه ساخت و تا برای مؤمنان نشانه‌ای باشد و شما را به راه راست هدایت کند » قرآن، فتح/۲۰

«با کسانی از اهل کتاب که به خدا و روز بازپسین ایمان نمی‌آورند و آنچه را خدا و فرستاده‌اش حرام گردانیده‌اند حرام نمی‌دارند و متدین به دین حق نمی‌گردند جنگ کنید تا باخواری به دست‌خود جزیه دهند» قرآن، توبه/۲۹

قرآن روایتی از هابیل و قابیل، پسران آدم و حوا نقل نموده است که مخالف با رویه اعتقادی قرآن میباشد. قرآن، از اسلوب خشونت گرایی و انتقامجویی، در برابر مخالفان و

دشمنان سود جسته است و حال اینکه روایت هابیل طی سوره مائده/۲۸، در معارضت اعتقادی با شخصیت محمد و در موافقت اعتقادی با شخصیت عیسی است. بنابراین روایت هابیل، در قرآن، اقتباس زیرکانه‌ای از شخصیت عیسی، در انجیل میباشد. چه عیسی، خود از خشونت گرایی و انتقامجویی برحذر بود و سایرین را از آنها نهی می‌کرد. لیکن محمد ناشر خشونت گرایی و انتقامجویی بود و سایرین را بسوی آنها امر می‌نمود. بنابراین هابیل، در مواجهه با قابیل، در قرآن از سیرت عیسی پیروی می‌کند، نه سیرت قرآن و محمد. قرآن همچنان، در تناقض پنداری، گفتاری و کرداری غوطه ور میباشد؛ چه قرآن، اعتقادی، به اسلوب اخلاقی هابیل ندارد و برخلاف هابیل و عیسی، خشونت را با خشونت و بدی را با بدی پاسخ می‌دهد که آموزش ضد اخلاق است، نه اخلاق. روایت و سیرت هابیل، در قرآن، منبعث از روایت و سیرت عیسی، در انجیل است :

سیرت هابیل، در مواجهه با بدی ودشمنی :

« [هابیل به قابیل گفت :] اگر دست‌خود را به سوی من دراز کنی تا مرا بکشی، من دستم را به سوی تو دراز نمی‌کنم تا تو را بکشم چرا که من از خداوند پروردگار جهانیان می‌ترسم » قرآن،مائده/۲۸

سیرت عیسی، در مواجهه با بدی و دشمنی :

« ... من می‌گویم که اگر کسی به تو زور گوید، با او مقاومت نکن؛ حتی اگر به گونه راست تو سیلی زند، گونه دیگر خود را نیز پیش ببر تا به آن نیز سیلی بزنند. » انجیل متی، ۵ : ۳۹

سیرت قرآن، در مواجهه با بدی و دشمنی :

« و جزای بدی مانند آن بدی است ... » قرآن، شوری/۴۰

قرآن، در تعدادی از آیات خود مدعی شده که نوشته ای (کتاب) را برای اعراب نازل کرده است. لیکن همگان نیک واقف هستند که قرآن توسط علی بن ابی طالب و برخی حافظان قرآن، در برهه خلافت عمر نوشته شد. محمد بن عبدالله پس از سومین سال رسالت، طی ۲۰ سال آیات قرآن را قرائت نمود، نه کتاب آورد، نه کتابت نمود. حتی محمد پس از اسلام، به سواد آموزی روی نیاورد که خود آیات قرآن را کتابت نماید. این، در حالی است که قرآن بسیار از علم و عالم سخن رانده، به قلم قسم یاد نموده است. تناقض گویی همچنان، در آیات قرآن هویدا می‌گردد. قرآن منقول از الله طی سوره انعام/۷ اذعان میدارد، که نوشته ای نازل نکرده است؛ لیکن طی سوره شوری/۱۷ سخن از انزال نوشته می‌راند. بدینسان قرآن را نمی‌توان قرین، به صحت و حقیقت یافت. تنها کتاب و نوشته آسمانی، در اختیار موسی نبی، در ملکوت است که خداوند با نیروی متعالی خود، آیین راستین خویشرا، در آن نگاشته، در اختیار بزرگترین پیامبرش قرار داده است. ادعای یهودیان درباره دو لوح سنگی و ده فرمان میباشد. لیکن ده فرمان منقوش بر الواح سنگی فاقد صحت و سقم میباشد، چه بی گمان همان پنج فرمان که آفریدگار یکتا توسط عصای موسی نبی و در حضور موسی نبی برایم محرز ساخته است، دین و فرامین راستین الهی و نبوی است که عیسی، آخرین پیامبر لاهوتی برای احیای آن فرامین راستین مبعوث شده بود. یهودیان، در تورات خود مدعی هستند که قرون متمادی دو لوح مکتوب و کتاب عهد، در صندوق عهد، در شهر اورشلیم و معبد سلیمان حراست می‌گشت، که طی تهاجم نبوکد نصر(۵۸۶ ق م)، پادشاه کلدانی بابل، در آتش محروق و مفقود گشت. بنابراین قرآن نوشته منزل آسمانی

نیست، بلکه نوشته مدون بشری میباشد. کسانی که خلاف این واقعیت سخن میرانند، نوشته ای منزل و آسمانی، در اختیار ندارند و سفسطه و مغلطه مینمایند. یهودیان مدعی بوده اند که تنها کتاب الهی، دو لوح سنگی ده فرمان و تورات است. لیکن نگارنده طی رسالت ملکوتی خویش گواهی میدهد که الواح سنگی، محل ثبت فرامین الهی نبوده است، بلکه یگانه کتاب الهی و نبوی، مصحف و مجلد، به پارچه مشکی است که نزد موسی نبی، در ملکوت قرار دارد.

«و اگر نوشته ای بر کاغذ بر تو نازل میکردیم و آنان آن را با دستهای خود لمس میکردند قطعا کافران میگفتند این جز سحر آشکار نیست» قرآن،انعام/۷

«الله همان کسی است که نوشته و وسیله سنجش را به حق نازل کرد» قرآن،شوری/۱۷

ارسطو بیان نموده است که انسان، به طبع حیوانی سیاسی میباشد. بسیاری از دانشمندان و خردمندان بر این حقیقت معترف بوده اند. بنابراین قرآن نیز، طی سوره انعام/۳۷ انسان را طایفه ای از حیوانات زمین خوانده است. البته انسان حیوانی است که برخی اشتراکات و برخی انحصارات ارگانیستی، فیزیکی، عقلی و اخلاقی دارد. سایر حیوانات نیز دارای اشتراکات و انحصارات میباشند. انسان، به بیان تورات، در دسترس یهودیان، شبیه خداوند است، نه چنانکه قرآن او را خلیفه خداوند، در زمین میخواند. زیرا خلیفه   (جانشین)، زمانی برگزیده میشود که فرمانروا مبتلا به مرگ، هلاکت، بیماری و غیبت باشد. لیکن قرآن، در سوره ق/۱۶ بیان میدارد که خداوند از شاهرگ (ورید) به انسان نزدیکتر میباشد. از اینرو سوره مذکور خداوند را، در وجود انسان خوانده است. انسان قادر به امر و نهی سایر موجودات زمین نیست، حتی او بر موجودات زمین استیلاء ندارد. بنابراین خلافت بشری،

در زمین تحقق نیافته است. اما تورات، در دسترس یهودیان آورده است که وجود پاک خداوند، سراسر زمین را آکنده ساخته است. پس خداوند حاضر، در زمین، نیاز به خلیفه ندارد. اکنون می‌توان استنتاج نمود که خداوند، در وجود هر موجودی نافذ است و حضور دارد.

« و ما از شاهرگ [او] به او نزدیکتریم » قرآن، ق/۱۶

« و هیچ جنبنده‌ای در زمین نیست و نه هیچ پرنده‌ای که با دو بال خود پرواز می‌کند مگر آنکه آنها [نیز] گروه‌هایی مانند شما هستند ما هیچ چیزی را در کتاب [لوح محفوظ] فروگذار نکرده‌ایم سپس [همه] به سوی پروردگارشان محشور خواهند گردید » قرآن، انعام/۳۸

آمار ادیان را جهت وقوف عموم، در ذیل مرقوم نموده ام :

نام آیین	تعداد متدینان، در جهان سال ۱۳۸۶(۲۰۰۷ م)
مسیحی	۲۱۰۸۰۰۰۰۰۰
مسلمان	۱۴۳۰۰۰۰۰۰۰
بی دین	۱۰۸۸۰۰۰۰۰۰
هندو	۹۵۲۰۰۰۰۰۰
بودایی	۴۰۸۰۰۰۰۰۰
سیک	۲۴۰۰۰۰۰۰

| | ۱۴۹۶۰۰۰۰ | یهودی |

قرآن مدعی میباشد که آفریدگار فرید نام خود را نزد سایر اقوام و پیامبران بنی اسرائیل، الله خوانده است. لیکن آیین یهودی و مسیحی بر آن خط بطلان ترسیم کرده‌اند و آن را مردود می‌خوانند. نام الله، عربی است، نه عبری:

«خداوند به مشه (موسی) گفت : « اِهیِهِ اَشِرِاهیِهِ » من آن هستم که خواهم ماند. (خداوند) گفت : به فرزندان ییسرائیل چنین بگو : اِهیِهِ (یهوه) مرا به سوی شما فرستاده است» تورات، خروج، فصل۳/۱۴

« ای موسی! منم من الله! پروردگار عالمیان » قرآن، قصص/۳۰

حزقیال بر صحت نام یهوه گواهی داده است. جان بایر ناس در اینباره آورده است :

« خداوند یهوه چنین می‌فرماید: ای خاندان اسرائیل، من این را نه به خاطر شما بلکه بخاطر نام قدوس خود که آن را در میان امتهایی که به آنها رفته بی حرمت نموده اید به عمل می‌آورم و نام عظیم خود را که میان امتها بی حرمت شده است و شما آن را در میان آنها بی عصمت ساخته اید تقدیس خواهم نمود و خداوند یهوه می‌گوید : حینی که به نظر ایشان در شما تقدس کرده شوم آنگاه امت ها خواهند دانست که من یهوه هستم» جان بایر ناس، تاریخ جامعه ادیان، یهودی، حزقیال، فصل ۳۹

اندیشه ای غریزی و ذاتی، در جوهره وجودی بشری وجود دارد که او را بسوی اعتقاد، به آفریدگار هستی هدایت می‌کند. هر آیینی بر این اساس نامی برای آفریدگار خویش نهاده است. در مثال ایزاناگی، خدای نرینه، نام آفریدگار، در آیین شینتوی ژاپن است که خشکی های زمین را با قطعات بدن کوکوتسوچی، قاتل ایزانامی، همسرش آفرید. بایامه، نام

آفریدگار، در قبیله کامیلاروی؛ در جنوب شرقی استرالیا است. نزامبی، نام آفریدگار، در قبیله باکونگو، در کشور کنگو میباشد. چنانکه کژنه، نام آفریدگار، در قبیله ایسوکو، در کشور نیجریه است. بنابراین غالب قبایل بشری، آفریدگار را، به زبان خود نامگذاری نموده اند. لیکن قرآن، قصد تحمیل نام عربی الله را، در سایر ادیان دارد.

تناقض گویی، در سوره قصص/۳۰ و سوره نمل/۸ اعتبار کلام قرآن را ساقط می‌سازد. سوره قصص/۳۰ مدعی است که منادی، در نخستین ملاقات، از درخت (شجره) موسی را خطاب قرار داد و حال اینکه سوره نمل/۸ مدعی میباشد که منادی، در نخستین ملاقات، از آتش (النار) موسی را خطاب قرار داد. بنابراین تناقض گویی، در آیات مذکور محرز است.

« پس چون به آن [آتش] رسید از جانب راست وادی در آن جایگاه مبارک از آن درخت ندا آمد که ای موسی منم من خداوند پروردگار جهانیان » قرآن، قصص/۳۰

« چون نزد آن[آتش] آمد آوا رسید که خجسته [و مبارک گردید] آنکه در کنار این آتش و آنکه پیرامون آن است و منزه است‌خدا پروردگارجهانیان » قرآن، نمل/۸

روایت تورات می‌نمایاند که کدامین سوره قرآن درباره نخستین ملاقات خداوند و موسی حقیقت را بیان می‌کند. تورات منادی را داخل آتش بوته می‌خواند، نه درخت. قرآن سعی، در بهره برداری از روایات تورات دارد؛ بنابراین چکیده ای از آنها را بیان نموده است که ملازم خطایای ذهنی بشری میباشد. بواقع قرآن چکیده‌ای از روایات تورات میباشد که برخی از آنها محذوفات یا اضافات دارند :

«مشه شبانی گوسفندان ییترون، پدر زن خود کوهن میدیان را میکرد. گوسفندان را به آخر بیابان میراند که محصولات مالکان را نخورند. پس به کوه خداوند به حورو رسید

فرشته ی ادونای، در شعله ی آتش از میان بته ی خار به وی آشکار گشت. [مشه] دید که اینک آن بته‌ی خار، در آتش شعله ور است لکن آن بته‌ی خار تمام نمی‌شود- مشه [با خود] گفت: پیش روم تا این منظره بزرگ را ملاحظه کنم. چرا آن بته‌ی خار، در اثر سوختن تمام نمی‌شود؟ ادونای دید که [مشه] جلو می‌آید تا ملاحظه کند. خداوند از میان آن بته‌ی خار او را صدا زده، گفت: مشه...مشه . مشه گفت : حاضرم! گفت : نظر به اینکه محلی که تو بر آن ایستاده ای زمین مقدس است، به اینجا نزدیک نشو، کفشهایت را از پاهایت بیرون آور.»تورات، خروج (شموت) ۳ / ۱- ۵

"عبدالله" نام پدر محمد بود. بنابراین نام پدر محمد گواهی می‌دهد که الله پیش از ظهور اسلام، منجمله خدایان اعراب بود و چنانکه پیشتر منقول از جان بایر ناس بیان شد، الله، رب الارباب غیب برای اعراب محسوب می‌گشت که اعتقادات مبهمی نسبت، به آن داشتند. بواقع هنوتئیزم (اعتقاد به پرستش بزرگترین خدا) اسلامی، همچون هنوتئیزم هندوی بوقوع پیوسته است. هندویان بسان سایر ادیان منتسب، به توحیدی، معتقد به آفریدگاری هستند که راس سایر خدایان آنان میباشد و طی کتاب ده جلدی ریگ ودا بنام ویشوه کرمن (آفریدگار هستی) وارد شده است. بنابراین الله و ویشوه کرمن، در اعتقادات عربی و هندی، رب الارباب بودند. سوره نساء/۸۲ سخن از وجود اختلاف، در آیات قرآن دارد. اما آیه مذکور فزونی اختلاف را موجبات بطلان قرآن خوانده است. بنابراین پدید آرنده آیات قرآن طی سوره نسا/۸۲ وجود اندک اختلاف بین آیات قرآن را پذیرفته، نقصان بشری خود را هویدا ساخته است. بواقع آفریدگار فرید، حتی یک اختلاف ، در سخن خویش نبایست داشته باشد؛ چه همگان آن ذات پاک را موجودی مسلط و محیط می‌خوانند که فراموشی و دروغگویی بر آن عارض نمی‌گردد. تعداد اختلافات و تناقضات متعددی، در قرآن بوقوع

پیوسته است که طی نوشته (کتاب) تبیین ماهیت قرآن، به بخشی از آنها پرداخته شده است. اختلاف، در سخن منتسب، به آفریدگار و پیامبر قابل قبول نیست. اگر سخن متناقض، به آنان نسبت داده اند، ناشی از ناتوانی و دروغگویی بشری است. اکنون، به یکی از تناقض گویی های قرآن می‌پردازم :

« آیا، در قرآن نمی‌اندیشند اگر از جانب غیر الله بود قطعا، در آن اختلاف بسیار می‌یافتند » قرآن، نسا/۸۲

«و هر کس از شما خدا و فرستاده‌اش را فرمان برد و کار شایسته کند پاداشش را دو برابر می‌دهیم و برایش روزی نیکو فراهم خواهیم ساخت» قرآن، احزاب/۳۱

« هر کس کار نیکی بیاورد ده برابر آن [پاداش] خواهد داشت و هر کس کار بدی بیاورد جز مانند آن جزا نیابد و بر آنان ستم نرود » قرآن، انعام/۱۶۰

در آیتی از قرآن آمده است که هزار سال نزد الله، به اندازه یک روز است. این ادعا را می‌توان اقتباس قرآن از کلام مزامیر داود دانست که هزار سال را در نظر خداوند یک روز خواند :

«هزاران سال، در نظر تو چون یک روز بلکه یک ساعت است» مزامیر، کتاب چهارم ۴/۹۰

«و در حقیقت یک روز نزد پروردگارت مانند هزار سال است از آنچه می‌شمرید» قرآن، حج/۴۷

الله متقی، در قرآن

تقوی، به معنای پرهیزگاری از گناهکاری میباشد که حیطه نیاز زندگی بشری را شامل می‌شود. کسی که متقی میگردد، سعی، در تباعد و دوری از بدی و پلیدی دارد. لیکن قرآن آفریدگار فرید را متقی خوانده است. چنانکه قرآن آفریدگار را موجودی دارای بدی ذاتی برای اذهان تصویر می‌نماید که نیاز به دوری و پرهیزگاری دارد. تقوا، در موجودی نیاز است که خود و پیرامون خود دارای مضامین بدی باشد و مجاب به دوری از آنها گردد. اندیشه بشری است که آفریدگار فرید را متقی می‌خواند، نه ایزدی. چه بدی و نیکی خود آفریده، آفریدگار هستند و خود مبرا از این مضامین میباشند :

«و هیچ کس پند نمی‌گیرد مگر اینکه خدا بخواهد. او اهل تقوا و اهل آمرزش است» قرآن، مدثر/۵۶/

اصول دین، در قرآن

چنانکه قرآن را بررسی نموده ام، اصول اعتقادی قرآن بر اساس سوره نساء/۱۳۶ میباشد که به ترتیب ذیل است :

«۱- الله ۲- ملائکه ۳- کتابها ۴- پیامبران ۵- قیامت»

قرآن اصول نیکوکاری، در اسلام را طی سوره بقره/۱۷۷ به قرار ذیل خوانده است:

«۱-ایمان به خدا ۲- ایمان به فرشتگان ۳- ایمان به کتاب ۴- ایمان به پیامبران ۵- ایمان به قیامت»

همچنین سوره نساء/۱۳۷ آشکار می‌سازد که مسلمان می‌تواند ۱ مرتبه مرتد شود،اما بازگشتن از ارتداد، در مرتبه دوم بخشوده نخواهد شد :

«کسانی که ایمان آوردند، سپس کافر شدند و باز ایمان آوردند سپس کافر شدند آنگاه به کفر خود افزودند قطعا خدا آنان را نخواهد بخشید و راهی به ایشان نخواهد نمود » قرآن، نساء/۱۳۷

احکام حدّ عبارت است از احکامی که عقاب دنیوی آنها، در قرآن بیان شده است. این احکام، در قرآن دارای عقاب سخیف جسمانی هستند که خشونت بدوی عربی، در آن گنجانیده شده است. اما احکام قضایی خارج از احکام حدّ را تعزیر می‌خوانند. تشتت آرای آخوندهای اسلامی، در تعزیرات وارد است و آن حکمی سبک تر از حدّ میباشد. قرآن حلال و حرام را از سوی سایرین نهی نموده است و طی سوره مائده/ ۴۴،۴۵،۴۷ تاکید ورزیده است که پس از انزال احکام الهی از پیش خود حکمی نیاورید. بنابراین موارد حدّ، در قرآن به شرح ذیل میباشد:

۱- جراح (شامل قصاص نفس و دیات) : سوره بقره/۱۷۸، ۱۷۹،نساء/۹۲،۹۳، مائده/۴۵، اسرای/۱۳۲،۱۳۱

۲- محارب و مفسدفی‌الارض:سوره مائده/۳۴،۳۳،احزاب/۵۷،انفال/۱۲،۱۴- عقوبت دنیوی : قتل، دار آویختن، بریدن دست و پا بخلاف، نفی بلد

۳- اشاعه فحشاء و منکرات: سوره نور/۱۹- عقوبت دنیوی : عذابی پر درد

۴- سرقت : سوره مائده/۳۸،۳۹ - عقوبت دنیوی : بریدن دست

۵- قذف (نسبت دادن زنا، به دروغ): سوره نور/۴،۸،۱۳،۲۳ - عقوبت دنیوی : ۸۰ تازیانه

۶- زنا : سوره نور/۲،نساء/۱۵ - عقوبت دنیوی : ۱۰۰ تازیانه

همچنین گناهانی که، در قرآن، بزرگ خوانده شده‌اند و از منظر قرآن، عقوبت اخروی بر آن

حتمی است، به قرار ذیل می‌باشد :

۱-   جنگ در ماه حرام : سوره بقره/۲۱۹(مدینه)

۲-   شرب خمر : سوره بقره/۲۱۹(مدینه)

۳-   بازداشتن خلق از راه الله : سوره بقره/۲۱۷ (مدینه)

۴-   پایمال کردن حرمت خانه الله : سوره بقره/۲۱۷ (مدینه)

۵-   تهمت و بهتان علیه سایرین : سوره نساء/۱۱۲ (مدینه)

۶-   قتل عمد مسلمان : سوره نساء/۹۳(مدینه)

۷-   قتل و زنده به گور کردن فرزند بدلیل فقر:سوره اسری/۳۱(مکه)

۸-   غصب مال یتیم : سوره نساء/۲(مدینه)

۹-   قمار : سوره بقره/۲۱۹(مدینه)

۱۰-   اولاد و انباز قایل شدن برای الله : سوره مریم/۸۸،۹۳(مکه)

۱۱-   کفر به الله: سوره بقره/۲۱۷(مدینه)

۱۲-   بیرون کردن اهل حرم : سوره بقره/۲۱۷(مدینه)

حوزه اخلاق، در قرآن

حوزه فرامین اخلاقی قرآن، از سوی تهیه کنندگان آیات، منطبق با فرهنگ خارجی و اعجمی (غیر عربی) میباشد. فرهنگ عربی، در بخش هایی که دارای خشونت و قساوت سیاسی، نظامی، خانوادگی و قضایی میباشد، نهفته است. سوره نساء/۲۸ هدف از حوزه فرامین اخلاقی را تبیین ساخته است. آیه مذکور بیان میدارد الله قصد دارد بار انسان را سبک نماید؛ زیرا انسان ضعیف آفریده شده است. قرآن را نمی‌توان، در حوزه فرامین اخلاقی برتر از سایر ادیان خواند. چه آیین زرتشتی، یهودی، مسیحی و بودایی، قیود اخلاقی والاتری دارند. قرآن تلفیق نیکی و بدی است. قرآن فردی منتقم را، به بخشش ظالم، فراخوانده است، لیکن ابتدا اذن انتقام، به فردی منتقم داده است. بنابراین قرآن، انتقام را نهی نکرده است. اذن انتقام، در سوره شوری/۴۰-۴۳ آمده است. انتقام، مخل عقل، منطق، عدل و دانش بوده، نوع بشری را، به جرم و ظلم مشابه می‌آلاید.

اخلاق متعلق، به ادیان نیست، بلکه انسان خود دین می‌آفریند و واضع احکام است. سقراط، زمانی که، به نوشیدن جام شوکران محکوم شد، اخلاق را فراموش نکرد. پس شاگرد خود را وصیت نمود که قرض او را که یک مرغ بود، به همسایه پرداخت کند. بنابراین انسان خود واقف، به موازین اخلاقی می‌باشد. لیکن نابسامانی عاطفی، تربیتی و محیطی موجبات نابسامانی اخلاقی یا روانی، در فرد را پدید می‌آورد. انسان از روزگاران کهن، در جستجوی

راهکاری برای تدوین قوانین و فرامین بوده است که نسق فردی، اقتصادی، اجتماعی و سیاسی پدید آورد. قرآن توانایی مدیریت ، در بحران را بصورت عقلانی و منطقی ندارد؛ بنابراین بحران بهانه ای می‌شود که فرهنگ بربریستی و تازی بدوی، در فرامین آن نافذ گردد. قرآن سعی نموده است که بحران نافرمانی زوجه از زوج را با فرمان ضرب و شتم او و بحران سیاسی – مذهبی شکست محمد بن عبدالله، در شهر مکه را با فرمان جدل و قتل، در شهر مدینه و بحران سرخوردگی را با انتقامجویی و بحران مباحثه با اهل کتاب را با لعن و نفرین و بحران نافرمانی انسان را با مرگ بر انسان و بحران گناه بنی اسرائیل را با خودکشی مرتفع سازد. بنابراین قرآن فاقد دانش و منطق برای مدیریت بحران است و رفتارهای ناهنجار بشری را ابراز می‌نماید. رفتار موجودی فرابشری، در بحران، جدل و قتل یا لعن و نفرین نیست؛ بلکه آفریدگاری وجود ندارد که اختیار اعتقادی بشری را طی تاریخ نقض نموده باشد. موسی و زرتشت از نقض اختیار بشری، سخنی ندارند. چه نقض، خود نقص است.

انسان، خود داستان سرایی قهار میباشد. داستان جنگ ستارگان به مراتب پیچیده تر از داستانهای کتب مذهبی میباشد. قرآن، در چند جمله قاصر، سخن از قوم عاد و ثمود میراند. بلای آسمانی بی آنکه معجزاتی برای آنان نازل شده باشد، بوقوع پیوسته است :

« ذکر بعضی از طوایف بائده {عاد و ثمود } بر سبیل عبرت و برای ایقاظ مسلمین آمده است مفسرین اولیه هر چه را در باب اقوام مزبور از این و آن شنیده بودند در کتب تفاسیر نقل کرده و از این راه آن قصص و حکایات اساس تاریخی ندارد در اذهان مردم جایگیر شده است. از جمله این حکایات است افسانه‌های مربوط به عاد و پادشاهان ایشان از قبیل

شدید و شداد و پایتخت این پادشاهان یعنی شهر ارم» حسن پیرنیا، تاریخ ایران، صفحه ۲۷۰

خردمندان نیک واقف هستند که بحران، بحران می‌آفریند و منطق آن را بر نمی‌تابد. مگر آنکه حوزه دفاعی زندگانی بشری را شامل شود. پس فرهنگ قرآنی و فرهنگ عربی، در تلفیق با یکدیگر منجر به وقوع جنگهای صلیبی و تعرض به سایر ملل شدند که قرن ها بطول انجامید و درگیری اسرائیل و فلسطین را گسترش داد، چنانکه یهودیان قرنها آواره شدند :

« الله می‌خواهد تا بارتان را سبک کند و انسان ناتوان آفریده شده است» قرآن، نساء/۲۷

« اموال همدیگر را به ناحق نخورید مگر آنکه داد و ستد با تراضی یکدیگر از شما باشد و خودتان را مکشید » قرآن، نساء/۲۹

اکنون سؤال این است که آیا حوزه فرامین اخلاقی قرآن کامل است؟ البته پاسخ منفی میباشد؛ زیرا قرآن نیاز، به تهیه و تدوین سنۀ الرسول، در کران سنۀ الله ، فقه اسلامی و قوانین دولتی و ... داشته است. از اینرو قرآن قادر، به پاسخگویی نیازهای بشری، منطبق با پیشرفت، تحولات و مقتضیات روزگار نیست.

افلاطون (۴۲۷ق م-۳۴۷ق م) بیان می‌کند که قوانین بایست مطابق با تحولات و تغییرات وضع گردد. سکون، در مقطعی از تاریخ بشری، منجر، به بحران می‌گردد :

«قوانین به گونه ای گریز ناپذیر ناکامل اند؛ بیش از آن کلی هستند که بتوانند چونان که باید و شاید از پس پیچیدگی‌های زندگی برآیند و از آنجا که راکد (ساکن و ایستای)

هستند از همبازی و سازگاری با شرایط دگرگون شونده ناتوان هستند » برایان ردهد، اندیشه سیاسی از افلاطون تا ناتو، صفحه ۴۱

شما نمی‌توانید مکتبی بیابید که عاری از فرامین اخلاقی باشد. لیکن می‌توان مکتبی یافت که عاری از خشونت و قساوت، بر سبیل عقل و منطق استوار باشد. ده فرمان سیدارتا گوتاما بودا و ده فرمان منسب، به موسی، از لحاظ هر عقل سلیم متعالی میباشند، گرچه ده فرمان بودا و موسی، پیرامون اخلاق است، نه اساس اخلاق. آنها عاری از مضامین بدی (شر)، به نوع بشری عرضه شده اند. حتی سخنان زرتشت نبی، در بخش گاهان، عاری از خشونت و قساوت میباشد، کتاب اوستا ناهی جنگ است. اما از سوی دیگر، پنج فرمان راستین موسی نبی که خداوند یکتا اذن شنیدن و دریافتن آن، در ملکوت را برایم فراهم ساخت، محبت، به دیگران را فرمان داده است که ده فرمان منتسب، به بودا و ده فرمان منتسب، به موسی عاری از آن هستند. اگر همگان با صداقت و سلامت یکدیگر را دوست بدارند، هرگز شر بوقوع نمی‌پیوندد.

ده فرمان سیدارتا گوتاما بودا عبارتند از :

۱- اجتناب از بی جان ساختن جانداران ۲- احتراز از تصرف مال غیر ۳- پرهیز از بی عصمتی و ناپاکدامنی ۴- احتراز از مکر و فریب ۵- احتراز از مستی و شرابخواری ۶- احتراز از پرخوری و شکم پروری۷- چشم پوشی از رقص و آواز طربناک ۸- اجتناب از استعمال زیورها و عطریات و آرایشها ۹- نخفتن در بسترهای نرم ۱۰- احتراز از قبول سیم و زر

«سیدارتا گوتاما بودا : جهاد با نفس عظیم ترین جهاد است و چیره شدن بر خویشتن، فتحی عظیم تر از شکست دادن هزار مرد در میدان نبرد است» سادها تیسا، بودا و اندیشه های او

«سیدارتا گوتاما بودا: گفتن سخن زیبا بدون به عمل آوردن آنها مانند گل زیبایی است که بوی خوشی ندارد» سادها تیسا، بودا و   اندیشه های او

«سیدارتا گوتاما بودا : کسی که پرهیزگار، مهربان، علاقه به فهم مطالب، فروتن و فرمانبردار است سرافراز خواهد بود» سادها تیسا، بودا و اندیشه های او

«من دین مزدا پرستی را باور دارم که جنگ را بر اندازد و رزم افزار را به کنار گذارد» اوستا، یسنا، هات ۱۲، بند ۹

خالقین، در قرآن

قرآن، در سوره مؤمنون/۱۴ سخن از آفریدگاران میراند که فروتر از او هستند. الله خود را بهترین آفریدگاران خوانده است. بنابراین قرآن، در آیه مذکور قایل به وجود خدایانی میگردد که طی بسیاری از آیات بر آن میتازد و آفریدگار را یکتا میخواند. اکنون تناقض پدیدار میشود و این تناقض گویی خطای عمدی یا سهوی بشری میباشد، نه خطای الهی و نبوی. اعتقاد، به تعدد خدایان، در ادیان روم، مصر، یونان، ژاپن و هند مسبوق است. مثلاً آیین ودایی (حدود ۱۰۰۰ق م) ، در زمانیکه آریاییها بر هندوستان استیلاء داشتند قایل به اصالت وحدت شدند. آنان ویشوه کرمن و پرجا بتی را خالق کیهان و پادشاه آفریدگاران

می‌پنداشتند و مافوق سایر خدایان منجمله ایندرا   (رب طوفان)، میترا(رب مهر،
ایمان، صدق و مکارم اخلاق) و وروده (رب دشمن جان و مال) می‌پرستیدند. همین
اعتقادات با ظهور آیین هندوییزم رونق یافت و برهما، رب خالق، شیوا، رب مرگ و ویشنو،
رب حیات خوانده شد. جان بایر ناس، در نوشته تاریخ جامعه ادیان، الله را خدای غیب و
مافوق خدایان عرب خوانده است. بنابراین واژه خالقین، شرک، در قرآن آفریده است که بی
گمان منبعث از خطای ذهن بشری میباشد، نه خطای الهی و نبوی. چنانچه این خطای
ذهنی بشری بوقوع نمی‌پیوست، آیت ذیل جایگزین سوره مؤمنون/۱۴ می‌شد :

«فتبارک الله حسن الخالق – پس الله خجسته است که نیکوآفریننده است»

« فتبارک الله احسن الخالقین – پس الله خجسته است که نیکوترین آفریدگاران است»
قرآن، مؤمنون/۱۴

انبیاء و قرآن

سلیمان، ذوالقرنین، قارون و فرعون ، شخصیتهای داستانی قرآن هستند که دو فرد
نخستین نیکوکار و دو فرد آخرین خطاکار بودند. البته طی روایات مذکور برخی نکات
اخلاقی هویدا می‌گردد که خاصه الاهۀ ایزد یگانه، محور اساسی روایات قرآن میباشد که
منبعث از نوشته های تورات است. آن را با دقت از منظر روانشناسی مورد بررسی قرار داده
ام.

موجودی فرابشری که ما آن را آفریدگار نامیده ایم، بی گمان دارای نسق مطلق است. لیکن نوع بشری از نسق نسبی برخوردار میباشد. بنابراین این نسق مطلق، در گفتار قرآن وجود ندارد. تهیه کننده آیات قرآن، بسان سایر نوع بشری توان رعایت نسق مطلق را ندارد. بنابراین اسامی پیامبران را طی آیات خود، گاهی جا به جا بیان نموده است. بدینسان می‌نمایاند که آیات از سوی نوع بشری تهیه شده است نه از سوی نیروی فرا بشری. عدم نسق، در ترتیب اسامی پیامبران، ناتوانی ذهن بشری است :

«و ما به ابراهیم، اسحاق و یعقوب را عطا کردیم و همه را به راه راست بداشتیم و نوح را پیش از ابراهیم و فرزندانش داود و سلیمان و ایوب و یوسف و موسی و هارون را هدایت نمودیم » قرآن، انعام/۸۱

اکنون نسق مطلق، زمانی، در آیه فوق الذکر پدید می‌آید که اسامی پیامبران را، به ترتیب ذیل، در آیتی بگنجانیم :

«ونوح را پیش از ابراهیم هدایت نمودیم . و ما به ابراهیم، اسحاق و یعقوب را عطا کردیم و همه را به راه راست داشتیم و سپس فرزندانش یوسف، موسی ، هارون، داود، سلیمان و ایوب را هدایت نمودیم »

آدم، ابلیس و دیو، در قرآن

روایت آدم و ابلیس بیش از ده مرتبه، در آیات قرآن گنجانیده شده است. بی‌گمان پیش از پیدایش انسان، نیکی و بدی، در نهاد فرشته ای بنام شیطان وجود داشت. بنابراین بهانه او،

در استنکاف از الله، بدی وجودی‌اش را هویدا می‌سازد. همچنین اهریمن، در قرآن دارای فکرت، ذکاوت و خلاقیت است. چنانکه درباره ماهیت آدم اندیشید و او را پست تر از خویش یافت و ذکاوت خویشرا، در راستای فریب آدم و حوا بکار بست. شیطان حتی خلاقیت دارد؛ چانکه اسلوب متعددی را برای نیرنگ و فریب بشری استعمال می‌نماید.

سوره بقره/۳۰-۳۸ روایت ذکاوت فرشتگان پیش از خلقت آدم است. چنانکه آنان به خلقت آدم اعتراض نمودند. زیرا فرشتگان به شرارت نوع بشری واقف بودند. بنابراین فرشتگان، در قرآن دارای ذکاوت ذاتی بسان الله هستند؛ زیرا پیش از خلقت آدم، به شرارت او پی برده بودند. آزمون الله بین فرشتگان و آدم، در راستای اثبات توانایی انحصاری آدم است که همانا حافظه میباشد. لیکن همه موجودات از حافظه دراز مدت یا کوتاه مدت یا هر دوی آنها برخوردار هستند. اگر مکون آیات قرآن دارای ذکاوت بود، قوه‌ی خلاقه بشری را، نزد فرشتگان می‌آزمود، نه قوه حافظه بشری را. اگر فرشتگان حافظه نداشتند، بی گمان خدا و خود را فراموش می‌کردند :

« [خدا] همه نامها را به آدم آموخت. سپس آنها را بر فرشتگان عرضه نمود و فرمود اگر راست می‌گویید از اسامی اینها به من خبر دهید - [فرشتگان پاسخ دادند:] ما نمی‌دانیم مگر آنچه ما را آموختی» قرآن، بقره/۳۱، ۳۲

قرآن، در سوره بقره/۳۰ آدم را خلیفه خود بر زمین می‌خواند. اما اشکالاتی بر آن وارد است. خلیفه کسی است که کلی یا سهمی از حاکمیت را، در اختیار می‌گیرد. کسی که خلافت می‌بخشد ازلی و جاودانی نیست و توانایی و چیره گی مطلق ندارد؛ زیرا اداره بخشی از حاکمیت خویشرا به دیگری واگذارده است. آدم و حوا، در تورات خلیفه الهی نیستند، بلکه

موجودی دارای توان آفرینش هستند. تورات، در نوشته پیدایش(برشیت) بیان می‌دارد که انسان شبیه آفریدگار میباشد؛ یعنی، برخی نیروهای الهی را بطور محدود، در اختیار دارد. انسان همچون آفریدگار، می سازد، انسان همچون آفریدگار تنوع گرا میباشد، انسان همچون آفریدگار موجودی چیره است و ... . بی گمان نویسنده متن پیدایش، خود نیک میدانست که شباهت بین آفریدگار و انسان، فیزیکی نمی‌باشد، بلکه نیروی عقلی، علمی و خلاقه ی بشری است که او را از سایر حیوانات متمایز ساخته، مسیر پیشرفت، در عرصه های مختلفه را برایش فراهم ساخته است.

«انسان را شبیه خود بسازیم تا بر حیوانات زمین و ماهیان دریا و پرندگان آسمان فرمانروایی کند » تورات، پیدایش (برشیت)،۲۶/۱

« من، در زمین خلیفه خواهم گمارد » قرآن،بقره/۳۰

قرآن، در سوره‌ای چون حجر/۳۷ سخن از دیو میراند. پیش از هندوییزم، آیین ودایی قایل، به دیو (دوا) بود و قوای طبیعت هر یک دیوی مختص به خود داشت. ناحیه مغان، در شمال غرب ایران، به دیو پرستی می‌پرداختند و این اعتقادات مقارن با زمان پیامبری اشو زرتشت بود. لازم، به ذکر است که واژه اشو؛ به معنی، پاک و مقدس وارد شده است. بنابراین اعتقاد، به دیو، در ادیان قبل از میلاد و مشرک از لحاظ تاریخی محرز است. دیو از اعتقادات ایرانی، به اعتقادات یهودی و اسلامی وارد شده است. جان بایر ناس، در نوشته تاریخ جامع ادیان، در اینباره بیان داشته است:

« معلوم می‌شود که دین عامه مردم ایران، در آن دوره باستانی عملاً همان آیینی بوده است که در وداها ملاحظه می‌شود. یعنی اکثر خلایق قوای طبیعت را می‌پرستیدند و آنها

را دیو می‌گفتند و با کلمه دوا مذکور، در کتاب ریگ ودا منطبق می‌شود که تجسم نیروهای طبیعی مانند آفتاب و ماه و ستارگان و خاک و آتش و آب و باد هستند» جان بایر ناس، تاریخ جامع ادیان، صفحه ۴۵۰، زرتشتی

«وطایفه ای از دیوان را پیشتر از آتش گدازنده خلق کردیم» قرآن، حجر/۲۷

«و جنیان را از رخشنده شعله آتش خلق کردیم» قرآن، رحمن/۱۵

غرانیق و آیات شیطانی

چنانکه برخی روایات و آیات قرآن گواهی می‌دهند، محمد بن عبدالله، در شهر مکه، بدلیل استمرار و تشدید اذیت و آزار قریش، به مصالحت با مشرکان، ترک رسالت خویش، احترام، به بتان کعبه و خانه نشینی مبادرت ورزید. در آن زمان، گروهی از مسلمین، در پناه نجاشی، پادشاه حبشه قرار داشتند.

آیاتی، در قرآن وارد شده است که آثاری از واقعه غرانیق را هویدا می‌سازد. مکون آیات قرآن، در سوره حج/۵۲ سخن از القائات شیطان، به پیامبران رانده است که گروهی از مفسران و خاورشناسان، آیه مذکور را، به داستان غرانیق نسبت داده اند. گفته شده است که آیات غرانیق، ادامه آیات ۱۹ و ۲۰ از سوره "نجم" بود که کاتبان قرآن آنها را حذف نمودند. داستان غرانیق، مبحث مفسران مسلمان و خاورشناسان سرشناس بوده است. نقل داستان را از کتاب زندگی محمد، تالیف دکتر محمد حسین هیکل اقتباس نموده ام که ذیلاً شرح داده می‌شود :

«مسلمانانی که به حبشه مهاجرت کرده بودند، سه ماه، در آنجا مقیم بودند. در این اثنا، عمر اسلام آورد و مسلمانان، در حبشه شنیدند که قریش از آزار محمد و پیروان او دست بر داشته اند، به روایتی بیشتر آنها و به روایتی دیگر، تمامشان به مکه برگشتند. وقتی به مکه رسیدند، دیدند که آزار و اذیت قریش سخت تر از سابق شده است. گروهی از آنها به حبشه برگشتند و بعضی از آنها مخفیانه یا، در پناه دیگران، درمکه ماندند. بطوری که می‌گویند : آنها که دوباره به حبشه برگشتند گروهی دیگر از مسلمانان را همراه خود بردند و تا هنگام هجرت، به مدینه، در آنجا اقامت داشتند. آیا علت تخفیف آزار قریش و مراجعت مسلمانان از حبشه چه بود؟ ... در اینجا، به داستان غرانیق بر می‌خوریم که "ابن سعد"، در کتاب "طبقات الکبری" و "طبری"، در "تاریخ الرسل و الملوک" آنرا نقل کرده اند و بسیاری دیگر از مفسران اسلام و نویسندگان سیرت پیمبر از آن سخن رانده اند و خاورشناسان نیز بدان تمسک کرده از تایید آن خودداری نکرده اند. داستان غرانیق این است که محمد چون دید قریش از وی دوری می‌جویند و با پیروانش بدی می‌کنند، آرزو کرد که ای کاش چیزی که باعث نفرت آنها باشد، بر من نازل نمی‌شد. پس از آن با قوم خویش نزدیک شد و آنها نیز به وی نزدیکتر شدند. روزی، در یکی از مجالس نزدیک نشسته بود، سوره نجم را بر آنها بخواند تا به این آیه رسید : أَفَرَأَيْتُمُ اللَّاتَ وَالْعُزَّى [۱۹] وَمَنَاةَ الثَّالِثَةَ الْأُخْرَى [۲۰] یعنی : آیا دیدید لات و عزی را و مناهٔ سومین دیگر را (نجم/۱۹-۲۰). پس از آن [محمد] چنین خواند : تِلکَ الْغَرانِیقُ الْعُلَا و اِن شَفَاعَتُهُنَّ لَتُرْتَجی ۲.یعنی : اینها غرانیق عالی مقام اند و به شفاعت آنها امید می‌رود. سپس سوره را به پایان رسانید و در خاتمه آن سجده کرد و همه آنها به سجده افتادند و هیچکس از اینکار دریغ نکرد. مردم قریش از آنچه محمد خوانده بود، اظهار رضایت کردند و گفتند : می‌دانیم که خدا می‌میراند و زنده

می‌کند، ولی خدایان ما، در پیش او از ما شفاعت می‌کنند. اکنون که برای آنها حقی قایل شدی، ما نیز با توایم. بدین طریق اختلاف از میان برخاست و این داستان شهرت یافت تا به سرزمین حبشه رسید. مسلمانانی که، در آنجا اقامت داشتند، به جانب وطن خویش بازگشتند.همین که نزدیک مکه رسیدند، گروهی از مردم کنانه را دیدند و از آنها جویای حال شدند. کنانیان گفتند : خدایان آنها را، به نیکی یاد کرد، همه پیرو او شدند. سپس از گفته خود برگشت و از خدایانشان بد گفت. آنها نیز بدی را با او از سر گرفتند. مسلمانان، در کار خویش فرو ماندند و مشورت کردند که چه باید کرد. چون برای دیدار کسان خود بیقرار بودند، ناچار به مکه در آمدند. علت اینکه محمد از گفتار خویش درباره خدایان قریش برگشت، در ضمن روایات مختلفی که این داستان را نقل میکند، بدین طریق آمده که وقتی قریش گفتند: اکنون که برای آنها حقی قایل شد ما با توایم، این سخن بر او گران آمد و در خانه ماند تا هنگام شب جبرئیل نازل شد، محمد سوره نجم را بر او فرو خواند. وقتی، به جمله تلک الغرانیق رسید، جرئیل گفت : این دو جمله را من نیاورده ام. محمد گفت: من این دو جمله را به خدا نسبت دادم. سپس وحی آمد که وَإِن كَادُواْ لَيَفْتِنُونَكَ عَنِ الَّذِي أَوْحَيْنَا إِلَيْكَ لِتفْتَرِيَ عَلَيْنَا غَيْرَهُ وَإِذًا لاَّتَّخَذُوكَ خَلِيلاً - وَلَوْلاَ أَن ثَبَّتْنَاكَ لَقَدْ كِدتَّ تَرْكَنُ إِلَيْهِمْ شَيْئًا قَلِيلاً - إِذاً لَّأَذَقْنَاكَ ضِعْفَ الْحَيَاةِ وَضِعْفَ الْمَمَاتِ ثُمَّ لاَ تَجِدُ لَكَ عَلَيْنَا نَصِيرًا ۱. یعنی: گرچه نزدیک بود ترا از آنچه وحی کرده بودیم، بگردانند تا جز آنرا بر ما ببندی و ترا به دوستی گیرند، اگر ما ترا استوار نکرده بودیم، نزدیک بود کمی به آنها مایل شوی. در اینصورت عذاب دو جهان را، دو چندان به تو می‌چشانیدیم و در برابر ما یاوری نمی‌یافتی. به این جهت محمد از گفتار خویش برگشت و از خدایان قریش بد گفت. آنها نیز بد رفتاری را از سر گرفتند. این داستان غرانیق است که عده زیادی از نویسندگان

سیرت و مفسران آنرا نقل کرده‌اند و خاورشناسان درباره آن به تفصیل سخن رانده اند... .» دکتر محمد حسین هیکل، زندگانی محمد، چاپ دهم، ۱۳۸۰ خورشیدی، صفحه ۲۲۷-۲۲۵

دکتر محمد حسین هیکل، کلام "ابن اسحاق" را وام گرفته، افراد بی دین را، دخیل، در طرح چنین داستانی خوانده است. لیکن تلویحاً قرآن، در دو سوره‌ی ذیل، به ترک رسالت محمد و ترغیب او، به رجعت، بسوی رسالت پرداخته است که مکی بودن آیات ذیل، خود کلام مؤلف را قرین، به صحت می‌سازد. من از آیات مرتبط با داستان غرانیق، در قرآن، چنین استنباط نموده‌ام که مکون آیات قرآن، طی ملاقات با محمد، در شهر مکه، با لحن منت و لحن ترغیب، پیامبر اسلام را برای رجعت، به رسالت و مخالفت با بتان و مشرکان فرا خواند. آیات ذیل، دلالت بر واقعیت داستان غرانیق دارد که گویا غالب عالمان، مفسران و نویسندگان، نظری ژرف بدین آیات نداشته، تفاسیری غیر برای آنها قایل شده اند :

«الا ای به لباس در پیچیده – برخیز و به ترسانیدن بپرداز – و پروردگارت را به بزرگی بخوان- وجامه‌ات را پاکیزه کن- و از ناپاکی دوری کن- و منت مگذار و فزونی طلب مباش» قرآن، مدثر/۱-۶

«آیا ما تو را شرح صدر عطا نکردیم – و بار سنگین را از تو برنداشتیم – در صورتی که آن بار سنگین ممکن بود پشت تو را گران دارد – و نام نیکوی تو را بلند کردیم- پس با هر سختی آسانی است» قرآن، شرح/۱،۵

«غرانیق، جمع غرنوق یا غرنیق است. غرنوق به معنای مرغ آبی است که گردن بلندی دارد و سپید یا سیاهرنگ است، به معنای جوان سپید زیبا روی نیز به کار رفته است. برخی

غرنوق را لک‌لک، بوتیمار (غم خورک) نیز معنا کرده‌اند.از این رو این آیات را غرانیق می‌نامند که به گمان اعراب بت‌ها، مانند پرندگان، به آسمان عروج می‌کنند و برای پرستندگان خود شفاعت می‌نمایند.»ویکی پدیا، دانشنامه آزاد اینترنتی

روزه، در قرآن

روزه؛ به معنی، امساک از خوردن و آشامیدن است. روزه تنها، در ادیان منتسب، به آسمانی و الهی نیست، بلکه روزه، در ادیان ودایی، هندویی و بت پرستی مرسوم است. روزه، در آیین یهودی، کیپور یا کفاره خوانده می‌شود که فرمان خدای موسی برای زدودن گناهان میباشد و آن ۲۵ ساعت امساک از خوردن و آشامیدن، در ماه تیشری، نخستین ماه عبری، مصادف با مهر ماه ایرانیان میباشد که طی بررسی خود آن را بهترین روزه‌های مذهبی یافته ام که اندک خسران برای تن و عقل دارد. لیکن روزه، در آیین قرآن طی سوره بقره/۱۸۵ بدلیل ادعای انزال قرآن، در ماه رمضان، سه سال پس از بعثت میباشد. نخستین قسمت از قرآن که ، در شب مبعث (۲۷ ماه رجب) نازل شد، پنج آیه اول سوره «علق» است. آیات قرآن طی ۲۰ سال، به مقتضای حوادث ایام، برای مردم تهیه و قرائت شد :

« اقْرَأْ بِاسْمِ رَبِّکَ الَّذِی خَلَقَ - خَلَقَ الْإِنسَانَ مِنْ عَلَقٍ - اقْرَأْ وَرَبُّکَ الْأَکْرَمُ - الَّذِی عَلَّمَ بِالْقَلَمِ - عَلَّمَ الْإِنسَانَ مَا لَمْ يَعْلَمْ »

سیدارتا گوتاما بودا (۵۶۰ ق م- ۴۸۳ ق م) بنیانگذار آیین بودا، به تقلید از برهمنان ودایی، حدود ۵ سال، در منطقه بوداگیا به روزه پرداخت. ودایی‌ها چنین می‌پنداشتند که ریاضت

جسمانی و امساک از خوردن و آشامیدن، آنان را از لحاظ معنوی و اخلاقی توانا می‌سازد. سیدارتا مدتی مدید، به این عمل پرداخت. چنانکه روایت نموده اند، پس از ۵ سال استخوانهای بدن او از زیر پوست نمایان شده بود. روزی توان جسمانی سیدارتا چنان تحلیل رفت که مدتی بیهوش شد. زن همسایه، در حال عبور بود که سیدارتا را، در حال بیهوشی یافت. بنابراین زن، غذای نذری خود برای بتهای بتکده را، به سیدارتا بخشید که توان خویش را باز یابد. سیدارتا غذا را تناول نموده، سپس از آب رودخانه نوشید و دگر بار توان خویشرا باز یافت. او تامل و تعمق، به نتیجه روزه ۵ ساله خود نمود. مآلاً سیدارتا دریافت که روزه موجب تعالی اخلاقی و دانایی نمی‌شود، بلکه روزه تنها خود آزاری محسوب می‌گردد. مدتی دیگر اندیشید و سپس حقیقتی طبیعی را دریافت. آری! اعتدال! سیدارتا استنتاج نمود که انسانی بایست، در امور زندگانی خویش اعتدال را رعایت نماید. ما اعتدال متعالی را می‌توانیم از زندگی حیوانات، طبیعت و نباتات استخراج نماییم و آن را سرمشق زندگی خود قرار دهیم، زیرا طبیعت، نباتات و حیوانات عاری از افراط گرایی و تفریط گرایی زندگی می‌کنند. روزه نیز تفریط و عدول از اعتدال است. از اینرو سیدارتا گوتاما بودا آیین خود را بر اساس اعتدال بنا نمود که عاری از ریاضت، خشونت و قساوت است. سیدارتا رهبران جهل، غیض و حرص را بر نمی‌تابید و از آنان گریزان بود؛ زیرا جهل، غیض و حرص، به افراط گرایی می‌انجامد و گمراهی انسانی را می‌آفرینند. روزه ودایی منسوخ شد. اما «لکهن»، روزه ادیان شرقی همچنان برقرار است. بنابراین روزه، در ادیان شرک هندویسم و ... متداول بوده است. بنیانگذار روزه، در قالب شریعت مدون ، آیین منتسب، به موسی نبی است. فرمان روزه، در قرآن متفاوت با فرمان روزه، در تورات است:

«ماه رمضان، ماهی است که قرآن، در آن نازل شده و آن برای مردم هدایت است و دارای دلایلی روشن از هدایت می‌باشد وموجب جدایی است. پس کسی که در این ماه حاضر باشد باید آن را روزه بدارد و هر که ناخوش یا، در سفر باشد از ماه های دیگر روزه دارد» قرآن، بقره/۱۸۵

«در روز دهم ماه هفتم نباید کار بکنید، بلکه آن روز را، در روزه بگذرانید. این قانون باید بوسیله قوم اسرائیل و هم بوسیله غریبانی که، در میان قوم اسرائیل ساکن هستند رعایت گردد – چون، در آن روز مراسم کفاره برای آمرزش گناهان انجام خواهد شد، تا قوم، در نظر خداوند پاک شوند- این روز برای شما مقدس است» تورات،لاویان،۱۶: ۲۹،۳۱

اهداف روزه، در ادیان منتسب، به توحیدی، به قرار ذیل میباشد :

۱- یهودی بدلیل آمرزش گناهان روزه دار می‌شود

۲- مسلمان بدلیل پرهیزگاری و نزول قرآن روزه دار می‌شود

وحدت آراء، در شرع ادیان وجود ندارد. بواقع تشتت ادیان، به وحدت انسان و وحدانیت یزدان لطمه وارد ساخته است. این تشتت زمانی بوقوع پیوست که متولیان آیین بنی اسرائیل، ابلاغ شریعت و کتاب دینی موسی را از اقوام بشری دریغ نمودند. این در حالی است که خداوند، یونس را برای هدایت مردم نینوا، به رسالت فراخواند. اکنون ادیان عامل تفرقه بین انسانها هستند.

تنها آیین یهودی است که شرک ندارد. گرچه، در جملاتی از تورات سخن از خدای پدر و بنده فرزند وارد شده است، لیکن آنها شرک محسوب نمی‌شوند، بلکه تنزل جایگاه الهی، به جایگاه بشری است که اهانت صرف میباشد. مآلاً می‌توان ادعا نمود که خدای پدر و بنده

فرزند تفکر باستانی، زرتشتی و سپس یهودی است که منجر، به اقتباس مسیحیان شده است :

« مزدا، پدر اشه (خیر و تقوا) است » اوستا، گاهان، هات ۴۷، بند۳

«این چنین از خدای خود قدر دانی می‌کنی؟ آیا او پدر و خالق تو نیست؟ آیا او نبود که تو را بوجود آورد؟ » تورات، تثنیه، ۳۲: ۶

« وقتی خداوند دید که پسران و دخترانش چه می‌کنند، خشمگین شد» تورات، تثنیه،۳۲: ۱۹

در حالی که متولیان اسلامی از تناقض عبادی سایر ادیان سخن   رانده اند، خود غافل از تناقض عبادی و اعتقادی خود بوده اند. شرک عبادی و اعتقادی، در آیین اسلام محرز است :

۱- مسلمان، در پندار و گفتار، رجوع عبادی، به آفریدگار هستی دارد

۲- مسلمان، در پندار و گفتار، رجوع عبادی، به الله، خدای جاهلیت عرب دارد

۳- مسلمان، درپندار و کردار، رجوع عبادی به جرم و جسم مادی کعبه دارد

بنابراین بین بینش عقل و کرنش عمل مسلمانان تناقض هویدا است که شرک را پدید آورده است؛ چه پرستش یزدان وحدان نیاز به تطابق بینش عقل و کرنش عمل دارد. بنابراین همه پیامبران از موسی و زرتشت الی عیسی، در عقل و عمل عبادی و اعتقادی، به یکپارچگی اعتقادی دست یازیده بودند؛ چنانکه عقل و عمل آنان تنها معطوف، به نیایش یزدان بود. قبله‌ی (سمت و جهت) آنان یزدان بود که نافذ، در ذرات وجودی ما میباشد.

خداوند تن، روان و پیرامون ما را، در هر سوی فرا گرفته است. همواره ما، در حضور او هستیم. چنانکه همواره خداوند، در حضور ما میباشد. مآلاً، به مضرات روزه اسلامی، طی یک ماه، در حدود ۱۲ ساعت روزانه و ۳۶۰ ساعت ماهانه، در مقابل ۲۵ ساعت روزهی کیپور کلیمی میپردازم که متولیان اسلامی، برای نجات فرمان روزه اسلامی از انحطاط بدست دانش بشری، مترصد بیان فواید آن توسط پزشکان غیر مسؤل و مغروق، در آیین هستند.البته، مدت روز اسلامی، در مناطق مختلف زمین متفاوت میباشد. همچنین، در قطب که گاهی ۶ ماه شب و ۶ ماه روز میباشد، روزه میسر نمیگردد. بنابراین قرآن حتی آگاه، به تفاوت شرایط اوقات، در مناطق زمین و وجود قطبین زمین نبوده است.

روزه اسلامی گرچه برای همه زیان بار است، چنانکه برخی ، در کوتاه مدت و برخی ، در دراز مدت مبتلا به بیماری خواهند شد، لیکن برای افراد ذیل بیش ازدیگران زیان دارد، چنانکه کوتاه مدت، مبتلا به بیماری خواهند شد :

۱-   مبتلایان، به کاهش فشار خون

۲-   مبتلایان، به کاهش قـنـد خون

۳-   کسانی که کمبود خون دارند (هموفیلی)

۴-   مبتلایان به کمبود وزن بدن

۵-   کسانی که وزن متناسب با سن و قد دارند

۶-   سالمندان و سالخوردگان

۷-   کارگران مشاغل سخت

۸-   افراد بیمار که نیاز به مصرف دارو دارند

۹-   کودکان، در حال رشد عقلی و جسمی

۱۰-   زنان باردار

۱۱-   زنان شیر ده

۱۲-   خردسالان الی ۲ سالگی که شیر خواره هستند

۱۳-   کسانی که معتقد به رعایت اعتدال، در زندگانی خویش هستند

۱۴-   کسانی که سیستم ایمنی پایین دارند

۱۵-   همه انسانها که سلولهای سرطانی دارند

۱۶-   کسانی که به سلامت مغز خویش می‌اندیشند

مهمترین ضرری که روزه اسلامی برای تن انسانی، به ارمغان می‌آورد؛ تضعیف سیستم ایمنی بدن و گلبول های سفید یا   لنفوسیت‌های نوع B و T است که پس از آن بدن مستعد تسلیم، در برابر میکروبها، ویروسها و سلولهای سرطانی می‌گردد. هر انسانی دارای سلولهای سرطانی است که سیستم ایمنی بالای بدن، بالقوه از فعالیت آنها جلوگیری می‌نماید. بنابراین روزه اسلامی سوء تغذیه ای پدید می‌آورد که بدن را با تضعیف سیستم ایمنی بدن مواجه ساخته، درصد ابتلا به سرطان، در افراد را، در دراز مدت افزایش می‌دهد. انسان ۴۰ شبانه روز توانایی تداوم حیات، در فقدان تناول غذایی دارد و پس از آن جان خواهد سپرد. لیکن ۱۲ ساعت روزه روزانه اسلامی، ۱۵شبانه روز از آن مدت را بر جسم و مغز انسانی تحمیل می‌کند. بنابراین روزه اسلامی کمتر از یک دوم از مسیر مرگ را بدلیل

گرسنگی برای انسان هموار می‌سازد. لیکن مدت زمان تحمل تشنگی مداوم انسانی، هفت شبانه روز میباشد. روزه اسلامی ۱۵ شبانه روز تشنگی را طی یک ماه برای انسان فراهم می‌سازد که موجبات کاهش شدید آب بدن می‌شود. کمبود آب بدن از منظر پزشکی برای بدن زیانبار خواهد بود. روزه کیپور (کفاره)، در آیین یهودی، دارای برتری بر روزه اسلامی است. طی روزه یهودی و کلیمی شما، به اشتغال نخواهید پرداخت، بنابراین رنجی و زیانی بر تن و عقل وارد نمی‌سازید و از سوی دیگر سیستم ایمنی بدن و لنفوسیت ها و پلاسموسیت ها؛ یعنی، گلبولهای مولد آنتی بادی و پادتن، در برابر تهدیدات سرطانی، میکروبی و ویروسی، ناتوان نخواهند شد و تن شما را مستعد ابتلا به انواع بیماریهای میکروبی و ویروسی نمی‌نمایند و سلولهای سرطانی فرصت تحریک و فعالیت نمی‌یابند. همچنین تعطیلی، در ایام روزه کیپور مصرف کالری بدن را با استراحت روزه دار اندک می‌سازد. این، در حالی است که اسلام، از سویی گرسنگی و تشنگی را طی روزهای روزه داری اعمال می کند و از سویی کالری بدن را بدلیل کار روزمره، بشدت کاهش می‌دهد که سستی و خستگی بدنی و ناتوانی ذهنی را پدید می‌آورد. بنابراین ستمی، در روزه اسلامی نهفته است که آن را نمی‌توان از سوی آفریدگار فرید خواند :

«افرادی که مصرف کالری خود را کنترل می کنند هورمون کورتیزول بیشتری ترشح می کنند و قرار گرفتن در معرض این هورمون باعث می شود که فرد اضافه وزن پیدا کند. از سوی دیگر رژیم گرفتن به سلامت روان نیز آسیب میزند، زیرا بسیاری از افرادی که رژیم می گیرند زمانی که پیوسته مجبورند کالری هایی را که می خورند بشمارند و کنترل کنند، تنش روانی زیادی را متحمل می شوند. محققان اعلام کردند: بدون توجه به موفقیت یا شکست این افراد در کاهش وزن، چنانچه مطالعات آتی نشان دهند که رژیم گرفتن موجب

افزایش تنش و ترشح کورتیزول می شود، پزشکان باید در مورد توصیه رژیم گرفتن به بیماران خود تجدید نظر کنند. محققان افزودند: تنش های مزمن علاوه بر اینکه موجب افزایش وزن می شوند با ابتلا به بیماری عروق کرونر قلب، فشار خون بالا ، دیابت و سرطان ارتباط دارد»

اهم مضرات روزه اسلامی برای بدن از منظر دانش پزشکی :

۱-   سوء تغذیه

۲-   ضعف سیستم ایمنی بدن

۳-   سرطان

۴-   مرگ سلولهای مغزی

۵-   زخم معده و اثنی عشر

۶-   دیابت

۷-   پانکراتیت حاد

۸-   سنگ کیسه صفرا (کولیت)

۹-   سنگ کلیه

۱۰-   هپاتیت

۱۱-   کمبود خون

۱۲-   پوکی استخوان

آنچه حائزه اهمیت میباشد، آنکه محمد بن عبدالله، پیش از بعثت، در ماههای رمضان، در غار حرا، خلوت گزینی اختیار نموده، خوردن و آشامیدن را ترک مینمود. چنین روایت کرده اند که او، در شهر مکه، مباحثات مخالفان بت پرستی را استماع نموده، در غار حرا، درباره سخنان آنان میاندیشید. اکنون میتوان دریافت که محمد بن عبدالله، متاثر از روزه کیپور یهودی و روزه، در خلوت نشینی غار حرا، به صدور حکم روزه، در ماه رمضان مبادرت ورزیده است.

نجس، در قرآن

پس از بررسی، در قرآن دریافته ام که سوره هایی همچون بقره/۱۷۳ که موارد حرام (مردا، خون، گوشت خوک، ذبح غیر نام الله) میتوان، در آن یافت، منبعث از برخی فرامین یهودی است. قرآن برخی احکام منتسب، به موسی را پذیرفته است. لیکن ناقض بسیاری از احکام منتسب، به موسی میباشد:

« جز این نیست که { الله } بر شما مردا، خون، گوشت خوک و آنچه ذبح غیر نام خدا کشته شود، حرام گردانید » قرآن،بقره/۱۷۳

«و ما همان چیزها که برتو پیش از این شرح دادیم بر یهودیان حرام نمودیم» قرآن،نحل/۱۱۸

قرآن غیر مسلمان را نجس خوانده است. سوره توبه/۲۸ مشرکان را نجس میخواند، اما مشرک، در قرآن تنها بت پرستان و بتکده پرستان نیستند، بلکه یهودی و مسیحی نیز طی

سورهایی چون بقره/۱۳۵ و آل عمران/۶۷ مشرک محسوب می‌شوند. البته آیین مسیحی شرک صرف است و کسی شرک آن را نفی نمی‌کند. لیکن تورات، در دسترس یهودیان تنها یکتاپرستی صرف می‌باشد و بس. چرا قرآن یهودیان را مشرک خوانده است؟ چنانکه سوره توبه/۳۰ بیان میدارد، یهودیان، عزیر(عزرا) را پسر خدا می‌خواندند.

« و یهود گفتند : عزیر(عزرا) پسر خداست و نصاری گفتند : مسیح پسر خداست این سخنی است [باطل] که به زبان می‌آورند و به گفتار کسانی که پیش از این کافر شده‌اند شباهت دارد، خدا آنان را بکشد چگونه [از حق] بازگردانده می‌شوند » قرآن،بقره/۳۰

«عزرا به روایت تورات : در زمان سلطنت اردشیر پادشاه پارس مردی زندگی می‌کرد بنام عزرا، عزرا پسر سرایا... – عزرا از علمای دین یهود و کتاب تورات که خداوند بوسیله موسی به قوم اسرائیل داده بود، خوب می‌دانست. اردشیر پادشاه هر چه عزرا می‌خواست، به وی می‌داد، زیرا خداوند، خدای با او بود. عزرا بابل را ترک گفت- و همراه عده ای از یهودیان و نیز کاهنان لاویان، نوازندگان، نگهبانان و خدمتگزاران خانه خدا به اورشلیم رفت... عزرا زندگی خود را وقف مطالعه تورات و بکار بستن دستورات آن و تعلیم احکامش‌به مردم اسرائیل نموده بود...» عزرا،۱/۷-۱۰

« عُزیر (عزرا) کیست ؟

عزیر، در لغت عرب همان، عزرا در لغت یهود است ، و از آنجا که عرب به هنگامی که نام بیگانه ای را به کار می برد معمولا در آن تغییری ایجاد می کند، مخصوصا گاه برای اظهار محبت آن را به صیغه تصغیر در می آورد، عزرا را نیز تبدیل به عزیر کرده است ، همانگونه

که نام اصلی عیسی که یسوع است و یحیی که یوحنا است پس از نقل به زبان عربی دگرگون شده و به شکل عیسی و یحیی در آمده است .

به هر حال عزیر یا عزرا در تاریخ یهود موقعیت خاصی دارد تا آنجا که بعضی اساس ملیت و درخشش تاریخ این جمعیت را به او نسبت می دهند و در واقع او خدمت بزرگی به این آئین کرد،

زیرا به هنگامی که در واقعه بخت النصر پادشاه بابل وضع یهود به وسیله او به کلی درهم ریخته شد، شهرهای آنها به دست سربازان بخت النصر افتاد و معبدشان ویران و کتاب آنها تورات سوزانده شد، مردانشان به قتل رسیدند و زنان و کودکانشان اسیر و به بابل انتقال یافتند، و حدود یک قرن در آنجا بودند. هنگامی که کوروش پادشاه ایران بابل را فتح کرد، عزرا که یکی از بزرگان یهود، در آن روز بود نزد وی آمد و برای آنها شفاعت کرد، او موافقت کرد که یهود به شهرهایشان بازگردند و از نو تورات نوشته شود. در این هنگام او طبق آنچه، در خاطرش از گفته‌های پیشینیان یهود باقی مانده بود تورات را از نو نوشت. به همین دلیل یهود او را یکی از نجات دهندگان و زنده کنندگان آیین خویش می‌دانند و به همین جهت برای او فوق العاده احترام قائل اند. این موضوع سبب شد که گروهی از یهود لقب ابن الله (فرزند خدا) را برای او انتخاب کنند... به هر حال عزیر یا عزرا در تاریخ یهود موقعیت خاصی دارد تا آنجا که بعضی اساس ملیت و درخشش تاریخ این جمعیت را به او نسبت می‌دهند و در واقع او خدمت بزرگی به این آیین کرد. زیرا به هنگامی که در واقعه بخت النصر پادشاه بابل وضع یهود به وسیله او به کلی در هم ریخته شد، شهرهای آنها به دست سربازان بخت النصر افتاد و معبدشان ویران و کتاب آنها تورات سوزانده شد » تفسیر نمونه، جلد۷، صفحه ۳۶۱-۳۶۲.

« تفسیر اهل کتاب و پرستش غیر خدا در این آیات، خدا به بیان گفتار شرک آلود و زشت یهود ونصارا پرداخته و می فرماید: وَ قالَتِ الْیَهُودُ عُزَیْرٌ ابْنُ اللّهِ

یهود گفتند: عزیر پسر خداست.

ابن عباس آورده است که: گوینده این گفتار زشت و ناروا گروهی از سران آنان، همچون: «سلام»، «نعمان»، «مالک» و شاش بن قیس بودند و بر این پندار می زیستند که عزیر تورات را از قلب و ژرفای جان خود دریافت داشت و به قلم آورد و فرشته وحی آن را به او الهام کرد و آموخت، به همین جهت پسر خداست.

آری، این سخن ناروا را سردمداران یهود می گفتند، امّا خدا آن را به همه آنان نسبت داده است؛ چرا که می توان گفتار سردمدارانِ مورد قبول گروهی را سخن خود آنان عنوان ساخت؛ درست همان گونه که می گویند.

خوارج بر این عقیده اند که کودکان شرک گرایان نیز کیفر می گردند در حالی که همه آنان بر این عقیده نبودند بلکه تنها پیروان «نافع بن ارزق» یکی از سرکردگان آنها بر این پندار بود.

و دیگر این که اگر این گفتار کفر گرایانه مورد قبول همه آنان نبود، چرا هنگام فرود آیه مورد بحث، این سخن را انکار نکردند؟ و با این که هماره در پی بهانه ای برای انکار رسالت پیامبر بودند، سکوتشان نشانگر این است که با سردمداران شرک گرای خویش همدل و همفکر بودند.

وَ قالَتِ النَّصارَی الْمَسیحُ ابْنُ اللّهِ ذلِکَ قَوْلُهُمْ بِأَفْواهِهِمْ

و مسحیان نیز گفتند: مسیح پسر خداست. آنان این گفتار ناروا را خود ساختند و به زبان آوردند و گرنه چنین چیزی نه در کتابی آسمانی آمده و نه پیامبری آن را آورده و نه بر درستی آن دلیل و برهان داشتند. » تفسیر مجمع البیان، جلد ۱۰

بنابراین از روایات فوق الذکر دریافته ایم که قرآن، یهودی و مسیحی را نجس خوانده است. این درحالیست که ایدئولوژی های مارکسیسم، کمونیسم، مائوئیسم، لنینیسم، بودیسم و جینیزیم نجس خوانده نمی‌شوند، زیرا اعتقاد، به خدایی ندارند. ناگفته نماند که قرآن، در سوره مؤمنون/۱۴ قایل به خالقین (آفریدگاران) است. همچنین کرنش عبادی آنان بسوی بتکده کعبه است، نه آفریدگار فرید. نفس عمل کرنش بسوی بتکده، شرک است. محمد بن عبدالله و اصحابش از ۶۲۴م الی ۶۳۰م بسوی خانه ای به نیایش می‌پرداختند که همچنان بتکده بود و داخل آن بتهای نرینه و مادینه وجود داشت. نانک، بنیانگذار آیین سیخ یا سیک فردی اندیشمند بود که قبله عبادی مسلمانان را مورد شماتت و اهانت خود قرار داد . او، در کران کعبه بر زمین خوابید. نانک نام آفریدگار هستی را حق خواند، زیرا خود بیان نمود که خداوند از وی خواسته است که آیین راستین آسمانی را ابلاغ کند. نانک معتقد بود که همه ادیان موجود اسلامی، مسیحی و یهودی آمیزه‌ای از کذب، فریب و شرک هستند. بی‌گمان خداوند باهر و قاهر، به نانک رسالت ملکوتی اعطاء کرده بود که حقیقت ماخوذ ملکوتی را بیان نماید.

«معلم، جامعه حاجیان پوشیده، عصایی، در یک دست و کاسه و کوزه ای، در دست دیگر و سجاده نماز بر دوش پیاده قصد زیارت کعبه کرد و پس از چند ماه به مکه رسید. چون خسته و کوفته به طرف بیت الله در آمد مناسک و آداب را به جا نیاورده، به وضعی لاابالی و رندانه سر بر زمین نهاده، بخفت. از قضا پاهای او به طرف کعبه دراز بود. یکی از

خدام بیت او را لگدی زد، گفت: ای بنده عاصی چگونه پاها را به طرف خانه خدا، در آورده و خفته ای ؟ گویا به خدا کفر آورده ای؟ نانک سر برآورد و گفت: آری! خواهش می‌کنم پای مرا به سمتی بگردانی که در آنجا خدا نباشد . آن خادم پای او را گرفته، کشان کشان به سوی دیگر برده وی پس از آن عازم مدینه شد و آنگاه به بغداد آمد و این سخن کوتاه را، در آنجا گفت: که من در این عصر ظهور کرده‌ام تا مردم را راهنمایی کنم. من همه فرقه‌ها را انکار می‌کنم و فقط یک خدا را می‌پرستم. خدایی که من می‌شناسم همه جا در زمین، در آسمان و در هر جهت وجود دارد » جان بایر ناس، تاریخ جامع ادیان، آیین سیک، صفحه ۳۰۷

شایان ذکر است که الله و کعبه پیش از ظهور اسلام جزو اهم فرهنگ تازی بود. اما حائز اهمیت آنکه مکون آیات قرآن متاثر از سخن عیسی، مشرکان را نجس خوانده است که کژ فهمی مکون آیات قرآن نسبت، به مفهوم سخن عیسی است. بواقع عیسی نجس را، به افکار و سخن زشت نسبت داده بود :

« چیزی که انسان را نجس می‌کند، سخنان و افکار اوست » انجیل، متی، ۱۵/ ۱۱

درباره شرک و کفر اهل کتاب منقول از قرآن، در فصول بعدی مطالب بیشتری وارد خواهد شد.

پادشاهی، در قرآن

هابز فیلسوف بریتانیایی، ابراز عقیده نمود که جوامع بشری، دارای حکومت اکتسابی (جبری) یا حکومت تاسیسی (قرار دادی) هستند. اما بی گمان حکومت آفریدگار بر جهان اکتسابی است و ستمی، در آن علیه مصنوعات متنفس جاری نیست. گرچه عدل و نسق ایزدی نسبی است نه قطعی. زیرا آفرینش بر حسب هدف ، مصلحت و رحمت پدید آمده است، نه بر حسب عدالت قطعی و محبت بشری. قرآن طی سوره ناس/۲، به الله مقام پادشاهی انسان را اعطا می‌کند و حال اینکه تورات طی نوشته تثنیه،۱۷/ ۱۴،۱۷، به نوع بشری پادشاهی انسان را اعطا می‌کند. بنابراین پادشاهی، در قرآن الهی میگردد و در تورات بشری. این تعارض قرآن با تورات میباشد که آشکار است.

« ملک الناس – {الله} پادشاه مردم » قرآن، ناس/۲

«هر گاه، در سرزمینی که خداوند آن را به شما خواهد داد، ساکن شدید، به این فکر بیفتید که ما هم باید مثل قوم های دیگری که اطراف ما هستند یک پادشاه داشته باشیم- باید مردی را به پادشاهی برگزینید که خداوند، خدایتان انتخاب می‌کند. او باید اسرائیلی باشد نه خارجی» تورات،تثنیه، ۱۷/ ۱۴،۱۵

حکومت پادشاهی (monarchy) رژیم بشری است و آن را نوع بشری برای اداره جامعه بنا نموده است. بنابراین مقام پادشاهی جایگاه مخلوق است، نه خالق. جایگاه خالق، همان ایزدی است. از اینروست که قرآن فرعون را مستکبر خواند؛ زیرا ادعای انا ربکم الاعلی؛یعنی، من خدای بزرگ شما هستم بر زبان جاری ساخت. پس آفریدگار سلطنت

ندارد، بلکه ربوبیت، در برابر عبودیت دارد. عبودیت از جبر می‌تراود و معنی اسیر بودن و برده بودن دارد. اما خداوند اختیار اعتقادی عطا کرده است.

همه موجودات هستی، در حیطه عبودیت هستند. چه جبر ایزدی بر عدم یا وجود آنها فرمان می‌راند. گرچه اظهار بندگی نکنیم و لیکن موجوداتی بنده‌ایم. ما توان نداریم که از جبر ربوبیت و مقدرات برهیم. بنابراین ربوبیت برتر از سلطنت است، زیرا اولی مقام خالق است و دومی مقام مخلوق.

آفریدگار فرید نسبت، به ادعای پادشاهی فرعون دعوی نداشت، بلکه نسبت، به ادعای خدایی و ستمکاری او دعوی داشت. پیش از خلقت و عبودیت، ربوبیت بود و سلطنت نبود. لیکن انسان پس از خلقت و عبودیت، سلطنت را از عدم، به وجود آورد و قوانین آن را برای اداره جامعه خود تهیه و تدوین نمود. ربوبیت نیاز، به نیروی فرابشری دارد و لیکن سلطنت نیاز، به نیروی بشری؛ زیرا اولی مدیریت گیتی را اختیار نموده است و دومی مدیریت اجتماعی.

تورات، بر خلاف قرآن، به جایگاه خدای موسی حرمت نهاده، پادشاهی را به نوع بشری واگذارده است. بنابراین آفریدگار یکتا، پیش از وفات موسی نبی، به بنی اسرائیل اجازه داد که نهاد رسمی سیاست با قالب پادشاهی داشته باشند. شموئیل، داود و سلیمان، سه پادشاه بنی اسرائیل بودند. اما خدای موسی پادشاهان را متعهد نمود که فرامین الهی، مندرج، در تورات را رعایت نمایند. در بسیاری از متون مقدس دینی، در سراسر زمین می‌توان با خدا و خدایانی آشنا شد که پادشاه خوانده شده اند. بنابراین پادشاهی الله، در اندیشه بشری تحقق یافته است. در مثال انکی، یکی از خدایان سومر را پادشاه می‌خواندند.

«زن برای خود زیاد نکند تا [مبادا] قلبش منحرف شود. برای خود نقره و طلا هم به مقدار بسیار، زیاد نکند - وقتی بر تخت پادشاهی نشست، باید نسخه ای از قوانین خدا را که بوسیله کاهنان لاوی نگهداری می‌شود تهیه کند...و دستورات و قوانین او را اطاعت نماید» تورات، تثنیه، ۱۷ / ۱۷،۱۸

(کتاب ریگ ودا، ماندالای چهارم، سرود۴۲)

«۱. منم آن پادشاه فرمانده که پادشاهی از آن من است و من که بر همه حیات فرمان می‌رانم، همه‌ی جاویدها از آن من اند. خدایان از خواست وارونا اطلاعت و پیروی می‌کنند۲. منم شاه وارونا. این اولین قدرت های عالی آسمانی موجود، به من اعطاء شده است...» متون مقدس بنیادین از سراسر جهان، میرچا الیاده، ترجمه مانی صالحی علامه، جلد۱، صفحه۶۶

کعبه، در قرآن

پیش از ورود، به موضوع مطروحه، باختصار به شرح وقایعی از زندگی ابراهیم و خانواده اش می‌پردازم که ماخوذ از نوشته پیدایش   (برشیت)، در مجموعه نوشته های تورات است :

« ابرام (ابراهیم)، در شهر اور، واقع، در سرزمین بابل بدنیا آمد و پس از رشد با خواهر خود که از پدر تنی بودند بنام سارای وصلت نمود. همچنین ناحور، برادر ابرام با ملکه، برادر زاده خود ازدواج کرد. بنابراین منع مشروع ازدواج با خویشاوندان نزدیک، از برهه ابراهیم تا پیش از شریعت موسی نبی،وضع نشده بود. تارح، پدر متمکن ابراهیم بود که پس از کوچ بسوی

منطقه حران، در سن ۲۵۰ سالگی در گذشت. خدا، در شهر حران با ابراهیم ارتباط برقرار کرد و او را فرمان کوچ بسوی سرزمین کنعان یا اسرائیل امروز داد. ابراهیم مدتی، در بلوط ممری واقع، در شکیم اقامت گزید و پس از آن بسوی سرزمین بین بیت نیل و عای کوچ کرد و سپس مدتی را، در مصر سپری نمود. آنگاه او، خانواده اش و رمه اش، به بیت نیل رجعت نمودند. ابرام، اقامت، در بلوطستان ممری، در حبرون را برگزید. شهر حبرون، اینک یکی از شهرهای جنوبی فلسطین است. سارای نازا بود. بنابراین ابرام را ترغیب نمود که هاجر کنیز خود را برگزیند و با او همبستر شود. پس از مدتی هاجر، کنیز سارای باردار شد و ابرام، در سن ۸۶ سالگی صاحب اسماعیل شد. پس از آن تنها فرمان شرع ابراهیمی، ختنه، در روز هشتم تولد نوزادان بود. فرشتگان ابراهیم را وعده دادند که ساره پسری، در سال آتی خواهد زایید که نام او را اسحاق خواهی نامید. ابراهیم باتفاق خانواده و رمه، در صحرای نگب (جنوب اسرائیل) بین قادش و شور که جنوب شهر بئرشبع میباشد، اقامت گزید و اسحاق، در آن منطقه متولد شد. پس از سالیان بین ساره و هاجر اختلاف روی داد. این اختلاف تشدید شد، بطوریکه ساره از ابراهیم درخواست اخراج هاجر و اسماعیل را نمود. ابراهیم راغب به طرد آنان نبود و لیکن خدا او را آرامش بخشید و سفارش، به رها ساختن هاجر و اسماعیل نمود. سپیده دم هاجر و اسماعیل، به همراه مقداری نان و یک مشگ آب منزل ابراهیم را بسوی بئرشبع ترک نمود. پس از آنکه هاجر و اسماعیل، به منطقه بئرشبع رسیدند، مشگ از آب تهی شده بود و تشنگی بر آنان غلبه نموده بود. هاجر محزون و غمگین، حدود صد متر از اسماعیل فاصله گرفت و بر روی زمین نشست و آنگاه با نومیدی گریست. اما در این حین فرشته ای با او سخن گفت و چشمان هاجر را بسوی چاه آب گشود. سپس هاجر و اسماعیل، به بیابان فاران، در جنوب صحرای سینا، واقع، در

شرق سرزمین مصر نقل مکان نمودند و باقیمانده عمر را، در آن منطقه سپری کردند. ابراهیم مدتی، در سرزمین فلسطین توقف کرد و ساره خواهر و همسر او، در سن ۱۲۷سالگی فوت نمود. این واقعه، در شهر حبرون بوقوع پیوست که اکنون، در سرزمین فلسطین واقع است. پس از مدتی ابراهیم با زنی بنام قطوره ازدواج کرد که حاصل آن ۶ فرزند بود. سالیانی سپری شد و ابراهیم، در سن ۱۷۵ سالگی فوت کرد و اسحاق و اسماعیل، او را، در جوار ساره، غار مکفیله، نزدیک ملک ممری دفن کردند.»

قرآن روایت اسماعیل و هاجر را از زمانی بیان می‌کند که پس از سالیان ابراهیم از سرزمین کنعان نزد آنان، در منطقه مکه آمده، بیت الله الحرام (خانه کعبه) را، به یاری اسماعیل بنا نموده، سپس وداع گفته، به سرزمین کنعان بازگشت. سوره ابراهیم/۳۷ می‌نمایاند که بیت الله الحرام پیش از وداع ابراهیم با هاجر و اسماعیل توسط پدر و فرزند ساخته شده بود. بنابراین قرآن فاقد روایتی است که دلالت بر خروج هاجر و اسماعیل از منزل، باتفاق ابراهیم و بسوی منطقه مکه باشد.

«هنگامی که ابراهیم و اسماعیل پایه‌های خانه را بالا می‌بردند [می‌گفتند] ای پروردگار ما از ما بپذیر که در حقیقت تو شنوای دانایی» قرآن،بقره/۱۲۷

«پروردگارا من از فرزندانم را، در دره‌ای بی‌کشت و زرع نزد خانه محترم تو سکونت دادم پروردگارا تا نماز را، به پا دارند پس دلهای برخی از مردم را، به سوی آنان گرایش ده و آنان را از محصولات روزی ده باشد که سپاسگزاری کنند» قرآن،ابراهیم/۳۷

تفسیر المیزان (طباطبایی)، تفسیر نمونه (مکارم شیرازی) و تفسیر مجمع البیان (طبرسی)، درباره ابراهیم و خانواده اش، به روایات عربی، در عصر جاهلیت توسل جسته اند. لیکن این

نوشته مترصد تبیین ماهیت آیات قرآن است نه روایات عربی. بنابراین، در این موضوع، بهره برداری از تفاسیر اسلامی منتفی میباشد. قرآن روایات خود را از تورات یهودی و داستانهای عربی اقتباس نموده، سطری یا سطوری داستانی را، در اختیار قرار داده است که ناقص میباشد. بنابراین کسی نمی‌تواند به اثبات رساند که آیتی، در قرآن دال بر خروج ابراهیم باتفاق هاجر و اسماعیل و بسوی منطقه مکه آمده است؛ زیرا چنین آیتی، در قرآن وجود ندارد.

روایت طرد هاجر و اسماعیل از منزل ابراهیم و سرگردانی آنان، در نوشته پیدایش و قرآن، انتهای متفاوتی دارد، چنانکه نوشته پیدایش بیان نموده است که هاجر و اسماعیل بسوی منطقه بئرشبع، در شمال صحرای نگب رهسپار گشته، سپس نیازمند آب شدند. این، در حالیست که قرآن مدعی میباشد که هاجر و اسماعیل بسوی صحرای عربستان و منطقه مکه رهسپار شدند و سپس نیازمند آب گشتند.

« یک روز ساره متوجه شد که اسماعیل، پسر هاجر مصری، اسحاق را اذیت می‌کند. پس به ابراهیم گفت: این کنیز و پسرش را از خانه بیرون کن؛ زیرا اسماعیل با پسر من اسحاق وارث تو نخواهد بود- این موضوع ابراهیم را بسیار رنجاند، چون اسماعیل نیز پسر او بود- اما خدا به ابراهیم فرمود: درباره پسر و کنیزانت آزرده خاطر مباش. آنچه ساره گفته است انجام بده زیرا توسط اسحاق است که تو صاحب نسلی می‌شوی که وعده اش را به تو داده ام. – از پسر آن کنیز هم قومی به وجود خواهم آورد چون او نیز پسر توست – پس ابراهیم صبح زود برخاست و نان و مشگی پر از آب برداشت و بر دوش هاجر گذاشت و او را با پسر روانه ساخت. هاجر به بیابان بئرشبع رفت و در آنجا سرگردان شد- وقتی آب مشگ تمام شد. هاجر پسرش را زیر بوته گذاشت- و خود حدود صد متر دورتر از او نشست و با خود

گفت: نمی‌خواهم ناظر مرگ فرزندم باشم و زار زار گریست – آنگاه خدا، به ناله‌های پسر توجه نمود و فرشته خدا از آسمان هاجر را ندا داده، گفت : ای هاجر، چه خبر شده است؟ نترس! زیرا خدا ناله های پسرت را شنیده است- برو و او را بردار و در آغوش بگیر! من قوم بزرگی از او، به وجود خواهم آورد – سپس خدا چشمان هاجر را گشوده و او چاه آبی، در مقابل خود دید. پس بطرف چاه رفته، مشگ را پر از آب کرد و به پسرش نوشانید – و خدا با اسماعیل بود و او، در بیابان بزرگ شده، در تیراندازی ماهر گشت و مادرش دختری از مصر برای او گرفت . اعقاب اسماعیل، در منطقه ای بین حویله و شور که، در مرز شرقی مصر و سر راه آشور واقع بود، ساکن شدند. آنها دایماً با برادران خود، در جنگ بودند» تورات، پیدایش، ۲۱/ ۹-۲۱

اکنون بایست بررسی نمود که آیا هاجر و اسماعیل امکان سفر بسوی بئرشبع داشتند و یا امکان سفر بسوی مکه، در صحرای سوزان عربستان داشتند؟ ابتدا، به بررسی نقشه هایی از سرزمین اسرائیل و عربستان پرداختم. فواصل تقریبی ذیل با محاسبه اولیه از روی نقشه برایم محرز گردید. مقیاس نقشه ۱:۳۰۰۰۰۰۰۰ است. اکنون به فرمول مقیاس نقشه می‌پردازم که فواصل بر روی نقشه را بیان می‌کند :

«مقیاس نقشه ضربدر فاصله مبدا تا مقصد به سانتیمتر تقسیم بر ۱۰۰تقسیم بر ۱۰۰ برابر است با مسافت بین دو نقطه به کیلومتر»

مسافت قادش و شور، در جنوب غربی اسرائیل که ابراهیم و خانواده اش، در آن مکان اقامت گزیده بودند الی منطقه بئرشبع، در شمال صحرای نگب حدود ۵۰ کیلومتر است.

مسافت قادش و شور، در جنوب غربی اسرائیل الی منطقه مکه، در غرب صحرای عربستان و جنوب شرقی اسرائیل حدود ۱۰۵۰ کیلومتر است

بطور تجربی دریافته ام که انسان، در حال پیاده روی بدون بار ۱ کیلومتر را حدود ۱۵ دقیقه می‌پیماید. بنابراین می‌توان استنتاج نمود:

الف- هاجر و اسماعیل به گواه نوشته پیدایش ۵۰ کیلومتر را بسوی بئرشبع حدود ۱۲ ساعت از سپیده دم الی غروب بدون توقف پیمودند سپس در بئرشبع نیازمند آب شدند.

ب- هاجر و اسماعیل به گواه قرآن تقریبی ۱۰۵۰ کیلومتر را از بین قادش و شور، در کنعان الی مکه حدود ۱۱ شبانه روز پیاده و بدون توقف و حدود ۲۲ شبانه روز با توقف شبانه پیمودند و سپس نیازمند آب شدند.

حائز اهمیت آنکه نوشته پیدایش گواهی می‌دهد که مقدار آذوقه برای هاجر و اسماعیل، تنها نیاز یک روز آنان را مرتفع می‌ساخت؛ چنانکه ابراهیم مقداری نان و ۱ مشگ آب، در اختیار آنان گذارده بود :

«خدا به ابراهیم فرمود : درباره پسر و کنیزت آزرده خاطرمباش. آنچه ساره گفته است انجام بده ... پس ابراهیم صبح زود برخاست و نان و مشگی پر از آب برداشت و بر دوش هاجر گذاشت و او را با پسر روانه ساخت » تورات، پیدایش، ۲۱: ۱۲-۱۴

مقدار آذوقه مذکور، در نوشته پیدایش برای پیمودن مسیر ۱۰۵۰ کیلومتر از بین قادش و شور الی مکه کافی و عقلانی نیست. انسان بالغ طی روز نیاز به ۲/۵ لیتر آب نوشیدنی دارد و مشگ آب حداکثر ۳/۵ لیتر ظرفیت دارد. پیاده روی، در صحرای نگب (negev)، واقع، در جنوب اسرائیل طی روز ۱/۵ لیتر آب بدن را از طریق تعریق هدر می‌دهد. همچنین هر

روز حدود ۱/۵ لیتر آب از طریق ادرار و ۰/۳ لیتر آب همراه مدفوع از بدن دفع میگردد که مجموع آن ۲/۳ لیتر آب است.

بنابراین هاجر و اسماعیل طی مسافت قادش و شور الی بئرشبع بیش از ۲/۳ لیتر آب بدن را دفع نموده بودند و جایگزین آن ۳/۵ لیتر آب مشگ بود. مقدار مذکور نیاز یک روز آنان بود. بدینسان هاجر و اسماعیل آب مشگ را طی سفر مصرف کرده بودند. بی‌گمان هنگامی که آنان به بئرشبع رسیدند، شب فرا رسیده بود، از اینرو ۱۲ ساعت شبانه بدون آب سپری نمودند و هنگام روز بدلیل گرمای صحرا محتاج آب شدند. روایت نوشته پیدایش بسیار عقلی و منطقی تر از روایت عربی قرآن است. در نوشته پیدایش سخن از ۵۰ کیلومتر سفر میباشد و حال اینکه، قرآن مدعی است که آنان ۱۰۵۰ کیلومتر را پیمودند. همچنین نوشته پیدایش سخن از ۱ چاه برای بهره مندی هاجر و اسماعیل میراند و نوشته قرآن با آن مخالفت ندارد. بواقع قرآن روایتی بر خلاف آن وارد نساخته است، ضمن اینکه روایت عربی دلالت بر ۱ چاه بنام « زمزم » میراند. ۱ چاه آب طی مسافت ۵۰ کیلومتر برای هاجر و اسماعیل از بین قادش و شور الی بئرشبع کافی بود. لیکن ۱ چاه آب طی مسافت ۱۰۵۰ کیلومتر برای هاجر و اسماعیل از بین قادش و شور الی منطقه مکه، در صحرای سوزان عربستان کافی نبود. حتی حضور ابراهیم، در کران هاجر و اسماعیل دلیلی بر امکان چنین سفری بسوی آن صحرای بی آب و علف نیست. ضمن اینکه ابراهیم، در بازگشت از منطقه مکه با فقدان آب، در سفر مواجه می‌شد و از فرط تشنگی جان می‌سپرد. مفسران اسلامی بر این مدعا هستند که چاه زمزم پس از رفتن ابراهیم از نزد سارا و اسماعیل پدید آمد. بنابراین ابراهیم، در مسیر بازگشتن به کنعان، آبی برای استفاده نداشت. ایضاً نوشته پیدایش قرین با صحت عقلی و منطقی است؛ زیرا :

به روایت پیدایش، در تورات، مسیر بین قادش و شور بسوی بئرشبع ۵۰ کیلومتر طی ۱۲ ساعت بدون توقف و ۲۴ ساعت با توقف و ۱ مشگ آب به وزن ۳/۵ کیلوگرم و ۱ چاه آب منطقی و عقلی است.

به روایت عربی قرآن، مسیر بین قادش و شور بسوی صحرای عربستان و مکه ۱۰۵۰ کیلومتر طی ۲۲ شبانه روز با توقف شبانه با یک مشگ آب و ۱ چاه آب غیر منطقی و غیر عقلانی است.

چنانچه، در هر ۵۰ کیلومتر ۱ چاه آب نیاز باشد، طی مسافت قادش و شور الی منطقه مکه نیاز به ۲۱ چاه آب بود نه ۱ چاه آب . چنانچه چاه آب را طی سفر نادیده انگاریم، هاجر و اسماعیل، در سفر خود بسوی مکه نیاز به ۲۱ مشگ آب ۳/۵ لیتری داشتند که مجموع آنها حدود ۷۴ کیلوگرم می‌شود که حمل آنها نیاز به تعدادی اسب و شتر دارد که منطقی و عقلانی نیست. همچنین تورات و قرآن چنین روایتی ندارند.

مسیر بین فاران سینا، در جنوب صحرای سینای مصر الی مکه، در صحرای عربستان ۹۰۰ کیلومتر با توقف شبانه، ۱۸ شبانه روز است. چنانچه، در هر ۵۰ کیلومتر ۱ چاه آب وجود داشت مجموع آنها، به ۱۸ چاه آب می‌رسد. بنابراین ۶۳ لیتر آب یا ۶۳ کیلوگرم آب باتفاق هاجر و اسماعیل نیاز بود که البته منطقی و عقلانی نیست.همچنین، در تورات و قرآن، روایتی، در اینباره وارد نشده است.

مسیر بئرشبع الی فاران سینا ۲۴۰ کیلومتر است که پیمودن این مسیر با توقف شبانه حدود ۵ شبانه روز بطول می‌انجامد. نیاز هاجر برای آب طی سفر بسوی فاران سینا، در هر ۵۰ کیلومتر ۱ مشگ آب ۳/۵ لیتری است که مجموع آن ۵ مشگ آب یا ۱۷/۵ کیلوگرم

آب است. بنابراین نوشته پیدایش منطقی و عقلانی سخن میراند که هاجر و اسماعیل پس از بئرشبع و تجهیز خود، بسوی فاران سینا رهسپار شدند که منطقه دارای آب آشامیدنی میباشد.

مسیر مرز اردن، در جنوب شرق اسرائیل، بسوی عربستان الی منطقه مکه حدود ۹۰۰ کیلومتر با توقف ۱۸ شبانه روز است. از اینرو ۱۸ چاه آب یا ۱۸ مشگ آب ۳/۵ لیتری مورد نیاز هاجر و اسماعیل بود که مجموع آن ۶۳ لیتر یا ۶۳ کیلو گرم میشود که غیر منطقی و عقلانی است. بدینسان استنتاج میگردد که روایت نوشته پیدایش قرین، به صحت میباشد، نه روایت عربی و قرآنی.

نوشته پیدایش بیان میدارد که هاجر و اسماعیل پس از توقف، در بئرشبع به بیابان فاران سینا رفتند و آنجا سکنی گزیدند. فاران (fairan) واقع، در جنوب غربی صحرای سینای مصر میباشد. این مکان را واحه (oasis) میخوانند؛ یعنی، صحرای دارای آب آشامیدنی. از اینرو نوشته تورات ، در بخش پیدایش را منطقی و عقلانی مییابیم. اسماعیل نه، در عربستان بلکه، در مرز شرقی مصر ساکن شد. بی گمان هاجر و اسماعیل حتی باتفاق ابراهیم قادر، به سفر بسوی منطقه مکه نبودند. مرحوم اقبال آشتیانی، در نوشته تاریخ ایران، صفحه ۲۶۴، درباره شرایط صحرای عربستان آورده است :

«آب و هوای عربستان به طور کلی برای زندگی مساعد نیست چه علاوه بر آنکه سراسر آن از نعمت آب که مایه آبادی و مایه هرگونه حیات است محروم مانده هوای آنچنان گرم دارد که تحمل آن، در قدرت هیچ بشری نیست ...»

خانه کعبه، در شهر مکه به روایت تصویر

سفر هاجر واسماعیل به
روایت کتاب پیدایش، از
بین قادرش و شور الی
بئر شبع

حدود ۵۰ کیلومتر

بئرشبع ⟵

قادش و شور ⟵

سفر هاجر و
اسماعیل از بین
قادش و شور الی
منطقه مکه به
روایت کتاب قرآن

بئرشبع

حدود ۱۰۵۰
کیلومتر

منطقه مکه

تفسیر نمونه، در سوره ابراهیم، پیرو روایات عربی، سخن از اقامت قبیله ای بنام جرهم، در کران هاجر و اسماعیل، در شهر مکه میراند. تنها مورخان عرب بدان پرداخته اند. قبیله جرهم منشعب از قبایل قحطانیه و مقیم، در حجاز بودند. همچنین فرزندان اسماعیل را عرب مستعربه خوانده اند. نوشته تورات، پیدایش بیان میدارد که هاجر برای اسماعیل از مصر دختری برگزید. حال اینکه روایت عربی دلالت بر آن دارد که اسماعیل از قبیله جرهم، واقع، در شهر مکه دختری را به همسری برگزید که اختلاف بین روایات توراتی و عربی محرز میباشد. تورات، پیدایش، ۲۵ /۱۲-۱۸ درباره اسماعیل چنین گفته است:

«اسامی فرزندان اسماعیل، پسر ابراهیم و هاجر مصری، کنیز ساره به ترتیب تولدشان عبارت بود از : نبایوت، قیدار، ادبیل، مبسام، مشماع، دومه، مسا، حداد، تیما، یطور ، نافیش و قدمه – هرکدام از این دوازده پسر اسماعیل، قبیله ای به نام خودش به وجود آورد. محل سکونت و اردوگاه این قبایل نیز به همان اسامی خوانده می‌شد – اسماعیل، در سن صد و سی و هفت سالگی مرد و به اجداد خود پیوست – اعقاب اسماعیل در منطقه ای بین حویله و شور که، در مرز شرقی مصر و سر راه آشور واقع بود، ساکن شدند. آنها دایماً با برادران خود در جنگ بودند. »

برخی مفسران اسلامی معتقدند که کعبه را آدم ساخته بود و ابراهیم تنها آن را بازسازی نمود. بسا قومی از قبایل اسماعیل، در صحرای فاران سینا، بسوی صحرای عربستان رهسپار شده، بتکده کعبه را، در راستای بت پرستی ساخته، به ابراهیم و اسماعیل نسبت داده اند که جایگاه خود را، در شهر مکه مستحکم نمایند. آنچه مسلم میباشد : اعراب کتیبه تاریخی و مورخ عربی، پیش از میلاد مسیح ندارند که وقایع را برای آیندگان نگاشته باشند. بنابراین قرآن پیرو افسانه ها و داستانهای بی اساس اعراب است. همچنین قرآن پیرو

روایات عربی، خود را مورد پرسش منطقی و عقلی قرار نمی‌دهد که چگونه ابراهیم، در مسیر بازگشتن به کنعان، فاقد آب، حدود ۱۰۵۰ کیلومتر را از مکه الی قادش و شور پیمود؟ این، در حالیست که هاجر و اسماعیل، در بدو ورود، به صحرای مکه از فرط تشنگی، در آستانه مرگ بودند. بنابراین ابراهیم نیز نیازمند آب بود.

قرآن درباره ابراهیم، دارای سه خطا میباشد که به شرح ذیل است:

۱- قرآن آزر عموی ابراهیم یا ابرام را پدر او خوانده است.

قرآن نام پدر ابراهیم را آزر خوانده است. حال اینکه منابع تاریخی و تورات گواهی می‌دهند که نام پدر ابراهیم تارح بود. مهدی الهی قمشه ای مترجم تفسیری قرآن، آزر را عموی ابراهیم خوانده است. آقای مکارم شیرازی، در تفسیر نمونه، جلد ۵، صفحه ۳۰۳ چنین آورده است:

« آیا آزر پدر ابراهیم بود؟

کلمه اب، در لغت عرب غالبا بر پدر اطلاق می شود و چنانکه خواهیم دید گاهی بر جد مادری و عمو و همچنین مربی و معلم و کسانی که برای ترتیب انسان به نوعی زحمت کشیده اند نیز گفته شده است، ولی شک نیست که به هنگام اطلاق این کلمه اگر قرینه ای در کار نباشد قبل از هر چیز پدر بنظر می آید.

اکنون این سؤال پیش می آید که آیا براستی آیه بالا می گوید: آن مرد بت پرست آزر پدر ابراهیم بوده است ؟ و آیا یک فرد بت پرست و بت ساز می تواند پدر یک پیامبر اولوا العزم بوده باشد؟ و آیا وراثت در روحیات انسان اثر نامطلوبی در فرزند نخواهد گذارد؟

جمعی از مفسران سنی به سؤ ال اول پاسخ مثبت گفته و آزر را پدر واقعی ابراهیم می دانند، در حالی که تمام مفسران و دانشمندان شیعه معتقدند آذر پدر ابراهیم نبود، بعضی او را پدر مادر و بسیاری او را عموی ابراهیم دانسته اند.

قرائنی که نظر دانشمندان شیعه را تایید می کند چند چیز است :

در هیچ یک از منابع تاریخی اسم پدر ابراهیم ، آزر شمرده نشده است ، بلکه همه تارح نوشته اند، در کتب عهدین نیز همین نام آمده است ، جالب اینکه افرادی که اصرار دارند پدر ابراهیم آزر بوده در اینجا به توجیهاتی دست زده اند که بهیچ وجه قابل قبول نیست از جمله اینکه اسم پدر ابراهیم تارخ ، و لقبش آزر بوده ! در حالی که این لقب نیز در منابع تاریخی ذکر نشده است .

و یا اینکه آزر بتی بوده که پدر ابراهیم او را پرستش می کرده است در حالی که این احتمال با ظاهر آیه فوق که می گوید پدرش آزر بود بهیچ وجه سازگار نیست ، مگر اینکه جمله یا کلمه ای در تقدیر بگیریم که آن هم بر خلاف ظاهر است. »

قرآن، در حالی آزر عموی ابراهیم را پدر او خوانده است که خود طی سوره احزاب سرپرست کودکان یتیم را نهی می‌کند که خود را پدر فرزند خواندگان بخواند، بلکه تاکید می‌ورزد که آنان را به پدر واقعی خود نسبت دهند. بنابراین بین سوره انعام/۷۴ و سوره احزاب/۴-۵ تناقض گویی پدید آمده است که اعتبار کلام قرآن را ساقط ساخته است :

«وهنگامی را که ابراهیم به پدر خود آزر گفت آیا بتان را خدایان می‌گیری من همانا تو و قوم تو را در گمراهی آشکاری می‌بینم» قرآن، انعام/۷۴

«و پسرخواندگانتان را پسران شما قرار نداده است این گفتار شما به زبان شماست الله حقیقت را می‌گوید و او به راه راست هدایت می‌کند - آنان را به [نام] پدرانشان بخوانید که این نزد خدا عادلانه‌تر است و اگر پدرانشان را نمی‌شناسید پس برادران دینی و موالی شمایند» قرآن ، احزاب/۴-۵

برخی مفسران اسلامی چنین آورده اند که ابراهیم، در زمان کودکی پدر خود را از دست داد و آزر عموی او سرپرستی ابراهیم را تقبل نمود، بنابراین قرآن آزر را پدر ابراهیم خوانده است. لیکن سخن آنان، در تناقض با سوره احزاب/۴-۵ میباشد. همچنین سخن آنان، در تناقض با روایت تورات است که منبع تاریخی با قدمت بسیار می‌باشد؛ زیرا ابراهیم تا برهه جوانی، از وجود تارح پدرش برخوردار بود :

«تارح پس از هفتاد سالگی صاحب سه پسر شد به نام های ابرام، ناحور و هاران. هاران پسری داشت به نام لوط...تارح پسرش ابرام (ابراهیم)، نوه اش لوط و عروسش سارای را با خود برداشت و اورکلدان را به قصد کنعان ترک گفت. اما وقتی آنها به شهر حران رسیدند در آنجا ماند. تارح، در سن ۲۰۵ سالگی، در حران درگذشت» تورات، پیدایش، ۱۱/۲۶-۳۲

سوره انبیاء/ ۵۱-۶۳ بیان میدارد : ابراهیم، در بتکده حضور داشت که تعدادی از مردم وارد بتکده شده، او را مشاهده نمودند که بت بزرگ را شکسته است و حال اینکه سوره صافات/ ۸۳-۹۵ بیان داشته است که ابراهیم، در بتکده حضور نداشت که تعدادی از مردم وارد بتکده شدند.

۲- قرآن درباره حضور ابراهیم، در بتکده، کلام متناقض دارد.

ابراهیم پس از شکستن بت، در بتکده حضور ندارد :

«و در حقیقت پیش از آن به ابراهیم رشد اش را دادیم و ما به او دانا بودیم - آنگاه که به پدر خود و قومش گفت این مجسمه‌هایی که شما ملازم آنها شده‌اید چیستند- گفتند پدران خود را پرستندگان آنها یافتیم- گفت قطعا شما و پدرانتان در گمراهی آشکاری بودید- گفتند آیا حق را برای ما آورده‌ای یا تو از شوخی‌کنندگانی- گفت بلکه پروردگارتان پروردگار آسمانها و زمین است همان کسی که آنها را پدید آورده است و من بر این از گواهانم- و سوگند به خدا که پس از آنکه پشت کردید و رفتید قطعا در کار بتانتان تدبیری خواهم کرد- پس آنها را جز بزرگترشان را ریز ریز کرد باشد که ایشان به سراغ آن بروند- گفتند چه کسی با خدایان ما چنین [معامله‌ای] کرده که او واقعا از ستمکاران است- گفتند شنیدیم جوانی از آنها [به بدی] یاد می‌کرد که به او ابراهیم گفته می‌شود- گفتند پس او را در برابر دیدگان مردم بیاورید باشد که آنان شهادت دهند- گفتند ای ابراهیم آیا تو با خدایان ما چنین کردی- گفت [نه] بلکه آن را این بزرگترشان کرده است اگر سخن می‌گویند از آنها بپرسید» قرآن، انبیا/۵۱-۶۳

ابراهیم پس از شکستن بت، در بتکده حضور دارد :

«و بی‌گمان ابراهیم از پیروان اوست- آنگاه که با دلی پاک به [پیشگاه] پروردگارش آمد- چون به پدر[خوانده] و قوم خود گفت چه می‌پرستید- آیا غیر از آنها به دروغ خدایانی [دیگر] می‌خواهید- پس گمانتان به پروردگار جهانیان چیست- پس نظری به ستارگان افکند- و گفت من کسالت دارم- پس پشت‌کنان از او روی برتافتند- تا نهانی به سوی خدایانشان رفت و [به ریشخند] گفت آیا غذا نمی‌خورید- شما را چه شده که سخن نمی‌گویید- پس با دست راست بر سر آنها زدن گرفت- تا دوان دوان سوی او روی‌آور شدند- [ابراهیم] گفت آیا آنچه را می‌تراشید می‌پرستید » قرآن، صافات/۸۳-۹۵

۳- قرآن نمرود، را مصادف با دوره ابراهیم خوانده است.

پس از تحقیق و بررسی، در نوشته پیدایش، استنتاج نموده ام که نمرود نسل دوم نوح است و ابراهیم نسل دهم نوح. بنابراین آنان مقارن برهه یکدیگر نمی‌زیستند. کتاب قرآن با اقتباس از نوشته تورات، پیدایش نمرود را پادشاه دوران ابراهیم خوانده است. اما روایت نمرود و ابراهیم، منقول از ذهن خلاق بشری می‌تراود که دو شخصیت از دو برهه تاریخی را، در غالب چند سطر داستان آورده است. مکون آیات قرآن با زیرکی، به بهره برداری از شخصیت های تاریخی برای ساختن روایات قرآن پرداخته است، قرآن، کوروش بزرگ را، در لفافه نام ذوالقرنین نهان ساخته است که داستان فتوحات کوروش بسوی غرب و سپس بسوی شرق و شمال میباشد. قرآن کوروش را فردی دادگر خوانده است که ستمکاران را نابود می‌کرد. سپس قرآن از هامان وزیر خشایارشا داستانی درباره هامان، وزیر فرعون آفریده است و نامه سلیمان را با بسم الله آغاز می‌کند. توگویی سلیمان، به الله، نام خدای عرب آشنایی داشت. این، در حالیست که یهوه نام خدای آنان است و داوود پادشاه، پدر سلیمان پادشاه، سخن از نام **یهوه** میرانید. همچنین الله نام خاص عربی میباشد نه نام خاص عبری.

«خوشا بحال قومی که چنین وضعی دارند و **یهوه** خدای ایشان است» مزامیر داود، ۱۴۴ /۱۵

«این [نامه] از طرف سلیمان است. بسم الله الرحمن الرحیم » قرآن، نمل/۳۰

اکنون بایست نمرود را از منظر منابع تاریخی بیشتر شناسایی نمود:

«یکی از فرزندان کوش، شخصی بود بنام **نمرود** که، در دنیا دلاوری بزرگ و معروف گشت – او با قدرتی که خداوند به وی داده بود، تیرانداز ماهری شد، از این جهت وقتی می‌خواهند از مهارت تیراندازی کسی تعریف کنند می‌گویند : خداوند تو را در تیراندازی مانند نمرود گرداند. قلمرو فرمانروایی او ابتدا شامل بابل، ارک، اکد و کلنه، در سرزمین شغار بود (شغار همان سرزمین بابل است) – ولی بعد کشور آشور را نیز به قلمرو خود در آورد و نینوا ، رحوبوت عیر، کالح و ریسن را (واقع در بین نینوا و کالح) که با هم شهر بزرگی را تشکیل می‌دادند، در آن کشور بنا کرد.» تورات، پیدایش، ۱۰ / ۸- ۱۲

« آیا از [حال] آن کس (نمرود) که چون خدا به او پادشاهی داده بود   [و بدان می‌نازید، و] در باره پروردگار خود با ابراهیم محاجّه کرد، خبر نیافتی؟ آنگاه که ابراهیم گفت: [پروردگار من همان کسی است که زنده می‌کند و می‌میراند.] گفت: [من هم] زنده می‌کنم و می‌میرانم. ابراهیم گفت: الله من خورشید را از خاور برمی‌آورد، تو آن را از باختر برآور. پس آن کس که کفر ورزیده بود مبهوت ماند. و خداوند قوم ستمکار را هدایت نمی‌کند» قرآن، بقره/۲۵۸

آنچه حائز اهمیت است آنکه قرآن سعی، در نادان جلوه دادن مخالفان خود دارد و نمرود را طی سوره بقره/۲۵۸، در پاسخگویی به ابراهیم ناتوان خوانده است. اگر مکون آیات قرآن، به شخصیت پردازی یک مخالف خردمند، در برابر خود پرداخته بود، بی‌گمان پاسخی منطقی و عقلی به ابراهیم، شخصیت داستان می‌داد که بدین شرح است :

«ای ابراهیم من نمی‌توانم که خورشید را از غرب طلوع دهم، لیکن اگر خدای تو خورشید را از غرب طلوع دهد، بی گمان من به خدای تو و پیامبری تو ایمان خواهم آورد و غیر آن، تو از فریبکاران هستی»

«ابراهیم گفت: الله خورشید را از خاور برمی‌آورد، تو آن را از باختر برآور. پس آن کس که کفر ورزیده بود مبهوت ماند» قرآن، بقره/۲۵۸

نمرود فرزند کوش و کوش فرزند حام و حام فرزند نوح است و حال اینکه ابراهیم فرزند تارح و تارح فرزند ناحور و ناحور فرزند سروج و سروج فرزند رعو و رعو فرزند فالج و فالج فرزند عابر و عابر فرزند شالح و شالح فرزند ارفکشاد و ارفکشاد فرزند سام و سام فرزند نوح است.

کعبه همواره از منظر تاریخی بتکده ای بیش نبوده است. قرآن داعیه‌های فاقد مستندات دارد. قرآن، درسوره حج/۲۶-۳۷ مدعی است که الله از ابراهیم خواست همگان را پیاده و سواره، به زیارت کعبه دعوت کند. اکنون چه کسی مستندی دارد که اسحاق، یعقوب، یوسف، موسی، هارون، یوشع، سموئیل، طالوت، داود، سلیمان، ایوب، ایلیا، الیاس، عاموس، یونس، اشعیا، میکا، ارمیا، حزقیال، اشعیای دوم، دانیال، ادریس، ذوالکفل، عزرا، نحمیا، زکریا، یحیی و عیسی و مجموعاً ۴۷ پیامبر بنی اسرائیل به زیارت کعبه رفته، مناسک حج را انجام داده، حاجی شدند؟ کدامین پیامبران الی عیسی ناصری، بسوی کعبه نماز خواندند؟ بی گمان کسی را نمی‌توان یافت. لیکن خداوند، به موسی دستور داده بود که همه بتکده ها را نابود کنید و کعبه، بتکده بود:

« در هر جا بتکده ای می‌بینید، چه در بالای کوه‌ها و تپه‌ها و چه، در زیر درختان باید آن را نابود کنید. قربانگاه‌های بت پرستان را بشکنید. ستونهایی را که می‌پرستند خرد کنید. مجسمه های شرم آورشان را بسوزانید و بتهای آنها را قطعه قطعه کنید و چیزی باقی نگذارید که شما را به یاد آنها بیاندازد » تورات، پیدایش، ۱۲ : ۲-۳

« و چون برای ابراهیم جای خانه را معین کردیم [بدو گفتیم] چیزی را با من شریک مگردان و خانه‌ام را برای طواف‌کنندگان و قیام کنندگان و رکوع کنندگان [و] سجده کنندگان پاکیزه دار- و در میان مردم برای حج بانگ برآور تا پیاده و [سوار] بر هر شتر لاغر که از هر راه دوری می‌آیند به سوی تو روی آورند » قرآن، حج/۲۶-۲۷

قرآن، در سوره بقره/۱۲۵ مدعی است که دستور طواف و اعتکاف، در مصلی کعبه را به ابراهیم داد. سوره مذکور نخستین قبله عبادی را کعبه خوانده است و لیکن خود بدان وقعی ننهاده، بیت المقدس را، در بدو ورود به یثرب برگزید. بنابراین اتخاذ سیاستی به تغییر قبله بسوی کعبه انجامید ، چنانکه محمد بن عبدالله و اصحاب او، در شهر یثرب پس از تغییر قبله از ۶۲۴ میلادی الی ۶۳۰ میلادی مجاب به رجوع عبادی، بسوی بتکده ای شدند که همچنان مکان بت پرستی بود و اصنام مادینه لات، منات، عزی و صنم نرینه هبل، در آن حضور داشتند. قرآن بایست مهمترین دلیل تغییر قبله را طبق سوره آل عمران/۹۶ نخستین قبله و خانه عبادی می‌خواند و لیکن سخن خود را زایل نموده، دلایل دیگری برای آن وارد کرده است:

« در حقیقت نخستین خانه‌ای که برای مردم نهاده شده همان است که در مکه است و مبارک و برای جهانیان هدایت است » قرآن،آل عمران/۹۶

دلایل قرآن مبنی بر تغییر قبله :

۱-   مشرق و مغرب از آن الله است بقره/۱۴۲

۲-   آزمون پیروان محمد، در پیروی از او بقره/۱۴۳

۳-   خشنودی محمد بقره/۱۴۴

سوره بقره/۱۴۴ می‌نمایاند که محمد تعلق فرهنگی، به کعبه داشت، بنابراین نظرش همواره بسوی مکه بود که زادگاه او محسوب می‌شود و قرآن این نظر را بسوی آسمان می‌خواند. این، در حالیست که پیامبران، در برهه رسالت، از تعلقات می‌رهیدند.

قرآن، در سوره بقره/۱۴۵ مدعی است که محمد هر قسم معجزه ای برای اهل کتاب یهودی و نصاری بیاورد آنان پیرو قبله او نمی‌شوند و این در حالیست که اهل کتاب با مشاهده معجزات، به ادیان خود ایمان آورده بودند. قرآن سعی دارد که ناتوانی محمد، در انزال معجزه را پنهان سازد؛ بنابراین پاسخگوی مطالبات عرب مبنی بر انزال معجزه نیست که خود گواهی بر کتاب بشری قرآن است.

واقعه ویرانی و بازسازی کعبه، پیش از بعثت

گمان بر آن است که اهل کتاب عبری و مسیحی برای آنکه موقعیت زندگی و موقعیت تجاری و اقتصادی خویشرا، در سرزمین عربستان تحکیم بخشند، لذا، ساختن کعبه را منتسب، به ابراهیم سامی نمودند. کونستان ویرژیل گیورگیو، نگارنده "محمد پیغمبری که باید از نو شناخت" و دکتر محمد حسین هیکل، نگارنده "زندگانی محمد"، طی تحقیقات

خویش، بدین واقیعت دست یازیده اند که کعبه، طبق روایتی در برهه ۲۵ سالگی و طبق روایتی، در برهه ۳۵ سالگی محمد بن عبدالله، دستخوش حریق و سیل شده، ویران گشته، توسط معمار رومی و مسیحی بنام قاریام و بنّایی قبایل قریش باز سازی شد. تاریخ اسلام، گواهی داده است که کعبه بدفعات دستخوش ویرانی شده است. لذا کعبه ابراهیمی را بایست، در قصه‌ها و داستانها یافت، نه، در شهر مکه. حکم رجوع عبادی مسلمین بسوی کعبه ابراهیمی - در متن قرآن - گمراهی مسلمین، در رجوع عبادی بسوی کعبه بت پرستی است.

«محمد با مردم مکه معاشرت میکرد و در زندگی عمومی شرکت داشت. در آن ایام خانه کعبه افکار را به خود مشغول داشته بود، زیرا سیلابی بزرگ از کوهها سرازیر شده و دیوارهای آن را شکافته بود، پیش از آن نیز قریش درباره کعبه می‌اندیشیدند؛ زیرا چون طاق نداشت ممکن بود دزدان به چیزهای نفیس آن دستبرد بزنند ولی در عین حال بیم داشتند که اگر بنای آنرا محکم کنند و بر روی آن اطاق بزنند، خدای کعبه اذیتشان کند؛ زیرا، در دوره های مختلف جاهلیت راجع، به کعبه افسانه هایی بوجود آمده بود که مردم از تغییر دادن آن می‌ترسیدند و این کار را بدعتی ناروا می‌پنداشتند، ولی همین که سیل در آن رخنه کرد، ناچار بودند با ترس و تردید برای مرمت آن اقدام کنند، تصادفاً، در همان ایام یک کشتی که از مصر می‌آمد و متعلق به یک "تاجر رومی" بود، در نزدیکی "جده"، در نتیجه طوفان دریا بشکست. صاحب کشتی که "یاقوم" نامیده می‌شد، از بنایی و نجاری سر رشته داشت. وقتی مردم قریش از سرگذشت او خبردار شدند، چند نفر را، به جده فرستادند و کشتی یاقوم را بخریدند و با او گفتگو کردند که به مکه آمده، با آنها، در ساختن کعبه کمک کند. یاقوم تقاضای آنها را پذیرفت. در مکه یک نفر قبطی بود که از

نجاری سر رشته داشت. قرار شد، به کمک یاقوم برای قریش کار کند. قبایل قریش چهار طرف خانه را قسمت کردند تا هر قبیله ای یک طرف را خراب کند و بسازد. برای ویران کردن کعبه دچار تردید بودند و از این کار می‌ترسیدند. ولید بن مُغیره با ترس و بیم قدم پیش گذاشت، خدایان خود را بخواند و قسمتی از رکن یمانی را ویران کرد. آن شب مردم منتظر ماندند که ببینند، خدا با ولید چه می‌کند. روز بعد که دیدند آفتی بدو نرسیده، دلیر شدند و برای ویران ساختن و جابجا کردن سنگهای آن اقدام کردند. محمد نیز، در این کار شرکت داشت. پس از برداشتن دیوارها، سنگ بزرگی نمودار شد که کلنگ بر آن کارگر نمی‌شد. آنرا اساس بنا قرار دادند و بنای کعبه را با سنگهای گرانیت کبود که از کوههای مجاور می‌آوردند شروع کردند. همین که ارتفاع دیوارها باندازه قامت انسان رسید و هنگام آن شد که حجر الاسود را بجای خود بگذارند، اختلاف پیش آمد که افتخار نصب آن با کدام یک از قبایل باشد و نزدیک بود بدین سبب جنگ میان آنها درگیر شود. بنی عبدالدار و بنی عدی پیمان بستند که نگذارند این افتخار بزرگ نصیب قبایل دیگر شود و بر این پیمان سوگند یاد کردند. بنی عبدالدار برای تاکید قسم خویش ظرفی پر از خون آورده، دستهای خود را، در آن فرو بردند. بدین جهت آنها را "خون آشامان" نام دادند. ابو امیه مخزومی که مردی سالخورده و شریف و محترم بود، وقتی اختلاف قریش را دید بدانها گفت: اولین کسی را که، در صفا در آید، به حکمیت قبول کنید. وقتی دیدند که محمد اول از آن در داخل شد، گفتند : این امین است، ما به حکمیت او راضی هستیم و قصه خویش را بر او فرو خواندند. محمد گفتار آنها را شنید و آثار دشمنی را، در چشمهایشان آشکار دید. کمی فکر کرد و گفت : پارچه ای بیاورید! همین که پارچه آوردند، آنرا پهن کرد و با دست خود سنگ را، در آن گذاشت و گفت : رئیس هر قبیله یک طرف این جامه را بگیرد.

چنین کردند و سنگ را پای بنا بردند. محمد آن را گرفت و بجای خود گذاشت. بدین طریق اختلاف از میان برخاست. قریش بنای کعبه را به پایان رسانیدند و ارتفاع آن هیجده ذراع شد. در آن را از زمین بالاتر گذاشتند تا هر کس را بخواهند به درون آن راه دهند و هرکس را بخواهند ممنوع دارند. در داخل آن شش ستون در دو ردیف قرار دادند و در جانب رکن شامی از درون چند پله بساختند که بوسیله آن به سطح خانه میرسیدند. هبل و اشیاء گرانبهایی را که پیش از آن، در معرض دستبرد دزدان بود، در خانه جای دادند. در سن محمد هنگام ساختمان کعبه و حکمیت میان قریش درباره حجر الاسود اختلاف است. میگویند : در آن موقع بیست و پنج سال داشت. ابن اسحاق گوید : سی و پنج ساله بود.» دکتر محمد حسین هیکل، زندگانی محمد، چاپ دهم، ۱۳۸۰ خورشیدی، صفحه۱۷۹- ۱۸۰

احمد، در قرآن

مکون آیات قرآن فاقد نیروی فرا بشری، چنان برای اثبات جایگاه محمد، به عسرت و عذوبت دچار شده بود که متوسل به کتب یهودی و نصاری شد. بنابراین فقدان معجزه، در قرآن به داعیه، مباحثه، منازعه و مباهله علیه مشرکان، یهودیان و مسیحیان انجامید. قرآن طی سوره صف/۶ ادعا نموده است که عیسی به بنی اسرائیل مژده رسالت احمد را داده بود؛ این، در حالیست که عیسی خود از سوی بنی اسرائیل مطرود بود.

احمد به معنی بسیار ستوده به زبان عبری לשבח מאוד یا ستوده تر به زبان عبری עוד לשבח و **محمد** به معنی ستوده به زبان عبری יכא میباشد که تفاوت بین متن و تلفظ آنها وجود دارد. آنچه مسلم است زبان عیسی عبری آرامی به زبان باستانی بود نه زبان سریانی یا زبان یونانی. مذهبیون اسلامی با عطف به سوره صف/۶ مدعی هستند که تحریفی، در انجیل یوحنا، درباره واژه احمد وارد شده است. آنان ادعا دارند که واژه یونانی فارقلیط یا پریکلوتوس periklutos به معنی بسیار ستوده (احمد، مترادف محمد)، به واژه پاراکلیت یا پاراکلیتوس parakletos؛ به معنی، تسلی بخش، دلداری دهنده، میانجی گر، در انجیل یوحنا تغییر یافته است. برخی مسلمانان از همان آغاز اسلام، در قرن هفتم میلادی محمد را فارقلیط موعود مسیح می‌خواندند. همچنین آنان تاکید بر صحت واژه پریکلوتوس، در انجیل سریانی داشته اند. فارقلیط اسلامی ادعای فاقد مستند است؛ زیرا عیسی، به زبان سریانی و یونانی تکلم نمی‌کرد؛ بلکه زبان عیسی، آرامی عبری و باستانی بود.

«سُریانی (به سریانی: ܣܘܪܝܝܐ تلفظ : سوریایا) نام یکی از لهجه‌های زبان آرامی و عبرانی است که خاستگاه اش شمال میانرودان است. که به خط سطرنجیلی نگارش می‌شده است. این زبان پس از چیرگی اسکندر بر ایران و در درازای فرمانروایی سلوکیان با واژگان یونانی درآمیخت و چهره‌ای دیگر یافت. از این پس سریانی زبانی دانشیک گردید. نوشته‌های گرانبهایی درباره روزگار ساسانی و اشکانی به این زبان نوشته شده است و هنوز هم این زبان گویشورانی دارد. همچنین آرامی عضوی از زبان‌های سامی است که بیش از ۳۰۰۰ سال قدمت دارد. زبان آرامی‌ها، زبان اداری امپراتوری‌ها وحتی کاهنان بوده است. زبان اصلی بخش عمده‌ای از کتاب‌های آسمانی دانیل و عزرا و زبان کتاب تلمود است. آرامی را

زبان عیسی دانسته‌اند و امروزه هنوز زبان مادری اقلیت‌های کوچک متعددی است. امروزه تعدادی از جوامع که بیشتر آنها آشوری هستند به زبان آرامی جدید تکلم می‌کنند. این زبان اکنون در حال انقراض محسوب می‌شود.» ماخوذ از ویکی پدیا، دانشنامه آزاد

انجیل یوحنا گواهی می‌دهد که پاراکلیتوس و تسلی بخش، روح القدوس میباشد. عیسی، آن تسلی بخش را موجودی خوانده است که نوع بشری بدان دسترسی ندارد؛ لیکن مسلمانان، به محمد دسترسی داشتند. عیسی، در انجیل یوحنا، به شاگردان خود وعده تسلی بخش داد، نه به بنی اسرائیل. گویا قرآن تغییراتی، در روایت انجیل یوحنا پدید آورده است، چنانکه تسلی بخش را احمد و شاگردان عیسی را بنی اسرائیل خوانده است.

«و من از پدر (خدا) درخواست خواهم کرد تا پشتیبان وتسلی بخش دیگری به شما عطا نماید که همیشه با شما بماند- این پشتیبان و تسلی بخش همان روح پاک خداست که شما را با تمام حقایق آشنا خواهد کرد. مردم دنیا به او دسترسی ندارند چون در جستجوی او هستند و نه او را می‌شناسند» انجیل یوحنا، ۱۴/ ۱۶-۱۷

«اما من آن تسلی بخش را که روح پاک خداست به کمک شما خواهم فرستاد او سرچشمه تمام حقایق است و از طرف پدرم آمده درباره من همه چیز را به شما خواهد گفت- شما نیز باید درباره من با تمام مردم صحبت کنید چون ازابتدا با من بوده اید» انجیل یوحنا، ۱۵/ ۲۶-۲۷

«ولی، در حقیقت رفتن من به نفع شماست. چون اگر نروم آن تسلی بخش که روح پاک خداست نزد شما نخواهد آمد. ولی اگر بروم او خواهد آمد. زیرا خودم او را نزد شما خواهم فرستاد» انجیل یوحنا ۱۶/ ۷

«اینک من روح القدوس را که پدرم به شما وعده داده است بر شما خواهم فرستاد» انجیل لوقا، ۴۹/۲۴

عیسی به زبان آرامی سخن می‌راند لیکن انجیل هایی که پس از عیسی نگارش شده است به زبان سریانی، یونانی، انگلیسی و ... میباشد. واژه پاراکلتوس parakletos، به معنی تسلی بخش، در انجیل یوحنا، به زبان انگلیسی واژه کانسلور counselor، به معنی مشاور، رایزن و وکیل مدافع آمده است. همچنین عیسی، در آیات فوق الذکر، در انجیل بیان نموده است که روح پاک خدا، روح القدوس شما (شاگردان) را از آینده واقف خواهد ساخت. بسا رویا و مکاشفه یوحنا، در مجموعه انجیل، بخشی از وعده عیسی، به شاگردان خود باشد . مآلاً استنتاج می‌گردد که فقر قرآن، در توان اثبات جایگاه الله و پیامبری محمد، آن را بسوی بهره برداری از کتب اهل کتاب یهودی و نصاری وا داشته است که آیات قرآن آنها را تحریف شده خوانده است. حتی، در تورات سخنی از محمد و احمد نیست، بلکه سخن از پیامبری پس از موسی میباشد که یوشع پس از موسی مبعوث شد.

مذاهب توحیدی، بدلیل ناتوانی، در اثبات کلام خود، مجاب، به رجوع، در متن سایر کتب مذهبی پیشین شده اند. در مثال، در متن اناجیل، سعی شده است که پیامبری عیسی مسیح را از طریق تورات و نوشته های انبیاء بنی اسرائیل اثبات نمایند. در متن قرآن نیز سعی بر همین منوال بوده است که جایگاه پیامبری محمد بن عبدالله را با مراجعه، به کتب سالف تورات و انجیل اثبات نمایند. لیکن هیچکدام از منابع کتب مذکور، نص صریح درباه عیسی و محمد نیست، بلکه تفاسیری تعصبی و فرقه ای، در راستای نجات عقاید مذهبی خود از سقوط است.

خانواده، در قرآن

قرآن بسان سایر ادیان، در حوزه خانواده، مواعظی همچون احترام به والدین، نهی ازدواج به جبر و ... دارد. لیکن مکون آیات قرآن، فضایل اخلاقی را، در کران رذایل اخلاقی می‌آموزد که مبین تلفیق نیکی و بدی بشری است نه ایزدی. در مثال پیرو قرآن بایست ذهن را به آموزه‌های ذیل بیالاید:

- قتل اسرای جنگی، در عرصه سیاسی : مائده/۳۳

- ضرب منجر به جرح زن، در عرصه خانوادگی : نساء/۳۴

- جبر گرایی و انتقامجوی، در عرصه فرهنگی : آل عمران/۱۰۴، شوری/۴۰

- مشیت ایزدی، دخیل، در تمکن و افلاس اقتصادی : زمزم/۵۲

ابزار قرآن، منطق، دانش و استدلال، در مواجهه با بحران نیست، بلکه ابراز خشونت و قساوت، در راستای حل مسائل میباشد. اعمال خشونت و قساوت، در حین بحران، جزو فرهنگ بربریستی – عربی بود. تعدادی از موارد که محمد بن عبدالله متعاقب بحران، به خشونت گراییده است، به شرح ذیل میباشد:

❖ مکون آیات قرآن ناتوان، در رسالت خود طی ۱۳ سال اقامت، در شهر مکه، به خشونت، در شهر یثرب گرایید. محمد بن عبدالله جنگ بدر را افروخت؛ زیرا قوافل و قافله ابوسفیان را غارت نموده، متعاقب آن تعدادی را اسیر کرد.

❖ مکون آیات قرآن ناتوان، در ارائه راه حل مسائل زناشویی، ضرب و شتم زن را تجویز نموده است.

❖ مکون آیات قرآن ناتوان، در اقناع یهودی و نصاری، به لعن و نفرین پرداخته است.

❖ مکون آیات قرآن ناتوان، در اقناع تازی بدوی، به توهین و انتساب حیوان گورخر به مشرکان پرداخته است.

❖ مکون آیات قرآن ناتوان، در جنگ احد به شکست گرایید

❖ مکون آیات قرآن ناتوان، در اقناع کاهنان یهودی، آنان را حمار خوانده است

موارد آپارتید جنسی علیه زن، در قرآن، به شرح ذیل است :

۱- یک سوم ارث برای دختر (نساء/۱۱) – ارث حاصل اشتغال دختر و پسر نیست و طرفین بدان نیاز دارند. بلاخص دختر بیش از پسر بدان نیاز دارد زیرا دختر بیش از پسر در معرض آسیب قرار دارد و دختر در ضعف جسمی و پسر در قدرت جسمی قرار دارد. بنابراین دختر نیاز به تامین اقتصادی دارد که آسیبی بر او عارض نگردد.

۲- استیلاء مرد بر زن (نساء/۳۴) – این قانون قرآن وحدت و مفاهمت بین زوجین را به حاکمیت مرد بر زن مبدل میسازد و مرد سالاری را اشاعه میدهد. مرد سالاری فرهنگ عربی بود نه ایرانی.

۳- ضرب منجر به جرح و حتی قتل زن (نساء/۳۴-۳۵) – آیا عدم تمکین زوجه میتواند از روی عقل و منطق باشد؟ پاسخ آری ! درستی یا نا درستی، در عدم تمکین زن بهانه زدن زوجه نیست و کتک زدن تهاجمی، نشانه ناتوانی عقلی و عاطفی بشری یا نابسامانی عصبی، روحی و روانی است. فردی که قوه منطق و دانش نداشته باشد، به خشونت تهاجمی روی میآورد.

۴- حجاب چادر (احزاب/۵۹) – آیا مرد بی حجاب نیست؟ آیا حجاب نشانه عفت است؟

خیر! فساد و فحشاء زیر حجاب چادر نیز بوقوع می‌پیوندد. عدالت، در عرصه های مختلفه و

تمتع افراد از زندگی و حقوق طبیعی جامعه ای را از فساد و فحشاء مصونیت می‌بخشد.

حجاب، در تعارض با طبیعت است؛ زیرا انسانی، در برهه عصر حجر قدیم و جدید هزاران

سال لخت یا نیمه لخت می‌زیست. برهه سنتی و مدرن، البسه را ملزوم بر سلامت انسان

نمود. مکتب طبیعی می‌آموزد : بی حجاب باش و لیکن با عفت باش. چنانکه سایر حیوانات

حجب و حجاب ندارند و برهنه، در طبیعت ظاهر می‌شوند؛ لیکن آنها عفت را رعایت

می‌کنند.

۵- مجازات زنای زن محصنه نصف زن آزاد (نساء/۲۵) – آیا مرد محصن یا همسردار زنا

نمی‌کند؟ آری !

۶- استیلاء مردم بر زن، در عرصه سیاسی، اقتصادی (نساء/۵۹)،   (مائده/۵۵-۵۶)،

(شوری/۳۸)، (نساء/۱۱)،(نساء/۳۴-۳۵)

دشمنی با ادیان، در قرآن

موسی نبی، زرتشت نبی و عیسی نبی نفرت از عقل و دل انسان می‌زدودند و هدایت، نجات

و وحدت بشری را هدف متعالی رسالت لاهوتی خویش قرار دادند. پس از تحقیق و بررسی

قرآن، موارد ذیل را، در دشمنی قرآن با سایر ادیان یافته ام:

✓ منطق اسلام مودت با سایر ادیان نیست. بواقع ادیان بودایی، هندویی، ودایی، کنفوسیوسی، شینتویی، مسیحی و یهودی از منظر قرآن مشرک و کافر خوانده شده اند . مائده/۷۲، توبه/۳۰-۳۱،انبیاء/۲۶-۲۷،بقره/۸۹،۱۳۵،آل‌عمران/۲۸،آل‌عمران/۱۱۸، مائده/۵۱،۵۷،۸۲

✓ منطق قرآن مودت با نزدیکان نیست و جدل و قتل عقیدتی و دینی علیه نزدیکان را اشاعه داده است . (توبه/۱۲۳)

✓ قرآن غیر مسلمان را نجس خوانده است. (توبه/۲۸)

گرچه اصل ۱۳ قانون اساسی جمهوری اسلامی، برخی ادیان را آزادی بخشیده است، لیکن آنان، در تبلیغ دین خود آزادی ندارند و همچنانکه یهودیان، در مناطق گتوی اروپای شرقی می‌زیستند و آنان، در جوامع مسیحی محصور و اسیر بودند، اکنون اقلیت های مذهبی، در ایران نیز محصور و اسیر هستند.

ادعای بیان همه چیز، در قرآن

مکون آیات قرآن ادعا نموده است که بیانگر همه مسائل میباشد. پس از تحقیق و بررسی خلاف مدعای مذکور محرز گشت. قرآن طی سوره مائده/۱۰۳ و حج/۲۶-۳۳، گوشت شتر را حلال خوانده است و حال اینکه یهوه، خدای موسی، طی کتاب تورات، لاویان، فصل ۱/۱۱-۸ گوشت شتر را حرام خوانده است. نمونه های بارز از احکام تورات که قرآن بدانها نپرداخته است و نهی نکرده است به قرار ذیل میباشد :

« سزای کفر به خدا سنگسار» تورات، لاویان ، ۲۴/۱۰-۱۴

«با محرمان زنا نکنید» تورات، لاویان ۱۸/۶-۲۰

«اگر مردی، دختر باکره ای را که هنوز نامزد نشده، اغفال کند، باید مهریه دختر را پرداخته او را به عقد خود درآورد» خروج، ۱۶/۲۲

«ماهی هایی که باله و فلس دارند حلال است» لاویان، ۹/۱۱

چنانچه قرآن کافی برای همه امور و حل و فصل مفصل برای همه مسایل بود، قوانین سنت، فقاهت، حدیث و روحانیت تهیه و تدوین نمی‌گشت.

«و ما آیات خود را برای اهل دانش مفصل بیان می‌کنیم» قرآن ، توبه/۱۱

شرک، در قرآن

مکون آیات قرآن خطایایی، در قرآن دارد که موجودی بشری را، در لفافه نام الله نمایان می‌سازد. سوره مومنون/۱۴ خط بطلانی بر وحدانیت الله ترسیم نموده است، چه، در این سوره از واژه جمع احسن (نیکوترین) و الخالقین (سازندگان و آفریدگاران) سود جسته است. بسیاری از ادیان حاضر دارای آفریدگاری هستند. حتی آیین شینتوی ژاپن به ایزاناگی، در مقام آفریدگار معتقد است و ایزاناگی خدای یکتا است. حتی پیروان دین هندو به ویشوه کرمن، آفریدگار هستی معتقد هستند. بواقع قرآن بایست آیت ذیل را، در سوره مؤمنون/۱۴وارد می‌ساخت که شرک، در آن وارد نباشد:

«فتبارک الله حسن الخالق – پس الله نیکو آفریدگار، خجسته باد»

«فتبارک الله احسن الخالقین – پس الله نیکوترین آفریدگاران، خجسته باد» قرآن، مؤمنون/۱۴

قریب، به یقین مکون آیات قرآن منبعث از نوشته تثنیه، در نوشته های تورات سخن از آفریدگاران رانده است و شخصی است که واقف به سایر منابع بوده است. اما نوشته های خروج، اعداد، لاویان و تثنیه کتابهای موسی نبی نیستند و راوی متون تورات، زاویه دید سوم شخص مفرد دارد، نه اول شخص. مخاطب راویان تورات « او» یا «آنان» میباشد. اگر کتاب تورات از سوی موسی نبی نوشته شده بود، همواره زاویه دید نویسنده اول شخص (من) بود.

شک، در قرآن

سخنی را می‌توان فاقد شک و ریب خواند که حق و حقایق یا دارای مستنداتی عینی یا علمی، اعجازی یا معجزی باشد. قرآن بر خلاف ادعای خود، در سوره بقره/۲، فاقد شک و ریب نیست، بلکه سوره حجرات/۱۴ گواهی می‌دهد که اعراب مسلمان همچنان به قرآن شک داشتند. تناقض گویی، خطای علمی، خطای کلامی، خطای محاسباتی و خطای اخلاقی ، در قرآن از منظر دانش پسیکولوژی (روانشناسی) اعتبار کلام را ساقط ساخته است. چه آنها می‌تواند که کلام کذب بشری باشد، نه کلام الهی و وحی :

«این کتابی است که در آن شک و ریب نیست. [قرآن] برای هدایت پرهیزگاران است» قرآن، بقره/۲

«اعراب گفتند: ما ایمان آوردیم. بگو: شما که ایمان اتان به قلب وارد نشده است به حقیقت هنوز ایمان نیاورده اید. لیکن بگویید: ما اسلام آورده ایم» حجرات /۱۴

قرآن طی سوره یونس /۹۴ از شک و ریب محمد نسبت به صحت آیات و روایات سخن رانده است. آیت مذکور می‌نمایاند که محمد با فرشته ای و نیرویی فرابشری تماس نداشت، بلکه مکون آیات قرآن، کلام خویشرا منتسب، به الله نموده، در اختیار محمد قرار می‌داد که فردی ساده دل و امی بود. مکون آیات قرآن، احساس شک و ریب، در محمد را یافته بود. بنابراین او از شک، در عقل او سخن رانده است. اگر محمد با فرشته ای یا نیرویی فرابشری تماس داشت، هرگز قرآن سخن از شک او نمی‌راند. تفسیر مجمع البببیان طبرسی سعی، در رفع ایراد آیه مذکور دارد. تفسیر بیان داشته است که آن شک و ریب را گروهی خطاب، به محمد ، گروهی خطاب، به مردم و گروهی خطاب، به شنونده قرآن خوانده اند. لیکن آیه مذکور محمد را خطاب قرار داده است، نه مردم را. آنجائیکه محمد، در آیه ای مخاطب قرآن است، ضمیر مذکر پیوسته کَ (تو،الیک = بسوی تو، مذکر) وارد شده است و آنجائیکه مخاطب مردم است، ضمیر مذکر کم (شما الیکم = بسوی شما، مذکر) وارد شده است. بنابراین تردیدی نیست که آیه مذکور سخن از شک و ریب محمد بن عبدالله میراند، نه مردم. آیات ذیل گواهی بر مدعا است :

«واگر از آنچه **به سوی تو** **(علیک)** نازل کرده‌ایم در شک و ریب هستی پس از کسانی سؤال کن که پیش از تو کتاب [آسمانی] می‌خواندند. قطعا حق از جانب پروردگارت به سوی تو آمده است پس زنهار از تردیدکنندگان مباش» قرآن، یونس/۹۴

«و پیش از آنکه به طور ناگهانی و در حالی که حدس نمی‌زنید شما را عذاب دررسد نیکوترین چیزی را که از جانب پروردگارتان **به سوی شما (الیکم)** نازل آمده است پیروی کنید» قرآن، زمر/۵۵

متلاشی شدن زمین، در قرآن

متلاشی شدن زمین پیش از وقوع قیامت از خطاهایی است که قرآن مرتکب شده است. قرآن طی سوره حاقه/۱۴ سخن از متلاشی شدن زمین پیش از وقوع قیامت رانده است. خطای مذکور، خطای ذهنی، و خطای بشری میباشد. واژه فیومئذٍ (پس از آن)، قید زمان است که ابتدای سوره حاقه/۱۵ استعمال شده است. بنابراین سوره حاقه/۱۴، در زمان اولیه بوقوع خواهد پیوست که زمین متلاشی خواهد شد و سوره حاقه/۱۵ در زمان ثانویه بوقوع خواهد پیوست که قیامت و بعث اموات، در فقدان زمین پدیدار خواهد شد. چنین خطاهایی از ذهن بشری می‌تراود، نه دانش ایزدی :

« پس آنگاه که در صور یک بار دمیده شود - و زمین و کوه‌ها از جای خود برداشته شوند و هر دوی آنها با یک تکان متلاشی گردند - پس از آن واقعه [قیامت] به وقوع پیوندد » قرآن، حاقه/۱۳- ۱۵

اکنون سیاره زمین و حیات آن، از سوی برخی اجرام سماوی سرگردان، طوفان خورشیدی و دو کهکشان که بسوی کهکشان راه شیری حرکت می‌کنند، مورد تهدید است. بنابراین احتمال نابودی حیات، بر زمین، پیش از ادعای آخر الزمان، بعث اموات و قیامت وجود دارد.

هم‌آورد، در قرآن

مکون آیات قرآن با ساختن ۶۲۳۶ آیه، طی ۲۰ سال، چنان به بیان عامیانه خود فخر می‌ورزد که طی سوره بقره/۲۳ هم‌آوردی و حریفی برای پدید آوردن یک سوره بسان قرآن می‌طلبد. مکون آیات قرآن، در شهر مکه طی ۱۳ سال، ۷۵٪ آیات را تهیه نموده، هر ماه حدود ۳۰ آیه برای محمد می‌آورد . لیکن او، در شهر یثرب (مدینه) طی ۸ سال ۲۵٪ آیات را تهیه نموده، هر ماه حدود ۱۶ آیه برای محمد می‌آورد. بنابراین هر کسی وقت دارد که طی ۱۰ دقیقه یک سوره با ۱۰ آیه بیاورد. سوره ذیل را خود تهیه نموده ام. محتوایی عالمانه، در مقابل سخنان عامیانه قرآن، در متن آن گنجانیده ام. شما می‌توانید، آیاتی والاتر از آیات قرآن بیاورید:

سوره آفرینش :

« من آفریدگار بی‌همتا هستم - عدل و نسق من، در جهان نسبی است نه قطعی- زیرا آفرینش را، به کمال نرسانده ام- نقض و نقص را، در موجودات نهادینه کرده‌ام - من صانع جهان، در کمال هستم و مصنوع، در نقصان است- خورشید را از توده‌ی گازهای سحابی پدید آوردم- پیش سیاره زمین، جرمی، در توده‌ی گازهای سحابی بود که پس از تشکیل خورشید، به تکامل رسیده، کروی شد- نیروی جاذبه خورشید، سیاره زمین را، در فاصله معین قرار داد— زمین، به حول خود گردش نمود - پس شب و روز و باد را پدید آورد - زمین، به حول خورشید گردش نمود- پس تغییر فصول سال و تغییر آب و هوا را پدید آورد - موجودات عظیم الجثه ای پیش از آفرینش انسان، بر زمین حکمروایی می‌کردند - من آگاه، به اسرار هستم - آزادی را برای انسان، به ودیعه نهادم - خوبی و بدی را، در عقل

او ثبت نمودم - من هرگز آزادی او را نقض نکرده ام- من بسان انسان، به پشیمانی،
غمگینی، خشمگینی و درماندگی مبتلا نمی‌شوم - من آزادی اعتقادی را مقرر نموده ام —
لیکن من مشتاق راهنمایی بندگانم بوده‌ام - پس بلای آسمانی بر قومی برای آنچه خود
مقرر نموده‌ام، نازل نکرده ام - من نژادهای متفاوت انسانها را، در مناطق مختلف خشکی
های زمین آفریدم - هر نژادی بشری را از یک جفت نر و ماده آفریدم - شما بندگان من،
دریابید که کائنات از عدم گام، به عرصه وجود نهاده است - من شما را، به عبادت، محبت،
گذشت، مصالحت و عدالت فرمان می‌دهم - خشونت الهی، غضب الهی، جنگ الهی و
عقوبت الهی، در دنیای فانی، علیه نوع بشری، دروغی است که آنها را، به خداوند قدوس
نسبت داده اند »

سوره تکریم :

« قبله اوست و قبله ندارد - ناظر اوست و ناظر ندارد - مدیر اوست و مدیر ندارد - ملجا
اوست و ملجا ندارد - مصور اوست و مصور ندارد - ازل اوست و زمان ندارد - نافذ اوست و
نافذ ندارد - غالب اوست و غالب ندارد - حاجت اوست و حاجت ندارد - مبداء اوست و
مبداء ندارد - محیط اوست و محیط ندارد

نامه عمل، در قرآن

پس از تحقیق و بررسی، دریافته ام که پیش از قرآن، ادعای تحویل نامه عمل، به افراد، در
یوم القیامه از سوی یوحنا، یکی از حواریون عیسی، در مکاشفه بیان شده است. بدینسان

مکون آیات قرآن منبعث از کلام یوحنا مبادرت، به تهیه آیت ذیل نموده است. اقتباس قرآن از برخی مطالب انجیل محرز است. تجاربی که انسانها طی رویاها از برزخ و ملکوت داشته اند، حکایت از آن دارد که جایگاه اموات، در شب اول قبر مشخص می‌شود؛ یعنی، شب اول قبر، ارواح بهشتی و جهنمی، به مکان و منزل اخروی خود رهسپار می‌گردند که همین تجارب، در خوابهای رؤیایی، موضوع بعث اموات را سست می‌سازد. قرآن، در موضوع بعث اموات، یک قیامت مادی و جسمانی پدید آورده است. اما بعث روحانی، خود مکون حیات اخروی است که نیاز، به بعث جسمانی را منتفی می‌سازد.

«آنگاه تخت بزرگ سفیدی را دیدم. برآن تخت کسی نشسته بود که زمین و آسمان از روی او گریختند و ناپدید شدند- سپس مرده ها را دیدم که از بزرگ و کوچک، در برابر خدا ایستاده اند. دفترها یکی پس از دیگری گشوده شد تا به دفتر زندگان رسید. مردگان همگی بر طبق نوشته های این دفترها محاکمه شدند.» انجیل ، مکاشفه ، ۲۰ / ۱۱- ۱۲

«اما کسی که کارنامه‌اش به دست راستش داده شود گوید بیایید و کتابم را بخوانید - من یقین داشتم که به حساب خود می‌رسم- پس او در یک زندگی خوش است ... و اما کسی که کارنامه‌اش به دست چپش داده شود گوید ای کاش کتابم را دریافت نکرده بودم - و از حساب خود خبردار نشده بودم » قرآن، الحاقه/۱۹،۲۶

نور، در قرآن

نور متشکل از فوتون ها و فرکانس میباشد. وقتی عیسی، در انجیل یوحنا، فصل ۸ ، باب ۱۲ خود را نور جهان خوانده است. لیکن خداوند یا پیمبر را نور خواندن، از منظر دانش فیزیکی، خطای علمی بیش نیست. اطلاق نور، به عیسی و الله، فقط از منظر تفاسیر معنوی و دینی قابل تحلیل میباشد. تلویحاً عیسی، پیامبر راهنما را نور دنیا خوانده است؛ زیرا رسول لاهوتی یا ملکوتی، نوع بشری را از تاریکی نادانی و نادرستی، به روشنایی دانایی و درستی هدایت نموده، فرصت هدایت را برای افراد بشر می‌افزاید؛ از اینرو عیسی، در ادامه سخن خود، بیان داشته است که "من شما را از تاریکی ها نجات می‌دهم". این تاریکی عبارت از شر عقلی، شر احساسی و شر جسمی است. مکون آیات قرآن قریب، به یقین با تنبه، به محتوای انجیل، به اقتباس از برخی مطالب آن پرداخته است. چنانکه قرآن طی سوره نور/۳۵ الله را نور آسمانها و زمین خوانده است که هر کسی را بخواهد، به نور خویش هدایت کند. قدیم و واجب الوجود، آفریدگار است که همه را ازعدم (تاریکی)، به وجود (روشنایی) فراخوانده است. آفریدگار و آفرینش، به نور تشبیه شده اند که نور، عیان می‌سازد و تاریکی، نهان می‌گرداند. نور، به هستی و تاریکی، به نیستی، تشبیه شده اند. حادث و ممکن الوجود، در عرصه فروزش و آفرینش، عیان است.

« من نور جهان هستم. هرکه مرا پیروی کند، در تاریکی نخواهد ماند، زیرا نور زنده راهش را روشن می کند » انجیل یوحنا، ۸/ ۱۲

« الله نور آسمانها و زمین است » قرآن، نور/۳۵

هدف، در قرآن

چنانکه عیسی خود بیان داشته است، هادی گمراهان میباشد، نه هادی پرهیزگاران. لیکن قرآن طی سوره بقره/۲ خود را هادی پرهیزگاران می‌خواند. این، در حالیست که پرهیزگاران نیاز، به هدایت ندارند. بواقع عیسی، مقدسان و پرهیزگاران را محتاج هدایت نخوانده است :

«من آمده ام که گمراهان را نجات بخشم» انجیل متی، ۱۱/۱۸

«رسالت من، در این دنیا این است که گناهکاران را بسوی خدا بازگردانم نه آنانی را که گمان می‌کنند عادل و مقدس هستند» انجیل متی، ۱۳/۹

«این کتاب بی شک و ریب راهنمایی برای پرهیزگاران است» قرآن، بقره/۲

سوگند، در قرآن

آیات متعددی، در قرآن وارد شده است که سوگند یاد می‌کند. این آیات آثار استیصال قرآن، در اثبات جایگاه خدایی الله و جایگاه پیامبری محمد میباشد. قرآن تهی از اعجازی و معجزی برای جبران ناتوانی خود و عدم نیرویی فرا بشری، به مباحثه، داعیه، مباهله و منازعه روی آورده است. لیکن عیسی، سوگند را نیرنگ خوانده است؛ زیرا سوگند از موضع ضعف، کذب یا فریب می‌تراود. بنابراین سوگندهای قرآن از موضع ضعف، کذب یا فریب وارد شده است. اما سوگند را می‌توان از منظر حقوقی و روانشناسی بررسی نمود. البته

سوگند از منظر روانشناسی موضع ناتوانی میباشد. کسی که توان اثبات ندارد، به سوگند روی می‌آورد :

«[عیسی فرمود] : به سر خود نیز قسم نخور؛ زیرا قادر نیستی موی سر را سفید یا سیاه گردانی- فقط بگو.: بلی! یا خیر! همین کافی است. اما اگر برای سخنی که می‌گویی قسم بخوری نشان می‌دهی که نیرنگی، در کار است »انجیل متی، ۵ / ۳۶ - ۳۷

« قسم به این بلد » قرآن، بلد/۱

« قسم به روز قیامت » قرآن، قیامۀ/۱

«دادرسی مدنی و نقش و جایگاه «قَسَم» (سوگند)، در ادله‌ی اثبات دعوی، در نظام حقوقی ایران : ضعیف ترین دلیل، در بین ادله، به معنای اخص ، سوگند می باشد، عملکرد این نوع دلیل فقط، به منظور فصل خصومت است . در بین دلایل، به معنای اخص نیز تقدیم و تاخر وجود دارد و قسم ضعیف ترین ادله است. قسم تنها وظیفه منکر نیست، بلکه در مواردی مدعی نیز می تواند برای فیصله دادن دعوا قسم بخورد . اصولاً قسم، در مواردی دلیل محسوب می شود که دلیل قوی تری برای اثبات مدعا، در دسترس نباشد.»

عرش، در قرآن

مکون آیات قرآن همچنان سعی داشت که مطالب تورات و انجیل را اقتباس نموده، در متن آیات خود وارد سازد. واژه عرش؛ به معنی، تخت، سریر، سقف و سایبان آمده است. آفریدگار، در اوستای زرتشتی، تورات یهودی و انجیل مسیحی هرگز سخن از عرش نرانیده

است. لیکن عیسی، پیش از اسلام، آسمان را تشبیه، به عرش خداوند و زمین را پا انداز خداوند خوانده بود. خداوند، در تورات سخن از وجود مقدس خود بر روی زمین رانده، که سراسر آن را فرا گرفته است. همچنین عمده سخن از عرش خداوند، مندرج، در مکاشفه یوحنا، عیسی را، در قیامت روی عرش و تخت می‌خواند. اما مزامیر داود، ۱۱/۴ نیز سخن از عرش و تخت خدا رانده است. قرآن طی سوره فاطر/۱ سخن از دو، سه و چهار بال فرشتگان میراند که آن نیز اقتباس زیرکانه از متن مکاشفه یوحنا است که او طی متن مکاشفه، یوحنا، ۴ / ۸ سخن از موجوداتی دارای شش بال می‌راند. از اینرو جان بایر ناس، مولف تاریخ جامع ادیان قرآن را اقتباس از سایر ادیان خوانده است :

« هر کس از عالم ادیان با خبر باشد مسلماً از خواندن قرآن، به این نکته پی می‌برد که شارع اسلام، بسیاری مطالب از دیگر مذاهب نقل کرده است» جان بایر ناس، تاریخ جامع ادیان ، اسلام، صفحه ۷۰۵

سوره حاقه/۱۷ ادعا می‌کند که عرش خداوند، در قیامت توسط هشت فرشته روی سر حمل خواهد شد. مکون آیات قرآن دارای تفکر بشری، از روایات پادشاهانی سخن رانده است که غلامان و خدمتکاران تخت او را روی سر حمل می‌کردند و او را از مکانی به مکانی دیگر انتقال می‌دادند. موجودی دارای محیط، مکان، جرم و جسم می‌تواند تخت و عرش داشته باشد که واجب الوجود عاری از آنها میباشد؛ زیرا عرش محصورات مادی پدید می‌آورد. خداوندی که عرش او را هشت فرشته حمل کنند، بی گمان توسط شانزده فرشته واژگون خواهد شد. همچنین، در انجیل سخن از عرش داوری عیسی، در قیامت رانده شده است، نه عرش ایزدی. عرش، در انجیل تنها اشاره به وجود خداوند، در آسمان و زمین دارد نه

وجود خداوند بر عرش. عرش، محصور محیط است، بنابراین جایگاه نبوی میباشد. قرآن، عرش را، جایگاه الهی خوانده است.

«آنگاه مادر یعقوب و یوحنا، پسران زبدی، دو پسر خود را نزد عیسی آورده، او را تعظیم کرد و خواهشی از او نمود- عیسی پرسید: چه خواهشی داری؟ آن زن جواب داد: وقتی، در ملکوت خود بر تخت نشستید، اجازه بفرمایید یکی از پسرانم، در دست راست و دیگری در دست چپ شما بنشینند» انجیل متی، ۲۰ / ۲۰-۲۱

«هنگامیکه من، مسیح موعود با شکوه و جلال خود و همراه با تمام فرشتگانم بیایم، آنگاه بر تخت با شکوه خود خواهم نشست» انجیل متی، ۲۵ / ۳۱

«اما من می‌گویم : هیچگاه قسم نخور، نه به آسمان که تخت خداست - و نه به زمین که پای انداز اوست و نه به اورشلیم که شهر آن پادشاه بزرگ است» انجیل متی، ۳۴/۵-۳۵

«آنگاه ، آن بیست و چهار رهبر روحانی و چهار موجود زنده سجده کرده، خدا را که بر تخت نشسته بود، پرستش نموده، گفتند: هللویا! خدا را شکر!» انجیل، مکاشفه، ۱۹ / ۴

«وقتی به آسمان سوگند می‌خورید در واقع به تخت خدا و خود خدا که بر تخت نشسته است سوگند می‌خورید» انجیل متی، ۲۲/۲۳

«اما خداوند هنوز در خانه مقدس خود است. او همچنان بر تخت آسمانی خود نشسته است» تورات، مزامیر، ۱۱/ ۴

«آسمانها و زمین را ، در شش روز آفرید آنگاه بر تخت و عرش فرمانروایی قرار گرفت» قرآن، اعراف/۵۴،سجده/۴

محاربه و مفسد فی الارض، در قرآن

خشونت بر دو نوع تهاجمی و تدافعی است که نخستین آن مورد استعمال ستمکاران و متجاوزان، به حقوق سایرین است. دومین آن مورد استعمال مظلومان میباشد. تاریخ بشری گواهی می‌دهد که برخی از خشونت تهاجمی، در راستای استقرار سیاست و منویات خود سود می‌جویند که رفتاری مغایر با حقوق بشری و آزادی   داشته‌اند. نمونه بارز آن را می‌توان ، در حاکمیت نبوکد نصر، پادشاه بابل(۶ق م)، اسکندر مقدونی، پادشاه یونان (۳ ق م)، چنگیز خان، پادشاه مغولستان (۱۱ م)، آدولف هیتلر، صدر اعظم آلمان(۲۰ م)، بنیتو موسولینی، نخست وزیر ایتالیا (۲۰ م) و ... یافت. چنین افرادی از منظر روانشناسی، در زندگی خود از نابسامانی عاطفی، تربیتی و محیطی متالم بوده، بسا نابسامانی ژنتیکی و بیماری روحی و روانی داشته باشند. خلفای اموی سنی و عباسی شیعی، در لوای اسلام و فرمانروایی قرون وسطی، نمونه‌های بارز دیکتاتوری مذهبی هستند که زائیده اسلام میباشند. آنان بسان سایر خلفای راشدین، به نقض حقوق بشری و آزادی پرداختند و آزادی عقیدتی و سیاسی را پایمال نمودند. بواقع اسلام دین جبر است، نه اختیار. عمر ابن الخطاب، دومین خلیفه راشدین، طی مدت ۱۰ سال خلافت، بسوی ممالک شرق و غرب تاخته، موجد جنگهای صلیبی شد. تصاحب اورشلیم و سرزمین یهودیه از سوی اعراب مسلمان، تجاوز، به سرزمین یهودیان بود. تعرض دینی، به حقوق بشری و خدادادی از زمان محمد بن عبدالله گسترش یافت. محمد با شمشیر و نیزه قبایل عرب را، به تقبل اسلام وا می‌داشت. چنانچه قبیله ای از تقبل اسلام سر باز می‌داشت، او، به سفاکی رفتار می نمود.

محمد، جنگ افروزی و سفاکی را توسط سیاست باندیتیسم (راهزنی) آغاز نمود. او قوافل مکه را، به بهانه تحریم شهر یثرب، مورد دستبرد قرار داده، موجبات بروز جنگ بدر، در سال سوم هجرت را فراهم ساخت. بواقع شخصیت افراد دیکتاتور و عقاید آنان، آمیختگی دیترمینیسم یا جبرگرایی-determinism و اکریمونیسم یا خشونت طلبی – acrrimonism است. خاصه آنکه انسانی از برهه کودکی، در چنین محیط بربریستی زیسته باشد. تاریخ بشری ، دیترمینیسم سیاسی و مذهبی را بدفعات تجربه نموده است. مشخصه بارز آنها عبارتند از : سرکوب آزادی سیاسی ، عقیدتی ، اجتماعی و فردی که مغایر با مکتب طبیعی و مشیت الهی میباشد. چه مشیت الهی، آزادی را مقید، به اخلاق ساخته، حیوانات را، به دور از گناهی عرضه داشته است. بنابراین حقوق بشری فرانسه آزادی را منوط، به تمتع از آنچه مضر نباشد نموده است. اکنون دیکتاتوری و ستمکاری جمهوری اسلامی ایران، خودمحوری، بی مهری و بی انصافی را، در جامعه گسترانیده است. آنچه تجربه ۳۳ سال زندگی، در فرمانروایی اسلامی داشته‌ام، ماهیت دیکتاتوری است که وجوه آن، به شرح ذیل هویدا گشته است :

۱-   استقرار حاکمیت با تبلیغات و شعارهای آرمانی

۲-   استقرار حاکمیت با استعانت از رفراندوم فرمایشی و تک حزبی، در زمان سرکوب گری .

۳-   استقرار حاکمیت با استعانت از سرکوب گری نظامی - حزبی

۴-   نقض حداقل مضامین دمکراسی ، در قانون اساسی

۵-   سرکوب جریان های فکری - عقیدتی ، مگر عقاید حکومتی

۶- انشعاب احزاب از حزب حکومتی

۷- سلب آزادی، در گزینش رهبری

۸- سلب نقادی، در رسانه های خبری

۹- دروغ پراکنی رسانه ای

۱۰- استقرار سازمانهای مصلحتی و نظارتی، در راس قوای سه گانه، در راستای اهداف الیگارشی؛ یعنی،سیادت و سیاقت گروهی اندک بر مقدرات جامعه، به نفع مطامع و مصالح خود

۱۱- تشکیل سازمانهای شبه نظامی فاقد وجاهت ارتشی

۱۲- استفاده از کودکان و نوجوانان، در حوزه فعالیت سیاسی- نظامی تحت پوشش فعالیت فرهنگی

۱۳- اعمال سیاست تبلیغاتی و سان دیدن از نظامیون و مردم

۱۴- فضای رعب و وحشت پلیسی

۱۵- بحران زایی، در عرصه سیاسی، اقتصادی،اجتماعی و فرهنگی

۱۶- اعمال سیاستهای ماکیاوللیستی

الف- مردم را کوفتن و نواختن ب- بر دوش مردم فلاکت بار زدن پ- تمایل به جنگ افروزی

۱۷- تمایل به جنگ افروزی و تفرقه افکنی داخلی و خارجی

۱۸- تمایل به اعمال تروریستی

۱۹- تند خویی گفتاری و رفتاری علیه منتقدان و مخالفان

۲۰- کشتار فجیع مخالفان سیاسی – عقیدتی

۲۱- حبس فعالان منتقد و مخالف سیاسی – عقیدتی

۲۲- فقر فراگیر اقتصادی و گسترش سازمانهای خیریه

۲۳- استعمال واژه رهبر مطلقه، در قانون اساسی یا فرا قانونی

محمد بن عبدالله را می‌توان با چزاره بورجا، دوک نشین والنتینو، در ایتالیا (۱۴۷۶م –
۱۵۰۷م) مقایسه نمود. آنان هدف واحدی را تعقیب می‌کردند. آنان، به بهانه سامان اوضاع
مردم آمدند. چنانکه نیکولا ماکیاوللی از رفتار سیاسی – عقیدتی او تمجید نموده، در کتاب
شهریار، به شرح ذیل آورده است:

«چزاره بورجا را سنگدل شمرده اند با این همه سنگدلی وی رومیان را سامان بخشید و
یگانه کرد و آرامش و فرمانبرداری را بدان باز آورد» نیکولا ماکیاوللی، شهریار، صفحه ۱۰۷

بنابراین سامان بخشیدن مادی یا معنوی، به اوضاع مردم، یکی از بهانه‌های قتال و قتل
تهاجمی علیه بشریت، طی تاریخ بوده است. چزاره و محمد بدان بهانه، به خشونت
گراییدند. اما آنان تعداد کثیری انسان را کشتند. حتی نقض حقوق بشری و آزادی بوقوع
پیوست. چنین افرادی دارای اعتدال عقلی، احساسی و منطقی نیستند. حتی آرزوی
خوشبختی مردم و دست نوازش بر سرکودکی از جمله   خدعه های سیاسی آنان است.

آگائوکلس (حدود۳ ق م) والی شهر سراکوز، واقع در جنوب شرقی جزیره سیسیل، ابتدا به سپاه پیوست. سپس، به اعتراض علیه رژیم الیگارشی حاکم بر منطقه پرداخت؛ لیکن او را اخراج نمودند. سرانجام، در سال ۳۱۶ ق م با سپاهی بازگشت و ده هزار تن از شهروندان را قتال و نفی بلد نمود. آنگاه خود فرمانروای مطلق العنان سیراکوز شد. در دوران پادشاهی وی مردم ، در آرامش زیستند و بر ثروت و شکوه سیراکوز افزوده شد. اکنون می‌توان افرادی بسان محمد را ، در تاریخ بشری یافت. محمد بن عبدالله نیز، در راستای تحقق اهداف خویش، به رفتار آگائوکلس گرایید. لیکن حتی فتح مکه آرامش را برای اعراب فراهم نساخت و خوی بربریستی تازی و خوی اسلامی، در منازعات اعراب بقا یافته، همچنان جبر، قهر و شر فرمان راند. چنانکه غزوه موته، فتح مکه، در سال نهم هجری و غزوه حنین و اعزام سپاه، به تبوک و سرکوب غیر مسلمان، در منطقه سوریه فعلی (شام)، در سال دهم هجری بوقوع پیوست. بنابراین شخصیت‌هایی بسان محمد بن عبدالله بدفعات، طی تاریخ بشری ظهور نموده اند و کشتارهای بسیاری را برای نیل، به اهداف و منویات خود پدید آورده اند. حتی عدل و نسق نیز بهانه‌ای برای کشتار انسانها بوده است. سعدی شیرازی ، با سخن نغز و بلیغ خود، روایتی را از جبرگرایی و خشونت طلبی، در دین اسلام، در برهه فرمانراویی محمد، در قالب شعر بیان نموده است:

شنیدم که طـی در زمان رسول نکـــردند مـــــــــنشور ایمان قبول

فــرستاد لشکر بشـیرو نـذیر گـــرفتند از ایشان گروهی اسیر

بـــفرمود کشتن به مشـرکین کـه ناپـاک بـودند و نـاپاکدامن

زنـــی گفت من دختر حاتم ام بـخـــواهید از این نامور حاکم ام

کرم کن بجای من ای مـــحترم کـــه مولای من بود از اهـل کرم

بفـــرمان پـــیغمبر نـــــیکرای گـشادند زنجیرش از دست و پـای

در آن قـــوم باقی نـــهادند تیغ کـــه رانند ســـیلاب خون بیدریغ

بزاری به شمشیـــر زن گفت زن مـــرا نـــیز بـا جمله گردن بزن

مـــروت نـــبینم رهایی ز بـند بـــتنها و یـــارانم انـــدر کمند

همی گفت و گریان بر احوال طی بـــسمع رســـول آمـد آواز وی

ببخشود آن قـــوم و دیگر عـــطا که هرگز نکرد اصل و گوهر خطا

کوروش بزرگ بر خلاف افرادی بسان محمد بن عبدالله ، فرمانروایی را برای جبرگرایی و خشونت طلبی بنیان ننهاد. گزنفون، مورخ یونانی، درباره توان نظامی کوروش بزرگ بیان داشته است :

«کوروش دارای ۱۲۰ هزار سواره، دو هزار عراده جنگی، ششصد هزار سرباز نظامی بود»

فرمان قضایی قطع عضو و به دار آویختن محارب و مفسد فی الارض، در تورات منتسب، به موسی نبی و انجیل منتسب، به عیسی یافت نمی‌شود. قطع عضو، در آیین یهودی تنها، در یک آیه (پاسوق) وارد شده است که ما نمی‌توانیم آن را فرمان موسی بدانیم؛ زیرا تورات، در دسترس، نوشته موسی نیست، بلکه روایت یهود از موسی و بنی اسرائیل میباشد :

«اگر دو مرد با هم نزاع کنند و همسر یکی از آنها برای کمک به شوهرش مداخله نموده، عورت مردم دیگر را بگیرد – دست آن زن را باید بدون ترحم قطع کرد» تورات ، تثنیه، ۱۱/۲۵-۱۲

پس از بررسی دریافته ام که قرآن، الله را خدایی فرعونی خوانده است. شخصیت و عدالت فرعونی الله، خدای قرآن، زمانی هویدا می‌شود که مواجه با وحدت آرای قضایی الله و فرعون طی سوره اعراف/ ۱۲۴ و مائده/۳۳می‌گردیم. کسی که فرمان قضایی فرعون را برای الله،خدای قرآن مقرر نموده است، بی گمان بشری بود نه فرابشری. مکون آیات قرآن مطلع و متاثر از موعظه عیسی، در انجیل ، قطع اعضاء را مشروعیت بخشیده است. البته عیسی فرمان قطع عضو نداده است، بلکه از منظر عیسی عضوء گناهکار را نداشته باشی بهتر است که آن عضو تو را آکنده از گناه نسازد. بدیهی است که مکون آیات قرآن واقف، به منابع دینی، بر خلاف فرامین تورات، فرامینی آورد که منجر، به رویارویی یهودیان و مسلمانان شد. بسا مکون آیات قرآن، فرمان قطع دست سارق را از سخن منتسب، به عیسی اقتباس نموده است، گرچه قطع اعضاء، در احکام تازی بدوی مرسوم بود. آیات ذیل، در فصول پیشین، درباره وحدت رای قضایی الله و فرعون وارد شد که اکنون محض یاد آوری و مناسبت با موضوع این فصل نوشته شده است :

«فرعون گفت آیا پیش از آنکه به شما رخصت دهم به او ایمان آوردید قطعا این نیرنگی است که در شهر به راه انداخته‌اید تا مردمش را از آن بیرون کنید پس به زودی خواهید دانست - دستها و پاهایتان را یکی از چپ و یکی از راست خواهم برید سپس همه شما را به دار خواهم آویخت» قرآن، اعراف/۱۲۴

«سزای کسانی که با الله و پیامبر او می‌جنگند و در زمین به فساد می‌کوشند جز این نیست که کشته شوند یا بر دار آویخته گردند یا دست و پایشان در خلاف جهت‌یکدیگر

بریده شود یا از آن سرزمین تبعید گردند این رسوایی آنان در دنیاست و در آخرت عذابی بزرگ خواهند داشت» قرآن، مائده/۳۳

ایفای نقش بشری ، در تکوین آیات قرآن

قراینی، وجود دارد که مکون آیات قرآن را بشری می‌خواند. مکون آیات قرآن را سلمان فارسی می‌خوانم. سلمان فارسی واقف، به منابع ادیان زرتشتی ، یهودی و نصاری بود. همچنین او طی سفری، به سرزمین یهودیه مدتی اسیر بود که آیات آنتی سمی تیسم (ضد یهودی) ، در قرآن، منبعث از کین سلمان فارسی نسبت، به یهودیان است :

«سلمان فارسی فرزند کشاورزی ملاک و متمکن بود که ابتدا زرتشتی بود و آیین توحیدی داشت. سپس، در عنفوان جوانی، بدلیل مجاورت با محله مسیحیان به آیین مسیحی گروید.اما طی سفری، به سرزمین یهودیه، مدتی اسیر شد و مجال مجالست با علمای یهودی و تعلیم آیین یهودی را یافت» اقتباس مطلب از نوشته داریوش شاهین، محمد پیامبر جاویدان

قرآن گواهی می‌دهد که اعراب ، آیات قرآن را از سوی اعجمی (خارجی یا ایرانی) می‌خواندند. آنان محمد را متعلم و اعجمی را معلم می‌دانستند.

«و نیک می‌دانیم که آنان می‌گویند : جز این نیست که بشری به او زبان می‌آموزد کسی که او را نسبت خارجی یا ایرانی می‌دهند و این به زبان عربی آشکار است» قرآن، نحل/۱۰۳

قرآن تلفیق دو فرهنگ مجزای قومی و نژادی است. بخشی از آن انسانی و اخلاقی و بخشی از آن بربریستی و غیر اخلاقی میباشد. قراینی، در قرآن مینمایاند که بخش محبت، وحدانیت، عدالت و انصاف آیات، از سوی فردی خارجی یا ایرانی بود و بخش شرک، خشونت و قساوت آیات از سوی فردی عربی و محمد بن عبدالله. موارد ذیل، در قرآن، آثاری از عقاید ایرانیان زرتشتی است :

تاکید به وحدانیت آفریدگار منبعث از یگانگی اهورا مزدا

نمازهای پنجگانه قرآن منبعث از نمازهای پنجگانه زرتشتی :

الف – نمازگاه هاون که نماز بامداد است و هنگام ان از طلوع تا نیمروز میباشد همان نماز صبح اسلامی شده است

ب- نمازگاه رپیتوینگاه که هنگام آن از نیمروز تا سه ساعت بعد از ظهر میباشد همان نماز ظهر اسلامی شده است

ج- نمازگاه ازیرن یا ازیرینگاه که موقع آن از سه ساعت بعد از ظهر تا غروب آفتاب میباشد همان نماز عصر اسلامی شده است

د- نمازگاه اوشهی نا ای یا اوشهین یا اوشهین گاه که هنگام آن از نیمه شب تا طلوع خورشید میباشد همان نماز عشاءاسلامی شده است

ر- نمازگاه سروثرم یا ایوسیروتریم یا اوسیروتریمگاه که وقت آن از غروب تا نیمه شب میباشد همان نماز مغرب اسلامی شده است

تعیین قبله،خود ریشه در عبادات زرتشتی دارد. چه زرتشتیان هنگام نماز بسوی نور و منشاء آن می‌ایستند.

ذوالقرنین ، در سوره یوسف و در تورات ، سفر دانیال سخن از منجی قوم بنی اسرائیل رانده است که دو قوم ماد و پارس را متحد خواهد ساخت. بواقع ذوالقرنین کوروش بزرگ میباشد

علی، در نهج البلاغه سلمان فارسی را دریای دانش خوانده است. بنابراین قرآن طی سوره نمل/۶ آیات را از سوی دانشمندی خوانده است

سوره ناس/۲ سخن از پادشاه رانده است. نظام پادشاهی، در زمان ظهور اسلام، در شرق و غرب عربستان حاکم بود.

سلمان فارسی مدتی اسیر یهودیان شده بود. بنابراین حس آنتی سمی تیسم (ضد یهودی) او را برانگیخته ساخته بود. چنانکه آیاتی علیه یهودیان تهیه نمود. قرآن گواهی می‌دهد که اعراب، فردی اعجمی یا خارجی و ایرانی را آموزگار محمد می‌خواندند.

بر خلاف ادعاهای قرآن مبنی بر انزال کتاب، نوشته ای مدون و آسمانی نزد محمد فرو فرستاده نشد و گواهانی ندارد. دو شخصیت با اعتقادات و فرهنگ متفاوت، در محتوای آیات قرآن یافت می‌شوند. یکی از آنان، به عدالت و وحدانیت می‌اندیشید و دیگری، به خشونت و شرک. بی گمان محمد، در محیط خشونت، عداوت و شرک پرورش یافته بود، نه سلمان فارسی. برخی از قراین که می‌نمایاند، ایرانی دخیل، در تهیه بخشی از آیات قرآن بود عبارتند از :

۱- استعمال برخی واژه‌گان فارسی بسان فلک، در سوره مائده/۱۵،۴۵،۴۶، اعراف/۱۵۷،رعد/۱۶،ابراهیم/۱،۵

۲- استعمال نام هامان وزیر خشایار شا، پادشاه هخامنشی و نوه کوروش بزرگ. قرآن نام مذکور را برای وزیر فرعون طی سوره قصص/۳۸،۶۸، عنکبوت/۳۹،غافر/۲۴،۳۶/استعمال نموده است. چه هامان از واژگان فارسی است. هامون و هامن ؛ به معنی، دشت و زمین هموار آمده است

۳- در ابتدای نامه سلیمان به نام خداوند بخشنده مهربان آمده است که آن ابتدای نیایش زرتشتی بیان می‌شود.

۴- وضوع ، پیش از نماز، در شرع زرتشتیان است که قرآن فرمان بدان داده است .

۵- ذوالقرنین، در آیات قرآن که کوروش بزرگ میباشد

۶- آفرینش در شش دوره یا شش روز (ستهٔ الایام) منبعث از اعتقادات زرتشتی است که یهود، در کتاب پیدایش آورده است.

۷- زرتشتیان فرشتگان (ایزدان) را مادینه و برخی را نرینه   خوانده‌اند. از اینرو مکون اعجمی (خارجی یا ایرانی) آیات قرآن، در انقلابی اعتقادی، جنسیت فرشتگان را نفی نموده است.

۸- زرتشت نبی، در کتاب اوستا همه موجودات را ستایشگر خداوند خوانده است. قرآن نیز بدین ادعا پرداخته است.

۹- استعمال واژه مجوس (آتش پرست) یا همان اشاره اشتباه، به زرتشتیان، در سوره حج/۱۷

آسایش ، در قرآن

باختصار، در اینباره سخن می رانم. زیرا همگان نیک واقف هستند که حیات موجودات، در زمین عاری از امراض و نواقص نیست؛ زیرا عواملی جبری، تحمیلی و غیر مترقبه و عواملی اختیاری ، ارادی و مترقبه برآسایش ، در مهد زمین خط بطلان می‌کشد. طبیعت نقش تولید و توزیع برکات را برای موجودات بعهده دارد، لیکن آسایش تحقق نمی‌یابد؛، زیرا زمین و موجودات آن گرچه، در جلال بدیعی و علمی قرار دارند؛ لیکن کمال ندارند؛ در کران هر بادی، طوفانی است، در کران هر بهاری، پاییزی، در کران هر خرمی ، خشکسالی، در کران هر عقلی ، جهلی ، در کران هر نفسی ، شری، در کران هر متمکنی، مفلسی، درکران هر اتصالی ، انفصالی، در کران هر تولدی، مماتی، در کران هر موجودی امراضی و نواقصی است. بنابراین عدل و نسق، در عالم لاهوت قطعی است و در عالم ناسوت نسبی میباشد. ابراهیم امینی، مؤلف آیین تربیت (اسلامی)، طی جملاتی ، در اینباره چنین اظهار نظر نموده است :

«زندگی آسان نیست، پستی و بلندی، موفقیت ها و ناکامی ها، شکست ها و پیروزی ها، دردها و مصیبت ها، خوشی ها و   ناخوشی ها دارد»

عیسی نیز موافق با سخن قرآن نیست. ایشان سخن از تالمات بشری بر زمین میراند. پس زمین از منظر عیسی فاقد آسایش است :

«خوشا به حال آنان که نیاز خود را به خدا احساس می‌کنند زیرا ملکوت آسمان از آن ایشان است- خوشا به حال ماتم زدگان زیرا اینان تسلی خواهند یافت – خوشا به حال فروتن ها زیرا ایشان مالک تمام جهان خواهند گشت – خوشا به حال گرسنگان و تشنگان

عدالت زیرا سیر خواهند شد- خوشا به حال آنان که مهربان و با گذشت اند زیرا از دیگران گذشت خواهند دید» انجیل متی، ۵ / ۳-۷

« آیا ما زمین را مهد آسایش خلق قرار نداده ایم؟ » قرآن، نباء/۶

سجده موجودات، در قرآن

تاکنون موجودی مشاهده نشده است که سجده نماید. لیکن قرآن طی سوره حج/۱۸ مدعی است که موجودات، در مقابل الله سجده می‌کنند. زولوژیستها (جانور شناسان) مدرکی، در اختیار ندارند که موجودی سجده نموده باشد. همچنین انسان ، حیوانی را، در حال سجده نیافته است. بدیهی است که مکون آیات قرآن نیایش موجودات را از ادیان سالف اقتباس نموده است. سلمان فارسی خود فردی زرتشتی بود و محتوای اوستا را می‌دانست. زرتشت نبی، در اوستا همه موجودات را ستایشگر خداوند خوانده است. همچنین داود، در مزامیر سخن از ستایش همه موجودات رانده است. لیکن آنان ادعا نداشتند که موجودات سجده می‌کنند؛ بلکه آنان را نیایشگر خدا خوانده اند. چه سجده نیاز به رفتار و کردار دارد و حال اینکه نیایش، در پندار و گفتار بوقوع می‌پیوندد. چه کسی موجودی را، در حین سجده مشاهده نموده است ؟

«خداوند را سپاس! خداوند را از عرش برین ستایش کنید، ای کسانی که ، در آسمانها ساکن هستید – ای همه فرشتگان ، خداوند را ستایش کنید. ای همه لشکرهای آسمانی، او را ستایش کنید – ای آفتاب و ماه، خداوند را ستایش کنید. ای همه ستارگان درخشان،

او را ستایش کنید – ای آسمانهای و ای بخارهایی که فوق ابرهاهستید ، او را ستایش کنید- همگی خداوند را ستایش کنید، زیرا به فرمان او آفریده شدید – او شما را تا ابد بر جایتان ثابت نموده است و آنچه او ثابت نموده است هرگز تغییر نخواهد کرد – ای همه نهنگها و موجوداتی که، در اعماق دریا هستید خداوند را ستایش کنید – ای آتش و تگرگ و مه و تند باد که مطیع فرمان خداوند هستید او را ستایش کنید – ای کوه ها، ای تپه ها ، ای درختان میوه دار، ای سروهای آزاد، خداوند را ستایش کنید – ای حیوانات وحشی و اهلی ، ای پرندگان و خزندگان ، خداوند را ستایش کنید – ای پادشاهان و قومهای جهان ، ای رهبران و بزرگان دنیا، ای پسران و دختران ، ای پیران و جوانان ، خداوند را ستایش کنید.» مزامیر داود، ۱۴۸ : ۱-۱۲

«آیا ندانستی که الله کسی است که هر کس در آسمانها و هر کس در زمین است و خورشید و ماه و [تمام] ستارگان و کوهها و درختان و جنبندگان و بسیاری از مردم برای او سجده می‌کنند » قرآن، حج/۱

تکرار مکررات ، در قرآن

فردی که از فقر دانش، در تعب و تالمات است، یا سخنی برای گفتن ندارد به خاموشی یا گزافه گویی می‌پردازد یا او سخن تکراری بیان می‌کند. قرآن بدلیل نداشتن دانش و سخن نوین ، به سخنان تکراری روی آورده است. بنابراین از منظر روانشناسی مکون آیات قرآن مجهز به دانش نبود، چه قرآن عاری از دانش میباشد و بسیاری از روایات تکرار شده است :

روایت	تعداد تکرار	نمونه آیات
موسی	بیش از ۲۰ مرتبه	**بقره/۷۴،نساء/۱۵۳،۱۵۸ مائده/۱۲،۱۳**
ابراهیم	بیش از ۱۵ مرتبه	**ابراهیم/۳۵،۴۰،بقره/۱۲۴،۱۳۲، آل عمران/۶۵،۶۸**
آدم	بیش از ۶ مرتبه	**بقره/۳۰،۳۸،آل عمران/۶۰ اعراف/۱۰،۲۷**
نوح، هود، صالح، لوط ، شعیب	بیش از ۱۰ مرتبه	**انعام/۸۴، اعراف/۵۹-۹۵ یونس/۷۱،۷۴، هود/۲۵- ۶۸**
عیسی	بیش از ۱۰ مرتبه	**بقره/۸۷-۲۵۳، نساء/۱۵۷،۱۵۸،مائده/۱۴-۱۷ ۴۷-۷۲، مریم/۲،۴۰**

برزخ بین دو دریا، در قرآن

سوره رحمن/۱۹،۲۰ سخن از فاصله بین دریای شور و شیرین میراند و حال اینکه از منظر علمی برزخ بین دو دریا صحت نمی‌یابد. همواره ملکولهای آب (H_2O) بین دریای شیرین و شور، در پیوند با یکدیگر هستند و چون آب شیرین فاقد نمک است، بنابراین هر ملکول آب شیرین با یک ملکول نمک (CS) کلرید سدیم پیوند ندارد. زمانی که آب دریای شور، به آب دریای شیرین می‌رسد، اندک اندک غلظت و ملکولهای نمک کاهش می‌یابد. بواقع خاک دریای شور، دارای مقادیری نمک میباشد. این در حالی است که خاک دریای شیرین فاقد نمک است. مکون آیات قرآن بدلیل فقر علمی، در قرن هفتم میلادی تصور نموده است که فاصله ای بین دریای شیرین و شور بایست وجود داشته باشد که آب دریای شیرین، به آب شور نمی‌گراید.در دانش شیمی، نمک از کاتیون های مثبت و آنیون های منفی تشکیل شده است. وقتی نمک، به آب افزوده شود عمل یونیزاسیون انجام می‌شود.نمک نهایی خنثی بوده، بار مثبت یا منفی ندارد. نمک ها دارای اجزاء یونی می‌باشند که ایجاد بلور می‌کنند :

« اوست که دو دریا را به هم آمیخت تا به هم برخورد کنند ــ و میان آن دو دریا برزخ و فاصله ای است که تجاوز به حدود یکدیگر نمی‌کنند» قرآن، رحمن/۱۹-۲۰

کلرید سدیم حاوی یون سدیم و یون کلر   تصویری از ملکول آب

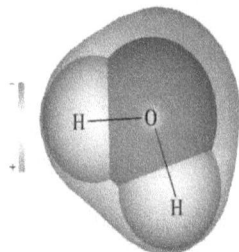

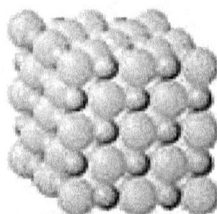

انحلال نمک در آب

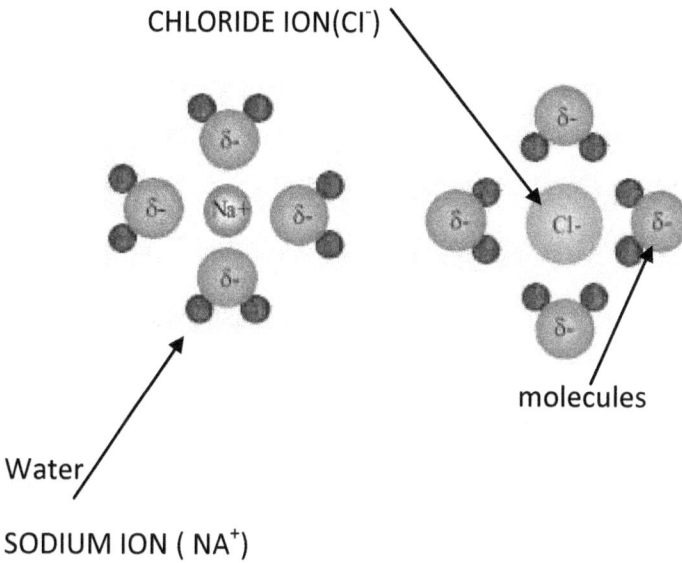

CHLORIDE ION(Cl⁻)

molecules

Water

SODIUM ION (NA⁺)

برتری منطق بودا بر منطق محمد :

اخلاق ، بایست حیطه هدایت و نجات بشری باشد، نه خشونت، جنگ و جنایت. حوزه اخلاق و منطق سیدارتا گوتاما بودا بر حوزه اخلاق و منطق محمد بن عبدالله رجحان دارد . از منظر دانش پسیکولوژی و روانشناسی افراد حق عصبانی شدن دارند و فراتر از عصبانیت را خروج از حیطه روان سلیم خوانده اند. خاصه خشونت تهاجمی علیه جان، مال و ناموس سایرین، خارج از حیطه روان سلیم است. مقایسه مختصر و مفید بین منطق بودایی و منطق قرآنی می‌نمایاند که کدامین، در حیطه اعتدال عقل و روان قرار دارند :

«سیدارتاگوتاما بودا می‌گوید: جهاد با نفس، عظیم ترین جهاد است» بودا و اندیشه های او، سادهاتیسا

«قرآن می‌گوید: با جان و مال، در راه الله جهاد کنید» قرآن، صف/۱۰-۱۲

«سیدارتا گوتاما بودا می‌گوید : خشم، در شخص عاقل موجه و پذیرفتنی نیست. هر که خشم بر افروخته را فرونشاند بدانگونه که ارابه راه افتاده ای را از حرکت باز دارد من او را راهنما می‌دانم» بودا و اندیشه های او، سادهاتیسا

«قرآن می‌گوید: پس گردن ها را بزنید و همه انگشتان آنان را قطع   کنید» قرآن، انفال/۱۲

چنانکه از سخنان فوق الذکر می‌تراود منطق بودا، در معیت عقلانیت، متانت، مصالحت و محبت است و عقل محمد، در معیت جهلانیت، خشونت، قساوت و عداوت میباشد. جدل، غیض و حرص، در متن آیات قرآن از موضع ناتوانی و درماندگی بشری است. خدایی که نیاز، به جنگ با مخلوقات خود داشته باشد، ناتوانی و درماندگی دارد. خدایی که نیاز، به غضب علیه مخلوقات خود داشته باشد، ناتوانی و درماندگی دارد. بنابراین قرآن معرف الله، خدای ناتوان خود میباشد.

آیا کشتار تعدادی از مشرکان عربستان ، شرک را از زمین زدوده است؟ خیر! حدود یک میلیارد و نیم مسلمان بر زمین زندگی می‌کنند و دو میلیارد فاقد دین. بنابراین اراده ایزدی بر آن است که دخلی و تصرفی ، در مقدرات بشری نداشته باشد، گرچه طی مقاطعی از زمان، هدایت و نجات برای بشریت آمده است، لیکن خداوند هرگز ناقض اختیار مقرر برای نوع بشری نبوده است و بلایی بر قومی نازل نکرده است. چه نقض اختیار، خود نقص

محسوب میشود. بنابراین قرآن سخن از خدایی رانده است که بسان نوع بشری دارای نقض و نقص میباشد. این، در حالیست که صانع مبرا از نقض و نقص و مصنوع دارای نقض و نقص است. ما نقض می‌نماییم؛ زیرا دارای نواقص مذکور نسبت، به موضوعی هستیم. مضمون نقض، از نقص خویش یا سایرین می‌تراود. لیکن ما مسؤل نقص سایرین نیستیم. نقص را آفریدگار، در آفرینش نهادینه ساخته است که موجودی و کسی کمال نیابد. بنابراین آفریدگار، آزادی عقلی و جاهلی بشری را نقض نمی‌کند؛ گرچه خداوند، هادی و منجی جمیع نیکان و بدان است.

در منطق بودایی، هر موجودی متنفس مطابق با قانون اهیمسا دارای حق حیات است که قانون مذکور پیش از بودیسم، در آیین ودایی مرسوم بود. لیکن، در عقل محمدی، قتل غیر مسلمان و حیوان، شرعی خوانده شده است. قرآن، نه تنها فرامینی مشروع درباره قتل انسان دارد، بلکه قتل حیوان نیز از فرامین قرآن می‌تراود که منافات با طبع رئوف بنیانگذاران ادیان خاور نزدیک و خاور دور دارد. زرتشت نبی نیز قربانی را نهی کرده است؛ چنانکه اهورا مزدا از قربانی کردن حیوانات ناخرسند می‌گردد.

جبر و اختیار، در قرآن

سوره یونس/۹۹ گواهی می‌دهد که محمد بن عبدالله طی مدت ۱۳ سال رسالت، در شهر مکه با مخالفت مکون آیات قرآن مبنی بر جبر مواجه بود. سوره بقره/۲۵۶ می‌نمایاند که طی دوسال پس از هجرت مسلمانان به شهر یثرب (۶۲۲ م الی ۶۲۴م) مکون اعجمی و

خارجی آیات قرآن سعی، در نفی جبر و اجبار داشته، همچنان، در مقابل شوق محمد بن
عبدالله برای اعمال جبر و قهر ایستادگی کرده بود. مآلاً خوی تازی و بربریستی محمد بن
عبدالله بر خوی اعجمی یا ایرانی مکون آیات قرآن استیلاء یافته، فرمان قتال (جنگیدن) و
قتل   (کشتن) را برای پیشبرد اهداف سیاسی – مذهبی ، در قالب آیات صادر نمود. غزوه
بدر، در سال دوم هجرت (۶۲۴ م) و سال تغییر قبله از بیت المقدس بسوی بتکده کعبه
بوقوع پیوست. بواقع مسلمانان آتش جنگ را برافروختند، نه مشرکان و یهودیان. بنابراین
تناقض گویی قرآن، در این مورد زمانی هویدا میگردد که طی سوره بقره/۲۵۶، پیش از
وقوع غزوه بدر و تغییر قبله و بین سالهای ۶۲۲م الی ۶۲۴م سخن از نهی جبر و قهر، در
تقبل دین رانده است؛ لیکن طی سوره بقره/۲۴۴ و پیش از غزوه بدر سخن از امر به جبر و
قهر، در تقبل دین میباشد. بنابراین لا اکراه (اجباری نیست)، به اقتلوا   (بکشید)،
قاتلوا (بجنگید)، اضربوا (بزنید) و اقطعوا (قطع کنید) گراییده است. از منظر روانشناسی و
پسیکولوژی مکون آیات قرآن فردی دو شخصیتی است که ثبات شخصیتی ندارد و قانون
خود را، در سوره بقره/۲۵۶ مبنی بر نهی جبر و قهر، در سوره بقره/۲۴۴ نقض کرده است،
یا اینکه دو شخصیت متفاوت، دخیل، در تهیه آیات بودند که یکی قانون میآورد و دیگری
با قانونی دیگر، به نقض آن میپرداخت، چنانکه یکی از عدل، احسان و اعتدال سخن
میراند و دیگری از قتال، قتل و کین. شخصیت نخستین، خارجی، اعجمی و ایرانی است
که سلمان فارسی را محتمل خواندهام. اما شخصیت دومین، عربی و محمد بن عبدالله است.
از اینرو طی بررسی خود دریافتهام که قرآن خود ناقض قوانین خود است. در مثال، قرآن
طی آیهای میآموزد که بدی را، به نیکی پاسخ دهید و طی آیه ای میآموزد که بدی را، به

بدی پاسخ دهید. ناسخ و منسوخ، در کتب دینی یهودی، مسیحی و اسلامی وارد شده است.

بنابراین تناقض گویی، در قرآن بوضوح هویدا است که اعتبار کلام قرآن را ساقط ساخته است. چه گاهی تناقض گویی از منظر روانشناسی، مرتبط با سخن کذب بوده، بی‌اعتبار است، لیکن تناقض گویی منتسب، به خدا و پیامبر کذب است. خواهشمند است که صحت تناقضات ذیل را خود دریابید :

تناقض نخستین :

«ای کسانی که ایمان آورده‌اید یهود و نصاری را دوستان مگیرید. بعضی از آنان دوستان بعضی دیگرند و هر کس از شما آنها را به دوستی گیرد از آنان خواهد بود آری الله گروه ستمگران را هدایت نمی‌نماید» قرآن، مائده/۵۱

«مسلما یهودیان و کسانی را که شرک ورزیده‌اند دشمن‌ترین مردم نسبت به مؤمنان خواهی یافت و قطعا کسانی را که گفتند ما نصاری و مسیحی هستیم نزدیکترین مردم، در دوستی با مؤمنان خواهی یافت زیرا برخی از آنان دانشمندان و رهبانانی‌اند که تکبر نمی‌ورزند» قرآن، مائده/۸۲

تناقض دومین :

«و اگر پروردگار تو می‌خواست قطعا هر کس در زمین است همه آنها یکسر ایمان می‌آوردند پس آیا تو مردم را اجبار می‌کنی که بگروند» قرآن، یونس/۹۹، مکی

«اجبار و جبر، در تقبل دین اسلام نیست» قرآن، بقره/۲۵۶، مدینی

«و در راه الله بجنگید و بدانید که الله شنوای داناست» قرآن، بقره/۲۴۴، مدینی

«به زودی در دل کافران وحشت‌خواهم افکند پس فراز گردنها را بزنید و همه سرانگشتانشان را بزنید» قرآن، انفال/۱۲، مدینی

«با کسانی از اهل کتاب که به الله و روز بازپسین ایمان نمی‌آورند و آنچه را الله و فرستاده‌اش حرام گردانیده‌اند حرام نمی‌دارند و متدین به دین حق نمی‌گردند کارزار کنید تا با خواری به دست‌خود جزیه دهند» قرآن، توبه/۲۹

تعدادی از تناقضات قرآن

قرآن، در سوره نسا/۸۲ بیان داشته است که چنانچه اختلاف بسیار، در قرآن یافت شود، قرآن از آن آفریدگار نیست. سوره نساء/۸۲ از سوی بشری است که تردید، در ورود اختلاف، در سخنانش دارد و فزونی آن را موجبات بطلان قرآن خوانده است. بنابراین پدید آرنده آیات قرآن طی سوره نسا/۸۲ وجود اختلاف بین آیات قرآن را پذیرفته است که متعاقباً مکون آیات قرآن، نقصان بشری خود را هویدا ساخته است. بواقع آفریدگار فرید، حتی یک اختلاف ، در سخنان خویش نبایست داشته باشد؛ چه همگان آن ذات پاک را موجودی مسلط و محیط می‌خوانند که فراموشی و دروغگویی بر آن عارض نمی‌گردد. اختلاف زاییده فراموشی و دروغگویی بشری است، نه ایزدی. بنابراین کسی که به الله موجودیت بخشیده، در لفافه نام الله، آیات قرآن را برای محمد قرائت می‌نمود. او دارای فراموشی و تناقض گویی بشری است، که دانش روانشناسی آن را دروغگویی خوانده است. تعدادی از تناقضات و

اختلافات ، در ذیل آمده است. گرچه مفسران قرآن سعی، در ستردن نواقص از آن دارند،

لیکن اندیشمندان و خردمندان، به تعلقات، تعصبات و منفعت متولیان اسلامی، نیک واقف

بوده اند. قرآن آیات را برای فهم همگان آسان و روشن خوانده است :

« آیا، در قرآن نمی‌اندیشند اگر از جانب غیر الله بود قطعا، در آن اختلاف بسیار می‌یافتند

» قرآن،نسا/۸۲ء

« و ما قرآن را برای ذکر آسان ساختیم » قرآن، قمر/۱۷-۲۲-۳۲-۴۰

«همانا آیات را روشن نازل کردیم» قرآن، نور/۴۶

تناقض نخست :

در سوره احزاب/۳۱پاداش اخروی را دو برابر می‌خواند و طی سوره انعام/۱۶۰ پاداش اخروی

را ۱۰ برابر می‌خواند

«و هر کس از شما خدا و فرستاده‌اش را فرمان برد و کار شایسته کند پاداشش را دو برابر

می‌دهیم و برایش روزی نیکو فراهم خواهیم ساخت» قرآن، احزاب، ۳۱

«هر کس کار نیکی بیاورد ده برابر آن [پاداش] خواهد داشت و هر کس کار بدی بیاورد

جز مانند آن جزا نیابد و بر آنان ستم نرود» قرآن، انعام/۱۶۰

تناقض دوم :

در سوره نمل/۸ خداوند، موسی را از آتش ندا داد و طی سوره قصص/۳۰ خداوند، موسی را

از درختی ندا داد

«[یادکن] هنگامی را که موسی به خانواده خود گفت من آتشی به نظرم رسید به زودی برای شما خبری از آن خواهم آورد یا شعله آتشی برای شما می‌آورم باشد که خود را گرم کنید- چون نزد آن [آتش] آمد آوا رسید که خجسته آنکه در کنار این آتش و آنکه پیرامون آن است و منزه است الله پروردگار جهانیان»،قرآن، نمل،۷-۸

«چون موسی آن مدت را به پایان رسانید و همسرش را برد آتشی را از دور در کنار طور مشاهده کرد به خانواده خود گفت بمانید که من آتشی از دور دیدم شاید خبری از آن یا شعله‌ای آتش برایتان بیاورم باشد که خود را گرم کنید - پس چون به آن [آتش] رسید از جانب راست وادی در آن جایگاه مبارک از آن درخت ندا آمد که ای موسی منم من الله پروردگار جهانیان» قرآن، قصص/۲۹،۳۰

تناقض سوم :

در سوره نمل/۸ خداوند خطاب به موسی گفت : منزه است الله پروردگار جهانیان و طی سوره قصص/۳۰ خداوند خطاب به موسی گفت: ای موسی منم من الله پروردگار جهانیان

«و منزه است الله پروردگار جهانیان»،قرآن، نمل/۸

«ای موسی منم من الله پروردگار جهانیان» قرآن، قصص/۳۰

تناقض چهارم :

در سوره انعام/۱۰۸ قرآن به نهی دشنام علیه غیر مسلمان پرداخته است و طی سوره مدثر/۵۰، عبس/۱۷، جمعه/۵ به دشنام علیه غیر مسلمان پرداخته است

«و آنهایی را که جز الله می‌خوانند دشنام مدهید که آنان از روی دشمنی به نادانی الله را دشنام خواهند داد» قرآن انعام/۱۰۸

«چرا آنها از تذکر روی گردانند – همانا آنها گورخرانی رمیده‌اند» قرآن، مدثر/۴۹،۵۰

تناقض پنجم :

در سوره انعام/۱۵۵ سخن از نزول کتاب قرآن است و طی سوره انعام/۷ سخن از عدم نزول کتاب قرآن است

«اگر کتابی بر کاغذ بر تو نازل می‌کردیم و آنان آن را با دستهای خود لمس می‌کردند قطعا کافران می‌گفتند این جز سحر آشکار نیست» قرآن، انعام/۷

«و این خجسته کتابی است که ما آن را نازل کردیم پس از آن پیروی کنید و پرهیزگاری نمایید باشد که مورد رحمت قرار گیرید» قرآن، انعام/۱۵۵

تناقض ششم :

در سوره آل عمران/۱۳۴ الله خشم را نهی می‌کند و طی سوره نساء/۹۰، الله خود به خشم می‌گراید

«همانان که در فراخی و تنگی انفاق می‌کنند و خشم خود را فرو می‌برند و از مردم در می‌گذرند و الله نیکوکاران را دوست دارد» قرآن، آل عمران/۱۳۴ – شوری/۳۷

«و هر کس عمدا مؤمنی را بکشد کیفرش دوزخ است که در آن ماندگار خواهد بود و الله بر او خشم می‌گیرد و لعنتش می‌کند و عذابی بزرگ برایش آماده ساخته است» قرآن، نساء/۹۳

تناقض هفتم :

در سوره نجم/۳۲ سخن از مغفرت گناهان کوچک رانده است و طی سوره زلزال/۸ سخن از عقوبت ذره ای بدی رانده است

«آنان که از گناهان بزرگ و زشتکاری ها مگر گناهان کوچک (اللَمَّم) خودداری می‌ورزند پروردگارت آمرزش گسترده دارد» قرآن، نجم/۳۲

«و هر که هم وزن ذره‌ای بدی کند [عقوبت] آن را خواهد دید» قرآن، زلزال/۸

«و گناه آشکار و پنهان را رها کنید زیرا کسانی که مرتکب گناه می‌شوند به زودی در برابر آنچه به دست می‌آوردند کیفر خواهند یافت» قرآن، انعام/۱۲۰

تناقض هشتم :

در سوره شوری/۲۳ رسالت محمد فاقد اجرت مادی و دنیوی خوانده شده است و طی سوره انفال/۱، حشر/۷، احزاب/۵۰، انفال/۴۱ رسالت محمد از اجرت مادی، دنیوی و جنسی برخوردار است

«بگو به ازای آن [رسالت] پاداشی از شما خواستار نیستم مگر دوستی در باره خویشاوندان و هر کس نیکی به جای آورد» قرآن، شوری/۲۳

«از تو در باره انفال (مال فاقد مالک و غنیمت) می‌پرسند بگو انفال برای الله و رسولش است. پس از الله پروا دارید و با یکدیگر سازش نمایید و اگر ایمان دارید از الله و پیامبرش اطاعت کنید» قرآن، انفال/۱

«آنچه الله از [دارایی] ساکنان آن قریه‌ها عاید پیامبرش گردانید از آن الله و از آن پیامبر [او] و متعلق به خویشاوندان نزدیک [وی] و یتیمان و بینوایان و درراه ماندگان است تا میان توانگران شما دست به دست نگردد و آنچه را فرستاده [او] به شما داد آن را بگیرید و از آنچه شما را باز داشت بازایستید و از الله پروا بدارید که خدا سخت کیفر است» قرآن، حشر/۷

«ای پیامبر ما برای تو آن همسرانی را که مهرشان را داده‌ای حلال کردیم و کنیزانی را که الله از غنیمت جنگی، در اختیار تو قرار داده و دختران عمویت و دختران عمه‌هایت و دختران دایی تو و دختران خاله‌هایت که با تو مهاجرت کرده‌اند و زن مؤمنی که خود را به پیامبر ببخشددر صورتی که پیامبر بخواهد او را به زنی گیرد خاص تو است نه دیگر مؤمنان ما نیک می‌دانیم که در مورد زنان و کنیزانشان چه بر آنان مقرر کرده‌ایم تا برای تو مشکلی پیش نیاید» قرآن، احزاب/۵۰

«و بدانید که هر چیزی را به غنیمت گرفتید خمس آن (یک پنجم غنیمت) برای الله و پیامبر و برای خویشاوندان و یتیمان و بینوایان و در راه ماندگان است اگر به الله و آنچه بر بنده خود در روز جدایی روزی که آن دو گروه با هم روبرو شدند نازل کردیم ایمان آورده‌اید و الله بر هر چیزی تواناست» قرآن، انفال/۴۱

تناقض نهم :

در سوره صف/۱۱،۱۲ شرط بخشایش گناهان را جهاد با مال و جان خوانده است و طی سوره تغابن شرط بخشایش گناهان را ایمان به الله و عمل صالح خوانده است

«به الله و فرستاده او بگروید و در راه الله با مال و جانتان جهاد کنید این اگر بدانید برای شما بهتر است - تا گناهانتان را بر شما ببخشاید و شما را در باغهایی که از زیر آن جویبارها روان است و سراهایی خوش در بهشتهای همیشگی درآورد این کامیابی بزرگ است» قرآن،صف/۱۱،۱۲

«و هر کس به الله ایمان آورده و عمل صالح انجام داده باشد گناهانش را از او پاک کنند و او را در بهشتهایی که از زیر آن جویبارها روان است درآورد در آنجا بمانند این است همان کامیابی بزرگ» قرآن، تغابن/۹

تناقض دهم :

در سوره مائده/۸۲ مسلمانان حق دوستی با نصاری و مسیحی دارند و طی سوره مائده/ ۵۱ مسلمانان حق دوستی با نصاری و مسیحی ندارند

«و قطعا کسانی را که گفتند ما نصرانی هستیم نزدیکترین مردم در دوستی با مؤمنان خواهی یافت زیرا برخی از آنان دانشمندان و رهبانانی‌اند که تکبر نمی‌ورزند» قرآن، مائده/۸۲

«ای کسانی که ایمان آورده‌اید یهود و نصاری را دوستان مگیرید. بعضی از آنان دوستان بعضی دیگرند و هر کس از شما آنها را به دوستی گیرد از آنان خواهد بود آری خدا گروه ستمگران را راه نمی‌نماید» قرآن، مائده/ ۵۰

تناقض یازدهم :

در سوره مائده/۱۳،۱۴، بقره/۵۹ کتاب موسی و عیسی را تحریف شده خوانده است و طی سوره مائده/۴۴-۴۷، بقره/۱۲۱ یهودی و نصاری را، به رعایت کتب سالف دعوت نموده است

«کسانی که کتاب به آنان داده‌ایم آن را چنانکه باید می‌خوانند، ایشان هستند که بدان ایمان دارند و کسانی که بدان کفر ورزند همانانند که زیانکارانند» قرآن،بقره/۱۲۱

«و اهل انجیل باید به آنچه الله در آن نازل کرده داوری کنند و کسانی که به آنچه الله نازل کرده حکم نکنند آنان خود نافرمانند» قرآن، مائده/۴۷

«اما کسانی که ستم کرده بودند [آن سخن را] به سخن دیگری غیر از آنچه به ایشان گفته شده بود تبدیل کردند» قرآن، بقره/۵۹

«پس به پیمان شکستنشان لعنتشان کردیم و دلهایشان را سخت گردانیدیم کلمات را از مواضع خود تحریف می‌کنند» قرآن،مائده/۱۳،۱۴

تناقض دوازدهم :

در سوره عنکبوت/۴۶ مسلمانان را به نیکوترین روش مباحثه با اهل کتاب فراخوانده است و طی سوره آل عمران/۶۱ مسلمانان را به گفتن لعن و نفرین فراخوانده است

«با اهل کتاب مگر به بهترین [روش] مجادله، الجَدَل، گفتگو، مناظره، بر رد یکدیگر دلیل آوردن مکنید مگر کسانی از آنان که ستم کرده‌اند» قرآن، عنکبوت/۴۶

«پس هر که در این پس از دانشی که تو را آمده با تو محاجه، دلیل و برهان آوردن نماید بگو بیایید پسرانمان و پسرانتان و زنانمان و زنانتان و ما خویشان نزدیک و شما خویشان

نزدیک خود را فرا خوانیم سپس مباهله، لعن و نفرین کنیم و لعنت الله را بر دروغگویان قرار دهیم» قرآن، آل عمران/۶۱

تناقض سیزدهم :

در سوره آل عمران/۵۵ نصاری را تا روز قیامت بر کافران برتری بخشیده است و طی سوره مائده/۱۷-۷۲ نصاری را کافر خوانده است

«هنگامی را که الله گفت : ای عیسی من تو را برگرفته و به سوی خویش بالا می‌برم و تو را از [آلایش] کسانی که کفر ورزیده‌اند پاک می‌گردانم و تا روز رستاخیز کسانی را که از تو پیروی کرده‌اند فوق کسانی که کافر شده‌اند قرار خواهم داد» قرآن، آل عمران/۵۵

«کسانی که گفتند خدا همان مسیح پسر مریم است مسلما کافر شده‌اند» قرآن، مائده/۱۷-۷۲

تناقض چهاردهم :

در سوره فصلت/۳۴ می‌آموزد که بدی را به نیکی دفع کنید و طی سوره یونس/۲۷، شوری/۴۰ می‌آموزد که بدی را با بدی پاسخ دهید

«و نیکی با بدی یکسان نیست [بدی را] به آنچه بهتر است دفع کن آنگاه کسی که میان تو و میان او دشمنی است گویی دوستی یکدل می‌گردد» قرآن،فصلت/۳۴

«و کسانی که مرتکب بدی‌ها شده‌اند جزای هر بدی مانند همان است» قرآن، یونس/۲۷

تناقض پانزدهم :

در سوره بقره/۲۵۵ خدای قرآن را یکتا خوانده است و طی سوره مؤمنون/۱۴ خدای قرآن را دارای همتا خوانده است

«الله که معبودی مگر او نیست زنده و برپادارنده است نه خوابی سبک او را فرو می‌گیرد و نه خوابی گران» قرآن، بقره/۲۵۵

«پس مبارک باد الله بهترین آفرینندگان» قرآن، مومنون/۱۴

تناقض شانزدهم :

در سوره انعام/۷۴ آزر، عموی ابراهیم (مفسران اسلامی مدعی هستند که آزر سرپرستی ابراهیم را از کودکی بعهده داشت و تارح، پدر ابراهیم وفات یافته بود. این روایت بر خلاف روایت تورات است.چه تارح پس از ازدواج ابراهیم با سارای، در شهر حران وفات یافت) را پدر ابراهیم خوانده است و طی سوره احزاب/۴،۵ امر به نسبت فرزند خواندگان، به پدران واقعی اشان داده است

«و [یاد کن] هنگامی را که ابراهیم به پدر خود آزر گفت آیا بتان را خدایان [خود] می‌گیری من همانا تو و قوم تو را در گمراهی آشکاری می‌بینم» قرآن، انعام/۷۴

«پسرخوانده گان اتان را پسران شما قرار نداده است این گفتار شما به زبان شماست وخدا حقیقت را می‌گوید و اوبه راه راست هدایت می‌کند - آنان را به [نام] پدرانشان بخوانید که این نزد خدا عادلانه‌تر است و اگر پدرانشان را نمی‌شناسید پس برادران دینی و موالی شمایند» قرآن، احزاب/۴،۵

تناقض هفدهم :

در سوره آل عمران/۱۳۴ و قصص/۵۴ نهی انتقام آمده است و طی سوره یونس/۲۷،شوری/۴۰ اذن انتقام آمده است

«همانان که در فراخی و تنگی انفاق می‌کنند و خشم خود را فرو می‌برند و از مردم در می‌گذرند و خداوند نکوکاران را دوست دارد» قرآن، آل عمران/۱۳۴

«و کسانی که مرتکب بدیها شده‌اند جزای بدی مانند آن است» قرآن، یونس/۲۷

تناقض هیجدهم :

سوره انبیاء/۵۹،۶۰ابراهیم را پس از شکستن بت، در بتکده حاضر خوانده است و طی سوره صافات/۹۳،۹۵ابراهیم را پس از شکستن بت، در بتکده حاضر نخوانده است

«گفتند چه کسی با خدایان ما چنین [معامله‌ای] کرده که او واقعا از ستمکاران است – گفتند شنیدیم جوانی از آنها [به بدی] یاد می‌کرد که به او ابراهیم گفته می‌شود» قرآن، انبیاء/۵۱،۶۳

«پس [ابراهیم] با دست راست بر سر آنها زد – تا [مردم] دوان دوان سوی او روی‌آور شدند – [ابراهیم] گفت : آیا آنچه را می‌تراشید می‌پرستید» قرآن، صافات/۹۳،۹۵

تناقض نوزدهم :

در سوره نساء/۲۹ نهی خودکشی آمده است و طی سوره بقره/۵۴ تشویق به خودکشی

«و خودتان را مکشید زیرا خدا همواره با شما مهربان است» قرآن، نساء/۲۹

«پس به درگاه آفریننده خود توبه کنید و خودتان را به قتل برسانید که این نزد آفریدگارتان برای شما بهتر است» قرن بقره/۵۹

تناقض بیستم :

در سوره زمر/۴۴ شفاعت خاص الله است و طی سوره زخرف/۸۲ اذن شفاعت داده شده است

«بگو شفاعت همه از آن الله است فرمانروایی آسمانها و زمین خاص اوست‌سپس به سوی او باز گردانیده می‌شوید» قرآن، زمر/۴۴

«و کسانی که به جای او می‌خوانند اختیار شفاعت ندارند مگر آن کسانی که آگاهانه به حق گواهی داده باشند» قرآن، زخرف/۸۶

تناقض بیست و یکم :

در سوره مائده/۴۸ شریعت هر امت را پذیرفته است و طی سوره آل عمران/۸۵ تنها شریعت اسلام را پذیرفته است

«از حقی که به سوی تو آمده پیروی کن برای هر یک از شما [امتها] شریعت و راه روشنی قرار داده‌ایم و اگر خدا می‌خواست‌شما را یک امت قرار می‌داد» قرآن، مائده/۴۸

«و هر که جز اسلام دینی برگزیند هرگز از وی پذیرفته نشود و وی در آخرت از زیانکاران است» قرآن، آل عمران/۸۵

تناقض بیست و دوم :

در سوره بقره/۲۵۴ شفاعت، در قیامت پذیرفته نخواهد شد و طی سوره طه/۱۰۹ اذن شفاعت، در قیامت داده خواهد شد

«ای کسانی که ایمان آورده‌اید از آنچه به شما روزی داده‌ایم انفاق کنید پیش از آنکه روزی فرا رسد که در آن نه داد و ستدی است و نه دوستی و نه شفاعتی و کافران خود ستمکارانند» قرآن، بقره/۲۵۴

«در آن روز شفاعت سود نبخشد مگر کسی را که رحمان اجازه دهد و برای سخن او خشنود شود» قرآن، طه/۱۰۹

تناقض بیست و سوم :

در سوره انعام/۵۱ دوستدار و مددکار مگر الله برای مؤمنان نیست و طی سوره مائده/۵۵،۵۶ محمد و اهل ایمان، دوستدار و مددکار مسلمانان هستند :

ولیّ : دوستدار و مددکار

«غیر او برای آنان ولیّ و شفیعی نیست» قرآن، انعام/۵۱

«و هر کس الله و پیامبر او و کسانی را که ایمان آورده‌اند ولیّ خود بداند حزب الله همان پیروزمندان هستند» مائده/۵۶

تناقض بیست و چهارم :

در سوره بقره/۲۵۸ به مسلمانان سفارش شد که بین پیامبران فرق نگذارند و طی سوره بقره/۲۵۳ برخی از پیامبران را بر برخی برتری بخشید

«میان هیچ یک از ایشان فرق نمی‌گذاریم و در برابر او تسلیم هستیم» قرآن، بقره/۱۳۶

«برخی از آن پیامبران را بر برخی دیگر برتری بخشیدیم. از آنان   (موسی) کسی بود

که خدا با او سخن گفت» قرآن، بقره/۲۵۳

تناقض بیست و پنجم :

در سوره مریم/۳۳ عیسی سخن از وقوع مرگ خود و سپس زنده شدن خود رانده است و

طی سوره نساء/۱۵۸ قرآن نافی مرگ عیسی است

«و درود بر من روزی که زاده شدم و روزی که می‌میرم و روزی که زنده برانگیخته می‌شوم

- این است [ماجرای] عیسی پسر مریم [همان] گفتار درستی که در آن شک می‌کنند»

قرآن، مریم/۳۳،۳۴

«و گفته ایشان که ما مسیح عیسی بن مریم پیامبر خدا را کشتیم و حال آنکه آنان او را

نکشتند و مصلوبش نکردند لیکن امر بر آنان مشتبه شد و کسانی که در باره او اختلاف

کردند قطعا در مورد آن دچار شک شده‌اند و هیچ علمی بدان ندارند جز آنکه از گمان

پیروی می‌کنند و یقینا او را نکشتند - بلکه الله او را به سوی خود بالا برد و الله توانا و

حکیم است» قرآن، نساء/۱۵۸

تناقض بیست و ششم :

در سوره انبیاء/۳۰ آسمانها و زمین پیوسته و سپس جدا شده، پدید آمدند. اما، در سوره

فصلت/۱۱ آسمان و زمین، در زمانی واحد پدید آمده اند. در اولی سخن از آسمانها است و

در دومی سخن از آسمان میباشد.

«آیا کسانی که کفر ورزیدند ندانستند که آسمانها و زمین هر دو به هم پیوسته بودند و ما آن دو را از هم جدا ساختیم و هر چیز زنده‌ای را از آب پدید آوردیم آیا ایمان نمی‌آورند» قرآن، انبیاء/۳۰

«سپس آهنگ [آفرینش] آسمان کرد و آن دودی بود پس به آن و به زمین فرمودخواه یا ناخواه بیایید آن دو گفتند فرمان پذیر آمدیم» قرآن،فصلت/۱۱

آشنایی با واژگان عربی : دخان : دود بخار : بخار غاز : گاز

تناقض بیست و هفتم :

قرآن درباره آفرینش انسان سخن گفته است. اما سخن این کتاب دارای تناقض میباشد؛ بطور اختصار، در ذیل درخواهیم یافت که مکون آیات قرآن بدلیل فقر علمی، درباره آفرینش انسان مختلف سخن رانده است.

۱- انسان را از آب آفریدیم (الماء) – قرآن،فرقان/۵۴

۲- انسان را از نطفه آفریدیم (نطفۀ) – قرآن،نحل/۴

۳- انسان را از گل خشک آفریدیم (صلصال) - قرآن،رحمن/۱۴

۴- انسان را از خاک آفریدیم (تراب) – قرآن،کهف/۳۸

۵- انسان را ازعجله آفریدیم (عجلً) – قرآن،انبیاء/۳۷

۶- انسان را از گل آفریدیم (طین) – قرآن،سجده/۷

۷- انسان را از خون بسته آفریدیم (علق) – قرآن،علق/۲

تناقض بیست و هشتم :

قرآن، در سوره انعام/۱۱۴ مدعی است که کتاب مدون نازل کرده است؛ اما در سوره اسری/۱۰۶ مدعی میگردد که قرآن را جزء جزء نازل کرده است.

«پس آیا داوری جز خدا جویم با اینکه اوست که این کتاب مفصل را به سوی شما نازل کرده است و کسانی که کتاب بدیشان داده‌ایم می‌دانند که آن از جانب پروردگارت به حق فرو فرستاده شده است پس تو از تردید کنندگان مباش» قرآن، انعام/۱۱۴

«و قرآن را بخش بخش نازل کردیم تا آن را به آرامی به مردم بخوانی و آن را به تدریج نازل کردیم» قرآن، اسری/۱۰۶

تناقض بیست و نهم :

قرآن، در سوره حاقه/۲۵-۲۶ مدعی است که نامه عمل افراد جهنمی را، به دست چپ می‌دهند. اما، در سوره انشقاق/۱۰-۱۲ مدعی می‌شود که نامه عمل افراد جهنمی را از پشت سر می‌دهند.

«و اما کسی که کارنامه‌اش به دست چپش داده شود گوید ای کاش کتابم را دریافت نکرده بودم- و از حساب خود خبردار نشده بودم» قرآن، حاقه/۲۵-۲۶

«و اما کسی که کارنامه‌اش از پشت‌سرش به او داده شود – زود که هلاک خواهد شد- و در آتش افروخته درآید» قرآن، انشقاق/ ۱۰-۱۲

تناقض سی ام :

در سوره تکویر/۲ سخن از تیره شدن ستارگان هنگام قیامت است و در سوره انفطار/۲ سخن از پراکنده شدن ستارگان است.

«و آنگه که ستارگان تیره شوند» قرآن، تکویر/۲

«و آنگاه که ستارگان پراکنده شوند» قرآن، انفطار/۲

محمد بن عبدالله، منقول از قرآن

❖ تولد : در فاصله سنوات ۵۶۹-۵۷۱ میلادی

❖ حضور، در جنگهای فجار منقول از روایات بین ۱۴الی ۲۰ سالگی

❖ ازدواج محمد، در سن ۲۵ سالگی با خدیجه۴۰ ساله :۵۹۵ م

❖ نابودی و نوسازی کعبه، بدلیل حریق و سیل : ۶۰۵ م

❖ آغاز نبوت : ۶۱۰ م

❖ نخستین گرویده، به اسلام : خدیجه

❖ حاصل سه سال ابتدای نبوت، در مکه: گرویدن خدیجه، علی، زید

❖ حاصل سیزده سال رسالت در مکه : گرویدن اوس و خزرج یثربی

❖ تحریم مسلمین، در مکه و محاصره اقتصادی، در دره : ۶۱۶ م

❖ هجرت به یثرب : ۶۲۲ م

❖ تغییر قبله از بیت المقدس بسوی کعبه : ۶۲۴ م

❖ راهزنی‌های محمد، علیه قوافل مکه، در شهر یثرب : ۶۲۴ م

❖ غزوه بدر، نخستین غزوه بین اهل مکه و یثرب : ۶۲۴ م

❖ فتح مکه : ۶۲۹ م

❖ غزوه تبوک علیه مسیحیان و امتناع برخی انصار : ۶۳۱ م

❖ وفات محمد بن عبدالله : ۶۳۳ م

❖ مدت نبوت و رسالت : ۲۳ سال

❖ مدت قرائت آیات قرآن : ۲۰ سال

چنانکه کونستان ویرژیل گیورگیو، در کتاب محمد، پیغمبری که از نو باید شناخت، آورده است، آیین خانوادگی و اقربای محمد، پیش از اسلام، شرک بود. دکتر محمد حسین هیکل، در کتاب زندگانی محمد، اشاره، به شرک خانواده محمد داشته است، چنانکه خدیجه، زوجه محمد، برای بتها نذر و قربانی تقدیم می‌نمود. همچنین پیش از بعثت، محمد، در طواف کعبه‌ی بت پرستی جهد ورزیده، در بازسازی ویرانه‌ی آن، به روایتی، در سن ۲۵ سالگی و به روایتی، در سن ۳۵ سالگی مشارکت نموده بود. مطالب تاریخی گواهی می‌دهند که قبیله بنی هاشم و قریش مشرک بودند. آنان، به بت پرستی می‌پرداختند. نام عبدالله، پدر محمد، دلیل بارزی بر مدعا است که الله، رب الارباب اعراب پیش از ظهور

اسلام بود. جان بایر ناس، مؤلف تاریخ جامع ادیان نیز بر این مهم تاکید دارد. همه مفسران اسلامی، سوره علق/۱-۲ را "بسم الله الرحمن الرحیم" برای آغاز قرائت سوره‌های قرآن تفسیر کرده اند. جبرئیل، در هیبت انسان و در غار حرا، با قرائت آیات مذکور از محمد درخواست نمود که نام آفریدگار را از روی پارچه ابریشمین بخواند. اما او، سواد خواندن و نوشتن نداشته، تا هنگام وفات، بیسواد زیست. محمد - حافظ اشعار عرب - از قوه حافظه توانمند برخوردار بود؛ از اینرو او آیات قرآن را سهل و آسان حفظ می‌نمود. قوه حافظه توانمند او منحصر، به فرد نبود، چنانکه بیسوادی و امی بودن و فرا گرفتن محمد، معجزه نبود.

« بخوان به نام پروردگارت که آفرید » قرآن، علق/۱

عباس اقبال آشتیانی، مؤلف از صدر اسلام تا انقراض قاجاریه، در نوشته تاریخ ایران، به شرح ذیل اشاره به بت پرستی قبیله قریش دارد:

«بت مخصوص قریش عزی و مناۀ بت دو قبیله اوس و خزرج و هبل بزرگترین اصنام این قبایل را ، در خانه کعبه جا داده بودند و کعبه قبل از ظهور اسلام بزرگترین بتخانه عربستان و زیارتگاه و مطاف بت پرستان عرب بوده است» حسن پیرنیا، تاریخ ایران، صفحه ۲۸۰

قبول سدانت و کلید داری کعبه، دلیلی دیگر بر شرک، در خانواده محمد بن عبدالله است. اجداد او از قصی بن کلاب ، عبد مناف، هاشم و عبدالمطلب سدانت بتکده کعبه را بعهده داشتند. حتی یعقوبی، به روایتی، در نوشته تاریخ یعقوبی، محمد را ساقی الحجیج (سیراب کننده زائران بتکده کعبه) خوانده است.

«یابن مطعم الطیر و ساقی الحجیج لا تغب عنافانا نری مع حضورک الظفر و الغلبهٔ - ای پسر غذا دهنده به پرندگان و سیراب کننده حاجیان [بتکده کعبه]، ما را از حضور خود، در جنگ محروم مکن که ما به برکت حضور تو شاهد پیروزی بر دشمن خواهیم بود» تاریخ یعقوبی، صفحه ۹-۱۰

جواد فاضل ، در نوشته علی بن ابیطالب، اشاره، به شرک، در طایفه بنی هاشم دارد. او با استعمال واژه « احترام » به بتها و بتکده ها از سوی بنی هاشم، سعی، در پنهان ساختن شرک، در طایفه بنی هاشم دارد. لیکن مشرکان برای بت ها احترام قایل هستند، نه موحدان :

«بنی هاشم، در عین اینکه، به بت ها و بتکده ها احترام میگذاشتند، خدای یگانه را میپرستیدند» جواد فاضل، علی ابن ابیطالب، صفحه۴۲

بواقع خدای یگانه ای که جواد فاضل، در مطلب فوق الذکر برای بنی هاشم قایل شده است، الله میباشد که پیش از اسلام جزو اعتقادات مشرکان محسوب میشد. هر خدایی را میتوان یگانه خواند و آن را فاقد شریکی قلمداد نمود. حتی، در آیین ودایسم و هندویسم، آثاری از توحید و عقیده، به اصالت وحدت آمده است :

«اندک اندک، بارقه اصالت وحدت، در کل اشیاء، در نهاد ایشان تابش کرده است. از اینجاست که در بعضی سرودهای اخیر ریگ – ودا ناگهان مشاهده میشود که، به موجودات کلی روحانی اشاره میکنند، از قبیل ویشوه کرمن یعنی « خالق کیهان » یا پرجابتی یعنی «پادشاه آفریدگاران» یا «آفریدگار کل» و پوروشه یعنی« روح انسان» که عظمت یافته و به صورت روح کیهانی (جان جهان) درآمده است و به تمام موجودات

جاندار از نباتات و حیوانات، فیض بخشیده و بالاخره از پرتو هستی خود عالم را موجود ساخته است.» جان بایر ناس، تاریخ جامع ادیان،هندویسم، صفحه ۱۴۳-۱۴۴

بنابراین اعتقاد، به هنوتئیزم (رب الارباب)، در آیین قریش و بنی هاشم تفاوتی با آیین ودایی و هندویی نداشت. ادیان ودایی و هندویی رب الارباب خود را ویشوه کرمن و برهما می‌خواندند و قریش و بنی هاشم رب الارباب خود را الله. عباس اقبال آشتیانی، در نوشته تاریخ ایران، بخش اسلام، صفحه ۲۸۰، ۲۸۱، اسلام را تلفیق مناسک شرک و اسلامیت خوانده است که ابقای شرک، در اسلام میباشد؛ چنانکه نگارنده طی بررسی خود، واقف، به تلفیق شرک و وحدانیت، در آیات قرآن شده است.

« از آداب مخصوص عرب که قسمتی از آنها از آداب عبرانیان مقتبس است و اسلام نیز آنها را باقی گذارده : عدم ازدواج با محارم و زن پدر و حج خانه کعبه و احرام و عمره و طواف رسمی و رمی جمره و غسل و ختان و بریدن دست دزد و نذر و قربانی و غیره است»

محمد بن عبدالله، در سال ۶۱۰ میلادی، مدعی شد که طی رؤیای ملکوتی، ملائکه ای بنام جبرئیل - همان فرشته ای که بر مریم، مادر عیسی نازل شد - در خفا و غار حرا، به شکل انسان، بر او ظاهر شده، آیاتی (سوره علق) را قرائت نموده، او را امر، به خواندن نام آفریدگار نمود. بی‌گمان اعراب مکه از طریق همزیستی، با یهودی و مسیحی آشنا، به نام جبرئیل بودند، خاصه متفکران و اندیشمندان آنان. همچنین هرگز محمد، شاهدانی برای وحی، در بیداری نداشت.

«جبرئیل به مریم ظاهر شد و گفت : سلام بر تو ای دختری که مورد لطف پروردگار قرار گرفته ای! خداوند با توست» انجیل لوقا، ۲۸/۱

محمد سخنان خود را نزد مردم، از سوی الله، نیروی مافوق طبیعی می‌خواند. پس از آن قرآن ناقل اعتراض و توهین اعراب، خطاب، به محمد بن عبدالله است. قرآن منقول از اعراب، شخصیت محمد را چنین توصیف نموده است:

۱- دروغگو و متکبر: قرآن ، قمر/۲۵

۲- ساحر و جادوگر : قرآن، ص/۴

۳- امی و بیسواد : قرآن، عنکبوت/۴۸

۴- دیوانه : قرآن صافات/۳۶، حجر/۶

۵- مشکوک و دارای شک: قرآن، یونس/۹۴،ص/۸

۶- فرد نترس از گفتن کذب : قرآن، هود/۳۵

۷- فرد نترس از عمل به معصیت : قرآن، هود/۳۵

۸- فرد نترس از عذاب خدا : قرآن، احقاف/۸

۹- خواستار سیادت و منفعت : قرآن، ص/۷، انفال/۴۱

۱۰- زود باور و ساده لوح : قرآن، توبه/۶۱

۱۱- جبرگرا : قرآن، یونس/۹۹

۱۲- فریبکار : قرآن، هود/۱۳، سباء/۴۳

۱۳- ناتوان در آوردن معجزه ای : قرآن، انبیاء/۵،انعام/۳۷،طه/۱۰۳

۱۴- ناتوان در آوردن بلای آسمانی : قرآن، هود/۸، انفال/۳۲

۱۵- ناتوان در آوردن نوشته ای آسمانی: قرآن، انعام/۷، اسراء/۹۳،۹۰

۱۶- ناتوان در نمایاندن فرشته ای : قرآن، فرقان/۷

۱۷- ناتوان در محاجه (برهان آوردن) و مایل به مباهله (لعن و نفرین) : قرآن، آل عمران/۶۱

محمد ۷۵٪ آیات (سوره های مکی) را، در شهر مکه آورد و تنها ۲۵٪ آیات (سوره های مدینی) را، در شهر یثرب یا مدینۀ النبی قرائت نمود. بنابراین هجرت از مکه بسوی مدینه موجبات کاهش ارتباط محمد بن عبدالله با مکون بخش عمده از آیات قرآن را فراهم ساخت. چرا ارتباط محمد با مکون بخش عمده از آیات قرآن، در شهر مدینه بشدت کاهش یافته بود؟ زیرا زمان و مکان مکنون و پنهان برای تحویل آیات همچون اماکن شهر مکه برای محمد مهیا نبود. قرآن گواهی می‌دهد که محمد شاهدانی برای وحی نداشت. قرآن گواهی می‌دهد که او معجزه ای نداشت. همچنین قرآن گواهی می‌دهد که او نوشته ای آسمانی نداشت. گرچه یهودیان و مسیحیان محمد را، به نزول نوشته ای آسمانی بسان نوشته تورات فراخواندند، لیکن او پاسخگوی مطالبات بر حق مردم نبود. حتی انزال نوشته (کتاب) قرآن بر خلاف ادعاهای قرآن و محمد دال بر نزول کتاب تحقق نیافت. مکون بخش عمده آیات قرآن، دلیل خود را، در امتناع از انزال کتاب مدون آسمانی، سحر و جادو خواندن آن از سوی تازیان خوانده است. اما تازی ، نصاری و یهودی مصرانه از او کتابی، معجزاتی یا بلایی می‌طلبیدند. گواهی بر داعیه های محمد مبنی بر ارتباط با نیرویی فرابشری یا متافیزیکی و اولترافیزیکی، در قرآن وجود ندارد. وحی، در قرآن، امری عمومی است نه خصوصی. پس وحی اعتباری و امتیازی برای محمد محسوب نمی‌شود.حتی از منظر قرآن، انزال وحی بر هر جانداری و حیوانی بوقوع پیوسته است .

✔ وحی قرآن جنبه عمومی و همگانی دارد

✔ وحی قرآن بدون شاهدی و معجزه ای اعتباری ندارد

✔ وحی قرآن بدون شاهدی و معجزه ای امتیازی ندارد

«و پروردگار تو به زنبور عسل وحی کرد که از کوهها و از برخی درختان و از آنچه داربست می‌کنند خانه‌هایی برای خود درست کن - سپس از همه میوه‌ها بخور و راه های پروردگارت را فرمانبردارانه بپوی از درون آن شهدی که به رنگهای گوناگون است بیرون می‌آید در آن برای مردم درمانی است راستی در این برای قومی که تفکر می‌کنند نشانه است» قرآن، نحل/۶۸،۶۹

«و هنگامی را که به حواریون وحی کردم که به من و فرستاده‌ام ایمان آورید گفتند ایمان آوردیم و گواه باش که ما مسلمانیم» قرآن،مائده/۱۱۱

«اهل کتاب از تو می‌خواهند که کتابی [همچون انزال تورات] از آسمان بر آنان فرود آوری البته از موسی بزرگتر از این را خواستند و گفتند الله را آشکارا به ما بنمایان. پس به سزای ظلم اشان صاعقه آنان را فرو گرفت. سپس بعد از آنکه دلایل آشکار برایشان آمد گوساله را [به پرستش] گرفتند و ما از آن هم درگذشتیم و به موسی برهانی روشن عطا کردیم » قرآن، نساء/۱۵۳

«و اگر کتابی نوشته بر کاغذ بر تو نازل می‌کردیم و آنان آن را با دستهای خود لمس می‌کردند قطعا کافران می‌گفتند این جز سحر آشکار نیست - گفتند چرا فرشته‌ای بر او نازل نشده است و اگر فرشته‌ای فرود می‌آوردیم قطعا کار تمام شده بود سپس مهلت نمی‌یافتند» قرآن، انعام/۷،۸

«و گفتند چرا معجزه‌ای از جانب پروردگارش بر او نازل نشده است بگو بی‌تردید خدا قادر است که پدیده‌ای شگرف فرو فرستد لیکن بیشترآنان نمی‌دانند» قرآن، انعام/۳۷،رعد/۷،اسراء/۸۹،۹۳،طه/۱۳۳

«[ای محمد] به آسمان بالا روی و به بالا رفتن تو اطمینان نخواهیم داشت مگر بر ما کتابی نازل کنی که آن را بخوانیم» قرآن، اسراء/۹۳

«و هنگامی را که گفتند خدایا اگر این همان حق از جانب توست پس بر ما از آسمان سنگهایی بباران یا عذابی دردناک بر سر ما بیاور» قرآن،انفال/۳۲

در کران تحقیقات و انتقادات نسبت، سیرت و رسالت محمد بن عبدالله، بایست اذعان نمود که رسالت محمد، پیامبر اسلام، تلفیق اخلاق و نقض اخلاق است که دستاورد رسالت او، وحدانیت، وحدت عرب، فتوحات عرب و نجات عرب از بُت بود. از سوی دیگر محمد، سانترالیسم و حکومت مرکزی را، در عربستان بنیان نهاد که قبایل عرب را تابع حکومت واحد خویش نمود. حکومت او میلیتاریستی و دولت نظامی بود که جبر وقهر خود را برای تسلیم عرب و مخالف بکار می‌بست.

محمد بن عبدالله، برخی راه و رسم های اشتباه، همچون زنده به گور کردن دختران، باده گساری و تبعیض نژادی را منسوخ ساخت. پیامبر اسلام، یک انسان همچون سایر انسانها بود که خوبی و بدی را فطری و اکتسابی آموخته، جایز الخطا بود؛ لذا برخی اوقات از خطا و اشتباه مبرا نبود. بسا چنین پنداریم که او طی مشاهده رؤیای معنوی یا ملکوتی، رسالت ملکوتی، در راستای ابلاغ توحید، در میان مشرکان داشت، لیکن محمد، در مسیر انحراف گام نهاده، وحدانیت و شرک را تلفیق نموده، جبر، قهر و شر را گسترش داد. بسیاری از

مفسران و خاورشناسان درباره داستان غرانیق و ترک رسالت از سوی محمد، سخنان محققانه، به میان آورده‌اند. اگر محمد فرصت بقا می‌یافت، بسا همچون اسکندر مقدونی، به جهان گشایی می‌پرداخت، چنانکه ابوبکر و عمر، به غرب و شرق تاختند. کلام او، در حوزه وحدانی و اخلاقی حق بود. او، در مکه بشارت و نذارت می‌داد، لیکن پس از اقامت و قوت، در شهر یثرب، به جنگ و خشونت روی آورد که همین موضوع، وجهه شخصیتی و پیامبری محمد را نزد عقلا و فضلا، مخدوش ساخته است؛ زیرا یک پیامبر بایست از ثبات شخصیتی، مهربانی، فروتنی وصبوری دائمی برخوردار بوده، از مضامین سفاکی و جنایتکاری بر حذر باشد. هدایت و نجات، منافی خشونت، عداوت و جنگ با بشریت میباشد که متن کتاب حاضر از آن بسیار سخن رانده است؛ زیرا رسالت این کتاب، ابلاغ شرع راستین الهی و فرامین الهی و قدسی "مهربانی و نیکوکاری" برای همه انسانها، در اقسی نقاط جغرافیای زمین است که اعجازی الهی، در راستای تکوین و تامین امنیت و سعادت هر فردی و هر جامعه ای، در عرصه سیاسی، اقتصادی، اجتماعی، علمی و فرهنگی است. بنابراین فردی که مستقیم از جایگاه وحیانی – الهی با معجزات بدیع، بسوی مردم فراخوانده می‌گردد و فردی که غیر مستقیم از جایگاه قدسی – ملکوتی، فاقد معجزات بدیع، بسوی مردم فراخوانده می‌شود، رسالت مقدسی دارند؛ زیرا کلام آنان حق مطلق میباشد که بری از خیر منجر به شر یا شر منجر، به خیر عرضه می‌گردد. محمد، سجده عبادی بسوی بت را بر انداخت و سجده عبادی بسوی بتکده را مشروع ساخت. گاهی گفتار، حق و اخلاق است و کردار، باطل و نقض اخلاق. بنابراین شریعت او از تلفیق حق و باطل مصونیت نیافت.

محتوای متن قرآن، به تحقیق گواهی می‌دهد که :

۱- محمد نوشته ای فرو فرستاده ندارد

۲- محمد اعجازی فرو فرستاده ندارد

۳- محمد معجزی فرو فرستاده ندارد

۴- محمد عذابی فرو فرستاده ندارد

۵- محمد شاهدانی برای وحی ندارد

در حالی که عیسی مشاهده معجزه را برای اثبات جایگاه خدایی و پیامبری حق مردم خوانده است؛ قرآن از این حق امتناع ورزیده است؛ زیرا محمد با نیرویی فرابشری، در ارتباط نبود. بنابراین او توان پاسخگویی، به مطالبه بر حق مردم دال بر انزال معجزات، کتاب، ملائک و عذاب نداشت. آیات تهی از معجزات محمد بن عبدالله، در قرآن خود گواهی بر مدعا است که او ناتوان از انزال معجزه ای بود که اهل مکه اعم از تازی، یهودی و نصاری را تسلیم و مسلم نماید؛ بنابراین بسان اشرار ، پس از هجرت، در شهر یثرب، به راهزنی، جنگ افروزی و سفاکی پرداخت. راهزنی، جنگ افروزی و سفاکی از سوی محمد بن عبدالله علیه تازی ، یهودی و نصاری خود موضع درماندگی و ناتوانی است. چه انسانی بدلیل درماندگی و ناتوانی، به راهزنی، جنگ افروزی و سفاکی می‌گراید. وقتی انسانی نیرویی یا ادله ای برای اقناع اذهان عمومی ندارد، به داعیه، مباحثه، مباهله و منازعه می‌پردازد. داعیه، مباحثه، مباهله و منازعه علیه تازی، یهودی و نصاری، در قرآن از موضع درماندگی و ناتوانی است که خود اعتبار کلام قرآن را ساقط ساخته است :

موسی نزد مردم، به همراه معجزات رسالت خود را آغاز کرد :

« موسی و هارون به مصر بازگشتند و تمام بزرگان بنی اسرائیل را جمع کردند – هارون هر چه را که خداوند به موسی فرموده بود، برای ایشان تعریف کرد و موسی نیز معجزات را به

آنها نشان داد – آنگاه قوم اسرائیل باور کردند که آنان فرستاده خدا هستند » تورات، خروج، ۴/ ۲۹، ۳۱

عیسی نزد مردم، به همراه معجزات رسالت خود را آغاز کرد :

«[عیسی فرمود:] من شاهدی بزرگتر از سخنان یحیی دارم و آن معجزاتی است که می‌کنم.... همین معجزه ها است که ثابت می‌کند، خدا مرا فرستاده است» انجیل یوحنا، ۵/ ۳۶

«اگر من، در مقابل چشمان این مردم این معجزات بزرگ را نکرده بودم، بی تقصیر می‌بودند» انجیل یوحنا، ۱۵ /۲۴

محمد نزد مردم بدون معجزات رسالت خود را آغاز کرد :

«و مــی‌گوینــد : چــرا معجــزه ای از ســوی پروردگــارش بــر او نــازل نمــی‌شــود؟ بگو : غیب به الله اختصاص دارد!» قرآن، یونس/، ۲۰، مکی

«[محمد] باید معجزه ای بیاورد، مانند آنچه به پیامبران پیشین فرستاده شد» قرآن، انبیاء/۵، مکی

کونستان ویرژیل گیورگیو، در کتاب محمد پیغمبری که از نو باید شناخت، گمان برده است که نخستین بار، در تاریخ بشری، محمد طی پیشنهاد ابوبکر، قانون عادلانه و منصفانه برای اسراء وضع نمود. لیکن آن نگارنده محترم و مرحوم نمی‌دانست که کوروش کبیر و دادگر، نخستین قانون عادلانه و منصفانه را برای اسراء وضع کرد. محمد پس از غزوه بدر، در سوره مائده/۳۳ مجازات سخیف دار آویختن، قطع دست و پا، به خلاف و تبعید را علیه

اسیران و محاربان علیه الله و رسولش مقرر کرد. محمد، در غزوه بدر، بابت فدیه هر اسیر ثروتمند ۴۰۰۰ درهم، بابت فدیه هر اسیر مستمند، تعدادی شمشیر و نیزه و بابت اسیر با سواد، سواد آموزی، به ده طفل مسلمان را تعیین نمود. معهذا روایت اسلامی اخیر، قابل قبول نیست. اگر نزد محمد، سواد و دانشمند، اینقدر دارای اهمیت بود، بی گمان او دار فانی را فاقد سواد وداع نمی‌گفت. مسلمین، در سایر غزوات و تهاجمات، مردان و زنان اسیر را همچون غنیمت جنگی، غلام و کنیز خانه خود می‌نمودند که بقای بردگی و بیگاری را، در اسلام و برخی آیات قرآن، محرز می‌سازد. همچنین محمد بن عبدالله، طی حکم "انفال"، سهمی از غنایم مالی و انسانی داشت. ایرانیان باستان و کوروش کبیر بر خلاف رفتار محمد بن عبدالله و مسلمین، به زنان خودی و اجنبی، احترام نهاده، هرگز زن را، به اسارت و غنیمت نمی‌بردند، بلکه زنان و کودکان، در مصونیت آنان قرار داشتند. اسراء، نزد ایرانیان از حقوق اخلاقی و انسانی برخوردار بودند.

محمد، در آیتی از قرآن، به توبه فراخوانده شده است. بواقع خطایی بایست، در زندگی انسانی بوقوع پیوسته باشد که سزاوار توبه گردد. همچنین واژه معصوم، در قرآن استعمال نشده است و چنانکه طی صفحات آتی تبیین خواهم نمود، معصوم از واژه مطهر(پاکی)، در آیات قرآن نمی‌تراود، چه آن واژه عمومی است، نه خصوصی :

«پس به ستایش پروردگارت نیایشگر باش و از او آمرزش خواه که وی همواره توبه پذیر است» قرآن، نصر/۳

«[ای محمد] برای گناه خود و برای مؤمنین و مؤمنات آمرزش طلب» قرآن، محمد/۱۹

محمد بن عبدالله بر خلاف معیارهای اخلاقی پیامبران راستین، به خشونت تهاجمی، راهزنی و سفاکی پرداخت. شایان ذکر است که راهزنی و سفاکی محمد بن عبدالله و مسلمین، در شهر یثرب علیه قوافل و نفوس اهل مکه، از منظر فرهنگ تازی و روانشناسی جنایی قابل بررسی میباشد. اما بنی اسرائیل، در سرزمین کنعان، در مقابل سیحون، پادشاه حشبون وعوج، پادشاه باشان، به جنگ تدافعی پرداختند، نه جنگ تهاجمی. حتی داود نبی، پادشاه بنی اسرائیل، به جنگ تدافعی علیه فلسطینیان مهاجم می پرداخت.

«ادومی های ساکن سعیر اجازه عبور از سرزمین خود را به ما دادند. موآبی ها هم که پایتخت اشان، در عار است، همین کار را کردند. ما از راه اردن به سرزمینی که خداوند، خدایمان به ما داده است، میرویم.- ولی سیحون پادشاه موافقت نکرد، زیرا خداوند خدای شما او را سختدل گردانید تا او را به دست اسرائیل نابود کند، همچنانکه الان شده است. آنگاه سیحون پادشاه به ما اعلان جنگ داد و نیروهایش را در یاهص بسیج کرد- ولی خداوند ، خدایمان او را به ما تسلیم نمود» تورات ، تثنیه،۲/ ۲۶، ۳۴

پیمبری محمد، در اشارت عیسی

گاهی عیسی نزد مردم برای دفاع از مقام نبوت خویش، مجاب، به تداعی کلام تعدادی از پیامبران سالف، در اذهان عمومی میشد. عیسی بیان میکرد که آنان، در کلام خود با اشاره ها و نشانه ها، نبوتاش را پیشگویی کرده اند. اما او انزال معجزات شگفت را از سوی خداوند دلیل موثق نبوت و رسالت لاهوتی خویش میخواند. گاهی این اشاره ها و نشانه ها برای ظهور خیر و گاهی برای ظهور شر بیان شده است.

« شما کتاب آسمانی تورات را با دقت بخوانید، چون عقیده دارید که به شما زندگی جاوید می‌دهد. در صورتی که همان کتاب به من اشاره میکند و مرا به شما معرفی می‌نماید. — با این حال شما نمی‌خواهید نزد من بیایید تا زندگی جاوید را بدست آورید» انجیل متی، ۳۹/۵

طی تحقیق و بررسی، در انجیل و قرآن، آیتی منقول از عیسی مرا معطوف به خود نمود. آیت مذکور، در انجیل متی، ۱۵/۷، خصال و اعمال محمد بن عبدالله را از سایر پیامبران بنی اسرائیل الی عیسی متمایز ساخته، حاوی اشاراتی، در تبیین سیرت پیامبران دروغین میباشد. عیسی نبی، در آیت خود سیرت پیامبران دروغین را فریبنده و گرگ درنده خوانده است. گرگ درنده، به زبان ارمنی gishatich gayl خوانده می‌شود.غارتگری، جنگ افروزی، سفاکی و سختدلی سیرت گرگ میباشد. پیامبران الی عیسی نبی از این خصال شر مبرا بودند. طالوت، در مقابل جالوت و داوود، در مقابل فلسطینیان جنگ تدافعی نمودند، نه جنگ تهاجمی . آنان هرگز علیه سایر اقوام جنگ افروزی نکردند. حائز اهمیت آنکه دیار ایران و اسرائیل، دارای تمدن بشری و عاری از وحشیگری زیسته اند. بنابراین پیامبری با خصال گرگ درنده، در آن بلاد پارسی و سامی، به رسالت نپرداخته است. لیکن وادی عربستان مردمانی را، در خود می‌پرورانید که خصال گرگ درنده داشتند. آنان، به هر بهانه‌ای به غارتگری، جنگ افروزی، سفاکی و انتقامجویی می‌پرداختند. تعرض به جان، مال و ناموس سایرین جز لاینفک فرهنگ عرب بود. بنابراین عیسی، در کلام خود سعی نموده است که دیده خرد انسانی را بسوی منطقه عربستان متوجه ساخته، به رسالت لاهوتی دروغین محمد بن عبدالله، در قرون آتی اشاره نماید.

محمد، در فرهنگ بربریستی تازی بالندگی یافت و کذب، فریب، شرک و خشونت را، در فرهنگ خود تجربه نمود. عیسی سخن از گرگی، در لباس میش میراند که اشاره، به پیامبر خونریز و شر است. محمد بن عبدالله طی ۱۳ سال رسالت، در شهر مکه، در لباس میش ظاهر شد. او طی آن مدت آزاری و گزندی، به کسی نرسانید؛ زیرا محمد، حامی و نیرویی، در شهر مکه، در اختیار و ید خود نداشت. لیکن پس از شکست، در رسالت خود، به شهر یثرب (مدینۀ النبی) گریخته، سپس فزونی حامی و نیروی نظامی یافته، سیرت گرگ خویشرا متجلی ساخت. پس از آن آیاتی دال بر کارزار و کشتار، در قالب حکم جهاد تهیه نموده، خود و پیروان نو کیش خویشرا، به تداوم خوی بربریستی تازی با پاداش بهشت و غنیمت فراخواند.

محمد بن عبدالله، در سال ۶۲۲ میلادی، در هنگام زیارت دوازده نفر از حاجیان یثرب با آنان پیمان عقبه اول را منعقد ساخت که پس از آن منجر، به ازدیاد پیروان اسلام، در شهر یثرب شد. سپس ۷۵ نفر دیگر از حاجیان مکه، در همان سال، در هنگام حج، طی ارشادات محمد، به دین اسلام روی آوردند. آنان دعوت پیامبر اسلام را پذیرفته، پیمان عقبه دوم را منعقد ساختند. همچنین مسلمین یثرب، پیشنهاد محمد مبنی بر طرح انتقامجویی و تلافی علیه مشرکان و قبایل قریش را پذیرفتند. محمد بر خلاف پیامبران راستین لاهوتی، به غارت و خشونت تهاجمی پرداخته، اختیار خدادادی را، به جبر اسلامی منکوب و سرکوب ساخت. بدینسان محمد پس از هجرت بر خلاف مرام ابراهیم و موسی، عزم انتقامجویی و تلافی نمود. آیتی از انجیل متی، منقول از پیشگویی اشعیای نبی اشاره به سیرت پیامبران راستین دارد که راهنمای خوبی برای تشخیص میباشد.

«از پیامبران دروغین برحذر باشید که در لباس میش نزد شما می‌آیند ولی در باطن گرگهای درنده می‌باشند – همانطور که درخت را از میوه اش می‌شناسند ایشان را نیز می‌توان از اعمالشان شناخت» انجیل متی، ۱۵/۷-۱۶

«[پیامبر] نه می‌جنگد و نه فریاد می‌زند و نه صدایش را کسی می‌شنود – شخص ضعیف را از پای در نمی‌آورد و امید مردم را، هر قدر نیز که کوچک باشد از بین نمی‌برد. با پیروزی خود به تمام بی عدالتی‌ها خاتمه خواهد داد – و مایه امید تمام قومها خواهد بود » انجیل متی، ۱۹/۱۲-۲۱

ایضاً نگارنده یاد آوری می‌کند که عیسی نبی، در آیتی انزال معجزه از سوی پیامبر لاهوتی؛ یعنی، پیامبری که مستقیم از سوی خدا مامور و دارای معجزه باشد را حق مردم خوانده است که اثبات حقانیت را سهل و آسان گرداند، گرچه کلام آنان حق بوده، نیاز، به اثبات نداشت؛ لیکن وقوع معجزات، اطمینان و یقین را فراهم ساخته، پیروان را فزونی می‌بخشد. جناب دکتر محمد حسین هیکل، در کتاب زندگانی محمد بدین واقعیت پرداخته است که فقط قرآن را می‌توان معجزه پیامبر اسلام خواند. سایر معجزاتی که محدثان و مورخان بدانها اشاره داشته اند، سقم و صحت نداشته، صرفاً تعصبات و تعلقات پیشینیان، در راستای اثبات پیامبری محمد، منجر، به نگارش روایاتی مبنی بر معجزات متعدد پیامبر اسلام شده است. محمد بن عبدالله، طی سوره یونس/۲۰ و سوره رعد/،۲۷ در شهر مکه و مدینه، پاسخگوی مطالبات مردم مبنی بر انزال معجزات شگفت نبود که این مهم، دلالت بر فقدان نیروی فرابشری، در رسالت لاهوتی محمد داشته، خط بطلانی بر حقانیت پیامبری لاهوتی او محسوب می‌گردد. رسالت لاهوتی را می‌توان، در پیامبری موسی یافت که خداوند بدون واسطه و نشانه، موسی را مامور ابلاغ دین و فرامین خویش نمود. بواقع محمد

بن عبدالله یک رسالت ناسوتی و دنیوی را، در قالب رسالت لاهوتی و الهی عرضه داشت. حتی رسالت جبر، قهر و شر را نمی‌توان رسالت ملکوتی خواند. پیامبر ملکوتی کلام حق را، به واسطه و نشانه از قدسیان دریافته نموده، فاقد معجز و مبرا از جبر، قهر و شر، مامور ابلاغ آن، به سایر مردم می‌گردد.

«اگر من، درمقابل چشمان این مردم این معجزات بزرگ را نکرده بودم بی تقصیر بودند» انجیل یوحنا، ۱۵/ ۲۴

«[عیسی گفت:] پیامبران دروغین زیاد خواهند آمد»انجیل متی، ۲۴،۴۶/۲۴

پس از محمد، در قرن شانزدهم میلادی، نانک از سرزمین هندوستان و در قرن ۱۹ میلادی بهاء الله یا بهاءالدین رسالت ملکوتی یافته، آیین سیخ و آیین بهایی را بنیان نهادند. آنان نافی جبر، قهر و شر بودند که خود نمایانگر حقانیت کلام آنان میباشد. اکنون، در قرن بیست و یکم میلادی، رسالت ملکوتی را بطور مقطعی من بعهده داشته ام که گرچه قداست و معصومیت نداشته، از خطایای جبری و اختیاری مصونیت نداشته ام، لیکن طبق مشیت آفریدگار یکتا، کلام حق و دین راستین الهی را با نفی جبر، قهر و شر و آکنده از مهر، به سایر مردم ابلاغ نموده ام. نانک با همت خویش، گروهی از هندویان را، به جمع موحدان الحاق نمود. همچنانکه نانک این فرق دینی و ادیان دینی را بشری و ساختگی خواند، من نیز، در این قرن مدرن، گواهی، به صدق کلام نانک می‌دهم. بهاء الله نیز بخشی از انحرافات و اشتباهات اسلامی را از دین تصفیه نموده، عرضه داشته است که ایضاً بقای دین مصفای اسلامی را پذیرفته بود.

مراحل تحول رفتاری محمد از مکه الی مدینه به قرار ذیل میباشد :

محمد ۱۳ سال رسالت از تاریخ ۶۱۰ میلادی الی ۶۲۲ میلادی، در شهر مکه را، در لباس میش و فاقد معجزه ای سپری کرد. او در این مدت از مراحل ذیل برای رسالت و سیاست خود سود جست.   سوره ها مکی میباشند :

۱- دعوت : اعراف/۵۱

۲- بشارت و نذارت : اعراف/۱۸۸

۳- اولیت : زمر/۱۲

محمد ۸ سال رسالت از تاریخ ۶۲۲ میلادی الی ۶۳۰ میلادی، در شهر مدینه را، به توحش گرایید. او، در این مدت از مراحل ذیل برای رسالت و سیاست سود جست. سوره ها مدینی میباشند :

۱- هجرت : بقره/۲۱۸

۲- خشونت : بقره/۲۴۴

۳- قساوت : انفال/۱۲

۴- جنایت : بقره/۱۹۳

قرآن ادعا می‌کند که محمد مزد رسالت از مردم نمی‌خواست. قرآن، الله را پرداخت کننده مزد محمد خوانده است، نه مردم را. اما مستنداتی، در قرآن میباشد که محمد مزد مادی و اقتصادی رسالت خود را از مسلمانان دریافت می‌کرد. محمد پیش از اسلام تنها خدیجه را، به همسری اختیار نموده بود که مخارج منزل بر عهده خدیجه بود؛ زیرا از تمکن مالی

برخوردار بود. لیکن او پس از اسلام توانایی مالی و اقتصادی برای وصلت با ۹ زن دیگر یافت. محمد مخارج ۹ زن و ۹ منزل را تامین نمود. بنابراین محمد از قبال اسلام، در وضع تمکن مالی و اقتصادی قرار گرفت. بواقع قرآن گواهی میدهد که محمد بن عبدالله مزد سیاسی و شرعی دریافت میکرد. از اینرو او هرگز، به چوپانی یا ساربانی یا کارگری رجعت نکرد. محمد از قبال اسلام، به آقایی و مهتری دست یازید. قرآن منافعی مادی و اقتصادی، در لفافه احکام شرعی برای محمد تامین نموده بود که به شرح ذیل میباشد :

« آیا از ایشان مزدی مطالبه میکنی؟ » قرآن، مؤمنون/۷۲

۱- خمس (یک پنجم عواید) : انفال/۴۱

۲- زکات (بخشی از مال) : مجادله/۱۳، توبه/۶۰

۳- انفال (غنایم جنگی) : انفال/۱،حشر/۷

۴- جزیه (مالیات غیر مسلمان) : توبه/۲۹

زنان محمد بن عبدالله

قرآن تنها منافع مالی و اقتصادی محمد را تامین نکرده است، بلکه مطامع شهوانی و جنسی او را نیز تامین نموده است. چه سوره احزاب/۵۰ اذن برخورداری از تعدد زوجه، بیش از سه و چهار زن را خاص او مقرر نموده است. بدینسان محمد، به روایاتی، در سن ۲۵ سالگی(۵۹۵ میلادی) با خدیجه، زن بیوه ۴۰ ساله ازدواج نمود که پیشتر دو دفعه شوهر نموده، صاحب یک دختر و پسر بالغ بود. او، در سن ۵۰ سالگی (۶۲۰ میلادی) و دو سال پیش از هجرت، به یثرب با مرگ خدیجه مواجه شد. دختران خدیجه و محمد، ام

کلثوم، زینب و فاطمه بودند. سه فرزند پسر آنان، در خردسالی، در بستر خاک خفتند. او، به روایتی ۲۵ سال تنها با خدیجه زیست و زنی دیگر اختیار نکرده بود. طبق برخی روایات، او پس از وفات خدیجه، ۹ زن دیگر اختیار نمود که تنها عایشه، در بین آنان باکره بود. محمد ۱ خدا داشت و ۹ زن. خدایش واحد بود و زنانش متعدد. عایشه، در سن ۷ سالگی، به عقد محمد خوانده شده، سپس، در سن ۹ سالگی، در شهر مدینه (یثرب)، به خانه شوهر رفت. محمد بن عبدالله، در راستای تحقق مقاصد سیاسی خود، از ازدواج با زنان سران قریش و سران قبایل و اسیران چشم پوشی نمی‌کرد. اما برخی قراین و شواهد، در روایات حاکی است که محمد تعلق وافری نسبت، به زنان داشت، چنانکه ازدواج زینب، مطلقه زید بن حارثه را حاصل هوس و عشق نهان او خوانده اند.

«محمد پیغمبر اسلام دارای ۹ زن بود و این ۹ زن را بعد از وفات خدیجه تزویج نمود. چون بطوری که گفتیم تا روزی که خدیجه حیات داشت پیغمبر اسلام زن دیگر انتخاب ننمود و اسم زن های پیغمبر اسلام از این قرار است : ۱- ام سلمه دختر ابی امیه ۲- سوده دختر زمعه ۳- عایشه دختر ابوبکر ۴- ام حبیبه دختر ابوسفیان ۵- حفصه دختر عمر بن الخطاب ۶- صفیه دختر حی بن اخطب خیبری ۷- میمونه دختر حرث هلالی ۸- زینب دختر جحش اسدی ۹- جویریه دختر حرث مصطلق» محمد پیغمبری که از نو باید شناخت، کونستان ویرژیل گیورگیو،ترجمه ذبیح الله منصوری، چاپ ۱۳۴۳ خورشیدی، صفحه ۲۹۶-۲۹۷

گرچه کونستان ویرژیل، در کتاب "محمد پیغمبری که از نو باید شناخت" و دکتر محمد حسین هیکل، در کتاب "زندگانی محمد"، تعداد همسران پیامبر اسلام را ۹ زن خوانده اند، لیکن برخی روایات همسران او را بیش از ۹ زن و ۱۱ زن آورده اند. محمد بن عبدالله،

پس از ۵۰ سالگی و وفات خدیجه، همسر متمکن و مؤمن خود، طی ۷ سال ۹ زن دیگر اختیار نمود که اسامی آنان، پیشتر آمده است. بی گمان حمایتهای مالی خدیجه، موجب شده بود که محمد، وابستگی تام نسبت، به خدیجه داشته، به ازدواج با سایر زنان اقدام نورزد. اما ازدواج او با زینب، دختر جحش و دختر عمه اش، مبحث خاورشناسان و مفسران بوده است. چکیده موضوع مطروحه، در سوره احزاب/۳۶-۳۷ وارد شده است.

«محمد با زینب، دختر خزیمه ازدواج کرد. پس از آن ام سلمه، دختر ابی امیه را بزنی گرفت و بعد از آن زینب، دختر جحش را که شوهرش، زید بن حارثه همان کسی است که خدیجه او را بخرید و محمد آزادش کرد و پسر خویش خواند. در اینجا خاورشناسان و مبلغان دین مسیح بانگ می‌زنند : نگاه کنید! محمد که، در مکه مردم را، به قناعت و زهد و توحید و گذشتن از لذایذ این جهان ناچیز می‌خواند، مردی شهوت پرست شده که دیدن زنان اختیارش را از کف میبرد و با آنکه سه زن، در خانه داشت باز هم سه زن گرفت و باین هم اکتفا نکرد و بعد از آنها نیز سه زن دیگر گرفت. به گرفتن زنان بی شوهر قناعت نکرد، به زینب دختر جحش که، در عقد ازدواج زید بن حارثه آزاد شده بود، دل بست. برای آنکه یکروز، در غیاب زید، به خانه او گذشت و زینب از او استقبال کرد. در آن هنگام زینب لباسی پوشیده بود که جمالش را آشکار ساخت و در دل محمد کارگر شد. باین جهت گفت : "سبحان الله مقلب القلوب" و هنگام بیرون رفتن این عبارت را تکرار کرد. زینب آنرا بشنید و آثار عشق را، در چشمان او بدید. بر خویشتن ببالید و آنچه را شنیده بود با زید گفت، زید به فوریت پیش پیغمبر رفت و اظهار داشت که حاضر است زن خود را طلاق گوید، پیغمبر بدو گفت : زن خود را نگهدار و از خدا بترس، ولی زینب پس از آن با زید نساخت و ناچار او را طلاق داد، محمد از گرفتن او خودداری کرد ولی دلش بدو مشغول بود

تا این آیه نازل شد : "وَإِذْ تَقُولُ لِلَّذِی أَنْعَمَ اللَّهُ عَلَیْهِ وَأَنْعَمْتَ عَلَیْهِ أَمْسِکْ عَلَیْکَ زَوْجَکَ وَاتَّقِ اللَّهَ وَتُخْفِی فِی نَفْسِکَ مَا اللَّهُ مُبْدِیهِ وَتَخْشَی النَّاسَ وَاللَّهُ أَحَقُّ أَن تَخْشَاهُ فَلَمَّا قَضَی زَیْدٌ مِّنْهَا وَطَرًا زَوَّجْنَاکَهَا لِکَیْ لَا یَکُونَ عَلَی الْمُؤْمِنِینَ حَرَجٌ فِی أَزْوَاجِ أَدْعِیَائِهِمْ إِذَا قَضَوْا مِنْهُنَّ وَطَرًا وَکَانَ أَمْرُ اللَّهِ مَفْعُولًا – یعنی هنگامی که میگویی تو با آنکس که خدا بدو نعمت داد و تو نیز با او نیکی کردی و زن خود را نگاهدار و از خدا بترس و نهان میکنی در دل خود آنچه را که خدا آشکار خواهد کرد از مردم می‌ترسی. ولی خدا سزاوارتر است که از او بترسی، زید حاجت خود را از او بر آورد. وی را به تو دادیم تا بر مؤمنان در گرفتن زنان پسر خواندگان خویش، در صورتی که حاجتی از آنها بر آورده باشند، زحمتی نباشد، فرمان خدا انجام شد." در این موقع پیغمبر او را به زنی بگرفت و آتش عشق خود را فرونشانید.» زندگانی محمد، دکتر محمد حسین هیکل، ترجمه ابوالقاسم پاینده، چاپ دهم، ۱۳۸۰خورشیدی، صفحه۴۲۹-۴۳۰

دکتر محمد حسین هیکل، در متن کتاب خویش، موضع مدافعانه و جانبدارانه نسبت، به محمد بن عبدالله دارد. او هوس پنهان پیامبر اسلام را نسبت، به زن شوهر دار، همچون کشتن قبطی مصری، بدست موسی، رفتار ناروای یک پیامبر بزرگوار خوانده است که هنوز حکمی و قانونی برای او مقرر نشده است. لیکن قرآن روایت کرده است که موسی، در دفاع از مظلوم اسرائیلی، با ضربت مشت خود بر سر قبطی مصری، مرتکب قتل غیر عمد شده، نزد خداوند یکتا توبه و انابه نمود. البته! آفریدگار یکتا مرا واقف ساخته است که تورات و به تبع آن قرآن کذب میباشند که بدینسان برخی روایات آنها فاقد اعتبار هستند. سوره احزاب/ ۵۲ مرتبط، به موضوع سوره احزاب/۳۶-۳۷ میباشد. برخی روایات دلالت بر این دارد که پیامبر اسلام، پس از مشاهده جمال زینب، همسر زید بن حارثه، مبتلا، به هوس او

گردید. از اینرو مکون بخش عمده آیات قرآن، سوره احزاب/۵۲ را، در راستای بازدارندگی تمایل شهوانی محمد بن عبدالله، نسبت، به تداوم اختیار زنان دیگر بیان کرده است.

ما، در تورات و قرآن می‌خوانیم که زن، در دین بنی اسرائیلی و اسلامی، کنیز و غنیمت بود که مرد سالاری و جایگاه زن را، در دین یهودی و اسلامی، طی تاریخ نوین، هویدا می‌سازد. نویسندگان و مفسران اسلامی، جهد ورزیده اند که نیروی شهوانی افراطی پیامبر اسلام را با واژه "خیرخواهی" مشروعیت و مقبولیت بخشند؛ زیرا او، یگانه مبلغ پر آوازه‌ی دینی است که منقول از برخی خاورشناسان و نویسندگان، پس از پیامبری، دارای حرمسرای شاهان شهوتران بود. مفسران و نویسندگان اسلامی، محمد بن عبدالله را منجی زنان مطلقه پنداشته اند. تفریط و افراط، در احکام قرآن و تورات وارد شده است، چنانکه حکم روزه، تفریط یهودی و اسلامی میباشد. بنابراین پیامبر اسلام بر خلاف سیدارتا گوتاما بودا، در "رعایت اعتدال" توفیق نیافت. تعدد زوجین، قبله عبادی کعبه و بریدن دست سارق، فرهنگ تازی بدوی بود که محمد آنها را وارد احکام اسلام نمود. برخی ذریه محمد و امامان شیعه، از تعدد زوجین برخوردار بودند. معهذا علاقه مرد اجنبی، به زن شوهر دار، در فرهنگ عرب بدوی، هوسرانی و شهوترانی محسوب میشد که مورد نکوهش و مذموم قبایل عرب بود.

پیامبر اسلام، در سوره نساء/۱۹، ازدواج، به جبر و اکره را نهی کرده، سپس، در سوره احزاب/۳۶ زینب، دختر عمه خویشرا، به جبر و اکراه برای وصال با زید ترغیب نموده است که تناقض بین آیات مذکور محرز میباشد. بنابراین اعتبار کلام قرآن ساقط است.

«و هیچ مرد و زن مؤمنی را نرسد که چون الله و فرستاده‌اش به کاری فرمان دهند برای آنان در کارشان اختیاری باشد و هر کس الله و فرستاده‌اش را نافرمانی کند قطعا دچار گمراهی آشکاری گردیده است - آنگاه که به کسی که الله بر او نعمت ارزانی داشته بود و تو به او نعمت داده بودی می‌گفتی همسرت را پیش خود نگاه دار و از الله پروا بدار و آنچه را که الله آشکار کننده آن بود در دل خود نهان می‌کردی و از مردم می‌ترسیدی با آنکه الله سزاوارتر بود که از او بترسی پس چون زید از آن [زن] کام برگرفت [و او را ترک گفت] وی را به نکاح تو درآوردیم تا [در آینده] در مورد ازدواج مؤمنان با زنان پسرخواندگانشان چون آنان را طلاق گفتند گناهی نباشد و فرمان الله صورت اجرا پذیرد » قرآن، احزاب/۳۶-۳۷

«از این پس دیگر زنان و نیز اینکه به جای آنان زنان دیگری بر تو حلال نیست هر چند زیبایی آنها برای تو مورد پسند افتد به استثنای کنیزان و الله همواره بر هر چیزی مراقب است» قرآن، احزاب/۵۲

تفسیر سوره احزاب/۳۶-۳۷ منقول از مجمع البیان :

از مفسران و مورّخان، درباره شأن نزول و داستان فرود نخستین آیه مورد بحث چند روایت آمده است، که با هم متفاوتند :

۱-برخی آورده اند که این آیه در مورد زینب دختر حجش که دخترعمّه پیامبر گرامی بود، فرود آمد؛ چرا که آن حضرت از او برای برده آزاد شده و پسرخوانده خود، زیدبن حارثه، که سرانجام از قهرمانان و فرماندهان جنگ موته و شهیدان راه حق و عدالت گردید، خواستگاری فرمود، و زینب و خانواده اش با این پندار که پیامبر گرامی برای خویش خواستگاری می کند، او را سرور و صاحب اختیار خویش خواندند، و پیامبر نیز وی را به

عقد زید درآورد، امّا هنگامی که به اشتباه خود در این مورد پی برد و دریافت که پیامبر از او برای زید خواستگاری کرده است، مخالفت خود را اعلام کرد و برادرش عبدالله نیز با آن پیوند موافقت نکرد، چرا که در روزگاران جاهلیت هیچ دختر و زن سرشناس و با شخصیتی حاضر نبود با برده آزاد شده‌ای گرچه بزرگمنش و آراسته به دانش و آگاهی و ارزش های اخلاقی و انسانی بود، ازدواج کند؛ آری، درست، در آن هنگام و در آن جوّ و شرایط بود که این آیه شریفه بر قلب مصفای پیامبر فرود آمد و روشنگری فرمود که اگر خدا و پیامبرش درباره چیزی حکم کردند، بر زینب و عبدالله و یا هیچ کس دیگر نمی رسد که با آن مخالفت ورزد، و ما کان لمؤمن و لا مؤمنةٔ اذا قضی الله و رسوله امراً ان یکون لهم الخیرةٔ من امرهم. پس از فرود آیه شریفه و آگاه شدن زینب و خانواده اش از موضوع، خشنودی خویش را اعلام داشتند و به ازدواج رضایت دادند و پیامبر نیز وی را به عقد زید درآورد. و به گونه ای که گروهی از مفسّران از جمله ابن عباس، مجاهد و قتاده آورده اند، پیامبر مهریه او را، که ده دینار و شصت درهم، یکدست لباس کامل، پنجاه کیلو گندم و یکصد و هشتاد کیلو خرما بود، خود پرداخت و او با زید زندگی مشترک خویش را آغاز کردند .

۲- پاره ای دیگر از خود زینب آورده اند که گروهی از بزرگان قریش از من خواستگاری کردند، و من خواهرم حمنه را نزد پیامبر گسیل داشته و در این مورد نظر او را خواستم که آن حضرت زید را به عنوان همسر آینده من معرّفی فرمود؛ و در این مورد من و خواهرم خشمگین شدیم و گفتیم آیا در میان این همه بزرگان و چهره‌های ریشه دار، یک برده را، به همسری دخترعمّه ات پیشنهاد می کنی؟ و درست آن گاه بود که فرشته وحی این آیه را فرود آورد :

وَمَا كَانَ لِمُؤْمِنٍ وَلَا ....

من با شنیدن این آیه، رضایت خویش را به وسیله کسی به آن حضرت ابلاغ کردم و گفتم اختیار من با اوست و به هرکس که او می خواهد می تواند مرا به ازدواج وی درآورد، و آن حضرت نیز بر اساس مصلحت و حکمت، مرا به همسری زید برگزید .

۳- ابن زید بر آن است که آیه مورد بحث در باره ام کلثوم دختر عقبۀ بن ابی معیط فرود آمد، چرا که او خویشتن را به پیامبر خدا هبه کرد تا به همسری آن حضرت مفتخر گردد، امّا پیامبر وی را به همسری زید برگزید؛ او و برادرش خشمگین شدند، چرا که آنان در اندیشه پیوند با پیامبر بودند و نه برده آزاد شده و یا پسرخوانده آن حضرت و درست آن گاه بود که آیه مورد اشاره فرود آمد .

۴-روایت دیگر را در این مورد علیّ بن ابراهیم در تفسیرش آورده است که این گونه است: او می نویسد: پیامبر برده آزاده شده و تربیت یافته و پسرخوانده اش زید را به خاطر ایمان و عملکرد شایسته و آراستگی اش به ارزش های اخلاقی و انسانی بسیار دوست می داشت به گونه ای که هرگاه او به دیدار پیامبر نمی آمد و یا دیر می کرد پیامبر گرامی به خانه او می رفت و حال او را می پرسید. روزی به خاطر نیامدن او پیامبر گرامی به خانه اش رفت، و پس از زدن در خانه و پاسخ همسر زید، آن حضرت وارد خانه شد و همسر پسرخوانده و دخترعمه اش را دید که مشغول کار خانه و خانه داری است و گویی چیز خوش بو و عطر آگینی را می ساید. پیامبر با دیدن او فرمود: سبحان الله خالق النّور، تبارک الله احسن الخالقین، و آن گاه بازگشت. هنگامی که زید آمد، همسرش آمدن پیامبر و بیان آن جمله و بازگشت آن حضرت را با او در میان نهاد، زید گفت: گویی پیامبر از شما خوش برده است

از این رو اگر موافق باشی من تو را طلاق می گویم تا با او ازدواج کنی ! زینب گفت: نه، چرا که می ترسم پیامبر خدا مرا به همسری نگیرد. زید خودش نزد پیامبر آمد و جریان را با او در میان نهاد و تصمیم خود را اعلام کرد، امّا آن حضرت او را از تصمیمی که گرفته بود بازداشت و خیرخواهانه و مصرّانه از وی خواست که همسرش را گرامی داشته و زندگی مشترک خود را پاس دارد؛ در اینجا بود که این آیه فرود آمد: و اذ تقول للّذی انعم الله علیه و انعمت علیه امسک زوجک واتقی الله... و هنگامی را به یاد آور که به آن کسی که خدا نعمت اسلام را ارزانی داشته و تو نعمت آزادی را داده بودی می گفتی: همسر و زندگی خانوادگی ات را نگاه دار و از خدا بترس ...امّا با وجود خیرخواهی و اصرار پیامبر به برده آزاد شده و فرزند خوانده اش زید که زندگی خود را از هم نپاشد و دستخوش پندار نگردد، سرانجام او از همسرش جدا شد و این جدایی و طلاق روحیه زینب را در هم شکست، و پیامبر گرامی به فرمان خدا او را به همسری خود برگزید تا شکست او را در زندگی جبران کند .بدین وسیله داستان جدایی زید و زینب پایان یافت و به بیان آیه شریفه خدا او را به همسری پیامبر درآورد، امّا ازدواج جدید پاره ای پندارها و گفتگوها را در میان برخی بداندیشان و دوستان نادان پدید آورد که خدای جهان آفرین در آیات دیگری پاسخ آنها را داد و روشنگری فرمود که : ازدواج پیامبر با زینب به فرمان خدا و برای برچیدن یک روش غلط اجتماعی و خانوادگی انجام گرفت، نه هیچ انگیزه و یا هدف دیگر که در این مورد در تفسیر آیات سخن خواهد آمد. در آیات پیش سخن از همسران پیامبر و نیز ترسیمی از موقعیت و شخصیت زنان و برابری آنان با مردان در پیشگاه خدا بود، اینک آیات مورد بحث در قالب داستان گویا و کوتاه به برچیدن شیوه های جاهلی و سنت های غلط و دست و پاگیر می پردازد. و ما کان لمؤمن و لا مؤمنۀ اذا قضی الله و رسوله امراً ان یکون لهم الخیره

من امرهم - هیچ مرد و زن توحیدگرا و با ایمانی را نرسد هنگامی که خدا و پیام آورش به کاری فرمان دهند و یا انجام چیزی را از آنان بخواهند، در برابر خدا و پیامبر، چون و چرا نموده و برای خود حق گزینش و انتخاب داشته باشند و خواسته خود را بر فرمان آنان مقدم دارند و مخالفت ورزند، نه هرگز. آن گاه هشدار می دهد که :

وَمَنْ یَعْصِ اللَّهَ وَرَسُولَهُ فَقَدْ ضَلَّ ضَلَالًا مُبِینًا

و کسی که خدا و پیام آورش را نافرمانی کند، به گمراهی آشکاری درافتاده است .

در دومین آیه مورد بحث در اشاره به داستان زید و همسرش   می فرماید :

وَإِذْ تَقُولُ لِلَّذِی أَنْعَمَ اللَّهُ عَلَیْهِ وَأَنْعَمْتَ عَلَیْهِ أَمْسِکْ عَلَیْکَ زَوْجَکَ

و تو ای پیامبر! هنگامی را به یاد آور که به آن کسی که خدا به او نعمت ایمان و اسلام ارزانی داشته و تو نیز به او نعمت آزادی بخشیده بودی، خیرخواهانه و دوستانه می گفتی: همسرت را نگاه دار و زندگی مشترک خود را از هم نپاش .

به باور پاره ای از جمله سدی، منظور زید بن حارثه است که خدا به مهر و محبت پیامبر به او نعمت بخشید، و پیامبر نیز برای تقرّب به خدا، نخست او را فرزند خوانده خود قرار داد و نعمت آزادی را به او هدیه کرد، و آن گاه او را تربیت کرد و برایش خواستگاری نمود و زندگی مشترک ترتیب داد و آزاد و سرفراز از پی زندگی خود فرستاد .

وَاتَّقِ اللَّهَ - و پروای خدا را پیشه ساز!

از آیه مورد بحث چنین دریافت می گردد که میان زید و همسرش کشمکش و بگومگویی بوده است که پیامبر او را پند و اندرز داده و با یادآوری پروای خدا، از او می خواهد که همسرش را نگاه دارد و طلاق او را ندهد .

وَتُخْفِی فِی نَفْسِكَ مَا اللَّهُ مُبْدِیهِ وَتَخْشَى النَّاسَ وَاللَّهُ أَحَقُّ أَنْ تَخْشَاهُ - و تو در دل چیزی را نهان می داشتی که خدا آشکارکننده آن بود و تو از سرزنش مردم می ترسیدی در حالی که خدا سزاوارتر است که از او بترسی .

منظور از چیزی که پیامبر نهان می داشت این بود که در ژرفای دل می گفت: اگر زید قدر و منزلت همسر خوبی را که خدا به او داده است ندانست و او را طلاق گفت، و زینب در زندگی مشترک شکست خورد، من برای جبران شکست او با وی ازدواج خواهم کرد؛ امّا با اینکه اندیشه اش خیرخواهانه و خداپسندانه و بشردوستانه بود، از سرزنش مردم بهانه جو می ترسید، و در هراس بود که مبادا این دروغ را بسازند که خود پیامبر به زید دستور طلاق همسرش را داد تا خود با دخترعمه اش ازدواج کند !

امّا به باور پاره ای دیگر خدا به او خبر داده بود که به زودی زید همسرش را طلاق خواهد گفت و خیرخواهی و اندرز پیامبر نیز به جایی نخواهد رسید، و آن گاه خدا او را برای شکستن یک سنت ارتجاعی و برداشتن یک شیوه جاهل به همسری آن حضرت در خواهد آورد، و پیامبر این آگاهی از آینده را نهان می داشت و به زید اندرز می داد که همسرت را نگاه دار و از خدا پروا کن، و خدا به او می فرماید: چرا با اینکه از آینده آگاه بودی، چنین می گفتی؟

از چهارمین امام نور نیز این دیدگاه روایت شده، و این بیان هماهنگ با آیه است، چرا که می فرماید، و خدا آنچه را که او نهان می دارد، آشکار خواهد ساخت؛ و ما می دانیم که خدا در این مورد چیزی جز ازدواج پیامبر با زینب را، که به فرمان خودش صورت پذیرفت آشکار نساخت، و فرمود: و ما او را به همسری تو درآوردیم تا بر ایمان آوردگان در ازدواج با همسران پسرخوانده های خود، هنگامی که آنان را طلاق دادند گناهی نباشد .

با این بیان ها آنچه را پیامبر گرامی در دل نهان می داشت و از سرزنش مردم می ترسید، دو چیز بود: یکی آگاهی از زندگی خانوادگی نافرجام زید و زینب، که خدا به او خبر داده بود که به زودی به جدایی می انجامد؛ و دیگری آگاهی از رسیدن فرمان خدا برای ازدواج با زینب به منظور شکستن یک شیوه زشت و ظالمانه جاهلیت؛ و آن حضرت با این وصف زید را اندرز می داد و خدا او را مورد عتاب قرار داد که چرا با وجود این آگاهی از آینده باز هم تلاش در اصلاح و ایجاد سازش میان آنان می کنی و آنچه را در دل می دانی نهان می داری؟ امّا به باور بلخی اگر گفته شود پیامبر گرامی با دیدن جمال و کمال زینب از او خوش برد و محبت او را به دل گرفت و آرزو کرد که کاش همسری بسان او خدا به وی ارزانی دارد، و این پندار را در دل نهان می داشت و با این وصف آنان را به سازش و ادامه زندگی مشترک اندرز می دارد، این هم کار ناروایی نیست، چرا که آرزو از ویژگی ها و خصایص انسانی است و اگر کسی چیزی را دید و از آن خوشش آمد و از راه عادلانه و خردمندانه آن را آرزو کرد و از خدا خواست، بر او نکوهش و گناهی نیست.

جبایی می گوید: پیامبر در این اندیشه بود که اگر زید به ناسازگاری خویش ادامه داد و دخترعمّه او را طلاق گفت، او را به همسری خویش درآورد و برای جبران شکست او، وی را برای مصون ماندن از گرفتاریها به خود نزدیک سازد، درست همان گونه که هر انسان

آزادمنش و بزرگواری در حمایت از نزدیکان و بستگانش چنین عمل می کند، و خدا آن چیزی را که آن حضرت در دل نهان می داشت آشکار ساخت و مردم را از هدف آن بزرگوار باخبر ساخت تا درون و برون و ظاهر و باطن پیامبرش هماهنگ باشد، چرا که این زیبنده اوست .

این واقعیت را پیامبر در روز فتح مکه، آن گاه که عثمان، عبدالله بن ابی سرح را که به خاطر زشتکاری و بیداد از سوی آن حضرت به مرگ محکوم شده بود، نزد او آورد تا برایش امان بگیرد بیان فرمود، آن بزرگوار هنگامی که دید عثمان آن عنصر پلید را آورده است و برایش تقاضای امان دارد، گویی حیا کرد که پاسخ منفی دهد، از این رو سکوتی طولانی کرد و سر به زیر افکند تا شاید برخی از مردم با ایمان، در آن فرصت، داد پیامبر و اسلام را از آن عنصر پلید بگیرند، امّا هنگامی که چنین نشد، سرانجام در برابر اصرار عثمان به او امان داد، و پس از آن فرمود آیا در میان شما مرد رشید و توانایی نبود که برخیزد و او را به کیفر کردارش برساند؟ عباد بن بشر گفت: سرورم! من در این مدت چشم بر چشم مبارک شما داشتم و انتظار می کشیدم تا با کمترین اشاره از سوی شما برخیزم و کار او را بسازم، پس چرا اشاره نفرمودید؟ پیامبر فرمود: انّ الانبیاء لا تکون لهم خائنهٔ الاعین ...خیانتِ چشم بر پیامبران روا نیست، از این رو من خوش نداشتم که بر کیفر و کشتن عنصر کفرگرا و ستمکاری اشاره کنم گرچه این کار روا بود .به باور پاره ای پیامبر نخست بر این اندیشه بود که اگر زید همسرش را طلاق گفت، او را به همسری بگیرد، امّا پس از جدایی آن زن و شوهر از ترس نکوهش و هوچی گری برخی از مردم تصمیم گرفت از آن کار بگذرد، از این رو خدا با فرستادن این آیات به او خاطرنشان فرمود که به خاطر ترس از نکوهش بی جای پاره ای از مردم، از کار شایسته و خداپسندانه روی نگرداند. ممکن است برخی این دیدگاه

را با ادامه آیه شریفه که می فرماید: واللّه احقّ ان تخشاه - و خدا سزاوارتر است که از او بترسی - ناهماهنگ بنگرند و نپذیرند، امّا چنین کسانی باید به یاد داشته باشند که این پندارشان درست نیست، چرا که آن حضرت آن گونه که شایسته و بایسته بود، در انجام کارهای واجب و دوری از کارهای ناروا از خدا می ترسید و پروای خدا را پیشه می ساخت، به همین جهت این جمله نه دعوت او به ترس از خدا و پرهیزکاری که منظور از ترس در اینجا حیا و آزرم است، و خدا به پیامبر برگزیده اش خاطرنشان می کند که نباید حیا و آزرم بی مورد بر او چیره شود و کار ناروا و پسندیده را از شدت حیا ترک کند، چرا که آن حضرت به گونه ای بر ارزش های انسانی و اخلاقی آراسته بود که حیا بر خلق و خوی پسندیده اش غالب بود، به همین دلیل هم قرآن در آیه دیگری از این موضوع خبر می دهد و می فرماید: یا ایها الّذین آمنوا لا تدخلوا بیوت النّبی الاّ ان یؤذن لکم الی طعام غیر ناظرین اناه... ان ذلکم کان یؤذی النّبی فیستحیی منکم... هان ای کسانی که ایمان آورده اید، به اتاق های پیامبر وارد نشوید، مگر اینکه برای خوردن غذایی به شما اجازه داده شود، آن هم بی آنکه زودتر بروید و در انتظار آماده شدن آن باشید؛ امّا هنگامی که دعوت شدید، وارد گردید و زمانی که غذا را خوردید، پراکنده شوید، بی آنکه سرگرم گفتاری گردید و رفتن را فراموش کنید؛ چرا که این کار شما پیامبر را می رنجاند امّا او از شدت حیا و آزرم از شما شرم می دارد که آن را با شما در میان گذارد ... و برخی برآنند که زینب از خاندان پرشرافت عبدالمطلب و دخترعمه پیامبر بود که آن حضرت وی را برای در هم شکستن سنت های نژادپرستانه جاهل، که هیچ زن با شخصیت و آزاده ای حاضر نبود با برده ای آزاد شده، گرچه به آگاهی و ایمان و خرد و ارزش های انسانی آراسته باشد، ازدواج کند، به همسری برده آزاد شده و فرزند خوانده اش زید درآورد؛ این کار به فرمان خدا انجام

پذیرفت، امّا کشمکش خانوادگی و ناسازگاری آن دو، باعث شد که زید او را طلاق گوید و از این راه شکست سختی بر او وارد آید و پیامبر خدا به فرمان وحی بر آن شد که تا برای جبران شکست روحی او پس از عدم موفقیت در زندگی خانوادگی وی را به همسری خود بگیرد و شرفی بزرگ بر شرافت او بیفزاید .

و برخی دیگر همانند ابومسلم در این مورد می گویند: به هنگام فرود قرآن شریف و پیش از آن، در دنیای عرب فرزند خوانده را فرزند واقعی انسان پنداشته، و همه مقررات فرزندی، از جمله سیستم ارث بری و حرمت ازدواج با فرزند را در مورد آن به رسمیت می شناختند، پیامبر گرامی که یکی از هدف های رسالت خود را آزادی مردم از بند خرافات و اوهام می دانست، بر آن شد تا با ازدواج با زینب که روزگاری همسر فرزندخوانده اش زید بود، پوچ و بی اساس بودن این پندار جاهلی را روشن سازد، امّا آن بزرگوار این تدبیر اصلاحی و انسانی و الهی خویش را از ترس هوچی گری و نکوهش گروهی از مردم، مدتی در دل نهان می داشت، و شاید به همین جهت هم پیش از جدا شدن زید و همسرش، هماره آنان را به سازش و همدلی سفارش می کرد، و به پسرخوانده خویش اندرز می داد که همسر خود را آن گونه که شایسته است نگاه دارد و پروای خدا را پیشه سازد؛ به باور ما گواه این بیان ادامه آیه است که می فرماید :

فَلَمَّا قَضَى زَيْدٌ مِنْهَا وَطَرًا زَوَّجْنَاكَهَا لِكَيْ لَا يَكُونَ عَلَى الْمُؤْمِنِينَ حَرَجٌ فِي أَزْوَاجِ أَدْعِيَائِهِمْ إِذَا قَضَوْا مِنْهُنَّ وَطَرًا - پس هنگامی که زید نیاز خویشتن را از همسرش، به احساس خود به پایان برد و او را طلاق گفت، ما پس از عده اش، وی را به همسری تو درآوردیم تا بر ایمان آوردگان در ازدواج با همسران پسرخوانده های خود، هنگامی که آنان را طلاق دادند، تنگنا

و مانعی پوچ و خرافی نباشد، چرا که نه پسرخوانده در حکم پسر است و نه همسر او عروس واقعی انسان شمرده می شود تا پس از طلاق گفتن وی، ازدواج با او کاری ناروا باشد .

وَكَانَ أَمْرُ اللَّهِ مَفْعُولًا

آری، این کاری بود که می بایست در جهت زدودن خرافات و اوهام انجام می شد، و کار و فرمان خدا تحقق پذیر است. در روایت است که زینب در این مورد مباهات می کرد و به دیگر زنان پیامبر می گفت: شما را خاندانتان به همسری پیامبر برگزیدند، امّا مرا آفریدگار هستی انتخاب فرمود. زوجنی الله من النبّی .

و نیز از انس بن مالک آورده اند که وقتی دوران عدّه زینب به پایان رسید، پیامبر گرامی زید را فرا خواند و فرمود: نزد زینب برو و به او پیام برسان که برای ازدواج آماده باشد. زید به خانه زینب رفت و گفت: بشارت باد که پیامبر به فرمان خدا تو را به همسری خویش برگزیده است، و آن گاه با فرود آیات در این مورد، پیامبر او را به همسری گرفت ... در روایت دیگری از زید آمده است که من به دستور پیامبر به خانه زینب رفتم تا پیام پیامبر را به او برسانم، امّا هنگامی که وارد شدم، او که در حال انجام کارهای خانه بود، به گونه ای در نظرم بزرگ و پرشکوه جلوه کرد که نتوانستم به او نظاره کنم؛ چرا که او دیگر همسر من نبود و پیامبر به فرمان خدا بر آن بود تا برای شکستن یک سنت خرافی با او پیمان زندگی مشترک ببندد، از این رو از او روی برگردانیدم و گفتم: هان ای زینب، مژده ات باد که پیامبر از تو خواستگاری می کند ! او گفت: من از این رویداد مبارک سخت شاد و شادمانم، امّا تا رسیدن فرمان پروردگارم وظیفه خود را نمی دانم، و آن گاه برخاست و برای سپاس گزاری به بارگاه خدا از موهبت گرانی که نصیبش می شد، به مسجد شتافت و پس

از این مرحله بود که این پیام آمد: فلمّا قضی زید منها وطراً زوجناکها ... پیامبر پس از دریافت فرمان حق، او را به خانه خویش دعوت کرد و در شمار همسران خود قرار داد؛ و با اینکه برای آوردن هیچ یک از همسران خویش گوسفندی سر نبریده و شام و نهاری نداده بود، برای این پیوند مبارک و زداینده خرافات و اوهام، مردم مدینه را به میهمانی فرا خواند و آن روز را به همگان نان تازه و غذای گرم داد .

و از شعبی آورده اند که می گفت: زینب به پیامبر گرامی می گفت: سه موضوع است که من آنها را از افتخارات زندگی خویش می دانم و به شما یادآوری می کنم :

۱-نخست اینکه من از نواده های «عبدالمطلب» هستم و از نظر ریشه و تبار به درخت تناور و پرثمری پیوند می خورم که وجود گرانمایه شما از آن سر برآورده است .

۲-نکته دوم این است که: نه من هرگز چنین افتخاری را فکر   می کردم که به همسری شما مفتخر گردم، و نه شما در آغاز بر این اندیشه بودید؛ و این ذات پاک و بی همتای خداست که در آسمانها مرا به همسری پیامبرش برگزید .

۳-و دیگر اینکه واسطه این کار فرشته وحی بود .

در سومین آیه مورد بحث قرآن در این مورد می افزاید :

مَا کَانَ عَلَی النَّبِیِّ مِنْ حَرَجٍ فِیمَا فَرَضَ اللَّهُ لَهُ - بر پیامبر در آنچه خدا برایش مقرر فرموده است، هیچ سختی و تنگنایی نیست، چرا که او در این اندیشه است که با این کار خود، سنّت روزگاران جاهلیت را، که پسرخوانده ها را فرزند واقعی می پنداشتند بی اساس اعلان کند .

به باور پاره ای منظور این است که: بر پیامبر خدا در آنچه برایش روا و حلال اعلام شده است، گناه و تنگنایی نیست و می تواند با زنی که روزگاری همسر پسرخوانده او بوده است، پیمان زندگی مشترک ببندد.» تفسیر مجمع البیان، سوره احزاب، جلد ۲۲

اکنون می‌توان استنتاج نمود که حتی محمد برخلاف پیامبران بنی اسرائیل از منافع مادی و دنیوی، اقتصادی و شهوانی، در آیین خود برخوردار بود. خداوند، در تورات تاکید نموده است که برگزیدگان او نبایست زن زیادی داشته باشند. اما تورات دلیل فرمان مذکور را احتمال غفلت و انحراف از یاد خداوند خوانده است.

نهی آزادی تعدد زوجه برای برگزیدگان بنی اسرائیل :

« زن برای خود زیاد نکند تا قلبش [از خدا] منحرف نشود» تورات، تثنیه، ۱۷/۱۷

اذن آزادی تعدد زوجه ویژه محمد بن عبدالله :

«ای پیامبر ما زنانی را که مهرشان ادا کردی بر تو حلال کردیم و نیز کنیزان ملکی را که الله به غنیمت تو را نصیب کرد و ملک تو شد و نیز دختر عمو و دختران عمه ها و دختران خالو و دختران خاله هایت را آنها که با تو از وطن خود هجرت کردند و نیز زن مؤمنه ای را که خود را به رسول ببخشد و رسول هم به نکاح اش مایل باشد که این حکم ویژه تو است دون مؤمنان است که ما حکم زنان عقدی و کنیزان ملکی مؤمنان را می‌دانیم که چه مقرر کرده ایم» قرآن، احزاب/۵۰

اذن آزادی تعدد زوجه ویژه مرد مسلمان، منقول از محمد :

«پس آن کس از زنان را به نکاح خود درآرید که شما را نیکو است. دو ، سه یا چهار و اگر بترسید که راه عدالت نپیموده و به آنها ستم می‌کنید پس تنها یک زن اختیار کنید» قرآن، نساء/۳

سوره احزاب/ ۵۲ گواهی می‌دهد که نظر افکندن، به زنان نامحرم، در حین مصاحبت، مجالست و تصادمات مانع ندارد. چه سوره مذکور هویدا می‌سازد که محمد بن عبدالله خود، به زنان نامحرم   می‌نگریست. او، در مواجهه با زن نامحرم، رخ از او بر نمی‌تابید. حتی آیه مذکور سخن از نگریستن محمد، به زنان زیبا و نامحرم رانده است. بی گمان متعاقب هر نگریستنی، زیبایی زنی رخ می‌نماید. از اینرو قرآن خطاب، به محمد بیان داشته است که پس از حکم مقرر، ولو زن زیبایی او را، به شگفت آورد (وَلَوْ أَعْجَبَكَ حُسْنُهُنَّ) حق ازدواج با او ندارد.

مکون بخشی از آیات قرآن، نیروی سرکش شهوانی محمد را، در حصار حکم خود گرفتار نمود، چنانکه قرآن طی سوره احزاب/۵۰ زنان مجاز و مقرر برای نکاح با محمد را بر شمرده، طی سوره احزاب/۵۲ حکم بازدارندگی در مقابل شهوترانی پیامبر اسلام را صادر نمود؛ زیرا تمایل شهوانی او، به بیش از زنان عقدی خود، مقام پیامبری‌اش و منافع مادی‌اش را نزد نفوس تازی، مخدوش و مشوش می‌ساخت.

«از این پس دیگر [گرفتن] زنان و نیز اینکه به جای آنان زنان دیگری بر تو حلال نیست هر چند زیبایی آنها تو را به شگفت آورد. به استثنای کنیزان ملکی و الله همواره بر هر چیزی مراقب است» قرآن، احزاب/۵۲

تفسیر مجمع البیان برای سوره احزاب/۵۲:

«بر تو روا نیست که به جای همسرانی که داری، همسرانی دیگر برگزینی و آنان را طلاق گویی... به باور برخی از جمله «مجاهد» منظور این است که: و نمی توانی زنان یهود و نصارا را جایگزین زنان مسلمان سازی، چرا که اینان مادران مردم با ایمانند، امّا اگر از زنان اهل کتاب کسی را از راه غنایم جنگی و یا انفال به دست آوری، آنان را خدا بر تو حلال گردانیده است. امّا به باور برخی دیگر منظور این است که: پس از این همسرانت، که بهترین زنان هستند و خدا و پیامبرش را در زندگی برگزیده اند، دیگر هیچ زنی را نمی توانی جایگزین آنان سازی.

وَلَوْ أَعْجَبَكَ حُسْنُهُنَّ

هرچند که زیبایی آنان تو را خوش آید و به شگفت آورد.

به باور «حسن» و «شعبی» منظور این است که: و نمی توانی هیچ زنی را جایگزین یکی از همسرانت سازی و آنان را که خدا و پیامبر و ساده زیستی و زندگی پارسایانه را بر زرق و برق دنیا برگزیده اند این گونه پاداش دهی. پاره‌ای آورده اند که: آن زنی که زیبایی و جمال و کمالش پیامبر را به شگفت آورد «اسماء» دختر «عمیس» بود که پیامبر پس از شهادت «جعفر» او را دید.

از دیدگاه برخی منظور این است که: آن حضرت از طلاق گفتن آن همسری که او را برگزید، و از زندگی پر زرق و برق دنیا چشم پوشید هشدار داده شد؛ درست همان گونه که به طلاق آن زنی فرمان داده شد که دنیا و زرق و برق آن را برگزید؛ با این بیان موضوع این بود و هرگز ازدواج بر او تحریم نشد. و پاره ای آورده اند که: چرا با فرود آیه مورد بحث هر ازدواج دیگری بر او ناروا شناخته شد، امّا پس از مدتی این حکم نسخ گردید؟ در این مورد

از «عایشه»   آورده اند که: پیامبر گرامی جهان را بدرود نگفت، مگر اینکه ازدواج با زنان دگرباره بر او حلال و روا اعلان گردید. در مورد نهی از جایگزینی همسری به جای همسر دیگر - و لا ان تبدّل بهنّ من ازواج - نیز دو نظر است:

۱- به باور برخی منظور از نهی از واگذار کردن همسر خود به دیگری در برابر گرفتن همسر اوست، که در روزگاران جاهلیت رواج داشت.

۲- امّا به باور برخی دیگر منظور این است که: ازدواج با آن زنانی که بر تو حرام شده، گرچه زیبایی شان تو را به شگفت آورد، بر تو روا نیست و نمی توانی هیچ یک از آنان را جایگزین یکی از همسرانت نمایی» تفسیر مجمع البیان، سوره احزاب/۵۲

کاسان دان، یگانه همسر کورش کبیر

کورش (سیروس،به زبان یونانی) پادشاه هخامنشی - مسیح بنی اسرائیل و ذوالقرنین قرآن - به روایت مورخان ایران، تنها دارای یک همسر بنام "کاسان دان" بود. البته برخی مورخان نادان یا مغرض یونانی سعی داشته اند که تعداد همسران او را، به سه همسر افزایش دهند که مورد تایید مورخان ایران نیست؛ زیرا ایرانیان پیش از اسلام، مطابق با رسومات اجتماعی و فرهنگی خود، به یک همسر بسنده می‌کردند. "مرحوم آقای حسن پیرنیا"، پدر تاریخ باستان ایران، در کتاب "تاریخ ایران" و جناب آقای "مهدی سلطانی"، در کتاب   "منم کورش، پادشاه هخامنشی"، کاسان دان، دختر فرناسپ را یگانه زوجه کورش خوانده اند. نویسندگان غربی کتاب "سرزمین جاوید"، به تبع ادعای واهی کتزیاس یونانی، "امی تیس" را خاله و زوجه کورش خوانده اند که پس از فتح شهر حکمتانه (شهر

همدان) او را برگزید که البته! نفی این ادعا، در متن مستخرج ذیل، از کتاب "کورش بزرگ"، به قلم جناب آقای "شاپور شهبازی" وارد شده است:

«تا آنجا که می‌دانیم، کورش یکی از وفادارترین مردان روزگار بوده است. او بر خلاف عقیده یوستی justi ، که به سرچشمه‌های   بی مایه‌ای چون "کتزیاس" و مانند او اتکاء کرده است، یک زن بیشتر نگرفت و در پاسبانی از خانه و میهن اش زبانزد جهانیان گشت. همسرش کاسان دانه Cassandana (= فراسپ، اسپ فر)، از خاندان هخامنشی بود و در نتیجه از شاهدختان طبقه دوم به شمار می‌رفت. این شاه بانو به هنگام پادشاهی کورش درگذشت و شاهنشاه پارسی در سوگش به اندوهی بیکران فرو رفت و تا زنده بود همسر دیگری برنگزید. اینکه گزنفون گوید کورش پس از فتح بابل، دختر کیاکسار (= هوخشتره) پسر آستیاگس (= ایشتوویگو) را گرفت، درست نیست؛ زیرا وجود آن هوخشتره، اصلاً افسانه‌ای است تا چه رسد به دخترش. بنابراین، به سخن وی نمی‌توان اعتماد کرد. هرودتوس گوید مصریان برای آنکه شکست خود را از ایرانیان، به نحوی جبران کنند، آوازه در انداختند که کورش دختر آمازیس فرعون مصر را خواستگاری کرد، ولی فرعون بجای دختر خود، نی یتیس Nietis دختر زیبا روی آپریس Apries ─ فرعون پیشین مصر که بدست خودِ آمازیس از میان رفته بود ─ را فرستاد، و کمبوجیه از این دختر بود. بنابراین بحق سزاوار جانشینی فرعونهای مصر می‌گشت و این کمبوجیه مصری بود که بر ایرانشهر فرمان میراند و نه اینکه شاهزاده‌ای ایرانی به مصر لشکر کشیده، آنجا را بزور گرفته باشد. خودِ هرودتوس یاد آور شده است که این داستان دروغ بود و مصریان آن را برای دلخوشی خود ساخته بودند؛ زیرا اولاً همه کس می‌دانست که مادر ولیعهد ایران می‌بایست پارسی و از خاندان بزرگان باشد، و در ثانی همه آگاه بودند که مادر کمبوجیه، کاسان دانه

هخامنشی بود. اما احتمال میتوان [داد] که کورش یا کمبوجیه برای آنکه نشان دهند بر تاج و تخت مصر، حق قانونی دارند، خود چنان داستانی را ساخته و شهرت داده باشند. کتزیاس، مادر کمبوجیه را آموتیس Amytis [آمی تیس] دختر ایشتو ویگو نوشته است؛ ولی او این نام را از روی اسم زنِ مادی نبوکد نصر ساخته. دینون Dinon و لینکیاس نئوکراتیس Lynceas of Naucratis داستان نی یتیس را پذیرفته اند و کمبوجیه را پسر آن شاهدخت افسانه ای مصری دانسته[اند].» ع. شاپور شهبازی، کورش بزرگ، چاپ ۱۳۴۹ خورشیدی، صفحه ۳۲۲-۳۲۴

منزلت ایرانی و زن ایرانی، در ایران باستان

بواقع ایرانیان نخستین موحدان بشری، پیش از ابراهیم سامی، منادی توحید - در جنوب سرزمین بابیلون (بابل) و شهر اُور کلدان سومری - به روایت تورات یهودی و قرآن اسلامی بودند. سایر اقوام، اندیشه واجب الوجود و علت و معلول را از ایرانیان باستان اقتباس نموده اند. در حالی که دین زرتشتی، خشونت و جنگ تهاجمی را نفی و نهی می‌نمود، دستاورد ادیان عبری و اسلامی، برای اقامه توحید و داد، هنگامه خشونت و جنایت تهاجمی، بنام آفریدگار بود. لیکن آفریدگار فرید بر خلاف خشونت سیاسی و شرعی یهودی و اسلامی، مرا و مردم را فرمان محبت و شفقت داده است. موسی، سرورم، زرتشت، فخرم و عیسی، مقتدایم، عاری از خشونت، مبلغ محبت، مودت، وحدت و عدالت بودند و بس. محبت، معجزه یزدان کیوان و کیهان است که منجر، به نثر و نشر امنیت و سعادت می‌گردد. موسی، زرتشت و عیسی، به مردم گذشت می‌آموختند که فرصت تربیت و ندامت فزونی یابد. عقوبت خداوند، اخروی میباشد، نه دنیوی؛ چه خداوند دخلی و تصرفی، در مقدرات زندگی مادی و معنوی بشری نداشته است. لیکن قاهر منیر و خبیر، منشاء

راهنمایی و رهایی بشری میباشد. او بر فرشتگان، جبر و بر انسان، اختیار روا داشته است که هرگز ناقض اختیار بشر نبوده است؛ زیرا نقض از نقص می‌تراود. پس بلای آسمانی، افسانه ای و قصه ای باستانی بیش نیست که وارد ادیان یهودی و اسلامی شده است.

در حالی که "زن" نزد سایر اقوام باستان غربی و شرقی، به بردگی، اسیری، کنیزی و غنمیت جنگی برده می‌شد و وسیله التذاذ شهوانی، در فرهنگ مرد سالار غربی، شرقی و عربی بود، ایرانیان باستان، زن را حرمت، عزت و کرامت می‌بخشیدند، چنانکه پیش از سلسله هخامنشی، زنان، پادشاهان نیکو و خردمند ایران بودند که منجمله آنان رود اول و رود دوم میباشند. رود اول، پس از رحلت ایرانبان، پادشاه ایران، به سلطنت دست یازید. رود دوم، حدود ۵ یا ۴ هزار سال قبل از میلاد مسیح، در منطقه خراسان کنونی، مردم را بسوی توحید فراخوانده، آفریدگار را یکتا خواند. رود اول، مادر رود دوم، در منطقه کرمان کنونی و سرزمین سیلک، در حاشیه دریاچه ای وسیع و منعم، سلطنت داشت که بهشت زمینی ایرانیان محسوب می‌گشت؛ زیرا نعمات و برکات، به وفور یافت می‌شد. از اینرو آنان برای تامین معاش خویش مشکلی نداشتند. اما بخت بد روزگار بر آنان سایه افکنده، پوسته کف دریاچه، بدلیل زلزله ای مهیب شکافته شده، آب انبوه آن، در زمین فرو رفته، نعمات بهشت ایرانیان، پس از فوت سالیانی، ویران شد که لاجرم مردم شهر سیلک بدلیل خشکسالی مجاب، به مهاجرت بسوی شرق ایران، در منطقه زابلستان و سپس خراسان شدند. رود اول، پیش از مهاجرت ایرانیان، به شرق ایران، دار فانی را وداع گفته، رود دوم، دخترش، به سلطنت دست یازید که بنیانگذار توحید، در تاریخ باستان ایران محسوب می‌شود. تم، شوهر رود دوم، جنگلهای مازندران امروزی را طی سفر بسوی شمال یافته، گروهی از اهالی شهر، بدان منطقه جنگلی رحل اقامت گزیدند. سه قوم بزرگ پارت، ماد و

پارس، جامعه متحد ایران را تشکیل می‌دادند. همچنین منطقه آذربایجان، در برهه هخامنشی "آتروپاتن" نام داشت. ایرانیان باستان، "خداوند و آفریدگار" را "مَرد" می‌خواندند که پس از سلسله هخامنشی، واژه مرد را "جنس نر" خواندند؛ یعنی، زمانی که جنس نر، در ایران، به پادشاهی رسید. بنابراین زرتشت نبی، حدود قرن ۶۰۰ میلادی، دین توحید ایرانیان را، به کمال نایل گردانید که کوروش بزرگ، ضمن آزاد منشی و اعتقاد، به آزادی دینی و اعتقادی، تابع آن بود، چنانکه انوشیروان دادگر بدان دین، مفتخر بود.

منجی آخر الزمان، در ادیان توحیدی

سوره انعام/۵۰، مدینی است که محمد را واقف، به غیب نمی‌خواند. چه‌غیب، به متافیزیک (ماوراءالطبیعه) یا اولترا فیزیک(مافوق الطبیعه) تعلق دارد. محمد مدعی بود که ارتباط با وحی و جبرئیل دارد، نه غیب. اما تناقض گویی قرآن، در اینباره زمانی هویدا می‌گردد که قرآن طی سوره اسراء/۱ مدعی است، الله آیاتی از خود را، در مسجد الاقصی، طی معراج، به آسمان هفتم بر محمد نمایان ساخته است. بدینسان اعتبار کلام قرآن ساقط شده است؛ زیرا از سویی محمد آگاه، به غیب نیست؛ اما از سویی محمد عالم غیب را تجربه کرده است.

«بگو به شما نمی‌گویم گنجینه‌های خدا نزد من است و واقف به غیب نیستم و به شما نمی‌گویم که من فرشته‌ام جز آنچه را که به سوی من وحی می‌شود پیروی نمی‌کنم بگو آیا نابینا و بینا یکسان است آیا تفکر نمی‌کنید» قرآن، انعام/۵۰

«منزه است آن که بنده‌اش را شبانگاهی از مسجد الحرام به سوی مسجد الاقصی که پیرامون آن را برکت داده‌ایم سیر داد تا از نشانه‌های خود به او بنمایانیم که او همان شنوای بیناست » قرآن، اسراء۱/

برخی از احادیث شیعه اسلامی سخن از وقوف محمد به عاقبت آل خود اعم از علی، حسن و حسین میراند. همچنین حدیثی منتسب به محمد ، سخن از منجی آخر الزمان و غیبت مهدی میراند که کلام عقلی قرآن آن را فاقد اعتبار می‌خواند؛ زیرا محمد، به گواه سوره احقاف۹/ واقف، به عاقبت کسی نیست. ادعاهای کلینی، در نوشته اصول کافی، نعمانی، در نوشته الغیبه، ابن بابویه، در نوشته کمال الدین درباره موضوع منجی، مهدی و غیبت صغری و کبری از منظر قرآن فاقد اعتبار عقلی میباشد. بواقع عیسی نبی، پیامبر زمان و مقتدای مؤمنان، حاضر و ناظر است که همین مهم نافی ادعای وجود امام زمان و منجی ادیان میباشد.

« عقیده مسلمانان، به ظهور مهدی منتظر مستند، به حدیثی است که از پیغمبر منقول است و می‌فرماید که از ولدان فاطمه زهرا امامی ظاهر خواهد شد که نام او نام من، و صفات او ، صفات من است. وی عالم را بعد از آنکه ظلم و جور فرا گرفته از عدل و داد پر خواهد کرد» جان بایر ناس، تاریخ جامع ادیان،صفحه ۷۶۸

« در روایات شیعیان نشانه‌های متعددی برای ظهور مهدی ذکر شده است از جمله: خروج یمانی، سفیانی، صیحه آسمانی که از آمدن قائم خبر می‌دهد، کشته شدن نفس زکیه در مکه تنها ۱۵ روز قبل از ظهور قائم، فرورفتن سرزمین بیداء، فرو رفتن یک ارتش در زمین در هنگام رژه در مکه. هر چند طوسی، نعمانی و صدوق، در ترتیب اتفاق افتادن این

نشانه‌ها با هم یک نظر نیستند. هر سه ذکر می‌کنند که این نشانه‌ها در یک سال اتفاق می‌افتد. در روایات شیعه، شیعیان از تعیین وقت ظهور مهدی برحذر داشته شده‌اند، و تعیین‌کنندگان وقت ظهور، دروغگو دانسته شده‌اند. در میان روایات شیعه، اجماعی در مورد مدت زمان حکمرانی مهدی پس از ظهورش نیست. برای مثال حدیثی از محمد باقر، امام پنجم شیعه نقل شده‌است که مدت زمان حکومت مهدی را پس از ظهور ۳۰۹ سال ذکر کرده است. حدیثی دیگر به نقل از امام صادق نقل شده‌است که این مدت را هفت سال ذکر کرده است اما به گفتهٔ جعفر صادق، امام ششم شیعیان امامی، هر سال این حکومت به اندازه هفتاد سال عادی خواهد بود. در حدیثی دیگر که ابن بابویه از صادق نقل کرده‌است او از وجود دوازده مهدی پس از قائم (و نه دوازده امام) خبر داده است. این مهدی‌ها از میان شیعیان امام زمان خواهند بود. طبق نظر علی کورانی در کتاب عصر ظهور بر اساس جمع بندی روایات شیعه و سنی در خصوص ظهور و قیام مهدی موعود، ظهور مهدی از ابتدا تا تشکیل حکومت چهارده ماه طول می کشد. ظهور از ماه رجب و با خروج سفیانی آغاز می شود. در شش ماه نخست، ظهور مهدی غیرعلنی است و او در اضطراب و نگرانی است و امور را به طور مخفیانه توسط یارانش رهبری می کند. سپس در ماه محرم قیام قائم از مکه آغاز می شود و وی از آنجا رهسپار مدینه، سپس عراق و نهایتاً شام می شود. او طی هشت ماه دشمنانش را شکست می دهد و جهان اسلام را یکپارچه تحت فرمان حکومت خود در می آورد. سرانجام وارد قدس می شود. آنگاه با رومیان (که به نظر کورانی مقصود غربیان هستند) پیمان آتش‌بس می‌بندند. در این اثنا طبق روایات مسلمانان عیسی از ملکوت فرود می آید، تا حجت بر یهودیان و مسیحیان تمام شود. ترتیب حوادث فرود مسیح و آتش بس میان مسلمانان و رومیان (غربیان) در روایات دقیقاً مشخص نیست.

به هر حال مسیح به مهدی می پیوندد و پشت مهدی نماز می خواند. سپس رومیان پیمان آتش بس را نقض می کنند و جنگ بسیار بزرگی در ساحل شرقی مدیترانه رخ می دهد و مهدی پیروز می شود » ویکی پدیا، دانشنامه اینترنتی

« از پیامبر اسلام نقل است که : ثُمَّ يَغِيبُ عَنْهُمْ إِمَامُهُمْ مَا شَاءَ اللَّهُ وَ يَكُونُ لَهُ غَيْبَتَانِ إِحْدَاهُمَا أَطْوَلُ مِنَ الْأُخْرَى ثُمَّ الْتَفَتَ إِلَيْنَا رَسُولُ اللَّهِ فَقَالَ رَافِعاً صَوْتَهُ الْحَذَرَ الْحَذَرَ إِذَا فُقِدَ الْخَامِسُ مِنْ وُلْدِ السَّابِعِ مِنْ وُلْدِي ! سپس امامشان غائب می شود و تا مدّتی که خدا بخواهد از دیدگانشان پنهان می شود . و برای او دو غیبت خواهد بود که یکی از آنها طولانی تر از دیگری است . هنگامیکه پنجمی از نسل هفتمین فرزندم از دیده ها ناپدید شد، هشیار باشید، آگاه باشید » کتاب رها، صفحه ۲۶۶

ادعای منجی، در ادیانی که دین خود را آسمانی پنداشته اند، مختلف است. ساشیان یا سوشیانس، منجی زرتشتیان، ماشیح منجی یهودیان، عیسی ، منجی مسیحیان، محمد حنفیه ، منجی کسانیه، اسماعیل، منجی اسماعیلیه، ابومنصور الحاکم، منجی دروزیه و ... .اعتقاد به منجی، در غالب ادیان وجود دارد که فاقد مستند میباشد. این کثرت از کذب می‌تراود، زیرا وحدانیت بایست، به وحدت گراید، نه کثرت.

تناقض برخی احکام، میان تورات و قرآن

احکام محمد، در شهر یثرب اعتراض اهل کتاب را برانگیخته ساخته بود؛ زیرا او احکامی مغایر با احکام تورات می‌آورد. این، در حالی است که یهودیان منقول از خداوند، در تورات بدفعات تاکید کرده اند که احکام خداوند جاودانی و همیشگی است و والدین بایست، به

کودکان خود بیاموزند. از اینرو احکام محمد که مغایر با احکام تورات بود، اهل کتاب را بر آن داشت که عزم معارضت و منازعت با او نمایند :

«در غزوه خیبر مسلمین با یهود چند جنگ سخت کرده و عده ای از قلعه های محکم ایشان را تسخیر نمودند و از ایشان غنایم و اسرای بسیار گرفته و بعضی از روسای آن طایفه را کشتند از جمله مرحب خیبری است که بدست علی بن ابیطالب به قتل رسید. در این غزوه مسلمین به علت عنادی که مخصوصاً نسبت به یهود داشتند با این طایفه بیرحمی بسیار معامله کرده، جمع کثیری از ایشان را به سفاکی تمام از دم تیغ گذراندند » حسن پیرنیا، تاریخ ایران، صفحه۲۹۳

تناقض برخی احکام میان تورات و قرآن

حکم تورات	مأخوذ	حکم قرآن	مأخوذ
عقوبت سارق استرداد دو برابر مال	تورات، خروج ۲۲ : ۲.۳.۴	عقوبت سارق قطع دست	قرآن، مائده/۳۸
عقوبت زنای مجرد ازدواج	تورات، خروج ۲۲ ۱۶.۱۷:	عقوبت زنای مجرد ۱۰۰ تازیانه	قرآن، نور/۲
نهی از انتقام	تورات، لاویان ۱۹: ۱۸	اذن به انتقام	قرآن، شوری/۴
قتل نکن	تورات، تثنیه ۵: ۱۷	قتل بکن	قرآن،توبه/۵
نهی بیش از ۴۰ تازیانه بدلیل	تورات، تثنیه ۲۵:	۱۰۰ تازیانه برای زنا و ۸۰	قرآن، نور/۲.۴

خوار نشدن مجرم	۱،۳	تازیانه برای قذف	
حرام بودن گوشت شتر	تورات، تثنیه۱۴: ۷	حلال بودن گوشت شتر	قرآن، حج/۳۶
مال کسی را غصب نکنید	تورات، لاویان ۱۹: ۱۳	مال یتیم را غصب نکنید	قرآن،نساء/۲

تناقض برخی احکام میان تورات و قرآن

حکم تورات	ماخوذ	حکم قرآن	ماخوذ
غنایم ۱ در ۵۰۰ به خدا و ۱در ۵۰ به مسؤلان عبادتگاه و مابقی به سپاهیان و مردم تعلق دارد	تورات، اعداد ۳۱ : ۲۵،۳۰	خمس غنایم ۱ در ۵ به الله و محمد خویشاوندان، یتیمان و در راه ماندگان تعلق دارد	قرآن،انفال/۱ انفال/۴۱، حشر/۷
نهی اختیار زن زیادی	تورات، تثنیه۱۷:۱۷	اذن اختیار زن زیادی	قرآن، احزاب/۵۰
پرداخت مهریه به دختر اغفال شده	تورات، خروج، ۲۲: ۱۶،۱۷	پرداخت مهریه به زوجه	قرآن، نساء/۳،۴
عقوبت زنای محصنه مرگ	تورات، تثنیه، ۲۲: ۲۲	عقوبت زنای محصنه نصف زن آزاد	قرآن،نساء/۲۵

جهاد و محمد، در قرآن

واژه جهاد، به معنی کوشش و تلاش، در کلام قرآن برای قتال (جنگیدن) و قتل (کشتن) مورد استعمال قرار گرفته است. این، در حالیست که واژه جهاد، در کلام سیدارتا گوتاما بودا، جهاد علیه نفس سرکش خویشتن است. بدینسان مسلمان طبق فرمان جهاد بایست جان و مال خود را، در راه مطاوعت از الله قربانی نماید که رضای الله فراهم گردد، همچنانکه شتر، گوسفند و گاو را، به فرمان قرآن، در را مطاوعت از الله و برای رضای الله قربانی می‌کنند. این، در حالیست که قرآن تحقق زیستن، در بهشت و سعادت را با نیل، به محسنات و حسنات تامین نموده است. بدینسان نیاز، به شهادت برای زیستن، در بهشت و سعادت واجب نیست. این دو وعده مذکور، تناقض است که اعتبار کلام قرآن را ساقط ساخته است. بواقع شهادت، اعتقاد، به وحدانیت، عبودیت، محبت و حسنات است و بس. شهادت، استقامت، در راستای موارد مذکور میباشد. لیکن قرآن، شهادت را، ابزار اشاعه پرخاشجویی و ستیزه جویی تهاجمی قرار داده است که دانش مدرن روانشناسی و جامعه شناسی و انسانی، در صحت و سلامت زیستی، روانی و اجتماعی، آن را بر نمی‌تابد.

«کسانی که ایمان آورده و هجرت کرده و در راه الله با مال و جانشان به جهاد پرداخته‌اند نزد الله مقامی هر چه والاتر دارند و اینان همان رستگارانند» قرآن، توبه/۲۰

«به خدا و فرستاده او بگروید و در راه الله با مال و جانتان جهاد کنید این اگر بدانید برای شما بهتر است» قرآن، صف/۱۱

علل جهاد، در راه الله :

علل متعددی دخیل، در صدور جهاد، در شهر یثرب و پس از گریختن وهجرت کردن از شهر مکه است که برخی از آن به شرح ذیل میباشد :

محمد طی ۱۳ سال رسالت از مورخه ۶۱۰ میلادی الی ۶۲۲ میلادی، برخلاف مطالبات بر حق تازی ، یهودی و نصاری،   معجزه ای ،شاهدی، نوشته ای و عذابی منزل نداشت. چنانکه سوره یونس/۲۰، حجر/۷، رعد/۲۷ و... بدان گواهی می‌دهند. محمد متعاقب شکست رسالت، در شهر مکه از دعوت مکی، به خشونت مدینی گرایید. محمد، در شهر مدینه ابتدا اقدام، به راهزنی و غارتگری نموده، سپس آتش قتال و قتل را افروخت.

برخی دلایل جهاد عبارت بودند از :

✓ انتقامجویی از اهل مکه، چنانکه سوره بقره/۱۹۱ بدان اشاره دارد.

✓ جنگ با مشرکان و یهودیان، چنانکه سوره بقره/۱۹۱ بدان اشاره دارد

✓ استیلای دین اسلام به جبر بر سایر ادیان، چنانکه سوره صف/۹ بدان اشاره دارد

✓ جنگ با اهل کتاب و گرفتن جزیه ، چنانکه سوره توبه/۲۹ بدان اشاره دارد

به قصد بررسی شخصیت محمد منقول از قرآن ابتدا بایست دانست که هر انسانی دارای ابعاد شخصیتی ذیل میباشد :

۱- بعد شخصیت غریزی و نژادی (ژنتیکی و نژادی)

۲- بعد شخصیت تقلیدی (پیروی از دیگری)

۳- بعد شخصیت تحمیلی (آموزه‌های اجتماعی)

۴- بعد شخصیت تجربی (کنجکاوی و یادگیری)

۵- بعد شخصیت تحصیلی (آموزه های علمی و درسی)

۶- بعد شخصیت اعتقادی (آموزه های فردی، دینی، سیاسی و...)

قرآن افرادی دارای شخصیت تقلیدی را متاثر از بخش آموزههای غیر اخلاقی خود (مانند: انتقامجویی، لعن و نفرین دیگران، جنگیدن و کشتن، خودکشی، ضرب و شتم، تعرض به مال، جان و آیین سایرین، توهین و ...) نموده است.

«و انتقام بدی، به مانند آن بدی روا است ...» قرآن، شوری/۴۰

«از همسایه خود انتقام نگیرید و از وی نفرت نداشته باشید» تورات، لاویان، ۱۹/ ۱۸

آمار چنین مینمایاند که دختران بیشتر متمایل، به پیروی از بعد شخصیت تقلیدی هستند و پسران بیشتر متمایل، به پیروی از بعد شخصیت تجربی. لذا بین دانشمندان دنیا، اسامی زن دانشمند، معدود یافت میشود که مهمترین آنان ماری کوری میباشد. دختران کمتر با محیط اجتماعی، در تماس قرار میگیرند. اما پسران اغلب اوقات خود را، در خارج از منزل سپری میکنند. از اینرو آمار جرایم مردان بیش از زنان میباشد. بواقع شرایط محیطی و تجربی دخیل، در تکوین بخشی از شخصیت پسران است. بدینسان پسران زودتر از دختران احساس استقلال مییابند. ابعاد شخصیت انسانی مگر بعد شخصیت غریزی از زمان خردسالی تکوین یافته، رشد و نمو مییابد. هنجار شخصیتی، در بزرگسالی بستگی، به عوامل بنیادین ذیل دارد. انسانی که از برهه خردسالی، هنجار زیستی، روانی و اجتماعی را تجربه نماید، بیگمان آتیه پر فروغی، در زندگی فردی و اجتماعی، در انتظار اوست:

۱- سامان ژنتیکی

۲- سامان روانی

۳- سامان خانوادگی

۴- سامان عاطفی

۵- سامان تربیتی

۶- سامان محیطی اعم از سیاسی، اقتصادی، اجتماعی و فرهنگی

روانکاوی محمد بن عبدالله

پیش از آنکه مطالب پیرامون این بخش را بنگارم، لازم دانستم که جهت تنویر افکار عمومی، به اقتباس از کتاب روانشناسی جنایی، تالیف شادروان استاد دکتر مهدی کی نیا، پیرامون آمار جنگ و جنایت بشری پردازم که بواقع زیبنده نوع بشری نیست که قوه خلاقه و عاقله و قوه الاهه را، در وجود خویش، به ودیعه دارد :

«تمایل طبیعی انسان، به اینکه، در مواردی معین با تندی و خشونت افکار و عقاید خود را، به دیگران بقبولاند یا مقاصد و منافع خود را تعقیب و تامین نماید؛ در زبانهای فرانسوی و انگلیسی با مختصر اختلاف، در تلفظ و املاء آگرسیوتی یا آگرسیوتیه و آگرشن یا آگرسیون خوانده می‌شود. ما، در فارسی از این دو کلمه، به   واژه های پرخاشگری و پرخاش تعبیر می‌کنیم. این پرخاشگری و خشونت، در گفتار و رفتار، اختصاص، به افراد ندارد، بلکه مشاجرات و جنگ و جدالهایی که میان اقوام و ملل، پیوسته جریان داشته و دارند، همه تظاهرات این صفت یا خصلت هستند. در این باره یکی از اعضای آکادمی علوم شوروی، به

نام کوالسکی m.n.a.kovalsky آماری، به دست داده است که حقیقتاً وحشت انگیز است. او می‌گوید : طبق تحقیقاتی که صورت گرفته است از ۳۶۰۰ سال پیش از میلاد مسیح تا امروز، یعنی، در مدت بیش از پنج هزار و پانصد سال، بشر فقط ۲۹۲ سال را، در صلح و صفا گذرانده است و بقیه این مدت، یعنی قریب پنج هزار و دویست سال را، در جنگ و ستیز و زد و خورد بوده است. در این مدت ۱۴۳۰۰ پیکار بزرگ و کوچک روی داده است و طی آن شماره افرادی که کشته شده یا در اثر قحطی و بیماری واگیر ناشی از آن جنگ و ستیزه ها از میان رفته اند بالغ بر سه میلیارد و ششصد میلیون تن بوده است، یعنی معادل کل جمعیت فعلی کرده زمین (اکتبر ۱۹۷۱). این است آثار وحشتناک خشونت و پرخاشگری. بنابراین چنین به نظر می‌رسد که تا زمانی که این صفت از نهاد بشر ریشه کن نشود، با وجود همه پند و اندرزهایی که حکما و دانشمندان، به همنوعان خود داده اند و با وجود همه کوششهایی که تاکنون در سطح بین المللی به علم آمده است- مانند: تشکیل جامعه ملل متحد و کنفرانسها و کنگره های مربوط به خلع سلاح و غیره، صلح و صفا در جهان برقرار نخواهد گردید.» دکتر مهدی کی نیا، روانشناسی جنایی، جلد۲، صفحه۸۱۷و۸۱۸، چاپ دوم ۱۳۹۰خورشیدی

لازم، به ذکر است که موارد قتل مشروع، در قرآن به شرح ذیل است:

۱-   قتل طایفه ای ستمکار از مسلمانان : قرآن، حجرات/۹

۲-   قتل محارب و مفسد فی الارض : قرآن، مائده/۳۳،بقره/۱۹۱

۳-   قتل منافق : قرآن، احزاب/۶۱

۴-   قصاص : بقره/۱۷۸،۱۷۹

از منظر روانشناسی، پرخاش (Agression) یا جدال (war) و قتل (Murder)، عدول از حیطه روان سلیم اعم از مقطعی یا دائمی است، مگر آنکه آنها جنبه تدافعی داشته باشند. روانشناسان، پرخاشجویی (Agressitive) را، در دو حوزه فیزیولوژیکی (زیستی) و پاتولوژیکی (مرضی) و جبلی (غریزی) و اکتسابی مورد تحقیق و بررسی قرار داده اند. همچنین روانشناسی تکوینی و ژنتیکی ، سعی، در اثبات واکنش جبلی و غریزی، در جریان پرخاشجویی داشته است. روانشناسان، پرخاشجویی تدافعی را مثبت و پرخاشجویی تهاجمی را منفی ارزیابی کرده اند. پرخاشجویی تدافعی انسان، همچون پرخاشجویی تدافعی حیوان، جبلی و طبیعی خوانده شده است. اما بخشی از پرخاشجویی انسان، اکتسابی است که ناکامی‌ها و کاستی‌ها، در حیطه خانوادگی، زیستی و اجتماعی موجبات آن را فراهم می‌سازند. طبق بررسی‌های نگارنده، زیگموند فروید (Sigmund freud 1856-1939) روانشناس شهیر آلمانی، معتقد است که نظام اجتماعی کنونی و اکنون نظام مدرنیته، ارضای پرخاشجویی انسان را مهار نموده است. غالباً انسان بهنجار (Normal)، در برهه مدرن، تهی از تمایل، به ابراز توحش است. از منظر روانشناسی، رفتار جنایی : ناتوانی و نابسامانی اشخاص، در دستیابی، به هدفی یا ناکامی، در موضوعی، در مقاطع سنی کودکی، نوجوانی و بزرگسالی است. اما علل بنیادین بزهکاری را می‌توان، در موارد ذیل یافت :

❖ نابسامانی تربیتی (Educational disorder)

❖ نابسامانی عاطفی (Emotional disorder)

❖ نابسامانی محیطی (Environmental disorder)

قصد نگارنده از روانکاوی شخصیتی محمد بن عبدالله، تبیین این واقعیت است که آیین واقعی الهی و نبوی : محبت (Love)، گذشت (Pardon) و عدالت (JUSTICE) است، نه خشونت (Violence)، قساوت (Atrocity) و جنایت (Crime). از اینرو علل پرخاشجویی تهاجمی محمد بن عبدالله را بایست مورد بررسی قرار داد که متاسفانه این پرخاشجویی تهاجمی، در دین یهودی و اسلامی، به مقام الهی و نبوی نسبت داده شده است که ناخودآگاه یا خودآگاه، اهانتی بشری، به مقام الهی و نبوی محسوب می‌شود.

محمد بن عبدالله از برهه خردسالی با فقدان والدین مواجه شد. همچنین او از محیط آموزشی و تربیتی مناسبی برخوردار نبود؛ زیرا او، در فرهنگ توحش بدوی بالندگی یافت؛ یعنی، زمانی که قبایل تازی، پرخاش، جنگیدن، کشتن، تعرض و راهزنی را ارزش می‌پنداشتند. او، محبت، شفقت و تربیت را، در خردسالی و نوجوانی تجربه نکرد؛ زیرا زندگی صحرا نشینی، تازیان را جاهل و خشن می‌پرورانید. او، ابتدا، در قیمومت عبدالمطلب، پدر بزرگ خود و سپس ابوطالب، عموی خود قرار داشت که خودشان، در زندگی بدوی، بهره ای از شفقت بشری، فرهنگ متعالی، مدیریت اخلاقی و علمیت کافی نداشتند. از اینرو محمد بن عبدالله، در تاریخ اسلام، فردی امی و بیسواد است که شغل چوپانی و گوشه عزلت، در غار حرا و صحرا، دستاورد نابسامانی‌های زیستی او هستند. همچنین شغل چوپانی، خود مستلزم استعمال جبر و زور چوپان بر گوسفندان است. پس او جبر و زور را آموخته، پس از هجرت از شهر مکه، به شهر یثرب، به ابراز جبر، قهر و شر علیه مخالفان خود پرداخت. گوسفندان از سویی توسط گرگان و از سوی دیگر توسط چوپان دریده می‌شوند. پس انسان چوپان، همچون گرگان، به مال و جان گوسفندان طمع دارد. از اینرو گوسفندان از دو سوی ایمن نیستند.

بنابراین می‌توان استنتاج نمود که همه ناکامی‌ها و کمبودها، در زندگی محمد بن عبدالله، بستر بزهکاری را فراهم ساخت. غالب بزهکاران نیز قربانی ناکامی‌ها و کمبودها، بدلیل ناهنجاری و نابسامانی ژنتیکی، روانی، تربیتی، عاطفی و محیطی هستند. لذا محمد بن عبدالله، در جایگاه یک بشر محروم، از این قاعد مستثنی نیست. اکثر انسانها ناکامی‌ها و کمبودها را، طی زندگی تجربه نموده، طبق آموزهای ابعاد شخصیتی اعم از فطری، تجربی، تحصیلی، تقلیدی و ... نسبت، به آنها واکنشی خاص شخصیت خودشان نشان می‌دهند.

پس از مطالعه زندگی محمد، به فراست می‌توان دریافت که سفارش مکرر و مؤکد او، در حدود ۲۵ آیه قرآن (بقره/۲۱۵- بقره/۸۳)   درباره یتیم نوازی، ناشی از کمبودهای عاطفی و روزهای یتیمی و تنهایی است. آیات مذکور آزردگی و کمبودهای عاطفی محمد را متجلی می‌سازد. همچنین تکرار مؤکد برخی آیات قرآن مبنی بر نیکی و مهربانی، به والدین (نساء/۳۶- انعام/۱۵۱)، منبعث از آمال، عطش و قلیان احساسی و عاطفی او، برای داشتن والدین است. نابسامانی عاطفی، تربیتی و محیطی و روانی، در برهه‌های خردسالی، نونهالی، کودکی و نوجوانی، در زندگی، نقش بسزایی برای تکوین یک شخصیت، طغیانگر، بزهکار و جنایتکار، در بزرگسالی ایفا می‌کنند. نابسامانی شخصیت محمد بن عبدالله، فقط منبعث از ناکامی و کاستی عاطفی و یتیمی او نیست، بلکه او صدمات ناشی از نابسامانی تربیتی و محیطی را، در زندگی خود متحمل شده بود. ابراز پرخاشجویی (Agreesivite)و ستیزه جویی فیزیکی و تهاجمی محمد بن عبدالله، در جنگهای فجار و غزوه‌های اسلام، بی قیدی و بی حسی عاطفی (Anesthesie affective) ناشی از ناکامی‌های عاطفی، در زندگی اش را نمایان می‌سازد. این بی قیدی و بی حسی عاطفی را می‌توان، در پیشینه زیستی، روانی و اجتماعی افرادی همچون نبوکد نصر، اسکندر مقدونی،

چنگیزخان، آدولف هیتلر، بنیتو موسولینی، استالین و...، در قالب مکاتبی جنایی چون : اکریمونیسم، دترمینیسم، دسپوتیسم، دیکتاتوریسم و فاشیسم یافت.چنین افرادی را می‌توان مبتلا به سادومازوشیسم (Sadomasochisme)؛ یعنی، التذاذ از خود آزاری و دیگر آزاری خواند که مترادف سادیسم (Sadisme) میباشد. وقتی سوره انفال/۱۲ و سوره محمد/۴ سخن از قطع فوق گردنها و انگشتها طی منازعه و مجادله رانده است، از منظر روانشناسی، ابتلای مکون بشری بخش بربریستی آیات قرآن، به سادیک (Sadique) را متجلی می‌سازد. وقتی سوره نساء/۳۴، در بحران روابط زوجین، ضرب و شتم زوجه از سوی زوج را فرمان می‌دهد؛ از منظر روانشناسی، ابتلای مکون بشری بخش بربریستی آیات، به سادیک را متجلی می‌سازد. البته خدای کیهان و پیامبر راستین، منزه از سادیک هستند. پرخاشجویی تهاجمی، در بخشی از آیات، حالت سادیک یک انسان نابسامان یا مریض است. از منظر روانشناسی جنایی، بی قیدی عاطفی (Anesthesie affective) و وقفه عاطفی (Inhibitio affective)، در بروز پرخاشجویی و ستیزه جویی، نقش مؤثری ایفا می‌کنند. کودکان یتیمی چون محمد بن عبدالله که از محبت و شفقت مادر و پدر محروم هستند، بیشتر، در معرض ابتلاء، به بی قیدی عاطفی و وقفه عاطفی قرار می‌گیرند. بی قیدی عاطفی، دائمی است که فرد، خود آگاه رفتار می‌کند؛ لیکن وقفه عاطفی، مقطعی میباشد که کردار فرد، ناخودآگاه است. روانشناسان بی قیدی عاطفی را اکتسابی و ماحصل نابسامانی تربیتی خوانده اند. محمد بن عبدالله پس از گریختن، به شهر یثرب (مدینه) توسط اصحاب خود، به راهزنی و غارتگری (Piller) علیه قوافل مکه پرداخت که دگر بار نابسامانی عاطفی، تربیتی و محیطی را، در شخصیت او محرز می‌سازد.

علل بسیاری از بزهکاری‌ها و جنایتکاری‌ها را بایست، در ناکامی‌ها و کاستی‌ها، در برهه خردسالی، کودکی و گاهی برهه نوجوانی و بزرگسالی جستجو نمود. براستی گزاف نمی‌گویم که اکثر بزهکاران در سن بزرگسالی، بدلیل کاستی‌ها و ناکامی‌ها، در برهه کودکی بیش از یک قربانی، در زندگی فردی، خانوادگی و اجتماعی نیستند.

«اشخاص بی عاطفه از کودکی محبت نچشیده اند، از عطوفت پدر و مادر، خاصه مادر بی بهره بودند یا دلبستگی فی ما بین آنها وجود نداشت. در پایه ریزی شخصیت و چگونگی رشد افراد هیچ عامل اجتماعی به پایه محیط کوچک خانواده نمی‌رسد. تار و پود حیات روانی اشخاص را، در کانون خانواده، به هم می‌تنند و در خانواده، مادر بخش مهمی از سرنوشت فرزندان خود را، در دست دارد. ابراز احساسات نسبت، به دیگران (عشق، ترحم،احترام)، در نظر اشخاص بی عاطفه بی معنی است. تا آخرین سر حد بیرحمی و شقاوت پیش می‌روند؛ به اطرافیان خود دلبستگی پیدا نمی‌کنند و از تنهایی خود نیز رنج نمی‌برند. تربیت، در آنها تاثیر ندارد. ولو آنکه مستمراً تحت نظر و مراقبت باشند؛ خطرناکترین افراد تبهکار را تشکیل می‌دهند. بسیاری از جنایتکاران بزرگ به این گروه تعلق دارند...» دکتر مهدی کی نیا، روانشناسی جنایی، جلد۲، چاپ دوم ۱۳۹۰خورشیدی، صفحه ۹۲۴و۹۲۵

محمد بن عبدالله، در آیات مجادله/۲ و احزاب/۴ شیوع عقده ادیپ و ناکامی، در عقده ادیپ را بین اعراب متجلی ساخته است . عقده ادیپ (Complexe d'oedipe)، عشق فرزند پسر نسبت، به مادر است که مکون تمایل وصال فرزند پسر با مادر میباشد. پس از آن پدر، نزد فرزند پسر، دشمن تلقی می‌گردد که گاهی منجر، به پدر کشی (Parricide) می‌شود. محمد بن عبدالله، منقول از مکون بخش اخلاقی آیات قرآن، خطاب، به اعراب متذکر شد

که همسر خود را همچون مادر خود نپندارید. این حالت زمانی بوقوع می‌پیوندد که عقده ادیپ، در فرد مبتلا، سرکوب شده باشد. پس از آن، او همسر خویشرا همچون مادر خود می‌پندارد. عقده ادیپ، خاص فرزند پسر است. اما از سوی دیگر عقده الکترا (Complexe d'electre) خاص فرزند دختر است که عشق فرزند دختر را نسبت، به پدر بر می‌انگیزاند. از اینرو روانشناسان تاکید ورزیده اند که مادران پس از سن ۲ سالگی، محبت خویشرا نسبت، به فرزند پسر تعدیل نموده، ابراز کثرت محبت را، به پدران واگذارند. همچنین عکس این موضوع بایست درباره فرزند دختر رعایت شود.

محمد بن عبدالله یتیم بود. بنابراین می‌توان احتمال داد که او، به عقده ادیپ مبتلا نبود؛ لیکن آنچه او بدان نیاز داشت، یک همسر بود که چو مادر باشد و چو مادر، مهر ورزد. پس خدیجه زن بیوه ۴۰ ساله، بهترین گزینه برای یک پسر یتیم ۲۵ ساله بود که ارضای ناکامی عاطفی او را میسر سازد. همواره مادر از لحاظ سن، بزرگتر از فرزند است. پس محمد بن عبدالله همسر متمکن بزرگتر از خود اختیار کرد که ضمن برخورداری از ثروت خدیجه، مادر را، در وجود او بیابد و بیآرامد. همچنانکه او، در سن ۵۳ سالگی عایشه خردسال و ۹ ساله را برگزید که ضمن توفیق، در منویات سیاسی خود، اوج قوه شهوانی خویشرا ارضاء نماید. اختیار بیش از یک همسر سالم از لحاظ اخلاقی، روانی و جنسی از سوی یک مرد، گاهی جنبه عاطفی ناشی از خلع عاطفی همسر اول و گهی جنبه شهوترانی و هوسرانی ناشی از خلع ارضای جنسی از سوی همسر اول است، اما تعدد زوجین وقتی بیش از یک و دو همسر سالم و بهنجار شد، بی گمان منشا هوسرانی و شهوترانی دارد. معهذا محمد بن عبدالله، پس از رحلت خدیجه - نخستین زوجه متمکن خود- منقول از روایات اسلامی، ۹ زوجه که غالب آنان بیوه بودند، اختیار کرد.

اختیار بیش از یک همسر- مگر، به دلایلی که متن قوانین اسلامی، اذن اختیار همسر دیگر را بدهد - ممنوع میباشد و عدول از آن موجب رسیدگی دادگاه‌های خانواده و صالحه است. اعراب، پیش از احکام قرآن، شهوترانی و هوسرانی خویش‌را، توسط حکم تعدد زوجین تامین کرده بودند. قانون تعدد زوجین، در آیات قرآن، منبعث از فرهنگ عرب جاهلیت میباشد. محمد بن عبدالله، قانون اختصاصی تعدد زوجین بیش از سه و چهار همسر را توسط قرائت آیاتی برای خود فراهم ساخته بود؛ لیکن او سایر تازیان مسلمان را اذن اختیار دو، سه و چهار همسر داد. اذن تعدد زوجین، از سوی متولیان دین یهودی، در ازمنه سالف داده شده بود؛ لیکن امروزه مردان یهودی، به اختیار یک همسر بسنده می‌کنند، چنانکه زرتشتیان بدین قانون پایبند بوده اند. یک مرد ایرانی، پیش از ورود فرهنگ تازی، در قالب دین اسلام، تنها یک همسر بر می‌گزید.

محمد بن عبدالله، به تبع دین زرتشتی، یهودی و مسیحی، منقول از مکون بخش اخلاقی آیات قرآن، طی سوره نساء/۲۳ ازدواج پسران با مادران را، به صراحت نهی کرده است. لیکن هرگز دختران را از ازدواج با پدران نهی نکرده است؛ بلکه پدران را از ازدواج با دختران نهی کرده است. این، در حالیست که اغلب دختران، بدلیل ابتلاء، به عقده الکترا، به ازدواج با پدران تمایل می‌یابند. بنابراین آیات مذکور را نمی‌توان تجربی و علمی خواند، بلکه آیات مذکور دینی هستند. ملاحظه می‌شود که بخش آیات اعجمی و فارسی، در یک نظام اخلاقی و بخش آیات عربی و محمدی، در یک رژیم بربریستی که خالق بخشی از تناقضات، در متن قرآن است، تهی از حکم نهی دختران، در ازدواج با پدران میباشد.

اگر شخصیت نابسامان محمد و شخصیت بسامان عیسی را مورد بررسی قرار دهیم، تعارض بین افکار و رفتار آنان هویدا است. عیسی همواره فروتن و مهربان زیست و ثبات شخصیتی

داشت؛ زیرا او از نابسامانی تربیتی، عاطفی و محیطی متالم نبود. لیکن محمد خشن و مشوش زیست و ثبات شخصیتی نداشت؛ زیرا او، متاثر از نابسامانی های تربیتی، عاطفی و محیطی زیست.

«عیسی گفت: من مهربان و فروتن هستم و به جانهای شما راحتی خواهم بخشید» انجیل متی، ۲۹/۱۱-۳۰

«پس فراز گردنها را بزنید و همه سرانگشتانشان را قطع کنید» قرآن، انفال/۱۲

محمد بن عبدالله طی ادوار زندگی خود با ناهنجاری ها و نابسامانی‌ها رشد نموده بود. اکنون بایست دانست که اطلاق صفت «امین»، به محمد بن عبدالله طی سفری با ابوطالب، عموی خود بسوی سرزمین شام، قضاوت مقطعی همراهان قافله بود، نه قضاوت دائمی مردم. انتساب محمد، به دروغگو و فریبکار از سوی اعراب و منقول از قرآن، او را نزد اعراب فردی «امین» نمی‌خواند. بی‌گمان فردی درستکار هرگز، به پرخاشجویی تهاجمی، سفاکی، راهزنی، غارتگری و غنیمت گرفتن دختران و زنان نمی‌پردازد:

« ابوطالب مانند بزرگان دیگر قریش، صاحب قوافل بود و به تجارت با بلاد اطراف می‌پرداخت. از جمله موقعی که حضرت، به سن سیزده رسیده بود، در سفر آثاری از درستکاری و ذکاوت و هوش سرشار حضرت به ابوطالب و کسان دیگری که با او همراه بودند و یا با حضرت معاشر شدند، نمودار گردید و از همین تاریخ او را محمد امین خوانده و او را به این عنوان، در میان قریش شهرتی به سزا یافت » حسن پیرنیا، تاریخ ایران،صفحه ۲۸۴

محمد، خشونت را از کودکی، در نابسامانی محیطی تجربه نموده بود. دانش روانشناسی جنایی بیان میدارد : کودکان، در محیط زیست اجتماعی و فرهنگی که آکنده از خشونت باشد برای ارتکاب جرایم مستعد خواهند شد. شخصیت محمد، در فضای جنایی شکل گرفت و او از سن نوجوانی خشونت را تجربه نمود. بنابراین حضور او ، در مجادلات فجار و غزوات اسلام، تحیر برانگیز نیست؛ زیرا محمد تابع ارزشهایی بود که از منظر روانشناسی، آتیه ای و سرنوشتی بزهکارانه و جنایتکارانه را برای کودکان، در سنین نوجوانی و جوانی فراهم می‌سازد. فجار؛ به معنی، گناهکاری و تبه کاری آمده است که جمع واژه « فاجر » است :

«جنگهای فجار از حوادث مشهور جاهلیت و دوران قبل از اسلام است. عرب که پیوسته، در صحراهای سوزان خود، به غارتگری و جنگ و نزاع اشتغال داشتند؛ تعهد کرده بودند که چهار ماه رجب، ذی القعده، ذی الحجه و محرم دست از جنگ و کشتار بکشند و در بازارهای خود، به خرید و فروش و مفاخرت و شهر و خطابه و زیارت کعبه بپردازند. ولی چهار بار حرمت ماه های حرام شکسته شد و اعمالی انجام گرفت که کار به جنگ کشیده شد.

فجار نخست : طرفین درگیر، در این جنگ قبیله کنانه و هوازن بودند و علت جنگ را چنین می‌نویسند که مردی به نام بدر بن معشر، در بازار عکاظ برای خود جایگاهی ترتیب داده بود و هر روز بر مردم مفاخره خود را بیان می‌کرد. روزی شمشیری به دست گرفته، گفت : مردم! من گرامی ترین مردم هستم و هر کس گفتار مرا نپذیرد باید با این شمشیر کشته شود. در این هنگام مردمی برخاست شمشیری بر پای او زد و پای ا را قطع کرد. از

این جهت طائفه دو طرف به هم ریختند . ولی بدون این که کسی کشته شود از هم دست برداشتند.

فجار دوم : سبب جنگ این بود که زن زیبایی از طایفه بنی عامر توجه جوان چشم چرانی را به خود جلب کرد. آن جوان از او درخواست کرد که صورت خود را باز کند. آن زن امتناع نمود. جوان هوس باز پشت سر او نشست و دامن های دراز زن را با خار به هم دوخت، بطوریکه موقع برخاستن صورت آن زن باز شد. در این هنگام هر کدام قبیله خود را فراخواندند و جنگ در گرفت. پس از کشته شدن عده ای دست از هم برداشتند.

فجار سوم: مردی از قبیله بنی عامر از یک مرد کنانی طلبکار بود. مرد بدهکار امروز و فردا می‌کرد. از این جهت میان این دو نفر درگیری شد. چیزی نمانده بود که دو قبیله یکدیگر را بشکنند که کار به مسالمت انجامید

فجار چهارم: همان جنگ هایی است که می‌گویند محمد، در آن شخصاً حضور داشت. سن او را، درموقع بروز جنگ ، بطور مختلف نقل کرده اند.عده ای می‌گویند : چهارده یا پانزده سال داشت و برخی نوشته اند که بیست سال داشت. ولی چون این جنگ چهار سال طول کشید از این جهت ممکن است تقریباً تمام نقل ها صحیح باشد » تاریخ کامل ،ابن اثیر، جلد۱، صفحه ۳۵۸ الی ۹۵۹و سیره ابن هشام، پاورقی، جلد۱، صفحه ۱۸۴

« ریشه نزاع را چنین نوشته اند که : نعمان بن منذر، هر سال کاروانی ترتیب می‌داد و مال التجاره ای، به عکاظ میفرستاد تا، در مقابل آن پوست و ریسمان و پارچه های ربفت برای او بخرند و بیاورند. مردی از قبیله هوازن به نام عروهٔ الرجال حفاظت و حمایت کاروان را به عهده گرفت. ولی براض بن قیس کنانی از پیش افتادن مرد هوازنی سخت عصبانی شد. نزد

نعمان بن منذر رفت و اعتراض نمود. ولی اعتراض او ثمر بخشیتد. آتش خشم و حسد، در درون او شعله می‌کشید. پیوسته مترصد بود که، در اثنای راه، عروهٔ الرجال را از پای در آورد و سرانجام، در سرزمین بنی مرده او را کشت و دست خود را به خون مرد هوازنی آلوده ساخت. آن روزها قبیله قریش و کنانه با هم متحد بودند واین جریان موقعی اتفاق افتاد که قبایل عرب، در بازار عکاظ سرگرم داد و ستد بودند. مردی قبیله قریش را از جریان آگاه ساخت. از این جهت قبیله قریش و کنانه پیش از آن که قبیله هوازن از جریان آگاه گردند، دست و پای خود را جمع کرده، رو به حرم (چهار فرسخ از چهار طرف مکه را حرم گویند و جنگ ، در آن نقطه میان عرب ممنوع بود) آوردند و پیش از آن که به حرم برسند جنگ میان دو گروه بر پا شد. سرانجام تاریکی هوا سبب شد که دست از جنگ ردارند و این خود فرصتی بود که قریش و کنانه راه حرم را، در تاریکی پیش گیرند و از خطر دشمن ایمن شوند. از آن روز، به بعد گاه و بی گاه قریش و متحدین آنها از حرم بیرون می‌آمدند و جنگ می‌کردند. در بعضی از روزها رسول خدا همراه عموهای خود، در جنگ شرکت می‌کرد. این وضع چهار سال ادامه داشت. بالاخره جنگ با پرداختن خون بهای کشتگان هوازن که بیش از قریش کشته داده بودند خاتمه پذیرفت » سیره ابن هشام، جلد۱، صفحه ۱۸۴ الی ۱۸۷، فروغ ابدیت، جلد۱، صفحه ۱۸۱، جعفر سبحانی

ابن سعد، در کتاب الطبقات الکبری پس از آن که به تفصیل داستان فجار را ذکر کرده ، در پایان از رسول خدا روایت کرده که فرمود :

«... من نیز با عموهایم، در آن جنگ حاضر شدم و تیرهایی نیز زدم. و در پایان گوید : عمر آن حضرت، در آن روز بیست سال بود»

« همچنین، در کتاب تاریخ یعقوبی، جلد ۲، صفحه ۹ الی ۱۰ چنین روایت شده است که یعقوبی می‌گوید : و روی بعضهم انه شهد الفجار و هو ابن عشرین سنهٔ و طعن ابابراء ملاعب الا سنهٔ فاراده عن فرسه و جاء الفتح من قبله – و برخی روایت کرده اند که آن حضرت، در فجار شرکت کرد و در آن وقت بیست ساله بود و نیزه ای بر ابو راء ملاعب الا سنهٔ زد و او را از اسب به زمین افکند و همان سبب پیروزی ایشان گردید»

« سپس قول دیگری نقل می‌کند که ابوطالب روزها، در جنگ حاضر می‌شد و رسول خدا نیز با وی حضور می‌یافت و هرگاه آن حضرت، در جنگ حاضر می‌شد، قبیله کنانه بر قبیله قیس پیروز می‌شد و آنها می‌دانستند که این پیروزی از برکت حضور آن حضرت است و از این رو به آن حضرت گفتند : یابن مطعم الطیر و ساقی الحجیج لا تغب عنافا فانری مه حضورک الظفر و الغلبهٔ – ای پسر غذا دهنده پرندگان و سیراب کننده حاجیان ما را از حضور خود، در جنگ محروم نکن که ما به برکت حضور تو شاهد پیروزی و ظفر بر دشمن خواهیم بود. » تاریخ یعقوبی، جلد۲، صفحه ۹،۱۰

«روانشناسی جنایی (Psychologie criminalle) تبیین می‌سازد : کودکان متاثر از محیط زیست خود، به خشونت و پرخاشگری می‌گرایند و مجرمان آینده می‌شوند. اما زیست شناسان برای ارائه توضیحی ژنتیکی از تمایلات جنایی، تلاش کرده اند. خطاهای ژنتیکی و کروموزومی و تغییر، در سطح مواد شیمیایی عصبی، در بدن مانند دوپامین و سروتونین، بطور مستقیم، به پرخاشگری (Violence) و رفتار دیوانگی (psychopathic) منجر می‌شود. جنایتکاران، دارای ویژگی های روانی (psychicah) متمایز هستند. برخی مزاج آرام و خون گرم دارند و برخی آشکارا تهاجمی (Aggressive) هستند. برخی از آنان دارای ضریب هوشی بالا و برخی دارای ضریب

هوشی متوسط یا پایین میباشند. به هر حال رفتار مجرمانه ناشی از تجاوز، به حقوق طبیعی و اساسی سایرین است. رفتار مجرمانه، در ارتباط با اختلال، در شخصیت (Dispositions) نیز میباشد. اغلب بیمار روانی (psychical) یا ضد اجتماعی (Anti social) دارای عدم ثبات روانی، تحریک پذیری و خشونت شدید است. اما گروهی نرم صحبت می‌کنند و ظاهراً جذاب و غیر تهاجمی هستند. بنابراین هنوز قادر، به انجام جنایت (crime) نیستند. همه این افراد، در یک چیز مشترک اند. آنان سعی می‌کنند از طریق رفتار جنایتکارانه چون قتل یا سرقت و ... برای فرار (Escapist) از واقعیت و خالی کردن ناکامی ها و کمبودهای خود، به اعمال جنایی و ضد اجتماعی بپردازند. غالباً بیمار روانی جرم را علیه سایرین روا میدارد و بیمار افسرده نسبت، به خود» اقتباس از یک مقاله روانشناسی جنایی از اینترنت

مطالعه مقولات تاریخی و علمی فوق الذکر برای شناختن شخصیت محمد بن عبدالله که از کودکی، در بحبوحه نابسامانی‌ها رشد نموده بود، مفید است. داوید ریزمان، جامعه شناس فرانسوی ، سه نوع شخصیت را تعریف کرده است :

❖ پیرو سنت (tradition director)

❖ پیرو دیگری (other directed)

❖ پیرو درونی (inner directed)

داوید ریزمان کسانی که از کودکی شخصیت خود را بر حسب پیروی از سنتها بنا نموده اند، فاقد تحولات و پیشرفت شخصیتی خوانده است. بنابراین چنین افرادی، در معرض خطایا قرار دارند. همچنین افرادی که شخصیت آنان بر حسب پیروی از دیگری باشد، از

تحولات و پیشرفت شخصیتی محروم خواهند شد. این افراد نیز، در معرض خطایا واقع می‌شوند. لیکن فردی پیرو درونی و خود مختار، خود، سره را از ناسره تمییز داده، آنها را طی تحلیل عقلی می‌پذیرد. همچنین پیرو درونی یا پیرو خود مختار، توانایی یافتن معادلات اخلاقی را برای رعایت عدل و نسق، در زندگی خود دارد. چنین کسی، در زندگی خود، به تحولات و تغییرات شخصیتی و اعتقادی دست می‌یازد. همچنین پیرو درونی و خود مختار، کمتر در معرض خطایا قرار می‌گیرد. چنانکه پیرو درونی، رهبر اخلاقی خود می‌گردد. محمد بن عبدالله تا زمان مرگ پیرو سنت و پیرو دیگری بود. از اینرو محمد بن عبدالله را نمی‌توان بسان زرتشت نبی، سیدارتا گوتاما بودا و کنفوسیوس دارای ذکاوت و درایت درونی یافت. گواه بر ادعا درماندگی محمد، در طرح نقشه ای برای جلوگیری از تهاجم مشرکان به مدینه، در غزوه خندق است که خود اثبات می‌نماید، او فاقد حکمت الهی و ذکاوت بشری بود. از اینرو سلمان فارسی، به حکمت و ذکاوت ایرانی و بشری خود، طرح خندق را، به محمد و مسلمانان مدینه آموخت. محمد معیارهای اخلاقی را خود نیافته بود؛ بلکه کسی یا کسانی او را آموخته بودند. پس محمد بیش از آنکه ابعاد شخصیت تحصیلی و تجربی برای نیل، به روشنفکری و راهنمایی داشته باشد، دارای بُعد شخصیت فطری، تجربی، تحمیلی و تقلیدی بود. محمد، در زندگی خود استقلال و تحول شخصیتی نداشت. فرهنگ خشونت و قساوت جزو زندگی روزمره اش محسوب می‌گشت. محمد برای نیل، به اهداف سیاسی، مذهبی خود حتی از اخلاق عدول نموده، به راهزنی و باندیتیسم پرداخت. این، در حالی است که ابوسفیان و مشرکان پس از هجرت او، به شهر مدینه، هرگز قصد تعقیب، اذیت و اسارت او نداشتند. موسی، زرتشت و عیسی بسیار مورد اذیت قرار گرفتند؛ لیکن هرگز، به ابراز خشونت و قساوت متمایل نشدند.

«حضرت رسول بعد از تحکیم مقام خود، در مدینه، در صدد کشیدن انتقام از کفار قریش و فتح مکه برآمد... . در سال دوم هجرت (۶۲۴میلادی) مسلمین، در مدینه اطلاع یافتند که چند قافله متعلق، به قریش از شام، به بدر فرود آمده، ریاست آنها هم با ابوسفیان بن حرب از روسای معروف آن قبیله است و همراهان آن قوافل مجموعاً ۳۰ نفراند. حضرت رسول، مسلمین را، به دستبرد، به آن قوافل ... امر کرد. مسلمین هم اطاعت نموده، اموال را، به یغما بردند و قوافل را پراکنده کردند» حسن پیرنیا، تاریخ ایران، صفحه ۲۹۰

بدینسان محمد متاثر از فرهنگ بربریستی عرب، موجبات انعقاد ۲۷ غزوه بزرگ و غزوات بدر، در سال دوم هجری، احد، در سال سوم هجری و خندق، در سال چهارم هجری را فراهم ساخت.

قصد من، در روانکاوی محمد بن عبدالله، تبیین نابسامانی‌های زیستی، روانی و اجتماعی او بوده است، نه بد نامی فردی. بی گمان خداوند لایتناهی، قاضی کردارهای محمد بن عبدالله میباشد. همچنین سرشت ایزد فرید و سیرت پیامبر مجد را بایست از عداوت، غضب، خشونت، قساوت و جنایت، در متون کتب مقدس ادیان توحیدی، خاصه تورات و قرآن مبرا ساخته، آنها را، به نابسامانی و ناهنجاری بشری مرتبط ساخت. من، طبق آموزه‌های فطری، اکتسابی و الهی، به همه انسانها اعم از خوبها و بدها، در اقسی نقاط جغرافیای زمین، محبت می‌ورزم، گرچه آن فرد، محمد بن عبدالله باشد. من نیز، در جایگاه یک انسان، عاری از خطاها، در زندگی نبوده ام؛ لیکن همواره اهتمام ورزیده ام که بدی اخلاقی خویشرا، به خوبی گرایش دهم. تلاش یک انسان برای نیک بودن و نیک زیستن ارزنده میباشد که این تلاش، مورد لطف و عنایت خداوند قرار میگیرد. خداوند این بنده سراپا تقصیر را هدایت

نموده، نجات بخشید، لیکن همچنان نیاز، به خودسازی، برای بهزیستی و اعتلالی اخلاقی دارم. بنابراین دوست داشتن دیگران و نیکوکاری کردن را بایست دین خود و تمرین روزمره قرار داد، که قیود عاطفی و عقلی را قوت بخشد. من برای محمد بن عبدالله دعای خیر می‌کنم، چنانکه موسی سرورم، زرتشت فخرم و عیسی، مقتدایم برای همگان دعای خیر می‌کردند. تعالی عاطفی است که تعالی اخلاقی را تحقق می‌بخشد. وقتی دیگران را، در کمال صداقت عقلی و احساسی، دوست داشته باشیم، هرگز، به اذیت، خیانت، اهانت، تهمت، غیبت، عداوت و بسیاری از مضامین شر نمی‌پردازیم. محبت صادقه، به هم نوعان خویش، امنیت عادلانه را می‌افزاید. نیکوکاری، مستلزم رشد عاطفی و اخلاقی بشری از برهه خردسالی است.

قتال (جنگیدن)، در جهاد

جنگ از منظر حقوقی، در دو وضع بررسی می‌گردد :

- جنگ تهاجمی (Aggressive war)
- جنگ تدافعی (Sitzkrieg)

جنگ تهاجمی، تعرض به حقوق طبیعی و اساسی نوع بشری، همچون تعرض، به مال، جان، ناموس، سرزمین، آیین و ... است . اما جنگ تدافعی، در راستای دفاع از حقوق طبیعی و اساسی منعقد می‌شود. جنگ افروزی محمد بن عبدالله، تهاجمی بود؛ زیرا راهزنی از سوی مسلمانان مدینه، به دستور محمد، منجر، به انعقاد غزوه بدر گردید. اما نبردهای بنی اسرائیل، در سرزمین کنعان جنگ تدافعی بود. چنانکه پیشتر بدان اشاره شده است.

بواقع آموریها، حیتیها، کنعانیها، فرزیها، حویها، یبوسیها و ... عزم جنگ تهاجمی داشتند. بنابراین بنی اسرائیل از خود دفاع نموده، آنان را شکست داد.

قتل (کشتن)، در جهاد

یکی از فرامین خدای موسی نبی، نهی قتل است. قتل یهودی علیه یهودی و انسانی علیه انسانی، در آیین یهودی نهی شده است.

«ای قوم بنی اسرائیل اکنون، به قوانینی که خداوند به شما داده است، گوش کنید» تورات،تثنیه، ۱/۵

«قتل نکن» تورات، تثنیه، ۵ /۱۷

موسی نهی قتل علیه هر انسانی را مقرر نموده است. این، در حالی است که سوره نساء۲۹/ گواهی می‌دهد : محمد، فقط به نهی قتل مسلمان پرداخته است، نه نهی قتل انسان. لیکن موسی، قتل انسان را نهی کرده است. در آیین یهودی، نهی قتل بدلیل تدین افراد نیست، بلکه ارزش و حقوق انسان، دلیل نهی قتل میباشد که البته نهی قتل و قصاص نفس، در حالتی از تناقض قرار می‌گیرند. لیکن، در آیین محمد، ایمان و تدین افراد، دلیل نهی قتل است، نه ارزش و حقوق انسان. تورات یهودی، در منطق و دانش، بر قرآن اسلامی برتری و رجحان دارد :

« ای اهل ایمان ... یکدیگر را به قتل نرسانید » قرآن، نساء۲۹/

کدامیک از افراد ذیل مستعد جنگیدن و کشتن است ؟

✔ افراد بهنجار عاطفی

✔ افراد نابهنجار عاطفی

بی گمان افراد بهنجار عاطفی استعداد خشونت (Violence)، قساوت (Atrocity) و جنایت (Crime) ندارند؛ مگر بحران روحی، روانی، امنیتی و عصبی (روان نژندی و نوروزه) بر آنان عارض شده باشد. از سوی دیگر افراد بهنجار عاطفی حق پرخاشجویی تدافعی، در راستای استقرار آزادگی و عدالتخواهی دارند. گاهی پرخاشجویی تدافعی، برای حفظ جان، مال و ناموس الزامی می‌گردد. اما افراد نابهنجار عاطفی، استعداد خشونت، قساوت و جنایت دارند که از منظر روانشناسی، بی قیدی عاطفی یا وقفه عاطفی، در وقوع آنها دخیل میباشند. ضمیر خود آگاه، برخی افراد را، در بی قیدی عاطفی مشارکت می‌دهد. اما ضمیر ناخود آگاه، برخی افراد را، در وقفه عاطفی مشارکت می‌دهد. مضامین خشونت، قساوت و جنایت، حاصل نابسامانی عاطفی، تربیتی و محیطی است. اما روانشناسان ژنتیک، بخشی از مضامین مذکور را ژنتیکی می‌دانند که ایضاً فقدان سامان عاطفی، تربیتی و محیطی، شرایط رشد و ظهور آنها را فراهم ساخته است. تکوین بُعد شخصیت اعتقادی بر اساس معیارهای اخلاقی اعم از خداشناسی، خداپرستی، مهربانی، نیکوکاری، بخشایشگری، آزادگی و دادگری و از سوی دیگر تکوین بُعد شخصیت تحصیلی بر اساس معیارهای علمی اعم از روانشناسی، جامعه شناسی، انسان شناسی و زیست شناسی، مکون یک مکانیسم مهار برای شر انسانی است. نابسامانی ها و ناهنجاری ها، آستانه تحریک پذیری را کاسته، افراد را، در یک تنش و چالش وارد می‌سازد.

متولیان دینی، خطایای اخلاقی بشری را معطوف، به شیطان   نموده اند که جنبه حقیقی و علمی ندارد. اعتقاد، به شیطان، بدلیل عدم وقوف، به فطرت عقلانی خیّر و شر بشری، در برهه های کهن رایج بود. در متن تورات یهودی، سخنی از موجودی موهوم بنام

شیطان وارد نشده است. اما اندیشه شیطان از آیین ودایی و آیین باستان ایرانی، به آیین زرتشتی، آیین یهودی، آیین مسیحی و آیین اسلامی وارد شده است که عقیده ای خرافی، در تاریخ بشری بوده است. بنابراین شر بشری، شر شیطانی نیست، بلکه شر عقلانی فطری و اکتسابی میباشد. عقل گاهی مایل، به خیر و گهی مایل، به شر می‌گردد. مفهوم خوبی و بدی، در عقل هر انسانی مثبوت است که انسانی طی رشد عقلی و جسمی قادر، به تمیز مضمون خوبی از بدی می گردد. چه عقل، دو حوزه خیر و شر دارد، چنانکه احساس، دو حوزه خیر و شر دارد. کسی را نمی‌توان خوب مطلق یا بد مطلق قلمداد نمود. معبود، کمال دارد، لیکن عبد و عابد، نقصان دارند. پدیده های مخرب طبیعی سیاره زمین، نقصان آفرینش را مینمایاند. برخی، به نیکی خویش مسرورند و برخی، به بدی خویش. اما سعی کنیم که خوبی عقلی و احساسی بر بدی عقلی و احساسی مستولی یابد.

قرآن، در سوره محمد/۲۰ اذعان میدارد که افراد نرمدل حتی قادر، به قتال و جنگیدن تهاجمی نیستند و آیه مذکور، سخن از ترس و غش برخی مسلمانان نزد محمد میراند. این ترس و غش از منظر روانشناسی و اخلاقی، در مواجهه با مضمون جدال و کشتن تهاجمی، موهبت اخلاقی است، لیکن قرآن بر این رحمت عاطفی و انسانی تاخته، ترسویان از جدال و قتل را مستوجب مرگ و هلاک خوانده است. این، در حالیست که تورات یهودی، افراد ترسو و زیر ۲۰ سال را از حضور، در نبرد معاف نموده، هرگز آنان را سزاوار مرگ و هلاک نخوانده است. در اینباره، منطق و دانش تورات بر قرآن رجحان دارد:

« در صورتی که چون سوره ای محکم و صریح آید و در آن ذکر جنگ شود، آنان را که دلهاشان مریض است بنگری که مانند کسی که از ترس،حال بی هوشی بر او دست میدهد، در تو نگاه می کنند، آری! مرگ و هلاک بر آنها سزاوار است» قرآن، محمد/۲۰

« [خداوند به موسی فرمود :] سپس سرداران بگویند : آیا در اینجا کسی هست که می‌ترسد؟ اگر چنین کسی هست به خانه بازگردد تا روحیه دیگران را تضعیف نکند.» تورات، تثنیه، ۲۰، ۸

« تمام مردان بیست ساله و بالاتر را که قادر، به جنگیدن هستند بشمارید» تورات، اعداد،۱/ ۲

آیا محمد بن عبدالله، از هنجار عاطفی برخوردار بود یا نابهنجار عاطفی؟ بی گمان هنجار عاطفی، به خشونت، قساوت و جنایت تهاجمی نمی‌انجامد. چه اکنون ما می‌دانیم که مضامین مذکور اوج استیصال احوال و اخلاق نابسامان یک فرد مقهور از ناکامی‌ها و کاستی‌ها است. پس محمد بن عبدالله، دارای یک شخصیت نابهنجار عاطفی بود.

خشونت، قساوت و جنایت تهاجمی، از منظر دانش پسیکولوژی یا روانشناسی، در حیطه عقل و روان سلیم نمی‌گنجد. شایان ذکر است که خشونت تهاجمی، عدول از اعتدال (Moderation) و افراط (Excess) محسوب می‌شود. قوانین جوامع بشری، خشونت تدافعی را مبرا از جزای قضایی خوانده اند. اما حتی خشونت تدافعی نیز خوبی و نیکی محسوب نمی‌شود، بلکه خشونت تدافعی، واکنش طبیعی، در مقابل تعرض کسی میباشد. مضمون شر، همواره شر است، نه خیر. شایان ذکر است که حتی بودا و عیسی نبی از خشونت تدافعی پرهیز می‌نمودند.

اکنون می‌توان از بررسی‌های فوق الذکر استنباط نمود که محمد بن عبدالله متاثر از فرامین جهاد اسلامی ، به خشونت تهاجمی مبادرت نورزید، بلکه خشونت تهاجمی جزو لاینفک ذات، سرشت و فرهنگ عرب بود که بی گمان تاثیرات بسزایی، در نحوه رشد شخصیتی و

اعتقادی محمد داشت. محمد از کودکی، در محیط مملو از عداوت و خشونت رشد نموده بود. پس او پیش از خشونت اسلام، فرهنگ خشونت را آموخته بود. ما بایست محیط زیستی، روانی و اجتماعی محمد بن عبدالله را مورد بررسی قرار می‌دادیم که نیک دریابیم که آیا سزاوار است که خشونت، قساوت و جنایت تدافعی و تهاجمی بشری را مضمون دین الهی و نبوی خواند؟ حال آنکه آن مضامین، ناشی از ناتوانی و نابسامانی زیستی، روانی و اجتماعی بشری و بخش تدافعی آن، گاهی غریزی و گهی اکتسابی است.

خشونت مذهبی، در محتوای قرآن را نمی‌توان، به آفریدگار فرید نسبت داد که خود اهانت، به ایزد یکتا میباشد. ما معتقد شده ایم که خداوند، به نوع بشری بر خلاف سایر حیوانات، اختیار داده است. پس خداوند، انسانی ارادی آفریده است که گاهی طاعی و گهی طاغی گردد، گاهی سبیل خوبی، راستی و درستی و گهی سبیل بدی، کژی و ناراستی را تجربه نماید. خداوند نیک واقف بود که انسانی بسوی شرارت، معصیت و شرک خواهد گرایید. نادانی، ناتوانی، پشیمانی، خشمگینی، غمگینی و دشمنی، در نقض اختیار مقرر الهی محرز می‌گردد. پس خداوندی که قرآن بدان می‌پردازد، خداوندی نادان و ناتوان است. نادانی، ناتوانی و مریضی، منجر، به ناخشنودی و پرخاشجویی است. محمد سخن از خداوندی ناخشنود رانده است که نادانی، ناتوانی یا مریضی او منجر، به ستیزه جویی با آفریدگان خود شده است. خدای قرآن، خدای عاجز و جایز الخطا میباشد. چنین خداوندی را می‌توان، نزد یهودیان، در بخش هایی از تورات یهودی یافت. او خداوندی است که مشرکان و گناهکاران سرزمین موعود را بدست بنی اسرائیل تسلیم یا مهدوم ساخت. حتی او خداوندی است که فرمان قتل افراد ناتوان چون زنان و کودکان را صادر نمود. گرچه همگان نیک واقف هستند که تورات، در دسترس، توسط عزرای کاهن و کاتب، دگر بار پس از رجعت از بابل، به

سرزمین یهودیه نگارش شده است. همچنین شریعت آنان شریعت یهودی است، نه بنی اسرائیلی. از اینرو بشری که برای خداوند خود، به قتال و قتل می‌پردازد، خداوندی نادان، ناتوان و نابسامان دارد که ذات او قرین نقص است؛ زیرا نقض نمود، آنچه که خود معین نمود. بواقع خداوند فرید آزادی اعتقادی را، در کران راهنمایی مقرر نموده است. لیکن خدای قرآن فاقد کمال است؛ زیرا نقض او، نقص میباشد. واجب الوجود، نسق، نقض و نقص را قرین یکدیگر، در آفرینش نهادینه ساخته است؛ زیرا چنانکه پیشتر بیان شد : صانع، کمال دارد و مصنوع، نقصان دارد. کمال مصنوع الهی را نمی‌توان، در مصنوع بشری یافت، چنانکه کمال صانع گیتی را نمی‌توان، در مصنوع الهی یافت. خداوند یکتا قوه معصومیت خویشرا، در غریزه حیوان و گیاهان، به ودیعه نهاد؛ همچنین او قوه خلاقیت خویشرا، در غریزه انسان، به ودیعه نهاد. بنابراین حیوان، گیاهان و انسان دارای ارزش الهی هستند. تعمق عقلی و منطقی، در آیات مورد بررسی قرآن، بر هر خردمندی می‌نمایاند :

❖ از کلام قرآن، خدای ناقض می‌تراود

❖ از کلام قرآن، خدای ناقص می‌تراود

❖ از کلام قرآن، خدای نادان می‌تراود

❖ از کلام قرآن، خدای ناتوان می‌تراود

ایرانیان زرتشتی و یکتا پرست از قتال و قتل اعراب مصونیت نیافتند؛ اعراب مهاجم، در مرزهای جنوبی ایران، درخواست جزیه از ایرانیان نمودند که آنان با مخالفت و صلابت ایرانی مواجه شده بودند. از اینرو منازعات سخت جسر(۱۳ه ق)، نخیل (۱۴ه ق)، قادسیه (۱۴ه ق)، فتح مداین (۱۶ه ق)، فتح الفتوحات نهاوند (۲۱ه ق) بوقوع پیوسته، ایران، تحت

سیطره ولایت امری فاسقان اموی سنی و عباسی شیعی، از ۱۳۲ه ق الی ۶۵۶ه ق قرار گرفت. بنابراین ملک و ملت ایران از زمان سلسله مقدونی و سلوکی یونانی (۳۳۰ق م الی ۱۲۹ق م) الی رژیم جمهوری اسلامی (۱۹۷۸م الی ۲۰۱۲ م)، در مجموع ۱۳۴۶ سال تحت اشغال دشمنان و بیگانگان و بیگانه گرایان قرار داشته است. این، در حالیست که از زمان کوروش بزرگ (۵۵۹ م الی ۵۲۹ م) الی جمهوری اسلامی (تا ۲۰۱۲ م) ۲۶۱۱ سال سپری شده است :

۱- ۲۰۱ سال ایران تحت اشغال مقدونی و سلوکی : ۳۳۰ ق م-۱۲۹ق م

۲- ۶۱۵ سال ایران تحت اشغال تازی اموی و عباسی : ۴۱ ه ق الی۶۵۶ ه ق

۳- ۲۹۵ سال ایران تحت اشغال مغول ها و ترکمن ها : ۶۱۶ ه ق الی۹۱۱ ه ق

۴- ۷۰ سال ایران تحت اشغال ترکمن های افشاریه : ۱۱۴۸ ه ق الی ۱۲۱۸ ه ق

۵- ۱۳۱ سال ایران تحت اشغال مغولهای قاجاریه : ۱۲۱۲ ه ق الی ۱۳۴۳ ه ق

۶- ۳۴ سال ایران تحت اشغال رژیم تازی گرای جمهوری اسلامی. این مدت تا زمان نوشتن کتاب حاضر در سال ۱۳۹۱ خورشیدی است : ۱۹۷۸ م الی ۲۰۱۲ م

رشد جمعیت از سویی و عدم رشد عدالت از سوی دیگر، دخیل، در افزایش آمار جرم میباشد. آمار نشان می‌دهد که جمعیت ایران، در سال ۱۳۷۵ خورشیدی معادل ۶۰,۰۵۵,۴۸۸ نفر بود و هر ۱ نفر، از بین ۱۷,۵۰۴ نفر، به قتل مبادرت ورزیده است. مجموع قتل عمد، در سال مذکور ۳۴۳۱ نفر است که سال ۱۳۸۱ خورشیدی آن رقم، به ۵۹۰۹ نفر افزایش یافته است. بنابراین، در سال ۱۳۷۵ خورشیدی، حدود ۰/۰۰۵۷٪ جمعیت ایران، به قتل عمد پرداخته است. آمار مذکور برایمان هویدا می‌سازد که تعلق نوع

بشری، به قتل و کشتن، در برهه مدرن کاهش یافته است. بواقع نوع بشری نیازمند انگیزه ای و سایقی برای جنگیدن و کشتن است. امروزه اکثر ملل با دول جنگ افروز خویش، به مخالفت می‌پردازند.

چنانکه بررسی نموده ام، محمد، در حین اقامت، در شهر یثرب طی ۸ سال (۶۲۲م-۶۳۰م) قادر، به تجمیع ۱۰۰۰۰ نیروی نظامی شد. اما او پس از فتح مکه ۲۰۰۰۰ نیرو را طی ۱ سال، به قوای نظامی خود افزود. آمار مذکور این حقیقت را می‌نمایاند که جنگ و خشونت اسلام، به تعداد مسلمین می‌افزود. آیین اسلام تنها آیین، در جهان است که با توسل، به جبر، قهر و شر، به گسترش آن مبادرت ورزید. بواقع محمد بنیانگذار دیکتاتوری مذهبی، در دنیای بشری میباشد. بنیانگذاری دینی را نمی‌توان، در شرق و غرب یافت که چنین اعمال خشونت علیه بشریت انجام داده باشد. حتی سوره حجرات/۱۴ گواهی می‌دهد که اعراب بادیه نشین، ایمان نمی‌آوردند، بلکه اسلام می‌آوردند.

سال هجری	غزوه	تعداد مسلمانان
دوم	بدر	۳۱۳
سوم	احد	۷۰۰
هشتم	فتح مکه	۱۰۰۰۰
نهم	تبوک	۳۰۰۰۰

قرآن از منظر روانشناسی کودکان، دارای محتوای جنایی میباشد که سلامت عقل و روان کودکان را با مخاطره مواجه می‌سازد. بنابراین کودکان بایست از مضامین خشونت مصونیت

یابند. ابراهیم امینی، مؤلف آیین تربیت، خود معتقد، به قرآن و اسلام است، لیکن او، به شرح ذیل گفته است :

«کودکان را، به تماشای فیلم های پلیسی که طریق قتل و سرقت را نشان می‌دهند، نبرید و اجازه ندهید که این قبیل داستانها را از رادیو بشنوند یا در کتابها بخوانند» ابراهیم امینی، آیین تربیت، صفحه ۲۷۱

برخی واژگان جنایی، در کتاب قرآن

واژه	معنی	تکرار
قُتل	مرگ بر	۹
قَتل	کشتن	۷۷
اضربوا	کتک بزنید	۱
اقطعوا	قطع کنید	۹
اقتلوا انفسکم	خودکشی کنید	۲
اقتلوا	به قتل برسانید	۵
فاقتلوا	پس به قتل برسانید	۲
قتلوا	به قتل رسیدند	۲۰
اسَّوط	تازیانه	۴
القتال	جنگیدن	۱۰

قاتلوا	بجنگید	۱۵
لعنهٔ	لعنت	۱۴

قرآن طی سوره بقره/۱۹۱ امر، به ترور مشرکان و مخالفان داده است. بنابراین قرآن محتوای تروریستی دارد. از اینرو استعمارگران غربی، از مسلمانان برای امور تروریستی، در خاورمیانه سود می‌جویند، چه افراط گرایان اسلامی، در خاورمیانه، متاثر از آموزه های افراط گرایانه قرآن هستند که متاثر از خوی دیکتاتوری و استبدادی توسط فرامین امر و نهی رفتار می‌کنند. قرآن آمر و آموزگار قتال و قتل، منبعث از فرهنگ عربی و جاهلی است:

«و هر کجا بر ایشان دست یافتید آنان را به قتل برسانید» قرآن، بقره/۱۹۱

مکون آیات قرآن، در روایت هابیل و قابیل طی سوره مائده/۲۸، به نهی خشونت تهاجمی و خشونت تدافعی پرداخته است. چنانکه قتل را به هر بهانه ای مقبوح خوانده است. قرآن بوسیله روایت مذکور می‌آموزد که قتل و کشتن تهاجمی و تدافعی، در معیار اخلاقی نمی‌گنجد. لیکن قرآن خود ناقض این معیار اخلاقی بوده، مسلمانان را به قتال و قتل فراخوانده است. حتی اگر قتال و قتل از سوی مسلمانان را تدافعی پنداریم، ایضاً قرآن از آموزه اخلاقی خود عدول نموده است. هابیل، درمقام طاعی از قتل قابیل، در مقام طاغی امتناع ورزید. آنقدر قتل نزد خداوند منفور است که مکون آیات قرآن را بر آن میدارد که طی آیه مذکور آن را تقبیح نماید. هابیل از خدایی می‌ترسید که منزجر از قتل تهاجمی و تدافعی است. اما الله، خدای منزجر از قتل، نیست. پس، در قرآن دو شخص با دو فرهنگ مختلف، از دو خدای اعجمی و دیگری خدای عربی سخن می‌رانند که حاصل تلفیق آنها، به

تناقض انجامیده است. طبق برخی شواهد، سلمان فارسی (مکون بخش اخلاقی آیات قرآن) آن اعجمی است. سلمان فارسی متاثر از آیین زرتشتی، خدایی منزجر از قتل تهاجمی و تدافعی دارد، چنانکه، اهورا مزدا، در آیین زرتشتی منزجر از قتال و قتل است. اما دومین آن که بی گمان محمد بن عبدالله میباشد؛ خدایی مفتخر، به قتل دارد، چنانکه الله، خدای محمد طی سوره انفال/۱۷ خود را قاتل مشرکان و اهل کتاب خوانده است.

دو خدای متفاوت منبعث از دو فرهنگ متفاوت، در قرآن وجود دارد:

۱- خدای منزجر از قتل

۲- خدای مفتخر به قتل

خدای هابیل، به او اذن قتال و قتل تدافعی نداد، لیکن خدای محمد، به او اذن قتال و قتل تهاجمی داد. خدای موسی نبی نیز، از قتل منزجر است، چنانکه موسی نبی پس از قتل قبطی کافر و ستمگر، به توبه و انابه، در مقابل آستان قدس ایزدی پرداخت. موسی قتل تدافعی انجام داد. هدف او دفاع از مظلوم، در برابر ظالم بود، لیکن او انزجار خدای خود از قتل را یافت، پس توبه نمود. اما محمد قتل انسان را مقدس یافته بود. همچنین داود، در اول تواریخ، سخن از انزجار خداوند از قتل رانده است، چنانکه خداوند، داود را بدلیل قتل انسان، سزاوار ساختن خانه خدا برای خود ندانسته، او را محروم نمود. پس معیارهای اخلاقی بخشی از قرآن و تورات هویدا می‌سازد که خداوند دخلی و تصرفی، در قتال و قتل بشری ندارد. او منزجر از قتال و قتل دنیوی، علیه نوع بشری است. همانا انسانی عامل قتل، است که دارای ناتوانی و درماندگی میباشد، انسانی که خشمگین، غمگین و پشیمان می‌شود، انسانی که مضامین اساسی شر، در عقل او نهادینه است.

خدای موسی، خدای منزجر از قتل تهاجمی و تدافعی علیه انسان :

«[موسی] داخل شهر شد بی‌آنکه مردمش متوجه باشند پس دو مرد را با هم در زد و خورد یافت. یکی از پیروان او و دیگری از دشمنانش بود. آن کس که از پیروانش بود بر ضد کسی که دشمن وی بود از او یاری خواست پس موسی مشتی به او زد و او را به قتل رسانید. [موسی] گفت : این کار شیطان است چرا که او آشکارا دشمنی گمراه کننده است — [موسی] گفت : پروردگارا من بر خویشتن ستم کردم مرا ببخش پس خدا از او درگذشت که وی آمرزنده مهربان است» قرآن، قصص/۱۶،۱۵

خدای داود، خدای منزجر از قتل تهاجمی و تدافعی علیه انسان :

«داود به سلیمان گفت: ای پسرم، من خودم می‌خواستم خانه ای برای خداوند، خدای خود بسازم- اما خداوند به من فرمود که چون جنگهای بزرگ کرده ام و دستم به خون انسانهای زیادی آلوده شده است، نمی‌توانم خانه او را بسازم- ولی او به من وعده داده، فرمود: پسری به تو می‌دهم که مردی صلح جو خواهد بود و من شر تمام دشمنان را از سر شما کم خواهم کرد. نام او سلیمان یعنی «صلح» خواهد بود. در طی سلطنت او به قوم بنی اسرائیل صلح و آرامش خواهم بخشید- او خانه ای برای من بنا خواهد کرد» تورات، اول تواریخ، ۲۲/۱۰،۷

«ای خداوند، تو از قاتلان و حیله گران بیزاری و دروغگویان را هلاک میکنی» مزامیر داود،۵ / ۶

خدای هابیل، خدای منزجر از قتل تهاجمی و تدافعی علیه انسان :

«و داستان دو پسر آدم را به درستی بر ایشان بخوان هنگامی که [هر یک از آن دو] قربانی پیش داشتند پس از یکی از آن دو پذیرفته شد و از دیگری پذیرفته نشد [قابیل] گفت: حتما تو را به قتل خواهم رساند. [هابیل] گفت : الله فقط از تقوا پیشگان می‌پذیرد. اگر دست‌خود را به سوی من دراز کنی تا مرا به قتل برسانی، من دستم را به سوی تو دراز نمی‌کنم تا تو را به قتل برسانم، چرا که من از الله پروردگار جهانیان می‌ترسم» قرآن، مائده/۲۸

خدای محمد، خدای مفتخر به قتل تهاجمی علیه انسان :

«و شما آنان را به قتل نرساندید، بلکه الله آنان را به قتل رسانید و چون [تیری] افکندی تو نیفکندی، بلکه الله افکند» قرآن، انفال/۱۷

«مرگ بر انسان، چه ناسپاس است» قرآن، عبس/۱۷

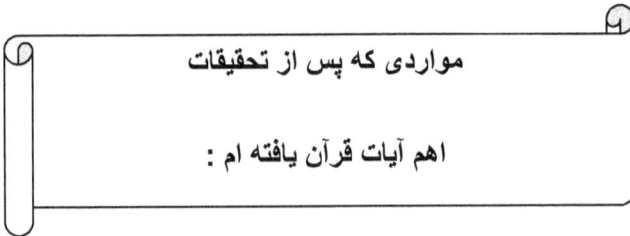

مواردی که پس از تحقیقات

اهم آیات قرآن یافته ام :

- تروریسم (آدمکشی،terrorism)،بقره/۱۹۱
- بربریسم (وحشیگری،barbarism)،انفال/۱۲
- آنتی پاسیفیسم (ضد صلح طلبی،anti pacifism)،فتح/۲۰

❖ اکریمونیسم (خشونت طلبی،acriminism)،احزاب/۶۱

❖ دیترمینیسم (جبرگرایی،determinism)،یونس/۹۹

❖ توتالیتاریانیسم (استبداد،totalitarianism)،آل عمران/۱۰۴

❖ آنتی سمی تیسم (ضد یهودی،anti Semitism)،مائده/۸۲

❖ فئودالیسم (ارباب - رعیتی،feudalism)،زخرف/۳۲

❖ اسلاوری (برده داری،slavery)،نحل/۷۱

❖ دیکتاتوریسم (خودکامگی،dictatorism)، توبه/۵

معجزات، حقانیت مقام پیامبران لاهوتی را اثبات می‌نماید :

«عیسی نبی گفته است : من شاهدی بزرگتر از سخنان یحیی دارم و آن معجزاتی است که

می‌کنم... معجزه ها است که ثابت می‌کند خدا مرا فرستاده است» انجیل یوحنا، ۵/۳۶

امر و نهی، در قرآن

کرامت بشری، در پیروی از قوانین طبیعی، بهره مندی از اخلاق حیوانی و منطق عقلانی

است که آزادی حیوانی، بری از گناهکاری، عیاشی و پلیدی و منطق عقلانی دارای صبوری،

تحلیل و تجزیه مسائل، تبیین مسائل و ... میباشد. اما کرامت بشری مستلزم موارد ذیل

است که تحقق و تجلی یابد.

✓ دانش (know ledge)

✓ عدل (justic)

✓ اشتغال (shtghal)

✓ اخلاق (morality)

✓ وصال (joiner)

✓ استقلال (independence)

✓ آسایش (comfort)

پیامبران بنی اسرائیل، با هدف هدایت و نجات، مبعوث شدند و تذکاریه برای سایرین آوردند. لیکن آنان هرگز بر حقوق طبیعی و بشری نمی‌تاختند و از امر و نهی، در جامعه مبرا بودند. بلکه آنان اختیار مقرر را محترم می‌شماردند و جبر و قهر اجتماعی پدید نمی‌آوردند. تنها وقوع جرم منجر به عقوبت می‌گشت. لیکن قرآن، در سوره اعراف/۱۵۷ سخن از امر به معروف و نهی از منکر رانده است. قوانین قضایی فاقد امر و نهی هستند و تنها مرتکبین را مجازات می‌کند. اما امر و نهی، در قرآن منبعث ازفرهنگ استبدادی و دیکتاتوری خانوادگی و اجتماعی عرب میباشد. فرهنگ امر و نهی، در قرآن، به جبر و قهر بسا افراد را تسلیم نماید، لیکن آنان هرگز سر تعظیم فرود نمی‌آوردند. پس چالش و تنش همچنان تداوم خواهد داشت. حتی امر و نهی منجر، به گسترش نفرت عمومی می‌گردد. افراد تسلیم بواسطه امر و نهی قرآن، همواره مترصد شکستن قوانین اسلام خواهند بود. امر و نهی، جبر، تنش و چالش اجتماعی را می‌افزاید. بنابراین بین حاکمه و جامعه، تنش پدید می‌آید که عاقبت جامعه مستولی می‌گردد. وجهه استبدادی و دیکتاتوری قرآن را می‌توان،

در امر به معروف و نهی از منکر یافت. انسانی، از زمانی که امر و نهی را می‌آموزد، خوی استبدادی و دیکتاتوری می‌یابد. قرآن بدلیل فقر فرهنگی، علمی و منطقی، گرایش به امر و نهی بدوی آورده است. بنابراین قرآن موجد تنش و چالش بین افراد یک جامعه با عقاید متفاوت است. ما بایست، خطای دیگران را با منطق و دانش تبیین سازیم که همراه با لحن مهربان و خوش باشد و راهکاری منطقی و علمی برای مسائل ارائه دهیم. چه امر و نهی، از فعل دستوری استفاده می‌نماید که منجر، به تنش و چالش بین افراد و حتی جدل و قتل می‌گردد. انسان متمایل به اختیار مقرر غریزی، طبیعی و خدادادی خود است، نه متمایل به جبر بشری. از اینرو اختیار غریزی، در تعارض با جبر بشری، به تنش و چالش می‌انجامد. اکنون ایرانیان، تحت حاکمیت جمهوری اسلامی، در برخی ابعاد شخصی، اجتماعی، اقتصادی و سیاسی، فاقد اختیار، زندگی می‌کنند. قرآن چالشها و تنشهای خانوادگی و اجتماعی را می‌افزاید و مرجع انتظامی و قضایی را می‌گستراند که منجر، به آنارشی و بی‌عدالتی می‌گردد. تجربه جمهوری اسلامی از استعمال امر به معروف و نهی از منکر، تشدید تنش و چالش بین جریانهای فکری و عقیدتی و قتال و قتل بوده است. همچنین مردم مخالف با عقاید اسلامی، مجاب به مقاومت منفی(passive resistance) و نقض قوانین می‌شوند. چنانکه نمونه‌های تقابل بین حاکمه و جامعه، در طرحهای ارتقای امنیت اجتماعی و برخورد حاکمه با ناقضان موازین اسلامی بوقوع پیوسته است.

در دهه ۱۳۶۰ خورشیدی، زمانی که همچنان کودکی بیش نبودم، پوشیدن لباس آستین کوتاه، ورود، به اماکن دولتی و نهادهای حکومتی بدون پوشش چادر برای زنان و بدون پوشش ریش برای مردان ممنوع بود. عناصر کمیته، بسیج و سپاه از پوشیدن لباسهای خارجی و کفش‌های خارجی ممانعت ورزیده، با افراد خاطی برخورد قهر آمیز می‌نمودند.

نماز خواندن، در مدارس را اجباری نموده بودند، لذا بسیاری از کودکان بلاجبار پس از اتمام مدرسه، مدتها بایست پشت درب بسته‌ی مدرسه، نماز جماعت را اقامه، سپس اذن بازگشتن، به منزل می‌یافتند. عناصر پلیس، سپاه پاسداران، محافل شادی مردم را، به بهانه وجود بد حجابی مورد تهاجم قرار داده، به ضرب و شتم می‌پردازند. از سوی دیگر نوجوانان و جوانان معترض، به درگیری و شعارهای اعتراضی، همچون : طالبان حیا کن - مملکت را رها کن و نیروی انتظامی خجالت - خجالت می‌پردازند. یکی از بزرگترین برخوردهای قهر آمیز ضد دینی نوجوانان و جوانان نسل‌های مدرن و نوین ایران، در سال ۱۳۸۸ خورشیدی بوقوع پیوست که متعاقب آن، در ماه محرم و روز عاشورای حسینی، معترضان، به حاکمه ظالمه‌ی ولایی و شیعی، به خیابانها آمده، ضمن شادی و پایکوبی، به تخریب اماکن عزاداری حسینی پرداختند. بنابراین استنتاج می‌گردد که جامعه، در کران یکدیگر با وجود تضاد عقیدتی باقی خواهد ماند و لیکن حاکمه‌ی متضاد با جامعه، ماندگار نخواهد بود. بی گمان مقاومت اجتماعی، در برابر امر و نهی حکومت ولایی، دینی و سیاسی، منجر، به شکستن حصر آزادی خواهد گشت. امر و نهی اسلامی و ستمکاری اسلامی، به انزوای مردم از اسلام انجامیده است :

✓ این کار را بکن! (جمله دستوری ، امری)، منجر به تنش و تقابل

✓ این کار را نکن! (جمله دستوری ، نهی)، منجر به تنش و تقابل

✓ انجام این کار برای شما خسران می‌آفریند! (جمله خبری)، منجر به نسق و آرامش

✓ انجام این کار برای شما مفید است! (جمله خبری)، منجر به نسق و آرامش

مباحثه با اهل کتاب، در قرآن

محمد بن عبدالله فاقد اعجاز و معجز طی ۱۳ سال رسالت، در شهر مکه و ۸ سال رسالت، در شهر مدینه بسیار کوشید که یهودی و نصاری را با انحاء گوناگون تسلیم خود نماید. اما محمد هرگز، در اقناع اعراب یهودی و نصاری توفیق نیافت. بنابراین جدل و قتل را به مسلمانان فرمان داد. مباحثه ای که قرآن با یهودی و نصاری دارد نه از موضع اقتدار ایزدی است، بلکه از موضع عجز بشری میباشد. چه، معجزاتی بدیع از سوی محمد بن عبدالله، در شهر مکه منجر، به ممانعت از وقوع جنگهای بسیار می‌گشت. حتی رسالت او، با انزال معجزات، در شهر مکه با توفیق مواجه می‌شد. مباحثه بی حاصل قرآن با اهل کتاب از موضع ناتوانی، در فقدان نیروی فرابشری میباشد. محمد بن عبدالله فاقد معجزه ای، نوشته ای و عذابی مجاب، به مباحثه و مباهله گشت.

قرآن چنان موضع متخاصمی علیه یهودی و نصاری دارد که هر بهانه ای را برای تخریب و سرکوب آنان وارد ساخته، یهودی و نصاری را کافر و مشرک می‌خواند و گاهی مغروق، در تناقض آنان را دعوت به پیروی از کتاب تورات و انجیل می‌نماید. در حالیکه، در آیاتی از قرآن، کتب آنان را تحریف خوانده است. وقتی قرآن کتب یهودی و نصاری را تحریف خوانده است، به منزله آن میباشد که قرآن از سویی پیامبران بنی اسرائیل را تایید نموده است و از سویی مردود خوانده است؛ زیرا پیامبران یهودی، تورات را تحریف   نخوانده اند که مغایر با ادعای قرآن میباشد. قرآن آنقدر ناتوان، در اثبات حقانیت اسلام است که مآلاً خطاب، به اهل کتاب لعن و نفرین، به یکدیگر را پیشنهاد می‌کند. گواه پیامبران راستین معجزات آنان بود. پس محمد نزد اهل کتاب شکست خورده ای بیش نبود. اساس مباحثه،

بدلیل عدم مستندات موثق بوقوع می‌پیوندد. از اینرو مباحثه و مباهله محمد با اهل کتاب، بدلیل ناتوانی، در ارائه مستندات بوقوع پیوسته است که نادانی و ناتوانی خدای محمد را، به منصه ظهور میرساند.

«پس هر که، در این باره پس از دانشی که تو را حاصل آمده، با تو محاجه کند بگو بیایید پسرانمان و پسرانتان و زنانمان و زنانتان و ما خویشان نزدیک و شما خویشان نزدکی خود را فراخوانیم سپس مباهله و لعنت کنیم و لعنت الله را بر دروغگویان قرار دهیم» قرآن،آل عمران/۶۱

قوم گرایی، در قرآن

قوم، در تعریف عبارت است از گروهی از انسانهای ساکن، در منطقه ای معین که نسبت،فرهنگ، ملیت و هویت واحدی دارند. اقوام دارای برخی سرشت خاص، در بعد شخصیت غریزی و ذاتی هستند که بخشی از آن ژنتیکی میباشد. اهم اقوام خاورمیانه را می‌توان آریایی، در ایران؛ سامی، در اسرائیل، قبطی، در مصر و تازی، در عربستان خواند. پس از بررسی ادیان منتسب به توحیدی، نوشته های قرآن و تورات ، در دسترس را قوم گرا یافته ام و لیکن انجیل متی، ۱۵ : ۲۴،۲۸، محتوای نژاد پرستی دارد. چنانکه غیر اسرائیلی را سگ خوانده است :

«پس از دیدار با بزرگان قوم، موسی و هارون نزد فرعون رفتند و به اوگفتند : ما از جانب خداوند اسرائیل پیامی برای تو آورده ایم، او می فرماید : قوم مرا رها کن تا به صحرا بروند و مرا عبادت کنند » تورات، خروج، ۱/۵

«حال اگر مطیع من باشید و عهد مرا نگهدارید از میان همه اقوام شما قوم خاص من خواهید بود. هر چند سراسر جهان مال من است. اما شما برای من ملتی مقدس خواهید بود و چون کاهنان مرا خدمت خواهید کرد» تورات، خروج ۱۹/ ۵،۶

قرآن طی سوره هود/۱۱۸ اختلاف اقوام را پذیرفته، آن را حاصل مشیت الهی خوانده است. بواقع تورات، قرآن و انجیل، مترصد وحدت اقوام از منظر مادی و معنوی نبوده اند و موجبات تشتت و معارضت را پدید آورده اند. وحدت از زمانی آغاز می‌گشت که متولیان آیین موسی به دعوت و هدایت پرداخته، آیین موسی را جهان شمول می‌نمودند. اما قرآن وجود اقوام را امری الهی خوانده است. بنابراین قرآن خود قوم گرا میباشد:

«و اگر پروردگار تو می‌خواست قطعا همه مردم را امت واحدی قرار می‌داد در حالی که پیوسته در اختلافند» قرآن، هود/۱۱۸

سوره فوق الذکر قوم گرایی قرآن، در عرصه مادی را تبیین می‌سازد. اما طی سوره زخرف/۴۴ قرآن، به قوم گرایی دینی می‌پردازد. چنانکه آیات قرآن را برای محمد و برای قوم عرب خوانده است. بنابراین آیه مذکور قرآن را ذکری برای قوم عرب محمد مقرر نموده است.اگر آیات قرآن برای عموم بشریت بود، بی گمان واژه لاقوام (برای اقوام) جایگزین واژه لقومک (برای قوم تو) می‌گشت.

« و انه لذکر لک و لاقوام »

« و انه لذکر لک و لقومک – و[ای محمد] آن ذکر قرآن برای تو و برای قوم توست » قرآن، زخرف/۴۴

قوم گرایی قرآن را می‌توان، در آیات ذیل بررسی نمود:

«و ما هیچ پیامبری را جز به زبان قوم اش نفرستادیم» قرآن، ابراهیم/۴

«ای کسانی که ایمان آورده اید، نباید قومی قوم دیگر را مسخره کند» قرآن، حجرات/۱۱

«الله بر آن نیست که نعمتی را که به قومی عطا کرده تغییر دهد» انفال/۵۳

«به یقین الله سرنوشت هیچ قومی را تغییر نمی‌دهد تا آنکه آنان آنچه را، در وجودشان قرار دارد به زشتی ها و گناه تغییر دهند» قرآن، رعد/۱۱

تبعیض جنسی، در قرآن

کتاب قرآن، کتاب مقدس مسلمانان، در آیاتی چون نساء/۵۹، مائده/۵۶،۵۵،شوری/۳۸،نسا/۱۱،۳۴،۳۵ استیلاء مرد را برای فعالیت، در عرصه های سیاسی، نظامی، قضایی، اداری، اقتصادی و مذهبی بر زن فراهم ساخته است. سقراط انسان را طبعاً حیوانی سیاسی خوانده است؛ یعنی، انسان قادر به خلاقیت، مدیریت و پیشرفت است. مزایای مذکور شامل مرد و زن می‌گردد. از اینرو مکتب طبیعی حقوق برابر مادی برای جنس نر و ماده قایل شده است. مکتب طبیعی اعم از اینکه متافیزیکی باشد یا فیزیکی، تاکید بر واقیعات دارد نه مطالبات. انسان جزو گونه هایی از حیوانات است که

حس عقلی مشارکت، در امور زندگی بین جنس نر و ماده بالقوه میباشد. جایی که فرهنگ عربی – اسلامی آپارتید جنسی را اشاعه می‌دهد و زن را سلب توان می‌نماید که عفت و مطاوعت از شوهر را محفوظ دارد، نابسامانی ها همچنان کاسته نمی‌شود. قرآن، در حوزه زناشویی و عرصه سیاسی، اقتصادی و فرهنگی، مرد سالاری سنتی و بدوی را، در شرع خود ابقا نموده است. این، در حالیست که پیش از ورود اسلام به ایران، فرهنگ زرتشتی و ایرانی، به زن کرامت بخشیده، حقوق طبیعی و انسانی او را مراعات می‌نمود. چنانکه زنان، در امور خانوادگی، سیاسی و اجتماعی فعال بودند.

« ... در آن زمان که بربریست و وحشیگری، در میان انسانها امری روزمره بود ودر آن هنگام که فلاسفه یونان، زن را عنصری بدون روح می پنداشتند و در میان جوامع زن نقش ماشین جوجه کشی داشت و نیاز های آدمی با تیغ و شمشیر پاسخ گفته می‌شد و هر آن که وحشی تر بود مرفه تر بود؛ پدران تو یاغیان را رام کردند و اعلامیه حقوق بشر نوشتند؛ برده داری را منع و زن را اعتبار و منزلتی برابر با مرد بخشیدند و اینگونه مادران تو حتی به پادشاهی رسیدند، درست همان زمان که اعراب دختران خود را زنده به گور می‌کردند...» مهدی سلطانی، منم کوروش، پادشاه هخامنشی، صفحه۱۰

در حالیکه مکتب اهورایی و فرهنگی ایران، کنیزی و غلامی که آثار برده داری میباشد، نهی نموده است، مکتب فرهنگی اسلام، منبعث از قرآن، طی سوره نساء/۳،۲۵،بقره/۲۲۱ غلامی و کنیزی زن را مشروعیت بخشیده است :

«و اگر می‌ترسید که نتوانید، در مورد دختران یتیم،عدالت ورزید، بنابراین از زنانی که شما را خوش آید دو و سه و چهار به همسری بگیرید. پس اگر می‌ترسید که با آنان به عدالت رفتار نکنید به یک زن یا کنیزان ملکی خود [اکتفا کنید]» قرآن، نساء/۳

«و از شما کسی که به سبب تنگدستی نتواند با زنان آزاد مومن ازدواج کند با کنیزان ملکی جوان با ایمانتان [ازدواج کنید]»، قرآن، نساء/۲۵، بقره/۲۲۱، مؤمنون/۶،نور/۵۸،۳۱،نحل/۷۱

«ای پیامبر برایت حلال کردیم همسرانی که مهریه آنان را داده ای و کنیزان ملکی که الله غنیمت به تو داده است»قرآن، احزاب/۵۰

بنابراین آیات فوق الذکر می‌نمایاند که زن، در قرآن همچنان مایملک مرد است. استعمال جمله مَا مَلکت (آنچه مالک هستی)، در آیات مذکور، درباره زن کنیز و در برخی آیات، درباره مرد غلام آمده است. ملکیت از خریدن می‌تراود و زن تحت مالکیت نزد محمد بن عبدالله، برده ای و کنیزی بیش نبود. چنانکه سوره احزاب/۵۰ گواهی می‌دهد محمد دارای کنیزان ملکی بود. قرآن برده داری را نفی نکرده است، چنانکه محمد از کنیز برخوردار بود. قرآن طی سوره نساء/۳۴ ضرب و جرح زن را مشروعیت بخشیده است. گرچه سخن از ضرب می باشد، لیکن اغلب ضرب منجر به جرح و حتی قتل می‌گردد. قرآن دلیل فرمان مذکور را عدم تمکین زن خوانده است و حال اینکه هر انسانی حق عدم تمکین، در زمان حور یا قصور دارد. بنابراین منطق قرآن، در بحران جدال و قتل است. هفته نامه امید جوان، شماره ۶۶۳، بهمن ۱۳۸۸ خورشیدی اذعان میدارد که بیش از ۲۲ درصد زنان ایران، در زمان حاکمیت جمهوری اسلامی افسرده اند.

«و زنانی که از نافرمانی و ناسازگاری ایشان خوف دارید، پندشان دهید و در خوابگاه ها دورشان کنید و آنان را بزنید اگر شما را اطاعت کردند، دیگر راه ستمی برآنان نپویید» قرآن،نساء/۳۴

پروین اعتصامی شاعره شهیر ایران (۱۲۸۵ الی ۱۳۲۰) تصویری از اسارت زن ایرانی، در برهه اسلام، در ایران را به تصویر اذهان آورده است. حکایت او، روایت تالمات و محرومیت زنان ایران تا اواخر فرمانروایی قاجاری است. بواقع شعر پروین ماحصل مدیریت اسلام بر جامعه ایران را می‌نمایاند. ابیاتی از شعر مذکور، در ذیل آمده است :

زن در ایران پیش از این گویی که ایرانی نبود

پیــــــشه اش جز تیره روزی و پریشانی نبود

زندگی و مرگش اندر کنج عزلت می‌گذشت

زن چه بود آن روزها گر زآنکه زندانی نبود

****

نور دانش را ز چشم زن نهان می‌داشتند

این ندانستن ز پــــــــستی و گران جانی نبود

زن کجا بافنده می‌شد بی نخ و دوک هنر

خرمن و حــــــاصل نبود آنجا که دهقانی نبود

بواقع برهه پهلوی زن از اسارت فرهنگ اسلامی رهایی یافت و دگر بار شخصیت و کرامت او احیاء شد؛ گرچه، در عرصه فرهنگی نواقصی، ناشی از تهاجم فرهنگ غربی، زن را ابزار

عیاشی نموده بود، لیکن انصاف و عدالت بر آن استوار است که خدمات پهلوی، به بالندگی شخصیت زنان ایران انجامید. فساد و فحشاء، در برهه جمهوری اسلامی بیش از ادوار سالف پدیدار شده است. برهه پهلوی نخستین و دومین با وجود نواقص خود که سایر حکومتها از آنها مبرا نیستند، به توسعه دانش سیاسی، اقتصادی، اجتماعی، فرهنگی و دانشگاهی انجامید. اساس مواهب امروز، در ایران، ماحصل اهتمام بخشی از ملی گرایان و ناسیونالیست های مسؤل، در دولت یا مجلس شورای ملی میباشد.

پس از بررسی استنتاج شده است که قرآن مسیر افراط گرایی علیه جنس زن را پیموده است؛ چه قرآن سعی دارد که جنس زن را عامل فساد و فحشاء، در جامعه بخواند. بنابراین مبادرت به صدور احکامی علیه کرامت و حریت عقل، احساس و تن او نموده است که افسار بردگی را برای زن فراهم ساخته است. قرآن زن را چون گل، در گلستان زندگی آزاد و شاد نمیخواهد، بلکه گل پژولیده ای، در دستان مرد که اسیر و محصور از پشت پنجره غبار آلود تاریخ تبعیض جنسیت، به باغ پاییزان عدالت نظر افکنده است. قرآن عفاف زن را با اسارت او فراهم میسازد. سوره احزاب/۵۰ گواهی میدهد که محمد بن عبدالله، زن و ناموس سایرین را، به کنیزی و غنیمت میگرفت. بدینسان ارزش زن نزد محمد بن عبدالله، در اسلام نمایان گشته است :

۱- زن، در قرآن کنیز و برده است: سوره نساء/۳، بقره/۲۲۱، مؤمنون/۶

۲- زن، در قرآن غنیمت است: سوره احزاب/۵۰

۳- زن، در قرآن مورد ضرب وشتم است: نساء/۳۴

۴- زن، در قرآن، اسیر، در حصر خانگی است: احزاب/۳۳

۵- زن، در قرآن صاحب نصف ارث است: نساء/۱۱

۶- زن، در قرآن بواسطه دریافت مهر، زرخرید است. حکم پرداخت مهر، به زوجه جزو سنن جاهلی و بدوی تازی بود. چنانکه طبق برخی روایات موثق، محمد بن عبدالله، پانصد درهم و طبق برخی روایات دیگر، بیست شتر، مهر خدیجه نمود: نساء/۲۴

۷- زن، در قرآن بواسطه حجاب چادر، در حقارت است. بواقع حجاب، عفت و امنیت نمی‌آفرینند، بلکه عفت و امنیت، حجاب می‌آفرینند. گروهی از زنان روسپی، سارق و بزهکار، در حجاب چادر از امنیت برخوردار شده اند. احزاب/۵۹

آل اطهر، در قرآن

متولیان شیعه اسلامی (خاصه) که به قول امام محمد غزالی موجبات فرقه گرایی و تفرقه را پدید آورده، افراط را، در اعتقادات خویش بنا نمودند؛ همواره مترصد آن بوده اند که مقابل فرق سنی، مالکی، شافعی، حنبلی و حنفی بایستند و آل علی را امامت و معصومیت بخشند و آنان را مقدس خوانند. لیکن همواره، در اقلیت بوده اند. متولیان شیعه، معصومیت آل محمد را از سوره احزاب/۳۳ استخراج نموده اند :

«ای همسران پیامبر! شما اگر پرهیزگاری پیشه کنید مانند هیچ یک از زنان نیستید، پس، در گفتار خود، نرمی و طنازی نداشته باشید تا کسی که بیمار دل است طمع کند و سخن پسندیده گوید- و در خانه هایتان قرار و آرام گیرید و مانند زنان دوران جاهلیت پیشین ظاهر نشوید و نماز را بر پا دارید و زکات بدهید و الله و پیامبرش را اطاعت کنید.

جز این نیست که الله می‌خواهد بدی و پلیدی را از شما اهل بیت بر طرف کند و شما را پاک و پاکیزه می کند» قرآن، احزاب/۳۲،۳۳

در سوره مذکور سخن از پرهیزکاری زنان محمد بن عبدالله است و سپس پاکی مردان اهل بیت از بدی و پلیدی . قرآن این بدی و پلیدی را از مردان اهل بیت زدوده است نه زنان اهل بیت. بدی و پلیدی   (الرجس)، در سوره مذکور اموری است که زنان محمد از آنها نهی شدند. مفسران اسلامی چنین قرائت نموده اند که اشاره آیات مذکور شامل فاطمه زهرا، دختر محمد و همسر علی نیز می‌گردد و او را جزو مردان اهل بیت آورده، پاک می‌خوانند. لیکن استنباط آنان صحت ندارد؛ چه ضمیر کم (شما، مذکر)، در آیه برای مردان اهل بیت استفاده شده است. چنانچه واژه عن(از) و یُطَهّر (پاک می کند) برای مؤنث وارد شده بود، بی گمان از ضمیر کُن (شما، مؤنث) سود می‌جست:

عنکن : از شما (مؤنث)

یطهرکن : شما را پاک می کند (مؤنث)

اشاره آیه ذیل تنها به مردان اهل بیت محمد است :

« إِنَّمَا يُرِيدُ اللَّهُ لِيُذْهِبَ عَنكُمُ الرِّجْسَ أَهْلَ الْبَيْتِ وَيُطَهِّرَكُمْ تَطْهِيراً » قرآن، احزاب/۳۳

واژه مطهر، در قرآن را نمی‌توان واژه عصمت تفسیر نمود و بدان افرادی را معصومیت بخشید. چه واژه مطهر، در قرآن انحصاری برای آل محمد وارد نشده است؛ بلکه، در افراد و موارد متعدد مورد استفاده قرار گرفته است. آنچه حائز اهمیت است آنکه قرآن مریم را مطهر خوانده است، لیکن فاطمه زهرا و زنان اهل بیت محمد و علی، در قرآن مطهر خوانده نشده اند. اما مریم نیز معصوم خوانده نشده است :

۱- پرهیز از کافران حکم مطهر دارد : آل عمران/۵۵

۲- پرهیز از نجاسات حکم مطهر دارد : بقره/۲۲۲

۳- زن بهشتی حکم مطهر دارد : بقره/۲۵،آل عمران/۱۵

۴- مریم حکم مطهر دارد : آل عمران/۴۲۳

۵- وضوع حکم مطهر دارد : مائده/۶

۶- دوری از گناه حکم مطهر دارد : اعراف/۸۲،نمل/۵۶

۷- آب حکم مطهر دارد : انفال/۱۱

۸- صدقه حکم مطهر دارد : توبه/۱۰۳،مجادله/۱۲

۹- نماز و نمازخوان حکم مطهر دارد : توبه/۱۰۸

اکنون دریافته ایم که واژه مطهر، در قرآن تنها، به اهل بیت محمد اختصاص ندارد و معصومیت از آن نمی‌تراود، بلکه کاربردی عمومی، در قرآن دارد. همچنین دریافته ایم که زنان و دختران اهل بیت محمد، مطهر نبودند.

شفاعت، در قرآن

شفاعت؛ به معنی، وساطت فردی برای درخواست عفو دیگری نزد کسی میباشد. قرآن ۳ گروه را شافع خوانده است که عبارتند از :

۱- الله : انعام/۵۱، زمر/۴۴فبقره/۲۵۵،نجم/۲۶

۲- کسانی که به آنان اذن داده شود : نجم/۲۶، یونس/۳، سباء/۲۳،

۳- کسی که گواهی به حق دهد : زخرف/۸۶

اعتبار کلام قرآن، درباره شفاعت موقعی ساقط می‌شود که تناقض گویی، در آن یافت می‌گردد. تناقض گویی، در حوزه شفاعت به شرح ذیل است :

۱- قرآن طی سوره بقره/۲۵۴ شفاعت، در روز قیامت را نمی‌پذیرد و سپس در سوره طه/۱۰۹ سخن از اذن شفاعت در روز قیامت میراند

۲- قرآن طی سوره زمر/۴۴، انعام/۵۱، بقره/۲۵۵ شفاعت را خاص خویش خوانده است و سپس در سوره یونس /۳ و زخرف.۸۶ شفاعت برای سایرین قایل شده است

کسی که وسعتِ رحمت، برکت و مغفرت الهی را باور داشته باشد، مترصد تحصیل شفاعت دیگران نیست. بنابراین چنین کسی، به شفاعت نزد بنده‌ی خدا، نیازمند و مبتلا نمی‌گردد.

برترین پیامبر، در قرآن

سخن از برترین پیامبر را میتوان، در آیین و اصول دین یهودی یافت. اصول دین یهود ۱۳ اصل دارد که اصل هشتم بیانگر برتری موسی بر سایر انبیاء است. از اینرو مکون آیات قرآن متاثر از اصول آیین یهودی، در سوره بقره/۲۵۳ برخی از پیامبران را بر برخی برتری داده است. اصول دین یهودی را هارامبام تعیین نمود، نه موسی. حائز اهمیت آنکه نام موسی

۱۳۱ مرتبه، در قرآن تکرارشده است؛ حال آنکه نام محمد تنها ۴ مرتبه ، در قرآن وارد شده است. تناقض گویی قرآن، در اینباره زمانی هویدا می‌گردد که طی سوره بقره/۱۳۶ فرق بین رسل را نهی نموده است، لیکن خود طی سوره بقره/۲۵۳، به برخی پیامبران امتیاز و برتری داده است. بنابراین برتری موسی، در قرآن از تفکر یهودی می‌تراود، نه رای فرابشری. بی‌گمان موسی نبی برترین پیامبر می‌باشد. سوره بقره/۲۵۳ پس از آنکه برخی از پیامبران را برتر از سایرین می‌خواند، ابتدا سخن از موسی نبی می‌راند که بدون واسطه، به محاوره و گفتگو با خداوند پرداخت.

«برخی از آن پیامبران را بر برخی دیگر برتری بخشیدیم از آنان کسی (موسی) بود که خدا با او سخن گفت و درجات بعضی از آنان را بالا برد و به عیسی پسر مریم دلایل آشکار دادیم و او را به وسیله روح القدس تایید کردیم» قرآن، بقره/۲۵۳

دانش ژنتیکی و قرآن

پس از تحقیق و بررسی متن قرآن نیک دریافته ام که آیات قرآن تهی از دانش ژنتیکی و وراثتی است. بنابراین بر خلاف دانشمندان ژنتیک که ازدواج فامیلی را نهی می‌کنند و افراد را از عواقب آن آگاه می‌سازند، قرآن طی سوره احزاب/ ۵۰ ازدواج فامیلی را مشروع ساخته است و عواقب آن را نمی‌داند، زیرا دانش ژنتیکی ندارد.

«بر تو حلال کردیم ... دختران عمو ها، دختران عمه ها، دختران دایی ها و دختران خاله ها» قرآن، احزاب/۵۰

خطای علمی قرآن، در سوره احزاب/۵۰ محرز است. قرآن مخاطره ازدواج فامیلی را نمی‌داند؛ از اینرو ازدواج فامیلی، در اسلام مشروعیت داشته است.

دانش بیولوژیکی و قرآن

پس از تحقیق و بررسی در زمینه دانش زیست شناسی، قرآن را فاقد وقوف به آن یافته ام و مطالب آن عامیانه میباشد :

«از وجودتان جفت هایی قرار داد و از چهار پایان جفت هایی قرار داد شما را بدین وسیله بسیار گرداند» قرآن، شوری/۱۱

«اوست کسی که شما را ان گونه که می‌خواهد، در رحم‌ها صورتگری می‌کند» قرآن، آل عمران/۶۱

«به هر کس بخواهد فرزند دختر و به هر کس که بخواهد فرزند پسر می‌دهد» قرآن، شوری/۴۹، ۵۰

پس از مشاوره پزشکی عمومی و مامایی درباره سوره مؤمنون/۱۴ به نتایج مطلوب منطقی و علمی ذیل دست یازیده ام :

۱- سلولهای بنیادین اعضای بدن، در جنین همگون و همزمان رشد می‌کنند و خون به گوشت و گوشت، به استخوان تبدیل نمی‌شود

۲- علقه؛ معنی، پاره خون بسته و لخته، به جنین، در حال رشد که عظمت خلقت ایزدی، در ذرات سلولی آن نهفته است، اطلاق نمی‌شود و متخصص مامایی آن را فاقد منزلت علمی خوانده است. همچنین آن را از منظر شرعی صحت بخشیده است. متخصص مامایی بیان داشت که پس از سقط جنین، در هفته هشتم که نوزاد دارای ابعاد مینیاتوری یک انسان، در حال تکامل با ابعاد ۳ سانتی متر قد و ۱ گرم وزن است ، تشبیه جنین، به علقه یا پاره خون لخته تحقق می‌یابد، زیرا دیگر ارزش حیاتی متنفس ندارد. بنابراین می‌توان استنتاج نمود که پس از سقط جنین، علقه یا پاره خون لخته قابل مشاهده و مطالعه برای اطباء و ماماهای حاذق، در قرن هفتم میلادی بود. از اینرو مکون آیات قرآن از تجربیات و علمیت آنان سود جسته است.

۳- مضغه، یا پاره گوشت، جویده، به جنین، در حال رشد که عظمت و خلقت ایزدی، در ذرات سلولی آن نهفته است، اطلاق نمی‌گردد. متخصص مامایی آن را فاقد منزلت علمی خواند و آن را از منظر شرع صحت بخشید. همچنین ایشان بیان داشت که پس از سقط جنین، در هفته دوازدهم الی شانزدهم که نوزاد فاقد حیات و دارای قوای حسی ، چشایی و شنوایی در قید حیات است می‌توان آن را تشبیه، به مضغه یا پاره گوشت نمود؛ زیرا دیگر ارزش حیاتی متنفس ندارد. بنابراین می‌توان استنتاج نمود که پس از سقط جنین،مضغه قابل مشاهده و مطالعه برای اطباء و ماماهای حاذق، در قرن هفتم میلادی بود و مکون آیات قرآن از تجربیات و علمیت آنان سود جسته است.

۴- عظام؛ به معنی، استخوانها، در هفته ششم یا ۴۲ روز پس از لقاح، همان اسکلت غضروفی نوزدا است که شروع، به تکامل می‌نماید، لیکن خطای علمی، در آیه مذکور زمانی

هویدا می‌گردد که مضغه یا پاره گوشت را مقدم بر عظاماً یا استخوانها پنداشته است و حال اینکه استخوانها، در هفته ششم مقدم بر مضغه، در هفته دوازدهم الی شانزدهم است.

ماحصل اینکه سوره مومنون/۱۴ فاقد اعجازی علمی و همچنین دارای خطایی است. نطقه، علقه، مضغه و عظام، در محدوده مشاهدات و مطالعات بشری پس از سقط جنین بوده است. چنانچه قرآن، به بیان فرابشری، در دانش تجهیز بود از دانش قرن بیستم و بیست و یکم سخن میراند و دانشمندان دنیا را تسلیم خود می‌نمود.

«آنگاه نطفه را به صورت علقه درآوردیم پس آن علقه را [به صورت] مضغه گردانیدیم و آنگاه مضغه را استخوانهایی ساختیم بعد استخوانها را با گوشتی پوشانیدیم آنگاه [جنین را در] آفرینشی دیگر پدید آوردیم آفرین باد بر خدا که بهترین آفرینندگان است» قرآن،مومنون/۱۴

رشد جنین از منظر علمی :

•در هفته اول عمل لقاح آبستنی، تثبیت جنین، در انتهای مجرای رحم زن، طناب نافی و تمتع نوزاد از مواد آلی خون مادر

•در هفته دوم توقف قاعدگی زن

•در هفته سوم رشد قلب، چشمان، تپش قلب، گردش خون، تقسیم مغز به مغز میانی و عقبی

•در هفته چهارم پدیدار شدن نقشه بدن، شروع شکل گیری چشمها، گوشها، ریه ها، شناسایی آسان کیسه محتویات نطفه

- در هفته پنجم تداوم در رشد دستها، پاها و چشمها

- در هفته ششم شروع تکامل اسکلت بدن بصورت غضروفی و قابلیت ثبت امواج مغزی

- در هفته هفتم شکل گیری انگشتان و بینی، شکل گیری جوانه دندانهای شیری، مکیدن انگشتان

- در هفته هشتم شکل گیری پلکها و سیستمهای بدن ، رشد ناخن، ظهور یک انسان با ابعاد ۳ سانتی متر قد و ۱ گرم وزن، قلقلک جنین و عکس العمل آن

- در هفته نهم شکل گیری اثر انگشت، حساسیت دستان به لمس، سکسکه جنین

- در هفته دهم و یازدهم جنین قادر به گرفتن اشیاءاست

- در هفته سیزدهم جوانه های چشایی فعال می‌شوند

- در هفته چهاردهم جنین قادر به شنیدن اصوات محیط است

- در هفته شانزدهم اندام های تناسلی جنین کاملاً تمایز یافته و کودک می‌تواند بچرخد معلق بزند و لگد بزند

- در هفته هفدهم جنین قادر به خواب دیدن است

- در هفته هجدهم تارهای صوتی شکل گرفته و جنین قادر به گریستن است

- در هفته بیستم جنین قادر به حس درد است

بارزترین خطای علمی و ذهنی قرآن، که می‌نمایاند مکون آیات قرآن ذهن خطا پذیر بشری دارد، مرا بر آن داشت که مشاوره ای با تعدادی از پزشکان داشته باشم و سؤالاتی را به قرار ذیل مطرح نمایم:

۱- مدت بارداری چند ماه است ؟ ۹ ماه و ۹ روز کمتر یا بیشتر

۲- مدت شیردهی چنده ماه است ؟ ۲۴ ماه

۳- جمع کل آنها چند ماه است ؟ ۳۳ ماه

متخصص مامایی اعلان نمود که زایمان کمتر از ۹ ماه وجود ندارد و کمتر از ۹ ماه، سقط جنین است که نوزاد برای تداوم حیات نیاز، به دستگاه آنکوباتور دارد. لیکن قرآن، در سوره احقاف/۱۵ مجموع دوره بارداری و شیردهی را ۳۰ ماه خوانده است که ۳ ماه کمتر از ۳۳ ماه مجموع دوره بارداری و شیر دهی است. برخی افراد برای گریز از حقیقت خطایای قرآنی، به تفسیرهای اسلامی رجوع می‌کنند که جنبه علمی ندارد و تنها رای فقهی و مذهبی میباشد. چنانکه خود از دو متخصص مامایی سؤال نموده ام، حداقل دوره بارداری ۹ ماه میباشد، نه ۶ ماه. گرچه مادر از هفته نخست باردار می‌شود و تمام مدت ۹ ماه باردار محسوب می‌شود. لیکن زایمان تنها پس از ماه نهم بوقوع می‌پیوندد. برخی ۳ ماه کاستی، در مجموع دوره بارداری و شیردهی، در سوره احقاف/۱۵ را، به حداقل دوره شیردهی (۲۱ ماه) نسبت داده اند. لیکن آن نیز از منظر قرآن مردود است؛ زیرا سوره بقره/۲۳۳ مدت شرعی شیر دهی را ۲۴ ماه خوانده است. همچنین از منظر متخصص مامایی حداقل مدت شیردهی ۱۲ ماه میباشد.

۱- سوره احقاف/ ۱۵ مدت بارداری و شیردهی را ۳۰ ماه خوانده است

۲- سوره بقره/۲۳۳ مدت شیر دهی را ۲۴ ماه خوانده است

به آرای تعدادی از پزشکان عمومی نیز بسنده ننموده، جویای رای متخصص مامایی شدم که خانم متخصص ... سؤالات مرا به قرار ذیل پاسخ داد :

- حداقل و حداکثر مدت بارداری چند ماه است ؟ حداقل ۳۶ هقته الی ۳۸ هفته و حداکثر ۴۰ هفته . کمتر از آن سقط جنین محسوب می‌شود

- حداقل و حداکثر مدت شیردهی چنده ماه است؟ حداقل ۱۲ ماه و حداکثر ۲۴ ماه

- آیا زایمان در شش ماهگی غیر عادی است؟ حدود پیش از ۹ ماه بارداری، جنین سقط می‌شود و زایمان نداریم

- آیا نوزدا ۶ ماهه قادر به تداوم حیات است؟ اگر در دستگاه آنکوباتور قرار گیرد زنده خواهد ماند اما بدون دستگاه مذکور خواهد مرد

- مجموع مدت حمل اش و شیردهی نوزاد چند ماه است؟ ۲۴ ماه شیردهی و ۹ ماه بارداری که مجموعاً ۳۳ ماه است

وقتی خطاهای قرآن احراز می‌گردد، برخی می‌پندارند که قرآن تحریف شده است، چنانکه یکی از نزدیکان نگارنده باور نمود که قرآن تحریف شده است. لیکن بدلیل عدم آگاهی از محتوای قرآن است که برخی خطایای قرآن را تحریف می‌خوانند، نه کذب؛ زیرا قرآن خود اصرار دارد که کسی قادر، به تحریف آیات نیست. علمای اسلامی، در تفاسیر خود، حداقل مدت بارداری و حاملگی را ۲۴ هفته یا ۶ ماه خوانده اند که صحت واقعی و علمی ندارد. بنابراین خطایای علمی و محاسباتی قرآن محرز است.

«کلام خدای تو از روی راستی و عدل به حد کمال رسید و هیچ کسی تبدیل و تغییر آن کلمات نتواند کرد» قرآن، انعام/۱۱۵

تفسیر سوره احقاف/۱۵ و خطای علمی مفسران اسلامی :

«آنگاه [قرآن] دنبال این سفارش اشاره کرد به ناراحتی هایی که مادر انسان در دوران حاملگی ، وضع حمل و شیر دادن تحمل می کند تا اشاره کرده باشد به ملاک حکم، و عواطف و غریزه رحمت و رافت انسان را برانگیزد، لذا فرمود: حملته امه کرها و وضعته کرها و حمله و فصاله ثلاثون شهرا!

و اما اینکه فرمود: و حمله و فصاله ثلاثون شهرابدین حساب است که به حکم آیه و الوالدات یرضعن اولادهن حولین کاملین و آیه و فصاله فی عامین دوران شیر دادن به فرزند دو سال است ، و کمترین مدت حاملگی هم شش ماه است ، که مجموع آن سی ماه می شود.

و کلمه فصال به معنای فاصله انداختن بین طفل و شیر خوردن است ، و اگر کلمه دو سال را ظرف قرار داد برای فصال ، به این عنایت است که آخرین حد شیر دادن دو سال است ، و معلوم است که این محقق نمی شود، مگر به گذشتن دو سال . » تفسیر المیزان، علامه طباطبایی، جلد ۱۸، صفحه۳۰۷

امروزه هر کسی نیک می‌داند که دو سوم بدن انسان را آب تشکیل داده است. چنانچه یک سوم خاک و دو سوم آب را با هم مخلوط کنیم، آب گل آلود حاصل می‌گردد، نه گل. لیکن خطای علمی قرآن، در این زمینه زمانی محرز می‌گردد که طی سوره رحمن/۱۴ مدعی است که خداوند انسان را از گل سفالگری آفریده است. طی آزمایشی که خود طبق نتایج

علمی انجام داده ام، ده یکم خاک و یک دهم آب، گل را پدید می‌آورد که مغایر با محتوای مقدار خاک و آب بدن انسان است.

«انسان را از گل کوزه گری آفرید» قرآن، رحمن/۱۴

این خیلی جالب است که بدانید افرادی که دخیل، در تکوین آیات قرآن بودند، بدلیل فقدان دانش نوین بشری، در قرن هفتم میلادی، قلب یا دل را مرکز ایمان و احساس پنداشته بودند. مکون آیات قرآن، چنان امی است که نزول قرآن را بر " قلب محمد بن عبدالله " خوانده است. این، درحالی است که مغز یا عقل مدخل و مخزن ورودی و خروجی اطلاعات و احساسات میباشد. امروزه دانشمندان پی، به اشتباه ارسطو برده اند. او قلب را مرکز ایمان، عشق و احساس میپنداشت؛ زیرا هیجان، استرس و افزایش تپش را دال بر مرکزیت قلب برای کنش و واکنش نسبت، به حالات و احساسات میدانست. حال آنکه مغز پیچیده بشری، مرکز صدور همه اطلاعات، اعتقادات، حالات و احساسات است. پس ایمان احساسی و اعتقادی، عقلی و مغزی است، نه قلبی. از اینرو، در اینباره قرآن را فاقد علم یافته ام.

«بادیه نشینان گفتند: ایمان آوردیم. بگو! ایمان نیاورده‌اید لیکن بگویید اسلام آوردیم و هنوز در قلبهای شما ایمان داخل نشده است» قرآن، حجرات/۱۴

«او (جبرئیل) به فرمان الله قرآن را بر قلبت نازل کرده است» قرآن، بقره/۹۷

«اوست که به راز قلبها داناست» قرآن، شوری/۲۴

«و راستی که این وحی پروردگار جهانیان است - روح الامین آن را بر قلب تو نازل کرد - تا از هشدار دهندگان باشی» قرآن، شعراء/۱۹۲-۱۹۴

دانش استرونومی و قرآن

پیش از آنکه قرآن مبادرت به انتشار آیه یتفکرون فی خلق السموات و الارض – و در آفرینش آسمانها و زمین تفکر کنید (آل عمران/۱۹۷) نماید؛ دانشمندان بشری، خاصه، در دیار یونان، به مطالعه نجوم می‌پرداختند. پیش از میلاد مسیح آنان نیک می‌دانستند که خورشید دارای آتش و ماه دارای نور می‌باشد. چه هر متفکری آن را درمی‌یابد. همچنین اراتوستن، در سال ۲۳۰ ق م محیط زمین (۲۵۰۰۰mil – ۴۰۰۰۰km) و قطر زمین (۸۰۰۰mil -۱۳۰۰۰km) را محاسبه نموده بود. اما دانشمندان نجوم، در یونان چنین می‌پنداشتند که سیارات به اتفاق خورشید و ماه، پیرامون زمین، در گردش هستند. این تئوری را هیئت بطلمیوسی نامیدند که این نظریه مذکور توسط نیکولا ئوس کوپرنیکوس، ستاره شناس لهستانی، در سال ۱۵۴۲ مردود خوانده شد. او خورشید را مرکز منظومه شمسی خواند که سیارات حول آن، در گردش هستند.

سخن از آفرینش آسمانها و زمین طی شش روز (ستهٔ الایام) همان داعیه‌ی تاریخی - مذهبی است که کتاب پیدایش و خروج، در آیین یهودی دارد و قرآن منبعث از آن سخن رانده است:

« پروردگار شما الله کسی است که آسمانها و زمین را، در شش روز آفرید » قرآن، اعراف/۵۴، حدید.۴

«خداوند، در شش روز آسمان و زمین و دریا و هر چه را که بین آنها است آفرید و روز هفتم دست از کار کشید» تورات، خروج، ۱۱: ۲۰ و پیدایش ۱،۳۱/۱،۲

دانش بشری بر خلاف آیه فوق الذکر قرآن و پاسوق فوق الذکر تورات، پیدایش کائنات را حداقل ۱۳ و حداکثر ۱۵ میلیارد سال می‌خواند که مغایرت فاحش دارند. لیکن قرآن طی سوره فصلت/۹- ۱۲ مدعی است که زمین طی دو روز و هفت آسمان طی دو روز آفریده شده اند که مجموع آن عدد ۴ روز یا ۴ دوره است، نه ۶ روز یا ۶ دوره. بنابراین قرآن ، در سوره فصلت/ ۹- ۱۲ خطای علمی و محاسباتی دارد. قرآن از سویی مدعی است که خدا آسمانها و زمین را طی ۶ روز آفرید، اما طی سوره فصلت مجموع آفرینش آسمانها و زمین ۴ روز می‌گردد. بنابراین تناقض گویی قرآن محرز است. همچنین دانش استرونومی گواهی می‌دهد که پیدایش کائنات حداکثر ۱۵ میلیارد سال و پیدایش منظومه شمسی و زمین حدود ۵ میلیارد سال پیش بوقوع پیوسته است. بنابراین حدود ۱۰ میلیارد سال بین پیدایش آسمان و زمین فاصله وجود دارد.

«بگو : آیا شما به کسی که زمین را در دو روز آفرید کافر می‌شوید و بر او مانند قرار می‌دهید؟ آن خدای جهانیان است — و او روی زمین کوه ها بر افراشت و انواع برکات بسیار، در آن قرار داد وقوت و ارزاق اخل زمین را در چهار روز مقرر و معین فرمود و روزی خود گردانید- سپس به آفرینش آسمان توجه کامل فرمود که ایشان دودی بود. پس به آنها فرمود که همه به شوق و رغبت یا جبر و کراهت بشتابید آنها عرضه داشتند : ما با کمال شوق و میل می‌شتابیم — آنگاه نظم هفت آسمان را در دو روز استوار ساخت و در هر آسمانی امرش را وحی نمود »قرآن، فصلت/۹، ۱۲

اندیشه آفرینش، در شش دوره یا شش روز، ریشه، در اندیشه زرتشتی داشته است. یهودیان طی اسارت، در سرزمین بابل آن را از دین ایرانیان اقتباس نموده، پس از آزادی و نگارش تورات توسط کاهنان اعظم و منجمله عزرای کاتب و کاهن، در کتاب پیدایش وارد کرده

اند. عاقبت نیز مکون اعجمی(خارجی و ایرانی) آیات قرآن، با آشنایی قبلی بدین موضوع، آفرینش، در شش دوره یا روز را وارد آیات قرآن نموده است. شایان ذکر است که زرتشتیان و یهودیان، مراحل آفرینش، در شش دوره یا روز را برتر از قرآن تشریح نموده اند؛ گرچه کلام آنان، در مراتب آفرینش، عاری از خطایای علمی نیست :

«اسطوره آفرینش، در اساطیر ایران چنین است که اهوره مزدا آفریدگان خود را در شش بار (بر روی هم در یک سال) می‌آفریند و هر یک از این بارهای آفرینش، نام جداگانه ای دارد که به ترتیب چنین است :

۱.نخستین گهنبار به نام میدْیوزَم رم (آفرینش آسمان)

۲.دومین گهنبار به نام میدْیوشَم (آفرینش آب)

۳.سومین گهنبار به نام پَتیَه شْهیم (آفرینش زمین)

۴.چهارمین گهنبار به نام اَیا سْرِم (آفرینش گیاهان)

۵.پنجمین گهنبار به نام میدیارم (آفرینش جانوران)

۶.ششمین گهنبار به نام هَمَسپَتْمَدَم (آفرینش مردمان)

گهنبار: نام هر یک از جشنهای ششگانه آفرینش است که در زمانهای معینی در درازای سال برگزار می‌شود. جلیل دوستخواه ، اوستا ، چاپ ۱۳۸۹، جلد دوم ، پیوست، صفحه ۱۰۴۹

اکنون نقل آفرینش جهان، در شش روز را از تورات می‌آورم :

«خداوند در ابتدا آسمان و زمین را آفرید – و زمین تهی و بایر و تاریکی بر سطح آبهای اولیه بود و باد عظیمی بر سطح آبها موج می‌زد – خداوند گفت: روشنایی شود، روشنایی شد – خداوند روشنایی را دید که خوب است. خداوند بین روشنایی و تاریکی جدایی انداخت- خداوند روشنایی را روز نام نهاد و تاریکی را شب نامید. شام گشت و بامداد شد، یک روز – خداوند گفت: در میان آبها طبقه فضا باشد و جدا کننده بین آبها و آبها گردد – خداوند طبقه فضا ساخت و بین آبهایی که زیر طبقه فضا و آبهایی که بالای طبقه فضا است جدایی انداخت، چنین شد – خداوند طبقه فضا را آسمان نام نهاد. شام گشت بامداد شد. روز دوم – خداوند گفت: آبها در زیر آسمان یک جا جمع گشته و خشکی دیده شود. چنین شد – خداوند گفت زمین گیاه فراوان برویاند، گیاهی که بذر آور باشد، درخت میوه روی زمین میوه‌ی نوع خودش ر ا بدهد که بذرش در خودش باشد. چنین شد- زمین نبات، گیاه بذر آور به نوع خود و درخت میوه دهنده ای که بذر نوع خودش در آن باشد بیرون آورد. خداوند دید که خوب است – شام گشت، بامداد شد، روز سوم – خداوند گفت : برای جدایی انداختن بین روز و شب منابع روشنایی در طبقه فضا آسمان باشد و موجد علایم و زمانها و روزها و سالها شود – منابع روشنایی برای روشنایی دادن بر زمین در طبقه فضا آسمان باشد. چنین شد – خداوند دو منبع روشنایی بزرگ را درست کرد، منبع روشنایی بزرگتر را برای حکومت در روز و منبع روشنایی کوچکتر را برای حکومت در شب و ستارگان را – خداوند آنها را برای روشنایی دادن بر زمین در طبقه فضای آسمان قرار داد ... – و برای حکومت کردن در روز و در شب و برای جداسازی بین روشنایی و بین تاریکی . خداوند دید که خوب است – شام گشت و بامداد شد، روز چهارم – خداوند گفت: آبها به فراوانی جنبنده ی زنده بوجود آورند و بالدار بالای زمین بر سطح طبقه فضای آسمان پرواز

کند – خداوند نهنگ های بزرگ را آفرید و هر موجود زنده‌ی جنبنده ای که آبها موجب تکثیر انواع آنها شدند و هر پرنده ی بالداری را به نوعش آفرید . خداوند دید که نیکوست – خداوند آنها را برکت کرد و گفت : بارور گردید و زیاد شوید و آبها را در دریاها پر کنید و بالدار در زمین زیاد شود – شام گشت، بامداد شد، روز پنجم – خداوند گفت زمین موجود جاندار به نوع خود : چارپا و خزنده و حیوان وحشی زمینی به نوع خود، بیرون دهد . چنین شد – خداوند بدین طریق حیوان وحشی زمینی به نوع خود و چارپا به نوع خود و هر خزنده ی خاکی به نوع خودش را بوجود آورد . خداوند دید که خوب است – خداوند گفت : آدم را به شکل و شبیه خودمان درست کنیم تا بر ماهی دریا و بر پرنده ی آسمان و بر چارپا و بر تمام زمین و بر هر جنبنده ای که بر روی زمین می جنبد فرمانروایی کند – خداوند آدم را به شکل خود یعنی اورا به شکل معنوی خداوند آفرید . آنها را مذکر و مؤنث آفرید – خداوند آنها را برکت داد. خداوند به ایشان گفت بارور گردید و زیاد شوید و زمین را پر کرده تصرفش کنید و بر ماهی دریا و بر پرنده ی آسمان و بر هر جانداری که روی زمین می‌جنبد فرمانروایی کنید – خداوند گفت : اینک هر گیاه بذر داری را که بر سطح زمین است و هر درختی را که در آن میوه ی درختی بذر آور وجود دارد بله شما دادم. برای شما خوردنی باشد – و برای هر درنده ی زمینی و برای هر پرنده ی آسمان و برای هر جنبنده ی روی زمین که جان دارد گیاه ها خوراک باشد.چنین شد – خداوند دید که اینک آنچه درست کرد بسیار خوب است. شام گشت، بامداد شد، روز ششم – کار آسمان و زمین و تمام متعلقاتش پایان یافت» تورات، ترجمه ماشاء‌ا... رحمان پور و موسی زرگر ، پیدایش (برشیت) ، ۱/۱ ۳۱-و ۱/۲

خطای علمی دیگر قرآن، در سوره بقره/۲۹ هویدا می‌گردد. واژه عربی ثم (سپس) قید زمان است. بنابراین قرآن مدعی است که ابتدا هر آنچه، در زمین است آفرید، سپس، به آفرینش آسمانها پرداخت. قرآن ادعا میکند که آسمانها پس از آفرینش زمین پدید آمدند. این در حالی است که ابتدا آسمان پدید آمد و سپس زمین و آنچه، بر زمین است. بواقع در زمان اولیه آسمانها و در زمان ثانویه زمین پدید آمده است.

«اوست آن کسی که آنچه، در زمین است همه را برای شما آفرید سپس به [آفرینش] آسمان پرداخت و هفت آسمان را استوار کرد و او به هر چیزی داناست» قرآن، بقره/۲۹

قرآن طی سوره بقره/۱۲، ۲۹، اسرائ/ ۴۴ و ... سخن از وجود هفت آسمان میراند. ابتدا الزامی است که شناختی تعریفی از آسمان داشته باشیم. آسمان عبارت است از فضای بی کران پیرامون زمین که ۷۳٪ آن ماده تاریک، ۲۳٪ ماده تاریک سرد و ۴٪ ماده شناخته شده است. کیهان شناسان توفیق رصد ۹ میلیارد سال نوری را   داشته اند. حدود ۹۰٪ کلیه اتمهای هستی ئیدروژن است و ۹٪ دیگر هلیوم و ۱٪ بقیه شامل انواع تمام اتمهای دیگر است. ئیدروژن با یک پروتون و یک الکترون، سبک ترین اتم هستی محسوب می‌شود. همچنین یک سیاره از ترکیب اکسیژن، ازت، کربن با اتمهای ئیدروژن پدید می‌آید.

قرآن روایت هفت آسمان را از سوی نوح بیان می‌دارد :

«آیا ندیدی که الله چگونه هفت آسمان را به طبقاتی آفرید» قرآن، نوح/۱۵

همچنین بین سوره طلاق/۱۲ و سوره بقره/۱۰۷ اختلاف وجود دارد. در سوره طلاق/۱۲ سخن از تعدادی زمین رانده شده است و لیکن در سوره بقره/۱۰۷ سخن از یک زمین.

«الله کسی است که هفت آسمان و از زمین مثل آنها را آفرید» قرآن، طلاق/۱۲

«آیا نمی‌دانی که پادشاهی آسمانها و زمین مختص به الله است» قرآن، بقره/۱۰۷

چنانچه سخن قرآن، در وجود بیش از یک زمین صحت داشت، آیه ذیل بایست قرائت

می‌شد:

- الله خالق السموات و الارضون – الله آفریننده آسمانها و زمین ها است

عالمان اسلامی، در تفسیر هفت آسمان اختلاف دارند و همچنین علمای یهودی، آن را

طبقات معنوی خوانده اند. آنچه شایان ذکر است، عدد هفت، در تاریخ نجوم وجود داشت.

هیئت بطلمیوسی، زمین را مرکز عالم می‌پنداشت و هفت سیاره خورشید، ماه، عطارد،

زهره، مریخ، مشتری و زحل را، در فلک و مدار معین خود، پیرامون زمین، در حال گردش

ترسیم می‌ساخت. قرآن، در قرن هفتم میلادی و در متن آیات خود پاسخی برای مجهولات

ندارد، چنانکه قرآن شما را واقف، به کروی بودن زمین نمی‌کند. در قرآن هرگز از زمین به

عنوان کره و دایره یاد نشده است. بنابراین قرآن، در راستای اثبات حقانیت خویش برهان

قاطع یا صریح دال بر شناخت زمین ندارد. مضمون فعل   مضارع،   جمع،   مذکر

غایب«یسبحون»(سیر می‌کنند)، در سوره انبیاء/۳۳ و یس/۴۰ مبین این مطلب است که

قرآن سخن از گردش انتقالی خورشید و ماه میراند. همچنین اغلب خورشید، در کران ماه

آمده است و حال آنکه ماه متعلق به زمین است و محصور جاذبه زمین میباشد، نه جاذبه

خورشید. واژه عربی یسبحون، به پیمودن انتقالی خورشید و ماه پیرامون زمین اشاره دارد.

همچنین سیارات فلک و مدار دارند، نه ثوابت. بنابراین خطای علمی و ذهنی مکون آیات

قرآن، در استعمال واژه فلک برای خورشید محرز است.

تعریف علمی فلک و مدار :

«مسیر جسمی ، مثل یک سیاره یا ستاره دنباله دار حول جسم دیگری نظیر یک ستاره»
دنیای ستارگان، جان کرک وود، چاپ۸۲

«خورشید و ماه را مسخر کرده است که هر یک به مقدار معین و مدار خاص گردش
می‌کنند» قرآن، فاطر/۱۳، رعد/۲

«او کسی است که شب و روز و خورشید و ماه را بیافرید که همه در فلک و مدار معین سیر
می‌کنند» قرآن، انبیاء/۳۳

«نه خورشید را شاید به ماه فرا رسد و نه شب بر روز سبقت گیرد و هر یک بر مدار معین
سیر میکنند» قرآن، یس/۴۰

سخن از گردش وضعی و انتقالی زمین پیرامون خورشید طی آیه ای قادر به انقلاب، در
دانش نجوم می‌گشت که منجر به تسلیم همه دانشمندان، در برابر قرآن می‌گشت. چنانچه
مکون آیات قرآن واقف به گردش زمین بود، واژه عربی والارض را، در سوره یس/۳۸
جایگزین والشمس می‌نمود و انقلاب ایمانی و علمی را پدید می‌آورد. برخی مفسران، با
زیرکی سعی دارند که جاری بودن یا سیر کردن خورشید، در سوره یس / ۳۸ را، به حول
مرکز کهکشان راه شیری نسبت دهند. این، در حالی است که خورشید بعنوان ستاره، جزو
ثوابت محسوب می‌شود و خورشید باتفاق همه اجرام سماوی منظومه خود، در بازوی
اوریون، حول مرکز کهکشان راه شیری گردش می‌کند. منظومه شمسی و خورشید با
سرعت ۲۲۰ کیلومتر، در ثانیه، حول مرکز کهکشان را، در مدت ۲۵۰ میلیون سال طی
می‌کند. بنابراین گردش حول مرکز کهکشان تنها اختصاص، به ستاره خورشید ندارد.

گردش خورشید حول منظومه شمسی برای سرنوشت و حیات زمین اهمیت ندارد؛ اما گردش زمین حول خورشید است که دارای ارزش و اهمیت بوده، بسیاری از مجهولات حیات، بر زمین را، به معلومات مبدل می‌سازد. چه گردش زمین حول خورشید، شب و روز، تغییرات هوای جوی، تغییرات فصول و تنوع نعمات را پدید می‌آورد.

«والشمس تجری لمستقرلها – خورشید بر قرارگاهش گردش می‌کند» قرآن، یس/۳۸

- والارض تجری لمستقرلها – زمین بر قرارگاهش گردش می‌کند

چرخش و گردش به زبان عربی « دَوَران » آمده است و « یجری» به معنی جاری و روان است. همچنین ریشه فعل « یَسْبَحُونَ » از فعل « سَبَحَ »؛ به معنی، شنا کردن، در آب و سیر کردن ، در فلک و مدار است. « أسبَح »؛ به معنی، او را به شنا واداشت آمده است.

هفت آسمان یا آسمانها، در قرآن، در اعداد مرتبط به منظومه شمسی و زمین صحت نمی‌یابد :

✓ ۹ سیاره منظومه شمسی : عطارد (mercury)، زهره (venus)، زمین (earth)، مریخ (mars)، مشتری (jupiter)، زحل (saturn)، اورانوس (uranus)، نپتون (neptun)، پلوتون (pluto)

✓ ۵ سیاره خاکی : عطارد، زهره، زمین، مریخ، پلوتون

✓ ۴ سیاره برجیسی : مشتری، زحل، اورانوس، نپتون

✓ ۵ سیاره قابل رویت با چشم : عطارد، زهره، مریخ، مشتری، زحل

✓ ۵ لایه جو زمین : تراپوسفر، استراتوسفر، مزوسفر، تروسفر، اگزوسفر

✓ ۳ منطقه جو زمین : یونوسفر، اگزوسفر، لایه اوزون

واژه عربی «السماء» (آسمان)، در قرآن اغلب اشاره به محدوده دید بشری از زمین، به آسمان دارد که همانا حیطه منظومه شمسی است و اتمسفر زمین نیز شامل آن است.

«و آسمان فروریزنده باران» قرآن، طارق/۱۱

«و آنچه از آسمان نازل شود» قرآن، حدید/۴

«همه وعده‌ها که به شما می‌دهند در آسمان است» قرآن، ذاریات/۲۲

صور فلکی ستارگان، برای راه یابی نوع بشری آفریده نشده است، بلکه انسان خود نشانه هایی را برای راه یابی خویش یافته است. ستارگان صور فلکی پیش از پیدایش انسان وجود داشته اند. بنابراین اختصاص آنها برای استعمال نوع بشری طی سوره انعام/۹۷ مغایر با حقایق علمی میباشد.

«پیشینیان که یا تصور خدایان، قهرمانان و جانوران و غیره را، در این گروه ها (صور فلکی) تصور می‌کردند و یا به این وسیله می‌خواستند به خدایان و قهرمانان و جانوران و غیره احترام بگذارند نام آنان را بر این صورت های فلکی نهادند» مایردگانی، نجوم به زبان ساده

«و اوست که چراغ ستارگان را برای راه یابی شام در تاریکی های بیابان و دریا قرار داده است» قرآن، انعام/۹۷

قرآن از ستارگان بعنوان زیب و زیور آسمان زمین یاد می‌کند. بواقع این اندیشه از دیدگاه بشری است، نه ایزدی؛ زیرا همگان امروزه نیک می‌دانند که ستارگان برای تمتع بشری آفریده نشده، میلیاردها سال پیش از پیدایش بشر وجود داشته اند. سهم انسان از میلیاردها

سال عمر کائنات و موجودات حداکثر ۱ میلیون سال میباشد. بنابراین ستارگان برای زیور آسمانها پدید نیامده اند و مگر ستاره خورشید، سایر اجرام سماوی، اهمیتی برای حیات موجودات زمین ندارند. اجرام سماوی مگر خورشید، در زندگی خود هدف نداشته، بیهوده گی، در آنها مشاهده می‌شود. چنانکه ماه بدون هدف، میلیاردها سال پیرامون زمین گردش می‌کند. نام آن را ماه سرگردان نامیده ام.

«و آسمان دنیا را به چراغ هایی رخشان زینت بخشیدیم» قرآن، ملک/۵

شق القمر (شکافتن ماه) معجزه ای است که مفسران و راویان اسلامی، به محمد، پیامبر اسلام، نسبت داده اند. این ادعای معجزه، در شهر مکه توسط محمد، در سوره قمر/۱-۲ وارد شده است. در این روایات گفته شده است که ماه، به اشاره وی و برای مدت کوتاهی از هم شکافته، به دو نیمه شد. امروز مکشوفات نوین نجوم، باعث شده است که برخی، کشف رود بسترهای سطحی ماه را، به معجزه محمد و شق القمر نسبت داده، کتاب قرآن را وجاهت علمی بخشند که البته منافات با روایات اسلامی، درباره واقعه شق القمر دارد. ادعای واقعه شق القمر، به قرن ۷ میلادی باز می‌گردد. این، در حالیست که رود بسترهای ماه، در حدود ۳٫۷ میلیارد سال قبل پدید آمده است. از سوی دیگر ادعای معجزه شق القمر پذیرفته نیست؛ زیرا هرگز کسی و دانشمندی، گزارشی دال بر مشاهده شکافتن و دو نیمه شدن ماه بدر، در شهر مکه، خارج از شهر مکه و ملل خارجه، در قرن ۷ میلادی، نقل و ثبت نکرده است. این، در حالیست که برخی اقوام بشری، در ۴ تا ۵ هزار سال پیش (اکنون، در سال ۲۰۱۲م)، خبر رویدادهای نجومی، آسمانی و زمینی خود را، در روایات، حکایات و مدارک ثبت کرده اند:

«نابودی ناگهانی داینا‌سورها و هزاران نوع دیگر در ۶۰ میلیون سال قبل بی شک ماحصل یک چنین فاجعه ای بوده است. جدیدترین شگفتی را سیاره ونوس دامن میزند چون با توجه به روایات،حکایات، افسانه ها و مدارک کتبی و شفاهی متعلق به ۴ تا ۵ هزار سال قبل مستفاد شده که سیاره ونوس همیشه درمحل فعلی خود نبوده بلکه در یکی از هزاره های اخیر در پهنه آسمان ما ظاهر شده است. شواهدی در دست است که نشان میدهد ونوس پیش از آنکه در مقام یک سیاره در میان بقیه سیارات منظومه شمسی باشد ستاره دنباله دار آتش فشان و سرگردانی بوده که موجودیت برخی از سیارات منظومه شمسی بویژه زمین را تهدید کرده است. اخبار و روایات مشعر بر ظهور یک ستاره جدید در میان کلیه ملل و اقوام باستانی از جمله نزد قوم مایا در آمریکای مرکزی و قبایل جزیره نشین دریای جنوب و بیش از همه در متون چینی یافت می‌شود. مثلاً در " شو – شینگ " قدیمی ترین مجموعه متون چینی می‌خوانیم که در عصر سلطنت امپراتور یائو ستاره درخشانی در صورت فلکی ین ظهور کرد. در همین کتاب ایضاً گزارش شده که در تعقیب ظهور ستاره مزبور طوفان عظیمی به وقوع پیوست و عظمت طوفان به حدی بود که موقعیت خورشید و ماه را متزلزل نمود. هر دو گزارش شو – شینگ با گزارش منابع عبری منطبق است. با توجه به این منابع در دوره یشوعا در مشرق ستاره جدیدی متولد شده است. کلیه گزارشات و منابع مورد بحث از نقطه نظر تاریخ، حدود ۱۵۰۰ قبل از میلاد را ظاهر نشان ساخته اند. مصریان، در همین تاریخ، دقیقاً شاهد مهاجرت بنی اسرائیل بودند و این مهاجرت در عصر حکومت یشوعا صورت گرفت. بموجب نوشته روی پاپیروس (آنسازی) جهات اربعه تغییر کرد و نظام ماه و ساعت بر هم خورد. نوشته پاپیروس (هررس) دال بر آن است که اغتشاشات توام با آب و آتش در آسمان ظاهر شد. جای جنوب و شمال عوض

شد و کره زمین به پهلو افتاد. در پاپیروس (ایپوور) نوشته شده که : زمین بغتتاً مانند چرخ کوزه گری شروع به چرخیدن به دور خود کرد و بعد ناگهان چپه شد. باید اذعان کرد که گزارشات منابع مایایی، عبری، چینی، مصری و بابلی با رویدادهای همزمان جغرافیایی و نجومی مطابقت دارد. از این که بگذریم در روایات چینی هم به همین مقوله برخورد می‌کنیم . از جمله یکی از وقایع نگاران چینی نوشته است : ... در ایام سلطنت امپراطور کوی kewy (koei – kie) دو ستاره درخشان با یکدیگر در آسمان برخورد کردند و جنگیدند ... . به اعتقاد پلینیوس،نویسنده روم باستان اضمحلال قوم اتروسک در ایتالیای علیا بر اثر وقایع ماوراء زمینی به وقوع پیوسته است. بر اساس گزارش پلینیوس صاعقه ای شهر اتروسکی و لسی نیوم را به آتش کشید. پلینیوس خاطر نشان کرده : ... صاعقه، صاعقه معمولی نبود بلکه آتشی بود که از سه ستاره آسمانی ساطع شده. یک نقشه فضایی که در آرامگاه وزیر سموت مصری پیدا شده، بوضوح نشان میدهد که موقعیت فضای آن روز با موقعیت فضا در امروز تفاوت داشته است. متون هندی و بابلی را هم میشود مثال زد. همزمان با مصری ها، هندی ها متوجه گشتند که زمین از مکان همیشگی اش ۱۰۰ یوآناس yojanas – حدود ۸۰۰ تا ۱۴۰۰ کیلومتر – پس زده است. در الواح نجومی بابلی نیز تاریخ طولانی ترین روز ثبت شده است. بر پایه اطلاعاتی که الواح مزوبور در اختیار ما قرار داده اند روشن شده است در دوران طولانی ترین روز، سرزمین بابل به اندازه ۲٫۵ درجه عرض جغرافیایی به سمت شمال تمایل داشته است. به بیان دیگر قطبین جای خود را با یکدیگر عوض کرده بوده اند. مسلم آنکه همراه با عرض جغرافیایی فصول سال هم متحول شده بودند. ... » مجله دانستنیها، اسفند ماه ۱۳۶۳ خورشیدی، شماره ۱۸، صفحه۶-۷

همچنین آیات قرآن، گواهی می‌دهند که محمد عاجز، در اجابت مطالبات بر حق مردم تازی، یهودی و مسیحی دال بر انزال معجزات بود. این، در حالیست که شرح معجزات شگفت از سوی موسی و عیسی بدفعات، در تورات و انجیل وارد شده است. شرح علمی رود بسترهای سطحی ماه و شرح تفسیری شق القمر را، در ذیل بیان نموده ام که امیدوارم مفید واقع شود :

« وَ انْشَقَّ الْقَمَرُ – و ماه از هم شکافت.

«ابن عباس» آورده است که گروهی از حق ستیزان و محافظه کاران مکه بر گرد پیامبر گرد آمدند و گفتند: اگر به راستی پیام آور خدا هستی، ماه را برای ما دو نیم کن تا به تو ایمان آوریم.

پیامبر پرسید: اگر چنین شود به راستی به خدای یکتا و قدرت بی کران او ایمان خواهید آورد و حق را خواهید پذیرفت؟

پاسخ دادند: آری، چرا نه؟

آن شب که آنان این درخواست را نزد پیامبر طرح کردند، شب چهاردهم ماه بود و ماه به صورت «بدر» کامل در برابر دیدگان خودنمایی می کرد.

پیامبر گرامی رو به بارگاه خدا آورد که: پروردگارا، آنچه را آنان می خواهند به قدرت خویش به آنان بنمایان تا حجت تمام گردد و حق طلبان از باطل گرایان و اصلاح ناپذیران بیشتر بازشناخته شوند.

درست در آن لحظه بود که ماه از هم شکافت و در برابر چشمان بهت زده آنان به دو نیم تقسیم گردید و پیامبر آنان را با نام و نشان فریاد زد که اینک بنگرید و به پدیدآورنده ماه و خورشید ایمان آورید!

«ابن مسعود» در این مورد آورده است که: زمان پیامبر گرامی یک بار ماه شکافته شد و به دو نیم تقسیم گردید و آن حضرت به ما فرمود: هان ای بندگان خدا! بنگرید و گواهی دهید که ماه شکافته شد.

و نیز از همو روایت شده است که: به آن خدایی که جانم در کف قدرت اوست، سوگند که کوه حرا را میان دو نیمه ماه دیدم.

و نیز از «جبیر بن مطعم» آورده اند که: در روزگار پیامبر بود که ماه شکافته شد و به دو نیم تقسیم گردید و هر یک از دو نیم آن گویی بر سر یکی از این دو کوه دیده شد. امّا گروهی از مردم به سرکردگی ابوجهل به جای حق پذیری و ایمان، فریاد برآوردند که: محمد (ص) ما را افسون کرده است.

یکی از آن میان فریاد کشید که: ابوجهل! اگر او شما را افسون کرده، همه مردم را که افسون نکرده و همه می نگرند که ماه شکافته شد.

رویداد شگفت انگیز «شق القمر»

رویداد شگفت انگیز «شق القمر» یا این معجزه بزرگ پیامبر گرامی را گروه بزرگی از یاران و معاصران آن رویداد عجیب، روایت کرده اند که مشهورترین آنان عبارتند از:

۱ - عبدالله بن مسعود

۲ - انس بن مالک

۳ - حذیفه

۴ - عبدالله، فرزند عمر

۵ - عبدالله بن عباس

۶ - جبیر، فرزند مطعم

۷ - عبدالله بن عمرو...

مفسران نیز همین روایت و دیدگاه را تأیید کرده اند، امّا «ابن عطا» از پدرش در این مورد روایت می کند که منظور آیه شریفه این است که: ماه به زودی شکافته می شود، نه این که شکافت.

این دیدگاه از «حسن» نیز روایت شده است، امّا «بلخی» آن را نفی می کند، چرا که مسلمانان بر این رویداد گواهی داده و بر همین تفسیر هم اجماع کرده اند؛ از این رو به دیدگاه پاره ای همانند «عطا» نباید توجه کرد و در شکافته شدن ماه به قدرت خدا و خواست پیامبر نمی توان تردید نمود.

افزون بر این، شهرت «شق القمر» در میان یاران پیامبر به گونه ای است که دیدگاه مخالفت در این مورد طرفداری ندارد. و این پندار پاره ای که: اگر ماه شکافته می شد، این رویداد بر دانشوران و عالمان گیتی مخفی نمی ماند، حرف درستی نیست؛ چرا که ممکن است به دلیل پوشیده بودن ماه به وسیله ابر در مناطق مختلف، یا موانع دیگری از نظر

بسیاری نهان مانده باشد. به علاوه از آن جایی که این رویداد بزرگ در شبانگاه روی داد، ممکن است مردم در بسیاری از مناطق گیتی در خواب بوده و آن رویداد را ندیده باشند.

افزون بر این، همه مردم در اندیشه رویدادهای جوی و در فکر نگرش دقیق به آسمان ها و پدیده های گوناگون جوی نیستند تا این رویدادها و چیزهایی، نظیر سقوط ستارگان یا پاره ای از اجرام و اجسام و شهاب ها را بنگرند و بیشتر مردم از این رخدادها غافل هستند» امین الاسلام طبرسی، مجمع البیان، آشنایی با سوره قمر، جلد ۲۷

سوره انبیاء/۳۰ مبنی بر ادعای پیوستگی و سپس گسستگی زمین و آسمانها، در بخش افسانه‌ها و اسطوره‌ها، در ادیان توحیدی، بررسی شده است.

رود بسترهای ماه، به روایت تصویر

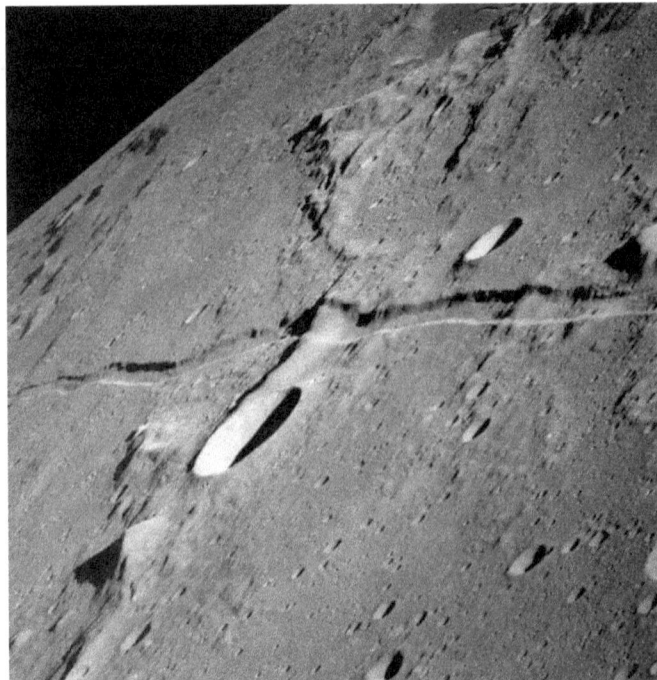

شق القمر و دو نیمه شدن ماه، به روایت نقاشی

دانش زولوژی و قرآن

پس از تحقیق و بررسی نیک دریافته ام که قرآن واقف به دانش جانورشناسی نیست و بطور

عامیانه سخن می‌راند نه علمی. همان بس که قرآن حیوانات علفخوار را حلال گوشت و

چهارپایان را مفید برای باربری خوانده است و شکار سگ را پاکیزه. اما سخن نوشته پیدایش، در تورات منتسب به موسی، بیشتر با دانش بشری تطابق دارد. در فصل اول نوشته مذکور سخن از آفرینش آسمانها و زمین، توده های بخار، تشکیل اقیانوس،پیدایش انواع نباتات، انواع آبزیان، انواع جانوران اهلی و وحشی و سرانجام انسان است. گرچه نوشته پیدایش بشری بسان قرآن علمی نیست و لیکن اشاره آن به پیدایش از نظمی خاص و قرین با دانش بشری همراه است :

«صید سگان شکاری حلال است» قرآن، مائده/۴

«شب گذشت و صبح شد. این روز چهارم بود – سپس خدا فرمود : آبها از موجودات زنده پر شوند و پرندگان بر فراز آسمان به پرواز در آیند- پس خدا حیوانات بزرگ دریایی و انواع جانوران آبزی و انواع پرندگان را آفرید. خدا از این خشنود شدد و آنها را برکت داده، فرمود: موجودات دریای بارور و زیاد شوند و آبها را پر سازند و پرندگان نیز روی زمین زیاد شوند – شب گذشت و صبح شد. این روز پنجم بود – سپس خدا فرمود : زمین انواع جانوران و حیوانات اهلی و وحشی را به وجود آورد و چنین شد - خدا انواع حیوانات اهلی و وحشی و تمام خزندگان را به وجود آورد و از کار خود خشنود شد- سرانجام خدا فرمود : انسان شبیه خود بسازیم تا بر حیوانات زمین و ماهیان دریا و پرندگان آسمان فرمانروایی کند- پس خدا انسان را شبیه خود آفرید. او انسان را زن و مرد آفرید» تورات، پیدایش، ۱:۱،۳۱

«و چهارپایان را برایتان آفرید در آنها برای شما گرمی و سودهایی است و از آنها می‌خورید » قرآن، نحل/۵

« و بارهای شما را به شهر می‌برند که جز با مشقت بدن ها بدان نمی‌توانستید برسید »

قرآن، نحل/۷

دانش فیزیولوژی و قرآن

قرآن واقف، به وجود ذرات اتم و اجزاء آن نیست و سخن از ذرات، در قرآن مرتبط با هر چیز کوچکی، در آسمان و زمین و اعمال خیر وشر بشری است. بنابراین آیه ای دال بر وجود اتم یا موجودات ذره بینی، در قرآن وارد نشده است . هر دانشمندی و کاشفی برای اثبات جایگاه خویش از بیان دانش خویش امتناع نمی‌ورزد. قرآن سخن از ذره، در آسمان و زمین و کردار انسان می‌راند که حاکی از وقوف به ذرات فیزیکی و اتمی نیست. ذره هر چیز اندک یا کوچک است. بنابراین از مورچه بر زمین تا ستارگان، در کهکشان و اجرام، در آسمان بی کران، ذره محسوب می‌شوند. اعجازی علمی نمی‌توان از واژه ذره؛ به معنی، هر چیز ریز، در قرآن استخراج نمود. واژه « ذره »، در قرآن برای آنچه، در آسمانها و زمین، ستم و کردار مورد استعمال قرار گرفته است. عمومیت واژه مذکور برای هر چیز ریز و ناچیز، در قرآن، می‌نمایاند که قرآن آن را تخصصی و علمی بکار نبرده است. بی گمان مکون آیات قرآن، عادت به استعمال هر چیز کوچک به نام ذره داشته است. چنانکه برای برخی عادت شده است که در مثال بگویند:

«یک ذره نان به من بده !»

«یک ذره غذا به من بده !»

«دانای ناپیدا است. هم وزن ذره ای نه، در زمین و نه در آسمان از پروردگار تو پنهان نیست» سباء/۳، ۲۲

«در حقیقت الله هم وزن ذره ای ستم نمی‌کند و اگرنیکی باشد دو چندانش می‌کند و از نزد خویش پاداشی بزرگ می‌بخشد» قرآن، نساء/۴۰

«پس هر که هم وزن ذره ای نیکی کند آن را خواهد دید» قرآن، زلزال/۷

«و هر که هم وزن ذره ای بدی کند آن را خواهد دید» قرآن، زلزال/۸

ریشه لغوی ذره اتم از کلمه یونانی Atomos غیر قابل تقسیم که از a؛ به معنی،«غیر» و tomos ، به معنی برش، ساخته شده است. معمولاً به معنای اتم های شیمایی یعنی اساسی ترین اجزاء ملکول ها و مواد ساده می‌باشد. مواد متنوعی که روزانه، در آزمایش و تجربه با آن روبه رو هستیم، متشکل از اتم های گسسته است . وجود چنین ذراتی برای اولین بار توسط فیلسوفان یونانی مانند دموکریتوس democritus،لئوسیپوسLeucippus و اپیکورینز Epicureanism ولی بدون ارائه یک راه حل واقعی برای اثبات آن پیشنهاد شد.

دانش اکونومی و قرآن

اسلوب اقتصادی قرآن، همان ابقای رژیم طبقاتی میباشد، چنانکه قرآن طی آیاتی وجود متمکن و مفلس را حاصل اراده الهی خوانده است. واژه مستضعف، در قرآن اشاره، به

مسلمانانی دارد که علیه مشرکان تصمیم، به مبارزه یا هجرت نگرفتند. از اینرو قرآن مستضعفین را جهنمی خوانده است.

«کسانی که بر خویشتن ستمکار بوده اند، فرشتگان جانشان را می‌گیرند می‌گویند : در چه بودید؟ پاسخ می‌دهند : ما، در زمین از مستضعفان بودیم. می‌گویند : مگر زمین خدا وسیع نبود تا در آن مهاجرت کنید پس آنان جایگاهشان دوزخ است و بد سرانجامی است» قرآن، نساء/۹۷

قرآن، در سوره زمر/۵۲ مدعی است که افریدگار رزق را برای هر کسی بخواهد فزون یا نزول می‌بخشد. بنابراین طبقات فئودالیستی و کاپیتالیستی و بورژوازی که اغلب عامل ستمکاری علیه اقشار کارگر و کارمند هستند، مشیت الهی میباشد. بواقع قرآن ارباب و رعیتی و سرمایه داری را مشروعیت بخشیده است.

فئودالیسم (ارباب و رعیتی)، در قرآن :

«آیا آنانند که رحمت پروردگارت را تقسیم می‌کنند ما [وسایل] معاش آنان را در زندگی دنیا میانشان تقسیم کرده‌ایم و برخی از آنان را از [نظر] درجات بالاتر از بعضی [دیگر] قرار داده‌ایم تا بعضی از آنها بعضی [دیگر] را در خدمت گیرند و رحمت پروردگار تو از آنچه آنان می‌اندوزند بهتر است» قرآن، زخرف/۳۲

کاپیتالیسم (سرمایه داری)، در قرآن :

«آیا مردم ندانستند که الله البته هر که را خواهد روزی وسیع دهد و هر که را خواهد تنگ روزی سازد؟» قرآن، زمر/۵۲

بی گمان از اینروست که حکومتهای مذهبی و تئوکراسی طی تاریخ وجاهت فئودالیستی،
کاپیتالیستی، بورژوازی و الیگارشی را، در لفافه نهاد سیاسی خود یا نهاد اجتماعی اشاعه
داده‌اند. آنان هرگز به زدودن حاکمه و جامعه طبقاتی اهتمام نورزیده‌اند. بواقع حکومتی
طبقاتی (class goveriment) رژیمی متعلق، به طبقه ای خاص اجتماعی است که
سیاستهای آن بر اساس تامین امیال و آرمان طبقه ای خاص، در حاکمه و جامعه اتخاذ
می‌گردد و منجر به استقرار سایه عدل، اخلاق، اشتغال، دانش و آسایش نیست؛، بلکه طبقه
ای خاص را، در کنف حمایت خویش قرار داده، بالندگی آن را سایر طبقات را فراهم
می‌سازد.حکومتهای طبقاتی عبارتند از: آریستو کراسی   (اشرافی)، تئوکراسی (مذهبی)،
سوسیالیستی (کارگری) ، کاپیتالیستی (سرمایه داری)، میلیتاریستی (نظامی). همچنان، در
حکومتهای طبقاتی قشری مازاد بر نیاز و قشری نیاز دارد. بنابراین مازاد بر نیاز و نیاز منجر
به نابسامانی و تباهی است. کلاسیسم (طبقاتی)، در برابر جنرالیسم (همگانی و عمومی)
قرار دارد. جامعه طبقاتی ، دارای حکومتی طبقاتی است که منافع طبقاتی را تحصیل
می‌کند. زدودن رژیم طبقاتی نیاز به استقرار نظام جنرالیستی و ضد طبقاتی دارد و آن
تحقق نمی‌یابد مگر آنکه همگان، در یک بی نیازی قرار گیرند و مازاد بر نیاز و نیاز افراد، در
جامعه حذف گردد. کارشناسان اقتصادی بایست خط بی نیازی را تعیین کنند . فی المثال
منقول از روزنامه آفتاب یزد، مورخه، یکشنبه ۱۰/بهمن/۱۳۸۹ ، شماره ۳۱۲۱، در متن
گزارش، کمیته مزد استان تهران حداقل مزد کارگری، در سال ۱۳۹۰ را، در راستای بی
نیازی کارگر ۱,۳۵۰,۰۰۰تومان مطابق با کارشناسی اعلان داشته است که افراد، در صرفه
جویی قادر، به پس انداز نیز خواهند بود. بنابراین دستمزد مذکور خط بی نیازی است که
جهت مساوات، در تقسیم ثروت و عدالت می‌توان از آن بهره مند شد.

مآلاً قرآن طی آیات خود، راه فئودالیستها و کاپیتالیستها را هموار ساخته است. چه حکومت اسلامی تمکن وافلاس را میتواند، به استناد قرآن، مشیت الهی بخواند. بنابراین حکومتهای مذهبی و اسلامی با توسل، به قرآن، مستمندان و مفلسان را، در برابر سرمایه داران لگد مال میکنند، چنانکه جمهوری اسلامی بدان پرداخته است. انفاق و صدقه برای دستیابی، به جامعه ای فاقد تهیدست نیست؛ بلکه هدف از آن، بقای سرمایه داری است. قرآن، انفاق و صدقه را فقط برای ممانعت از مرگ گرسنگان و تهیدستان مقرر کرده است که   برنامه ای برای عدالت اقتصادی محسوب نمیگردد.

دانش ژئولوژی و قرآن

سوره فصلت/۹،۱۲ مورد بررسی علمی قرار گرفت. آیات مذکور با دستاوردهای علمی مغایرت دارد و فقر علمی قرن هفتم میلادی در آنها فرمان میراند. در سوره فصلت میخوانیم :

❖ زمین، در دو روز آفریده شده

❖ کوه ها و برکات زمین آفریده شد

❖ ارزاق اهل زمین، در چهار روز آفریده شد

❖ آسمان، در زمان ثانوی آفریده شد

❖ آسمان، در بدایت آفرینش دودی بود

❖ هفت آسمان را، در دو روز استوار نمود

آفرینش زمین، در دو روز با دانش بشری تطابق ندارد. زمین، در مرحله نخستین از گرد و غبار خورشید تشکیل شد. زمین نیمه مذاب بود و جو اولیه آن را ئیدروژن و هلیوم تشکیل می‌داد. حدود ۱ میلیارد سال بطول انجامید که زمین، در سطح به سردی گراید و لایه‌های پوسته و جبه با مواد سبک تر و هسته با مواد سنگین تر تشکیل شود. سپس جو ثانویه شامل گازهای دی اکسید کربن و بخار آب و همراه مقداری نیتروژن و بدون اکسیژن پدید آمد. پس از چند میلیارد سال بخار آب از طریق متراکم شدن ملکولی باعث بارش باران و تکوین اقیانوسها شد و بدینسان دی اکسید کربن کاهش یافت. بنابراین زمین، در مرحله نخستین تشکیل، حاصل حدود ۱ میلیارد سال است، نه ۲روز. سپس قرآن، در آیه ۱۰ مدعی است که ارزاق اهل زمین را طی مدت چهار روز آفرید. لیکن تکوین و تکامل ارزاق زمین که شامل زنجیره غذایی است که موجودات از یکدیگر متمتع می‌گردند، حدود ۵۷۰ میلیون سال بطول انجامید نه ۴ روز. بواقع طی ۳ دوره اهم موجودات، در حیطه زنجیره غذایی پدید آمده اند.

۱- دوره پالئوزوئیک، به مدت ۳۲۰ میلیون سال بطول انجامید

۲- دوره مزوزوئیک، به مدت ۱۸۰ میلیون سال بطول انجامید

۳- دوره سنوزوئیک تا امروز، به مدت ۷۰ میلیون سال بطول انجامید

سوره فصلت/۱۱، آسمان را، در بدایت تکوین، دودی (دُخان) خوانده است. مکون آیات قرآن واقف نبود که تنها ۴.۴٪ کائنات از ماده شناخته شده، تشکیل شده است. آسمان دودی با توجه، به مقدار ناچیز ۴.۴٪ ماده شناخته شده، تحقق نمی‌یابد. دود حاصل سوختن ناقص

است که حاصل CO_2 (۱ اتم کربن و ۲ اتم اکسیژن) است.در سوره مذکور واژه البُخار؛ به معنی بخار و گاز که حاصل تبخیر مایعات گرم باشد وارد نشده است. بواقع کربن و اکسیژن، در جو اولیه زمین وجود نداشت که مفروض بر وجود دُخان و دود، در آسمان زمین باشیم، آنچه سوره فصلت از ترتیب آفرینش بیان می‌کند خطای محرز علمی قرآن است. چه ابتدا سخن از آفرینش زمین، برکات زمین و سپس آسمان می‌باشد. واژه ثُمَّ (سپس)، قید زمان، در ابتدای آیه ۱۱ سخن از آفرینش آسمان پس از آفرینش زمین رانده است. در سوره فصلت زمین، در زمان اولیه و آسمان، در زمان ثانویه پدید آمده است. همچنین خطای دستوری آیه مذکور، استعمال واژه هِیَ (او زن)، ضمیر سوم شخص مفرد مؤنث غایب، بجای واژه ذلک یا هذا   (آن ، این)، ضمیر اشاره، به دور و نزدیک و اسم کنایه برای واژه السماء(آسمان) میباشد. بواقع ترتیب آفرینش منقول از سوره فصلت/۹، ۱۲ از منظر دانش استرونومی و ستاره شناسی خطای علمی میباشد :

مراتب آفرینش از منظر قرآن :

۱- زمین را، در دو روز آفرید

۲- کوه ها برای زمین قرار داد

۳- مواد غذایی زمین را، در چهار روز آفرید

۴- سپس آهنگ آفرینش آسمان نمود

۵- هفت آسمان را مقرر داشت

۶- آسمان را، به ستارگان مزین نمود

مراتب آفرینش از منظر دانش :

۱- آسمان پدید آمد

۲- ستارگان پدید آمدند

۳- زمین پدید آمد

۴- کوه ها پدید آمد

۵- نباتات پدید آمد

۶- حیوانات پدید آمد

«بگو آیا این شمایید که واقعا به آن کسی که زمین را در دو هنگام آفرید کفر می‌ورزید و برای او همتایانی قرار می‌دهید این است پروردگار جهانیان - و در از فراز آن کوهها نهاد و در آن خیر فراوان پدید آورد و مواد خوراکی آن را در چهار روز اندازه گیری کرد برای خواهند گان درست است - سپس آهنگ [آفرینش] آسمان کرد و آن **دود** بود پس به آن و به زمین فرمود خواه یا ناخواه بیایید آن دو گفتند فرمان‌پذیر آمدیم» قرآن، فصلت/۹، ۱۱

همچنین سوره فصلت/۹، ۱۱، در تناقض با سوره نازعات/۲۷، ۳۰ میباشد. در سوره فصلت زمین پیش از آسمان آفریده شده است. لیکن، در سوره نازعات، آسمان پیش از زمین آفریده شده است. بنابراین قرآن از اعتبار کلام برخوردار نیست. کسی که آیات را تهیه نموده است، بی‌گمان، فقر علمی قرن هفتم را، به همراه خود داشته است. بنابراین تناقض مذکور بدلیل فقرعلمی و فراموشی میباشد. تناقض، در کلام قرآن، خود از کذب می‌تراود،

نه تحریف. زیرا قرآن گواهی می‌دهد، که کلمات قرآن لامبدل یا غیر قابل تبدیل است. اسلامیون، درباره سوره فصلت خود با مجهولات و تناقضات مواجه هستند.

دانش استرونومی بیان می‌دارد که پس از انفجار بیگ بنگ، در حدود ۱۳ الی ۱۶ میلیارد سال قبل، حدود ۳۰۰ هزار سال، آسمان فاقد عناصر مادی بود. ذرات بدلیل حرارت بسیار، در حالت گسست یافت می‌شدند. هنوز اتمی و ملکولی پدید نیامده بود که عنصری مشتعل را تشکیل دهد. بواقع کائنات مغروق، در نور و حرارت بود نه دود.

دود حاصل احتراق ناقص مواد سوختی میباشد. بنابراین گستره آسمان بایست دارای مواد سوختی مشتعل باشد که آسمان دودی پدید آید. لیکن تنها ۴ درصد کائنات را ماده شناخته شده تشکیل می‌دهد که مواد سوختی نیز، در آن یافت می‌شود. ما، در مراحل تکوین کائنات با آسمان دارای دخان و دود مواجه نمی‌شویم. در ذیل شرح بیگ بنگ و مراحل تکوین کائنات بطور علمی برای آگاهی بیشتر خوانندگان آمده است :

بیگ بنگ – انفجار بزرگ :

«همانطور که گفتم پیدایش کائنات برای انسان یک نادانسته بود و بشر می خواست بداند که این پیدایش از کجا شروع شد. آیا به صورت یکنواخت بوده و همین گونه نیز ادامه دارد یا نه؟ چنان که برخی اعتقاد داشته اند که کائنات همین ساختار را داشته و بدون تغییر باقی می ماند. خب نتیجه اینکه نظریه های مختلفی در این رابطه وجود داشت و نظریه پردازیهای زیادی می شد. یکی از این نظریه ها که حدود سی و هفت یا سی و هشت سال قبل ارائه شد بیگ بنگ یاهمان انفجار بزرگ نام داشت که توانست به خیلی از ابهامات پاسخ بدهد. این نظریه، آغاز کائنات را از یک هسته اتم در فضا و زمان صفر می داند؛ زیرا

آن هنگام هنوز فضا وزمان آغاز نشده بود. تصور بکنید که تمام کائنات در یک هسته اتم یا حتی کوچکتر از آن جای داشت و در یک لحظه این فضا و زمان آغاز می شود یعنی اینکه یک انفجار بزرگ که حاصل گرانش شدید ناشی از فشردگی بوده، شروع شد.این واقعه بین سیزده تا پانزده میلیارد سال پیش رخ داده است، در حقیقت این حادثه از آن نقطه صفر شروع می شود. قابل ذکر است که با وجود چنین فشردگی ای طبیعتاً دمای بسیار زیادی در لحظه کمی قبل از انفجار بزرگ حاکم بوده است. هنگامی که فضا و زمان شروع به بزرگ و باز شدن کرد، دما مدام رو به کاهش بوده به طوری که تخمین زده می شود وقتی فقط یک ثانیه ازتشکیل کائنات می گذشته است ده میلیارد کلوین نزول دما داشته ایم.

انبساط جهان به قدری شدید رخ داده است که از اندازه کوچکتر از یک هسته اتم در یک لحظه به اندازه کره زمین بزرگ می شده، یعنی انبساط و تورم بعد از بیگ بنگ شروع شده بود اما هنوز کهکشانها به وجود نیامده بودند. نور آغاز کائنات بود سپس بعداز نور، ماده ایجاد شد و شاید بعد از دو میلیارد سال از انفجار بزرگ کهکشانها شکل گرفتند و خورشید ما یکی از ذرات کوچک آنهاست.

کهکشانها چگونه و چه زمانی شکل گرفتند؟

کهکشانی که ما در آن هستیم (کهکشان راه شیری) حدود ده میلیارد سال پیش به وجود آمده است، البته اگر قبول کنیم که بیک بنگ سیزده میلیاردسال پیش رخ داده است.

اما کهکشانها انواع مختلفی دارند که عبارت است از: نامنظم، بیضوی و مارپیچی. ازمواد اطراف کهکشانها که باقی مانده بودند بازوهای کهکشانی شکل گرفتند اما چون فشردگی مواد را در آن قسمت فضا داشتیم ونیز کهکشانهای شکل گرفته بسیار نزدیک به هم بودند

طبیعتاً برخوردها هم زیاد بوده است یعنی دوکهکشان با هم ادغام شده و یک کهکشان بزرگتر تشکیل می دادند یا سبب ساز بازوهای کهکشانی بزرگتر می شدند. این اثرات در بحث انتقال به سمت قرمز یا رد شیفت می گنجند.

این انفجار چقدر طول کشید؟

برای لحظه انفجار بزرگ عدد ده به توان منفی چهل و سه را در نظر می گیرند و بعد از آن لحظه، حادثه شروع می شود که حتی هنوز به هزارم ثانیه نرسیده، تغییرات در حال رخ دادن بوده است.

عالم در ابتدا چگونه به نظر می آمد؟

آشکار است برای آگاهی از چگونگی اولین ثانیه ها و یا بهتر بگوییم اولین اجزای ثانیه های پس از انفجار اولیه نباید از ستاره شناسان پرسید بلکه در این مورد باید به فیزیکدان های متخصص در امر فیزیک ذره ای مراجعه کرد که در مورد تشعشعات و ماده در شرایط کاملا سخت و غیر عادی تحقیق می کنند و تجربه می کنند. تاریخ کیهان معمولا به ۸ مقطع کاملا متفاوت و غیر مساوی تقسیم   می شود:

مرحله اول - صفر تا ۴۳- ۱۰ ثانیه

این مساله هنوز برایمان کاملا روشن نیست که در این اولین اجزای ثانیه ها چه چیزی تبدیل به گلوله آتشینی شد که کیهان باید بعدا از آن ایجاد گردد . هیچ معادله و یا فرمول های اندازه گیری برای درجه حرارت بسیار بالا و غیر قابل تصوری که در این زمان حاکم بود در دست نمی باشد.

مرحله دوم- ۴۳- ۱۰ تا ۳۲- ۱۰ ثانیه

اولین سنگ بناهای ماده مثلا کوارک ها و الکترون ها و پاد ذره های آنها از برخورد پرتوها

با یکدیگر به وجود می آیند. قسمتی از این سنگ بناها دوباره با یکدیگر برخورد می کنند و

به صورت تشعشع فرو می پاشند. در لحظه های بسیار بسیار اولیه ذرات فوق سنگین - نیز

می توانسته اند به وجود آمده باشند. این ذرات دارای این ویژگی هستند که هنگام

فروپاشی ماده بیشتری نسبت به ضد ماده و مثلا کوارک های بیشتری نسبت به آنتی

کوارک ها ایجاد می کنند. ذرات که فقط در همان اولین اجزای بسیار کوچک ثانیه ها

وجود داشتند برای ما میراث مهمی به جا گذاردند که عبارت بود از : افزونی ماده در برابر

ضد ماده

مرحله سوم- از ۳۲- ۱۰ ثانیه تا ۶- ۱۰ ثانیه

کیهان از مخلوطی از کوارک ها - لپتون ها - فوتون ها و سایر ذرات دیگر تشکیل شده که

متقابلا به ایجاد و انهدام یکدیگر مشغول بوده و ضمنا خیلی سریع در حال از دست دادن

حرارت هستند

مرحله چهارم- از ۶- ۱۰ ثانیه تا ۳- ۱۰ثانیه

تقریبا تمام کوارک ها و ضد کوارک ها به صورت پرتو ذره ها به انرژی تبدیل می شوند.

کوارک های جدید دیگر نمی توانند در درجه حرارت های رو به کاهش به وجود آیند ولی

از آن جایی که کوارک های بیشتری نسبت به ضد کوارک ها وجود دارند برخی از کوارک

ها برای خود جفتی پیدا نکرده و به صورت اضافه باقی می مانند. هر ۳ کوارک با یکدیگر یک پروتون با یک نوترون می سازند. سنگ بناهای هسته اتم های آینده اکنون ایجاد شده اند.

مرحله پنجم - از ۳- ۱۰ ثانیه تا ۱۰۰ ثانیه

الکترون ها و ضد الکترون ها در برخورد با یکدیگر به اشعه تبدیل می شوند. تعدادی الکترون باقی می ماند زیرا که ماده بیشتری نسبت به ضد ماده وجود دارد. این الکترون ها بعداً مدارهای اتمی را   می سازند

مرحله ششم - از ۱۰۰ ثانیه تا ۳۰ دقیقه

در درجه حرارت هایی که امروزه می توان در مرکز ستارگان یافت اولین هسته های اتم های سبک و به ویژه هسته های بسیار پایدار هلیم در اثر همجوشی هسته ای ساخته می شوند. هسته اتم های سنگین از قبیل اتم آهن یا کربن در این مرحله هنوز ایجاد نمی شوند. در آغاز خلقت عملا فقط دو عنصر بنیادی که از همه سبکتر بودند وجود داشتند: هلیم و هیدروژن

مرحله هفتم - از ۳۰ دقیقه تا ۱ میلیون سال پس از خلقت

پس از گذشت حدود ۳۰۰۰۰۰ سال گوی آتشین آنقدر حرارت از دست داده که هسته اتم ها و الکترون ها می توانند در درجه حرارتی در حدود ۳۰۰۰ درجه سانتی گراد به یکدیگر

بپیوندند و بدون اینکه دوباره فورا از هم بپاشند اتم ها را تشکیل دهند . در نتیجه آن مخلوط ذره ای که قبلا نامرئی بود اکنون قابل دیدن می شود.

مرحله هشتم - از یک میلیون سال پس از خلقت تا امروز

از ابرهای هیدروژنی دستگاههای راه شیری ستارگان و سیارات به وجود می آیند. در داخل ستارگان هسته اتم های سنگین از قبیل اکسیژن و آهن تولید می شوند. که بعد ها در انفجارات ستاره ای آزاد می گردند و برای ساخت ستارگان و سیارات و حیات جدید به کار می‌آیند.

عناصر اصلی حیات زمینی چه زمانی پدیدار شد؟

برای زمین با توجه به گوناگونی حیات که در آن وجود دارد ۳ چیز از اهمیت خاصی برخوردار بوده است:

از همان ابتدای خلقت همیشه ماده بیشتری نسبت به ضد ماده وجود داشته و بنابراین همواره ماده برای ما باقی می ماند.

در مرحله ششم هیدروژن به وجود آمد این ماده که سبک ترین عنصر شیمیایی می باشد سنگ بنای اصلی کهکشانه ها و سیارات می باشد. هیدروژن همچنین سنگ بنای اصلی موجودات زنده ای است که بعدا روی زمین به وجود آمدند و احتمالا روی میلیاردها سیاره دیگر نیز وجود دارند. در مرکز ستارگان اولیه هسته اتم های سنگین از قبیل اکسیژن و یا کربن یعنی سنگ بناهای اصلی لازم و ضروری برای زندگی و حیات بوجود آمدند.

آیا عالم همواره در حال انبساط خواهد بود؟

جنبش انبساطی یا به عبارت دیگر از همدیگر دور شدن کهکشانه ها به هر حال رو به کند شدن است. زیرا جزایر جهانی متعدد در واقع به سمت یکدیگر جذب می شوند و در نتیجه حرکت انبساطی آن ها کند تر می شود. اکنون پرسش فقط این است که آیا زمانی تمام این حرکت ها متوقف خواهد گردید و این عالم در هم فرو خواهد پاشید؟ این مساله بستگی به تراکم ماده در جهان هستی دارد. هر چه این تراکم بیشتر باشد نیرو های جاذبه بین کهکشانه ها و سایر اجزای گیتی بیشتر بوده و به همان نسبت حرکت آن ها با شدت بیشتری متوقف خواهد شد. در حال حاضر چنین به نظر می رسد که تراکم جرم بسیار کمتر از آن است که زمانی عالم در حال انبساط را به توقف در آورد. به هر حال این امکان وجود دارد که هنوز جرم های بسیار بزرگ ناشناخته ای از قبیل (سیاهچاله های اسرار آمیز) یا (ابرهای گازی شکل تاریک) وجود داشته باشند و نوترینو ها که بدون جرم محسوب می شوند جرمی هرچند کوچک داشته باشند. اگر این طور باشد در این صورت حرکت کیهانی زمانی شاید ۳۰ میلیارد سال دیگر متوقف خواهد شد. در آن زمان کهکشان ها با شتابی زیاد حرکت به سوی یکدیگر را اغاز خواهند کرد تا در نهایت به شکل یک گوی آتشین عظیم با یکدیگر متحد شوند. آن زمان شاید می باید روی یک انفجار اولیه جدید دیگر و تولد یک عالم جدید حساب کنیم. با توجه به سطح کنونی دانش بشر و میزان پژوهش های انجام شده باید اینطور فرض کرد که عالم تا ابدیت انبساط خواهد یافت.

با توجه به بزرگی وعظمت کائنات، پیدایش حیات غیرزمینی چقدر احتمال دارد؟ با یک حساب سرانگشتی متوجه می شویم که باوجود این تعداد ستاره احتمال حیات بسیار زیاد است. حتی بعضی از ستاره ها دارای سیاره نیستند و یا این سیاره بسیار دور از ستاره یا

بسیار نزدیک به آن هستند و برخی هم گازی می باشند اگر تمام این موارد را از کل ستاره ها کم کنیم تقریباً بیست وپنج درصد آنها امکان وجود حیات را دارند.

آیا میدانستید ...؟

- فقط حدود ۴ درصد عالم از ماده ، به شکلی که ما می شناسیم تشکیل شده است ، یعنی ماده معمولی که ما می شناسیم و در آزمایشگاه وجود دارد، فقط ۴ درصد کل عالم را می سازد. ۲۳درصد عالم را ماده تاریک سرد تشکیل داده که دانشمندان اطلاعات خیلی کمی درباره اش دارند و ۷۳درصد باقی مانده را انرژی تاریک عجیب تشکیل می دهد که تقریبا تنها چیزی که در موردش می دانیم ، این است که وجود دارد!»

زمین، در مرحله تشکیل، دارای جو بخار ئیدروژن و هلیوم بود. ئیدروژن بصورت ترکیبی با سایر مواد قرار داشت. ئیدروژن ساده ترین و سبکترین گاز است، نه دخان و دود. بنابراین ئیدروژن سریعتر از گازهای دیگر، در جو گسترش یافت. حائز اهمیت آنکه واژه سماوات (آسمانها)، در قرآن منبعث از نوشته تورات، در پیدایش است. بنابراین هفت آسمان در قرآن سخن از آسمانها میراند. بواقع حقیقت آسمان را دریافته ایم و لیکن ذهنیت آسمانها را هرگزا!

«و فرمان های ادونای (آفریدگار) و قانون هایی را که من امروز به صلاح تو، بتو فرمان می‌دهم رعایت نمایی- اینک این آسمان و دیگر آسمانها از آن ادونای، خداوند است» تورات، تثنیه،۱۰/۱۳-۱۴

در سوره نازعات/۳۰ سخن از گسترش زمین است و حال اینکه وسعت قطر محیط یا مساحت زمین، طی ادوار سالف گسترش نیافته است. برخی مفسران، گسترش زمین، در

آیه مذکور را با تئوری دور شدن قاره ها از یکدیگر theory of drifting contionents تفسیر نموده اند. لیکن دور شدن قاره ها سخن از تغییرات و پیشرفت دوره های زمین شناسی میراند. گسترش؛ به معنی، پهن شدن و افزایش وسعت محیط است. شما، در یک متر مربع زمین ۵۰ خوشه جو می‌پرورانید ، سپس، در همان ۱ متر مربع زمین ۱۰۰ خوشه جو می‌پرورانید. بنابراین خوشه های جو، در ۱ متر مربع زمین گسترش یافته است. اما وقتی زمین مذکور دو برابر شود، بیان خواهیم کرد که زمین موجود به ۲ متر مربع گسترش یافته است.

زمین شناسان تعیین نموده اند که حدود ۸۰۰ میلیون سال قبل قاره ها به صورت یک قاره بسیار بزرگ به نام ردینیا redinia بوده اند. آنچه ما اکنون به عنوان آمریکای شمالی می‌شناسیم، زمانی مرکز ردینیا بوده است. جریان مواد، در جبه باعث شکسته شدن و تقسیم ردینیا، به قسمتهای کوچک شد. این قسمتها بین ۵۰۰ الی ۲۰۰ میلیون سال پیش به یکدیگر برخورد کردند. برخورد بین آنچه اکنون آمریکای شمالی، اروپا و آفریقا نامیده می‌شود، منجر به ایجاد کوهستان آپالاچین، در آمریکای شمالی شد. برخورد بین قسمتی از سیبری کنونی و اروپا نیز کوهستان اورال را ایجاد کرد. در ۲۵۰ میلیون سال پیش، قاره ها با برخورد با یکدیگر ابر قاره دیگری را با نام پانژه آ Pangaea شکل دادند. در آن هنگام تنها یک اقیانوس که همه زمین پیرامون پانژه آ را احاطه می نمود. به نام پانتالاسا panthalassa وجود داشت. حدود ۲۰۰ میلیون سال پیش پانژه آ شروع به شکستن و تکه تکه شدن نمود. این ابر قاره به دو قسمت بزرگ به نام های گوندوانالند gondwan aland و لوراسیا laursia تقسیم شد. به مرور زمان گوندوانالند تقسیم شده و قاره های آفریقا، آنتاراکتیکا، استرالیا، آمریکای جنوبی و شبه قاره هند را بوجود آورد. لوراسیا نیز، در

نهایت تقسیم شده و یوراسیا و امریکای شمالی را ایجاد نمود. هنگامیکه صفحه های قاره ای از یکدیگر جدا می‌شوند، پوسته اقیانوسی جدید، در بین آنها ایجاد می‌گردد. بواقع دکتر عبدالرؤوف مخلص سوره نازعات را، به تفسیر شخصی خود تبیین نموده است و آیت مذکور ارزش علمی ندارد. او پراکندن قاره ها را گسترش قاره ها خوانده است؛ زیرا متاثر از تعلقات و تعصبات نسبت به قرآن است. بنابراین خطای قرآن، در گسترش زمین محرز است و قرآن بایست سخن از گسترش انواع نباتات و حیوانات می‌راند.

«و زمین را پس از آن بگسترانید» قرآن، نازعات/۳۰

مقاله شیخ عبدالمجید الزندانی را مطالعه نموده ام که مبنی بر اعجاز، در وجود کوه ها است. لیکن اینجانب، مگر معلومات عبدالمجید، علمی، در آیات نیافته ام. آنچه ادعا شده است که شامل اعجاز علمی، قرآن، در این زمینه میباشد، باختصار، در ذیل آمده است :

۱- اختلاف، در رنگ کوه ها : فاطر/۲۷

۲- کوه ها مانند ابر در گذرند : نمل/۸۸

۳- کوه ها برای جلوگیری از لرزش : لقمان/۱۰، انبیاء/۳۱

۴- کوه ها میخ زمین هستند : النباء/۷

قرآن مجهولات را به معلومات تبدیل نکرده است. فقر علمی، در قرن هفتم میلادی، در قرآن نمایان است. قرآن، در سوره فاطر/۲۷ سخن از رنگ کوه ها میراند و لیکن واقف، به تفاوت مواد آنها نیست؛ بنابراین بسان فردی عامی تنها، رنگهای متفاوت کوه ها را می‌شناسد نه مواد متشکله آنها را . چنانچه قرآن مجهز،به دانش بود، آیات قاصر ذیل را جایگزین سوره فاطر/۲۷ می‌ساخت :

«کوه های سفید رسوبی است و کوه های سرخ؛ زنگار (اکسید) آهن است و همچنین کوه های سیاه، آتشفشانی است که حاصل انجماد مواد مذاب مگما میباشد. سنگهای آتشفشانی که از لحاظ آهن، غنی و از لحاظ سلیکا ضعیف اند، بازالت گفته می‌شود و به پلاتونیک هایی که سرشار از سلیکا باشند گرانیت گفته می‌شود»

«و از کوه ها طرق زیاد و اصناف و رنگهای مختلف سفید و سرخ و سیاه هست» قرآن، فاطر/۲۷

شیخ عبدالمجید، در مقاله خود، به تفسیر سوره نمل/۸۸ پرداخته است. او همچنین می‌پندارد که گذر کوه‌ها بسان ابر، در آیه مذکور اشاره، به گردش(واژه عربی ان دوران است) زمین دارد و حال اینکه سوره نمل/۸۸ ادامه سوره نمل/۸۷ است که سخن از قیامت میراند. ابتدای آیه ۸۸ دارای حرف ربط واو (و) میباشد که حرکت کوه ها چون ابر را مرتبط، به قیامت نموده است. همچنین مرحوم مهدی الهی قمشه ای، مترجم تفسیری قرآن، آیات مذکور را، در ارتباط با قیامت ترجمه نموده است. بنابراین افرادی بسان شیخ عبدالمجید از کاه عامی، کوه علمی آفریده است و دانش بشری و دانش خویش را، به قرآن نسبت داده است. سایر آیات مشابه، در قرآن گواهی می‌دهند که سوره نمل/۸۸ سخن از اوضاع کوه ها، در قیامت می‌راند :

«و آن گاه که طور را از جای برکندیم و مانند قطعه ابری برفراز سر آنها بر آوردیم که پنداشتند برآنها فروخواهد افتاد، دستور توراتی که به شما آمد با قوت اخذ کنید» قرآن، اعراف/۱۷۱

«روزی که آسمان سخت جنبش کند- کوه ها تند به گردش آید» قرآن، طور/۹،۱۰

«کوه ها همچون پشم زده شده متلاشی گردد» قرآن، قارعه/۵

«آنگاه که کوه ها به رفتار آیند» قرآن، تکویر/۳

«و روزی که، در صور دمیده شود هر که، در آسمانها و هرکه، در زمین است جز آن که خدا خواسته همه ترسان و هراسان باشند و همه منقاد و ذیلیل به نزد او آیند – و در آن هنگام کوه ها را بنگری و جامد و ساکن تصور کنید، در صورتی که مانند ابر در حرکتند» قرآن، نمل/۸۷، ۸۸

قرآن واقف، به کروی بودن زمین نیست و همچنان از نظریات برخی دانشمندان و متفکران بهره جسته است که زمین را مسطح می‌پنداشتند. نخستین بار اراتوستن یونانی، در ۲۳۰ قبل از میلاد نظریه کروی بودن زمین را ارائه داده بود. اما همچنان گروهی زمین را مسطح می‌پنداشتند. دگر بار گالیله، ستاره شناس ایتالیایی (۱۵۶۴-۱۶۳۲) بر کروی بودن زمین تاکید ورزید. بنابراین قرآن، در سوره بقره/۲۲ زمین را، به فرش (فراشاً) تشبیه نموده است؛ زیرا فرش مسطح است. حتی قرآن واقف، به چرخش زمین نیست. اگر آیت ذیل، در قرآن وارد می‌شد، دانشمندان، خردمندان و جهانیان، در برابر قرآن سر تعظیم فرود می‌آوردند :

- زمین به دور خود و به دور خورشید، در مدار معین گردش می‌کند. شب و روز حاصل چرخش دورانی زمین است و فصول حاصل چرخش زمین به دور خورشید است که دانش خداوند آنها را مقرر نموده است. ای اهل دانش، نشانه های وجود آفریدگار خود را، در دانشها، نظامها، شگفتیها و پیچیدگی ها دریابید.

«همان [خدایی] که زمین را برای شما فرشی [گسترده] و آسمان را بنایی [افراشته] قرار داد» قرآن، بقره/۲۲

بی گمان کوه ها از لرزش زمین ممانعت نمی‌کنند. کوه ها حاصل برخورد قاره ای یا صفحات جبه است که بسمت سطح پوسته حرکت کرده اند و ارتفاعات سنگی یا خاکی را پدید آورده اند. مجموعه رویدادهایی که، در طی تشکیل یک رشته کوهستان رخ می‌دهد را اروژنی orogeny یا تشکیل کوه می‌گویند. کوه ها ۵۲٪ آسیا، ۳۶٪ آمریکای شمالی، ۲۲٪ امریکای جنوبی، ۲۵٪اروپا، ۱۷٪ استرالیا و ۳٪ آفریقا را پوشانده اند و روی هم رفته تنها ۲۴٪ خشکی های زمین را کوه ها شامل می‌شوند. اما از هر ۱۰ نفر ۱ نفر، در مناطق کوهستانی زندگی می‌کند. همه رودخانه های مهم جهان از کوه ها سرچشمه می‌گیرند و بیش از نیمی از آبی که   انسان ها نیاز دارند از کوه ها به دست می‌آید. بنابراین ۷۶٪ خشکی های زمین فاقد کوه ها هستند. فقر علمی و دید خرافی مکون آیات قرآن، او را بر آن داشته است که کوه ها را موجب جلوگیری از لرزش زمین پندارد؛ در حالی که او واقف نبود که تنها کمتر از یک چهارم زمین، دارای کوه‌های کوتاه و بلند می‌باشد. اما بر خلاف ادعای قرآن، زمین، در مسیر مدار انتقالی خود، به همراه ماه دارای لرزش می‌باشد. از اینرو خطای علمی قرآن محرز است :

«و در روی زمین کوه های استوار قرار دادیم تا خلق را از اضطراب زمین حفظ کند» قرآن، انبیاء/۳۱

«و کوه های بزرگ را، در زمین بنهاد تا شما را نجنباند» قرآن، لقمان/۱۰

«زمین و پلوتو دارای یک قمر می باشند. عطارد و ونوس هیچ قمری نداشته و سایر سیارات منظومه شمسی هر کدام دارای دو یا چندین قمر هستند. قطر ماه، قمر زمین، ۳٫۴۷۴ کیلومتر، حدود یک چهارم قطر زمین است. گرانش خورشید با ماه و زمین به مانند یک جرم واحد رفتار می کند. جرم واحدی که مرکز آن در نقطه ۱٫۶۰۰ کیلومتری زیر سطح زمین قرار گرفته است. این نقطه "مرکز مشترک" ماه و زمین است. مسیر حرکت نقطه "مرکز مشترک" به دور خورشید، یک منحنی صاف است. زمین و ماه همانطور که به دور خورشید در گردشند، دور "مرکز مشترک" نیز می چرخند. حرکت ماه و زمین حول "مرکز مشترک" باعث لرزش، در مسیر حرکت آن دو حول خورشید می گردد»

قرآن، در سوره النباء/۷ مدعی می گردد که کوه ها، میخ های زمین هستند. لیکن میخ ابزاری اولیه است که ابزاری ثانویه را محفوظ میدارد و حال آنکه کوه ابزاری ثانویه است که ابزار اولیه؛ یعنی، زمین آن را محفوظ داشته است. جهان ذرات و موجودات بر این اساس است که پدیده ای اولیه، در کران پدیده ای ثانویه منجر به تکوین پدیده ای ثالثه شود. ضخامت جبه تنها حدود ۲۹۰۰ کیلومتر است که صفحات آن کوه ها را پدید آورده اند. لیکن قطر هسته، حدود ۷۱۰۰ کیلومتر میباشد که حدود ۲۲۵۰ کیلومتر آن از سطح بیرونی مایع است. چنانچه حرکت صفحات جبه به سمت پایین و هسته بوقوع می‌پیوست، لایه بیرونی هسته مذاب شده، فشار افزایش یافته، فوران آتشفشانی پدید می‌آمد که کوه های متعدد آتشفشانی شکل می‌گرفت. اما فشار، در هسته آنقدر شدت می‌یافت که زمین را با تراکم مواد داخلی و متلاشی شدن مواجه می‌نمود. بنابراین فقدان وقوف مکون آیات قرآن، به دانش زمین شناسی و ژئولوژی، آیاتی را مغایر با دانش بشری پدید آورده است که صحت ندارد. زلزله بدلیل حرکت صفحات جبه و فشار لایه بیرونی هسته، در زمان

آتشفشان تداوم دارد و کوه ها قادر به ممانعت از زلزله و لرزش داخلی و سطحی زمین نیستند. بدرستی که سخن قرآن، در اینباره عامیانه میباشد.

«و کوه ها را میخ های زمین ساختیم» قرآن، نباء/۷

قرآن، در سوره های اعراف /۵۷،فرقان/۴۸، روم/۴۶ مدعی است که الله، به ارسال باد (رَیح) می‌پردازد. بواقع قرآن خداوندی را متجلی می‌سازد که روزمره، به مدیریت می‌پردازد. مدیریت خدای قرآن مدیریت بشری است نه ایزدی. لیکن دانش استرونومی بر خلاف آن را اثبات نموده است. بواقع باد حاصل گسیل (ارسال) نیست، بلکه تحت زنجیره‌ی عوامل می‌وزد و آن چرخش وضعی و انتقالی زمین است که وزش باد و تغییرات جوی و فصلی را پدید می‌آورند. پدیده اولیه، زمین و پدیده ثانویه گردش وضعی زمین، به پدیده ثالثه، باد انجامیده است. از اینرو قرآن همچنان عامیانه سخن می‌راند. حتی ادعاهای متعارض با دانش، در کلام قرآن، یکی از علل عقب ماندگی علمی ملل اسلامی است. وقتی قرآن مدعی است که خدا باد را می‌فرستد، بنابراین انسان را از جستجوی دلایل علمی آن باز داشته است :

«یکی از اثرات گردش زمین، به وجود آمدن سیستم هوای مارپیچ است. به عنوان مثال، هنگامی که هوا از استوا به سمت شمال جریان دارد، گردش زمین، هوا را به سمت مشرق حرکت می‌دهد و زمانی که زمین تاب می‌خورد گردش مارپیچی هوا خصوصاً اگر جریان هوا شدید باشد طوفان و گردباد شروع می‌شود» جان کرک وود، دنیای ستارگان

«او خدایی است که بادها را برای بشارت پیشاپیش باران رحمت خود فرستاد» قرآن، فرقان/۴۸

تحمیل دین اسلام، در ایران

عمر بن الخطاب ، در سال ۶۳۵ میلادی دوازده نفر سفیر بسوی دربار پادشاهی ایران گسیل داشت. یزدگر سوم آنان را با احترام پذیرفت. سفرای عرب با گستاخی علیه ایرانیان، سه پیشنهاد به پادشاه ایران دادند

پیشنهاد اول : پذیرفتن اسلام

پیشنهاد دوم : پذیرفتن جزیه

پیشنهاد سوم : پذیرفتن جنگ

یزدگر سوم، پادشاه ایران پیشنهاد اول و دوم سفرای عرب را مردود خواند. پس جنگ قادسیه، جلولاء و نهاوند بوقوع پیوست.اعراب وحشی مسلمان قادر به غلبه بر آرتش ساسانی شده، وارد اراضی ایران شدند. یزگرد سوم از ری به اصفهان و از آنجا به کرمان و سپس به بلخ و مرو رفت. یزد گرد سوم سفیری به چین فرستاده، تقاضای یاری نمود. اما مسافت چین تا ایران بسیار بود. پس این خواسته یزدگرد تحقق نیافت. عاقبت یزگرد در نزدیکی مرو به آسیابانی پناه برد که شب را آنجا بگذراند. آسیابان به طمع لباس فاخر و جواهر، پادشاه ایران را به قتل رسانید و به روایتی او را در فارس دفن نمودند

اردشیر اول مذهب زرتشتی را مذهب رسمی کشور اعلان نمود. پس از آن مذاهب بشری مانی و مزدک مدتی، مطرح شدند که گروهی در شرق و غرب بدانها ایمان آوردند. اما این مذاهب بقا نیافتند، چه مانی و مزدک توسط پادشاهان ساسانی به قتل رسیدند. ایرانیان

پس از سرنگونی سلسله ساسانی، همچنان، در مقابل دشمنان عرب، حدود ده سال مقاومت نمودند، اما نیروی ایرانیان بدلیل جنگهای بسیار، بلاخص، در برهه خسرو پرویز و جنگهای دوره ای با بیزانس و قسطنطنیه تحلیل رفته بود، از اینرو اعراب وحشی بر ایرانیان مستولی یافتند. مذهب و فرهنگ زرتشتی، اسیر اراده نیروی غالب عرب گشته، طی چهارصد سال اشغال ایران از سوی حکومتهای عربی اموی و عباسی توسط جبر، قهر و شرعربی — اسلامی ناتوان گشت. اما اعراب مسلمان موفق به نابودی کامل دین زرتشتی، آیین راستین متعالی ایرانیان نشدند. آیین وحدانی و عبادی زرتشتی چنان ایرانیان را، در چکاد افتخارات اخلاقی و فرهنگی قرار داده بود که مورخان و اندیشمندان جهان بدان اذعان داشته اند. اجداد ما ایرانیان با تقدیم جان و مال خویش، از وطن و دین وحدانی و عبادی زرتشتی، در مقابل اعراب مسلمان دفاع کردند. حتی زحمات   بی دریغ موبدان زرتشتی از گسترش آیین مسیحی، در ایران ممانعت ورزید. چه دشمن رخنه سیاسی و نظامی، به کشوری را توسط رخنه فرهنگی میسر میسازد. اسلام مناسک شرک و خشونت، قساوت و جنایت، به نام مذهب را برای ایرانیان، به ارمغان آورد. جبر، قهر و شر اسلامی، جایگزین فر، مهر و فروز زرتشتی شد.

شرک، در فرقه اثنی عشری

آیا اسلام شیعی دارای شرک میباشد ؟ آیا رجوع به مقابر امامزادگان و امامان شیعه شرک محسوب میشود؟

شرک در موارد ذیل تحقق می‌یابد :

۱- رجوع عبادی بسوی جرم و جسم مادی و فیزیکی

۲- رجوع حاجتی بسوی جرم و جسم مادی و فیزیکی

۳- رجوع شفایی بسوی جرم و جسم مادی و فیزیکی

۴- رجوع شفاعتی بسوی جرم و جسم مادی و فیزیکی

تناقض عبادی، در اسلام ، شرک را پدید آورده است :

۱- رجوع عبادی – پنداری مسلمان بسوی الله و کعبه است

۲- رجوع عبادی - گفتاری مسلمان بسوی الله است

۳- رجوع عبادی – کرداری مسلمان بسوی کعبه است

پس مسلمان، در پندار و گفتار رجوع عبادی بسوی آفریدگار و در کردار رجوع عبادی بسوی کعبه دارد. بدینسان تناقض عبادی، در نماز اسلامی محرز میباشد. گرچه نیت مسلمان، در رجوع عبادی بسوی کعبه، نیایش آن نباشد، لیکن فعلیت آنان نیایش کعبه است، زیرا مسلمان ابتدا، با نیت رجوع عبادی بسوی جرم و جسم کعبه نیایش خود را آغاز می‌کند. بواقع قرآن تلفیق دو فرهنگ و وحدانیت خارجی و اعجمی و شرک عربی و محمدی میباشد. از اینرو تناقض عبادی، در اسلام پدید آمده است.

شیعیان اسلامی با نیات ذیل، به کاخهای زرین مقابر امامان و امامزادگان رجوع می‌کنند:

۱- حاجتی را مسئلت دارند

۲- شفایی را مسئلت دارند

۳- زیارتی را مسئلت دارند

۴- شفاعتی را مسئلت دارند

۵- آمرزشی را مسئلت دارند

اما ابتدا بایست دریافت :

۱- اگر خداوند حاجتی می‌داد که نیازمندی و دردمندی نبود

۲- اگر خداوند شفایی می‌داد که مریضی و مرگی نبود

۳- اگر خداوند شفاعتی می‌پذیرفت که عقوبتی و جهنمی نبود

سپس بایست دریافت :

۱- ارتباط شیعیان با مقابر امامان و امامزادگان برای مسئلت موارد فوق الذکر، ارتباط مستقیم با خداوند را مخدوش می‌سازد. شیعیان   خواسته ای و التماسی که بایست، به حضور مستقیم خداوند عرضه دارند، به امامان و امامزادگان عرضه میدارند. پس امامان و امامزادگان شیعی مقدم بر آفریدگار هستند. از اینرو اهانت و شرک نسبت، به آستان قدس ایزدی، در اسلام شیعی پدید آمده است.

۲- شیعیان مدعی هستند که امامان و امامزادگان واسطه ای برای اجابت حاجات از سوی خداوند هستند. واسطه، ارتباط مستقیم بین بنده و خداوند را مخدوش می‌سازد. چنانکه بنده را مقدم بر خداوند می‌سازد. پس شرک و اهانت، به آستان قدس ایزدی تحقق می‌یابد.

۳- رفتن و التماس و خواستن نزد مقابر امامان و امامزادگان از سوی شیعیان، بدلیل یاس از تحقق نیازهای خود از سوی آفریدگار بوقوع می‌پیوندد.

۴- امامان و امامزادگان از منظر عقاید شیعی نافذ، در مشیت الهی هستند. پس تغییر می‌دهند، آنچه که خداوند تغییر نداد. از اینرو امامان و امامزادگان شیعی افسار خداوند را، در اختیار دارند که استیلا، بر اراده خداوند دارند. بدینسان مسلمان شیعی از امامان و امامزادگان افساری برای آفریدگار ساخته اند. از اینرو شرک و اهانت، به آستان قدس ایزدی، در اسلام شیعی محرز است.

۵- مسلمانان شیعی تسلیم سرنوشت خود و مشیت خداوند نیستند، بدینسان مصر، در رفع نیاز، به بندگان خداوند پناه می‌جویند. بنابراین مسلمان شیعی پناه، به امامان و امامزادگان را مقدم بر پناه، به خداوند یافته اند. مسلمان شیعی نومید ازرفع نیاز توسط خداوند، به امامان و امامزادگان پناه می‌جوید. بنابراین دگربار شرک و اهانت، به آستان قدس ایزدی بوقوع پیوسته است.

۶- امامان و امامزادگان شیعی اعم از آنکه انسانهای خوبی بودند یا نبودند، خود نیازمند و درمانده بودند. اما خردمندان از نیازمند و درمانده، رفع نیاز و چاره مسئلت ندارند.

۷- اگر مستندی، در اختیار بود که مقابر امامان و امامزادگان تضمینی ، در اجابت حاجات بشری هستند، بی گمان انسانی دردمند و نیازمند، در ایران و جهان یافت نمی‌شد.

۸- تحصیل آرامش معنوی، در زیارت مقابر امامان و امامزادگان از سوی زائران ؛ یعنی، عدم توفیق تحصیل آرامش معنوی ، درنیایش یزدان.

۹- امامان و امامزادگان شیعی خدمتی شایان، به نوع بشری، عرضه نداشته اند، مگر کلام نقلی و حدیثی که بدانها نسبت داده اند.

۱۰- عشق یکی از علل ارتباط مسلمان شیعی با امامان و امامزادگان است. عشق؛ یعنی، افراط عاطفی. عشق، عدول از اعتدال و عدل را پدید می‌آورد. اما عشق از منظر علمی، نابسامانی شهوانی و جنسی و نابسامانی عاطفی افراد است که دلیل آن کمبودهای جنسی یا عاطفی است. عاشق از معایب معشوق غافل می‌گردد که خسران بر خود و سایرین روا می‌دارد. عاشق، به پرستش روی می‌آورد، چنانکه فردی را تابوی خود می‌سازد. دیکتاتورها، در طی تاریخ بشری تابوی پیروان خود بوده اند. دیکتاتور تابو، جان بشری می‌گیرد، اما جان بشری نمی‌بخشد. زندگی بشری می‌سوزاند، اما زندگی بشری نمی‌سازد، آزادی بشری می‌گیرد، اما خوشبختی بشری نمی‌آفریند. اما فردی خدمتگزار شخصیت ممتاز خویش را، در معرض پرستش سایرین قرار نمی‌دهد که موجودی تابو گردد. چنین فردی خلاف فردی دیکتاتور و مستبد، در عرض با دیگران همزیستی دارد، نه عمود بر دیگران.

عشق بین دختران و پسران یا همسران همان جنبه تمایل جنسی و عاطفی نسبت به جنس مخالف را شامل می‌گردد. همانا پدر، تجربه نخستین عشق دختر، در خانواده، نسبت به جنس مخالف است و همانا مادر، تجربه نخستین عشق پسر، در خانواده، نسبت به جنس مخالف میباشد. اما عشق آنان حوزه عاطفی را شامل می‌گردد. پس روزی عشق آنان نیاز جنسی می‌یابد که خانواده قادر، به تامین آن نیست. پس دختران و پسران، در عنفوان نوجوانی سعی، درتماس با یکدیگر دارند که مادران و پدران مدیر و مدبر آنان را از صدمات و لطمات واقف می‌سازند. بنابراین عشق بین دختران و پسران و همسران حکم طبیعی و حکم تحکمی برای بقای نسل و زندگی زناشویی است. ما بایست سعی نماییم که اعتدال

عاطفی را با واژه مهرورزی و دوستی، در عقل خردسالان، کودکان، نوجوانان و جوانان نهادینه نماییم، نه واژه عشق، که افراط عاطفی است. اخلاق حیوانی، در طبیعت، به نوع بشری اعتدال را می‌آموزد. جامعه ای که طبقه مازاد بر نیاز و طبقه ای دارای نیاز دارد، در حیطه اعتدال قرار ندارد. پس جامعه‌ای طبقاتی و سرمایه داری آنومی و نابسامانی وافر دارد، چنانکه ایران تحت حاکمیت جمهوری اسلامی از آن متالم است.

نکاتی درباره علی بن موسی رضا

علی نام او است. کنیت او را ابوالحسن و لقب اش را رضا خوانده اند. رضا، امام هشتم فرقه اثنی عشری است که فرزند حسن عسگری، امام هفتم فرقه شیعه میباشد. تاریخ تولد او را، در سال ۱۴۸ هجری قمری، در شهر مدینه آورده اند. پس از سالیانی علی بن موسی الرضا، به فرمان مامون، خلیفه عباسی راهی خراسان شد. او از مسیر شهرهای مدینه، بصره، کوفه، بغداد و قم راهی خراسان شد. علی بن موسی رضا، در شهر مرو سکنا گزید. او، در مرقد زرین، واقع، در شهر مشهد، مدفون شده است.

علی بن موسی رضا، در برهه خلافت مامون میزیست. در سراسر روایات شیخ عباس قمی، در نوشته منتهی الآمال، رضا، شخصیت تسلیم، در برابر شخصیت مستکبر مامون دارد. بدینسان روایات، او را فردی ترسو و عاجز میخوانند که آلت دست مامون، خلیفه عباسی است:

۱- مامون به جبر و اصرار، رضا را به خراسان فراخواند

۲- مامون به جبر واصرار، رضا را ولایتعهد خود نمود

۳- مامون به جبر واصرار، رضا را، در مجالس خود فراخواند

۴- مامون به جبر واصرار، ام حبیبه، دخترش را به رضا بخشید

۵- مامون به جبر واصرار، رضا را پیشوای نماز عید فطر نمود

۶- مامون به جبر و اصرار، خوشه انگور مسموم را به رضا داد

رفتارهای رضا، امام هشتم فرقه اثنی عشری، رفتاری تسلیم، در برابر مامون عباسی بود. افساد، در دربار مامون عباسی عیان بود؛ چنانکه او، محمد امین، برادر خود را بخاطر تحصیل خلافت و ولایت سر بریده بود. شیخ عباس قمی، در متن منتهی الآمال، اظهار تسلیم رضا را ، در برابر مامون چنین شرح داده است.

«[مامون خطاب به علی بن موسی رضا گفت] : به خدا سوگند که اگر ولایت عهد مرا قبول نکنی گردنت را بزنم! حضرت [رضا] فرمود که حق تعالی نفرموده است که من خود را به مهلکه اندازم هر گاه جبر می‌نمایی قبول می‌کنم ... .» شیخ عباس قمی، منتهی الآمال، جلد دوم

فرمان رضا، در سخن مذکور از فرامین قرآن نمی‌تراود؛ بلکه تفسیری و سفسطه ای از سوی علی بن موسی رضا برای پنهان ساختن ناتوانی و ترس خویش از جان دادن است. از روایت شیخ قمی می‌تراود که رضا، تسلیم ظالمه شده است. او از شهادت می‌گریزد. اما فرهنگ قرآن، تسلیم (اسلم)، در برابر الله و شهادت است، نه تسلیم، در برابر ظالمه و حقارت. سخن مذکور می‌نمایاند که علی بن موسی رضا برای حفظ جان خویش می‌کوشید :

«و هر کس خود را در حالی که نیکوکار باشد تسلیم الله کند قطعا، در ریسمان استوارتری چنگ در زده و فرجام کارها به سوی الله است» قرآن، لقمان/۲۲ – نساء/۱۲۵

سخنان پیشین، مقدمه ای برای اثبات نقض یکی از فرامین قرآن و الله از سوی رضا، امام هشتم فرقه اثنی عشری بود. علی بن موسی رضا، در برابر جبر و اصرار خلیفه عباسی تسلیم می‌شد؛ پس او، در آن واحد، تسلیم امر الله و ظالمه بود. همچنین او به، مجالست با مامون و حضور، در ضیافت درباری اقدام می‌نمود. دگربار آیت ذیل اثبات می‌کند که علی بن موسی رضا ناقض حکم قرآن است :

«از الله پروا کنید و مرا اطاعت کنید – و امر مسرفین را اطاعت نکنید – آنان که ، در زمین فساد می‌کنند و اصلاح نمی‌کنند» قرآن، شعراء/۱۵۰-۱۵۲

آنچه از روایات اهل شیعه می‌تراود، همه متحد القول اذعان میدارند که علی بن موسی رضا پیشتر واقف، به مسموم شدن و شهید شدن خود توسط مامون بود. اما حائز اهمیت آنکه روایت شیخ عباس قمی، در کتاب منتهی الآمال، نمایان می‌سازد که علی بن موسی رضا، در آخرین مجالست خویش با مامون، در پی اصرار خلیفه عباسی برای تناول خوشه انگور، واقف به، مسموم بودن میوه بود. پس او با علم بر اینکه خوشه انگور مسموم است، اقدام، به تناول آن نمود. از سوی دیگر سخنی از سوی مامون، خود ظن علی بن موسی رضا را قرین، به یقین نموده بود که، در متن ذیل وارد شده است. کسی که با علم بر مسموم بودن میوه ای، آن را تناول نموده، مرگ او را درنوردد، بی گمان خودکشی کرده است؛ چه قرآن بدفعات آورده است که الله، به کسی ستمی نمی کند :

«چون مامون از قبول خلافت آن حضرت مایوس گردید گفت : هرگاه که خلافت را قبول نمی کنی پس ولایت عهد مرا قبول کن که بعد از من خلافت با تو باشد، حضرت فرمود که پدران من مرا خبر دادند از رسول خدا صلی الله علیه و آله و سلم که من پیش از تو از دنیا بیرون خواهم رفت و مرا به زهر ستم شهید خواهند کرد و بر من ملائکه آسمان و ملائکه زمین خواهند گریست و در زمین غربت در پهلوی هارون الرشید مدفون خواهم شد ... .»

شیخ عباس قمی، منتهی الآمال، جلد دوم

«چون روز دیگر حضرت امام رضا علیه السلام نماز بامداد را ادا نمود، جامه های خویش را پوشید و در محراب نشست و منتظر می‌بود تا غلامان به طلب وی آمدند. آنگاه کفش خود را پوشید و ردای مبارک خود را بر دوش افکند و به مجلس مامون درآمد و من در خدمت آن حضرت بودم. در آن وقت طبقی چند از الوان میوه ها نزد وی نهاده بودند و او خوشه انگوری را که زهر را به رشته در بعضی از دانه های آن دوانیده بودند در دست داشت و بعضی از آن دانه ها که به زهر نیالوده بودند از برای رفع تهمت، زهر مار می‌کرد. چون نظرش بر آن حضرت افتاد مشتاقانه از جای خود برخاست و دست در گردن مبارکش انداخت و میان دو دیده آن قرة العین مصطفی را بوسید و آنچه از لوازم اکرام و احترام ظاهری بود دقیقه ای فرو نگذاشت. آن جناب را بر بساط خود نشانیده و آن خوشه انگور را به وی داد و گفت : یابن رسول الله ! از این نکوتر انگور ندیده ام. حضرت فرمود که شاید انگور بهشت از این نکوتر باشد. مامون گفت : از این انگور تناول نما. حضرت فرمود که مرا از خوردن این انگور معاف دار. مامون مبالغه بسیار کرد و گفت البته می‌باید تناول نمود. مگر مرا متهم می‌داری با این همه اخلاص که از من مشاهده می‌نمایی؟ این چه گمان ها است که به من می‌بری . و آن خوشه انگور را گرفته دانه چند از آن خورد باز به دست آن

جناب داد و تکلیف خوردن نمود. آن امام مظلوم چون سه دانه از آن انگور زهر آلود تناول کرد، حالش دگرگون گردید و باقی خوشه را بر زمین افکند و متغییر الاحوال از آن مجلس برخاست. مامون گفت : یابن عم! به کجا میروی ؟ فرمود : به آنجا که مرا فرستادی! و آن حضرت حزین و غمگین و نالان سر مبارک پوشیده از خانه مامون بیرون آمد. » شیخ عباس قمی – منتهی الآمال،جلد دوم

«ای کسانی که ایمان آوردهاید اموال همدیگر را به ناروا مخورید مگر آنکه داد و ستدی با تراضی یکدیگر از شما [انجام گرفته] باشد و خودتان را مکشید، زیرا الله همواره با شما مهربان است - و هر کس از روی تجاوز و ستم چنین کند به زودی وی را در آتشی درآوریم و این کار بر الله آسان است» قرآن، نساء/۲۹-۳۰

اکنون میتوان از سخنان فوق الذکر استنتاج نمود که علی بن موسی رضا یکی دیگر از فرامین قرآن را نقض کرده است که ناهی خودکشی میباشد. عیسی نبی، مظلوم ترین و معصوم ترین نوع بشری را دشمنان دستگیر نموده، مصلوب کردند؛ اما علی بن موسی رضا دانسته خودکشی نمود. بواقع چنین سرنوشت را میتوان، در غروب زندگی سقراط یافت که محکوم، به مرگ توسط نوشیدن جام شوکران شد. رفتار سقراط نیز خودکشی محسوب میشود. اما بنده هرگز درباره اجرت یا عقوبت رفتار ایشان داوری نمیکنم؛ چه داوری از آن آفریدگار یکتا است؛ اما آفریدگار وسعت رحمت و وسعت مغفرت دارد. پس سزاوار است که هر کسی امیدوار، به الطاف و عنایات خداوند باشد. آفریدگار یکتا الطاف و عنایات خویشرا حتی از مقصران و خطاکاران دریغ نمیورزد. راویان و محدثان اسلامی و دینی، در شخصیت سازی مهارت خاصی داشته اند. متولیان فرقه شیعی، سعی، در شخصیت سازی برای امامان خود، در قالب معصومیت و مظلومیت داشته اند. اما خردمندان و متفکران

۴۳۷

تحت تاثیر چنین داستانهایی، مرثیه هایی و روضه هایی دینی قرار نگرفته، تنها اسیر کمال
شخصیت الهی می‌گردند. این، در حالی است شخصیت بشری کمال نداشته، همراه نقصان
عرضه شده است. عیسی نبی منقول از انجیل، توهین، به خود را قابل بخشایش خوانده
است، اما ایشان، توهین، به روح القدوس را نا بخشودنی خوانده است. متولیان فرقه شیعه،
متاثر از افراط گرایی دینی، امامان خویشرا تابو ساخته، توهین کنندگان به آنان را، به قتل
میرسانند که خوی فرو حیوانی بشری را متجلی می‌سازند؛ زیرا غالب انسانها، در برهه مدرن
سعی، در دوری از قتل و کشتن دارند. بواقع معجزات، خاص پیامبران و بیّنات، خاص
شاگردان پیامبران میباشد؛ لیکن متولیان فرقه شیعه، امامان خویشرا، به مقام پیامبری
رسانیده، سخن از معجزات، کرامت و حکمت نبوی، آنان می‌رانند که مبالغه، سفسطه و
مغلطه میباشد. حتی پیامبران نیز جایز الخطا بودند. چنانکه موسی نبی – منقول از تورات
یهود - طی حوادثی، نارضایتی آفریدگار را فراهم ساخت. تقدس، پاکی از هر خطایی و
گناهی است که انسانها بدان دست نمی‌یازند؛ زیرا هر انسانی، در زندگی خود با خطایی
مواجه می‌شود؛ لیکن سایر حیوانات عاری از خطاکاری و گناهکاری غریزی زندگی می‌کنند.
از اینرو واژه معصوم، به حیوان اطلاق می‌گردد، نه انسان. بسیاری از روایات مذهبی، حاصل
تحریف شخصیت و روایات میباشند، نه رعایت واقعیت. مفروض بر آنکه علی بن موسی رضا
خودکشی نکرده باشد؛ همچنان ایراد اخلاقی باقی است؛ زیرا او بطور اجباری یا اختیاری،
به مجالست با مامون، در ضیافت درباری می‌پرداخت که آن مهم، ایضاً مطاوعت از امر
مسرفین و مفسدین است. همچنین تکرار می‌کنم که ساختن مراقد زرین برای مدفن
امامان شیعی، ناشی از تزویر بشری، تزویر متولیان دینی و وجهه استثمار مذهبی و دنیا

طلبی است. مراقد مزین و زرین امامان شیعی، منبع درآمد کلان برای متولیان دینی و تامین مالی زندگی آنان محسوب می‌شود.

جدول چکیده تحقیقات درباره ادیان توحیدی						
عدد	**سؤالات**	**یهودی**	**زرتشتی**	**مسیحی**	**اسلامی**	**سیک**
۱	بنیانگذار	موسی	زرتشت	عیسی	محمد	نانک
۲	تاریخ به قرن	۱۵ق م	۶ق م	۱م	۷م	۱۵م
۳	نام خدا	یهوه	اهورا	عیسی	الله	حق
۴	ناتوانی خدا	دارد	ندارد	دارد	دارد	ندارد
۵	جنسیت خدا	ندارد	ندارد	دارد	ندارد	ندارد
۶	کتاب آسمانی	دارد	ندارد	ندارد	ندارد	ندارد
۷	کتاب بشری	تورات	اوستا	انجیل	قرآن	گرانت
۸	اعجازات الهی	ندارد	ندارد	ندارد	ندارد	ندارد
۹	معجزات الهی	دارد	ندارد	دارد	ندارد	ندارد
۱۰	عذاب آسمانی	دارد	ندارد	ندارد	دارد	ندارد
۱۱	خشونت تهاجمی	ندارد	ندارد	ندارد	دارد	ندارد
۱۲	خشونت تدافعی	دارد	ندارد	ندارد	دارد	ندارد
۱۳	مضمون شرک	ندارد	ندارد	دارد	دارد	ندارد
۱۴	روز عبادی	شنبه	آزاد	یکشنبه	جمعه	آزاد
۱۵	بعث اموات	دارد	دارد	دارد	دارد	ندارد
۱۶	قیامت	دارد	دارد	دارد	دارد	ندارد
۱۷	نام عبادتگاه	کنیسا	آتشکده	کلیسا	مسجد	معبد
۱۸	انحراف مبانی	دارد	دارد	دارد	دارد	دارد

ندارد	دارد	دارد	ندارد	دارد	برده داری	۱۹
ندارد	دارد	دارد	ندارد	ندارد	تناقض عبادی	۲۰
دارد	دارد	دارد	ندارد	دارد	فرقه مذهبی	۲۱
ندارد	دارد	ندارد	ندارد	ندارد	جبر تاریخی	۲۲
دارد	دارد	دارد	دارد	دارد	شر تاریخی	۲۳

برترین دین منتسب، به توحیدی بر حسب امتیاز منفي و مثبت به پاسخ سؤالات، در جدول صفحه قبل

۴،۵،۶،۸،۹،۱۰،۱۱،۱۳،۱۸،۱۹،۲۰،۲۱،۲۲،۲۳

آیین	امتیاز مثبت	امتیاز منفی
زرتشتی	۹	۵
یهودی	۷	۷
سیک	۷	۶
مسیحی	۴	۱۰
اسلامی	۱	۱۳

توضیح : ناتوانی خدا، در غضب الهی، خشونت الهی، جنگ الهی، مباحثات الهی، عذاب آسمانی و الوهیت بشری تبیین می‌گردد.

حاصل تضاد شخصیت نژادی با فرهنگ تازی

بعد شخصیت نژادی، اعم از غریزی و ژنتیکی، در راستای تکوین فرهنگ قومی و ملی، در حیطه موازین اخلاقی و بری از مضمون شر به خیر و خیر به شر، به سامان اخلاق و آرامش می‌انجامد. شخصیت نژادی ایرانیان از مهرورزی، مصالحه جویی، وحدت گرایی، منطق گرایی و دانش گرایی آکنده بود. اعتلای عرصه های مختلفه، در ایران پیش از اسلام می‌نمایاند که زرتشت، بنیان تعالی فرهنگی ایرانیان را فراهم ساخته بود که امروزه آن تعالی فرهنگی زایل شده است.

تحمیل سنتی اسلام، با روش فتوحات نظامی اعراب بربر، یوغ اسلام را بر گردن عقل و احساس ایرانیان نهاد. شخصیت نژادی ایرانیان، در تناقض فرهنگی بین فر، مهر و فروز زرتشتی و جبر، قهر و شر اسلامی قرار گرفت. حاصل این تناقض فرهنگ ایرانی و فرهنگ عربی، به نابسامانی عرق ملی و آزادگی ایرانیان انجامید. دو دوره اسارت ایرانیان بدست اجنبی و حکومتهای اجنبی، در ایران پیش از اسلام و پس از اسلام مورد بررسی قرار گرفت. ایرانیان برهه مدید اسارت حاکمیت های مقدونی و سلوکی (۱۲۹ ق م- ۳۲۰ ق م) را پس از حاکمیت هخامنشی، ۲۰۰ سال تجربه نمودند. اما برهه مدید اسارت ایرانیان پس از اسلام، در حاکمیت های اموی سنی و عباسی شیعی (۴۱ ه ق-۶۵۶ ه ق) و مغولان و ترکمانان (۶۱۶ ه ق - ۹۱۱ ه ق) ۸۷۰ سال بطول انجامید. بنابراین ستم پذیری ایرانیان (انظلام) پس از اسلام، به مراتب افزون شده است. بدینسان اهمیت بقای فرهنگ اخلاقی - ملی که خاصه عاری از جبر، قهر و شر باشد، در راستای بقای عرق ملی و آرامش محرز

است. آمار ذیل که حاصل بررسی، دو برهه مدید اسارت ایرانیان پیش از اسلام و پس از اسلام است، خود گواهی بر صدق کلام میباشد :

ایرانیان، پیش از اسلام :

۱-عرق ملی : ٪۷۷

۲-ستم پذیری : ٪۲۳

۱-خیانتکاری و بی تفاوتی : ٪۱۶

۲-خدمت خالصانه ایرانی : ٪۸۶

ایرانیان پس از اسلام :

۱-عرق ملی : ٪۲۳

۲-ستم پذیری : ٪۷۷

۱-خیانتکاری و بی تفاوتی : ٪۸۴

۲- خدمت خالصانه ایرانی : ٪۱۶

دوره اسارت مدید ایرانیان پیش از اسلام :

۲۰۰× ٪۱۰۰/۸۷۰=٪۲۳

دوره اسارت مدید ایرانیان پس از اسلام :

٪۱۰۰-٪۲۳=٪۷۷

شاه اسماعیل صفوی بر آیین سنی ایرانیان تاخت. او آیین شیعی اسلامی را، به جبر و قهر گستراند. بنابراین فرهنگ عربی – اسلامی، عرق مذهبی را جایگزین عرق ملی نمود که تقریبی توان عرق ملی افراد، در واکنش، به دشمن را به ۲۳٪ کاهش داد. از اینرو ۷۷٪ عرق ملی ایرانیان، به عرق مذهبی گرایید. همچنین تعصبات، به هیجانات، در بحران می‌انجامد که بدینسان افسار عقل و احساس ایرانی برای انقلاب، در اختیار اسلامگرایان قرار گرفت. انقلاب ۱۳۵۷ خورشیدی (۱۹۷۸-۱۹۷۹م)، در ایران علیه پادشاهی پهلوی، منشاء ایدئولوژیکی اسلامی و از سوی دیگر مارکسیستی و سوسیالیستی داشت که بی گمان برخی دول غربی، بلاخص پادشاهی تبهکار انگلیس، در راستای انتقامجویی، تفرقه افکنی و ماهیگیری از آب گل آلود، در آن دخیل بودند. خاصه تسخیر سفارت آمریکا، در ۱۳ آبان ۱۳۵۸ خورشیدی و گروگانگیری دیپلماتهای آمریکایی، به مدت ۲ سال، خارج از عرف قوانین سازمانها و نهادهای بین المللی بود که منجر، به پاسخگویی متقابل و وقوع هشت سال جنگ خونین بین دول حزب بعث صدام حسین و جمهوری اسلامی خمینی انجامید. عامل اساسی گروهی از ایرانیان برای حضور، در جبهه جنگ، عرق دینی آنان بود، نه عرق ملی.

ایران حدود ۱۰ هزار سال تاریخ فراز و نشیب سیاسی دارد. ملک و ملت ایران، به دفعات با جنگ مواجه شده است؛ اما هشت سال جنگ ایران و عراق، تنها جنگی است که ایرانی اسلامگرا برای علایق مذهبی و عرق مذهبی، در جبهه حضور یافت. رزمندگان جمهوری اسلامی، پارچه نویس های مذهبی را بر پیشانی و بازوی خود می‌بستند، نه پرچم ایران زمین را. آیت الله مکارم شیرازی، یکی از روحانیون برجسته جمهوری اسلامی، در خطبه نماز جمعه تهران، دفاع از کشور را هنر نخواند، بلکه آن را، غریزه حیوانی شمرد.

پادشاهی پهلوی بدلیل خیانتکاری و بی تفاوتی گروهی از اطرافیان، در تعب و تالم، به فرمانروایی می‌پرداخت. گرچه پادشاهی ایران همچون سایر فرمانروایان عاری از خطا نبود. دو گریز محمد رضا پهلوی، پادشاه ایران، در سال ۱۳۳۲ خورشیدی، پیش از کودتای انگلیسی، آمریکایی، درباری و مذهبی ۲۸ مرداد و در سال ۱۳۵۷ خورشیدی، در آستانه پیروزی انقلاب ایدئولوژیکی، ناتوانی او را، در مدیریت ایران و مدیریت بحران نمایان می‌سازد. نگارنده اذعان می‌نماید که پادشاهی پهلوی، در کران ناتوانی سیاسی و مدیریتی، خدمات شایانی، به ملک و ملت عرضه داشت که امروزه مردم ایران از آن مواهب بهره مند هستند.

مراجعه، به مقطی از زمانهای دولتین پهلوی، خود گواهی بر صدق کلام است که ایرانی مضعوف، در عرق ملی و فرهنگی، در مسیر مرحله نهایی خیانت، به ملک و ملت قرار داشته است. خیانتکاری و بی تفاوتی نسبت، به مقدرات ملک و ملت، از اواسط قاجاریه الی جمهوری اسلامی شدت یافته است. طی ۴ سال از سال ۱۳۲۶ خورشیدی الی ۱۳۳۰ خورشیدی، ۷ نخست وزیر، در راس دولت ایران قرار گرفتند. لیکن دولتین قوام السلطنه (۱۳۲۶)،حکیمی(۱۳۲۶)،عبدالحسین هژیر(۱۳۲۶)، محمد ساعد (۱۳۲۷)، علی منصور (۱۳۲۹)، سپهبد حاجیعلی رزم آرا (۱۳۲۹)، حسین علاء(۱۳۲۹) خدمت شایانی، به ملک و ملت ایران ارزانی نداشته، خدمات خود را، به دول تبهکار پادشاهی انگلیس و استکبار جمهوری آمریکا عرضه داشتند. تنها یک شخصیت ممتاز که از برهه نوجوانی فعالیت خدماتی و دولتی خود را آغاز نمود و نخستین دکترای حقوق را برای ایران، به ارمغان آورد، در مقابل امپریالیسم پادشاهی انگلیس و جمهوری آمریکا ایستادگی نمود. البته شخصیت‌های ممتاز ملی، در کران ایشان حضور داشتند که نقش مؤثری، در پیشبرد

خدمات ملی ، در دولت ملی ایفا نمودند. پادشاهی انگلیس، حزب توده و فداییان اسلام از توهین، به شادروان دکتر مصدق دریغ نمی‌ورزیدند؛ زیرا ایشان مترصد تحصیل منافع و مطامع خود بودند. از اینرو جمهوری ناقض حقوق بشری اسلامی ایران، در ترور شخصیتی شادروان دکتر مصدق، در کران پادشاهی ناقض حقوق بشری انگلیس دریغ نورزیده است. برخی احزاب، در برهه پهلوی مترصد تحصیل منافع حزبی و دستیابی، به فرمانروایی بودند؛ نه خدمتگزاری.

«روحانیت سنتی [قم] جای هیچ تردیدی باقی نگذاشتند که نسبت به کودتا نظری مساعد داشته است. زیرا آیت الله بروجردی به هنگام بازگشت شاه به کشور با کلمات محبت آمیزی به او خیر مقدم گفت و خاموشی گزینی را رها کرد و روز بعد از کودتا، فداییان اسلام در نشریه خویش از کودتا به عنوان انقلاب اسلامی نام بردند: دیروز تهران، در زیر قدم های مردانه افراد ارتش و مسلمانان ضد اجنبی می‌لرزید. مصدق، غول پیر خون آشام، در زیر ضربات محو. کننده مسلمانان استعفا کرد... تمام مراکز دولتی توسط مسلمانان و ارتش تسخیر شد...» مصدق و نبرد قدرت، همایون کاتوزیان، صفحه ۳۱۸، روزنامه نبرد ملت، ۲۹ مرداد ۱۳۳۲ خورشیدی

شادروان دکتر مصدق، منزه از عرق مذهبی و آکنده از عرق ملی قادر، به خدمات شایان برای ایرانیان گشت. ایشان پس از نخست وزیری، به الغای قرار داد گس گلشاییان اقدام نمود. آنجائیکه، افراد، در عرصه سیاسی از عرق ملی گرایی و نیکوکاری سود جسته اند، خدمت و محبت افراد را مشاهده کرده ایم. لیکن آنجائیکه، درعرصه سیاسی، عرق مذهبی نقش ایفا کرده است، بیشتر خیانت و رخوت افراد را تجربه کرده ایم. از اینروست که سعدی، در کلام نغز و بلیغ شاعرانه خود چنین سروده است :

طـــریقت به جزء خــدمت خلق نیست

به تــــسبیح و ســـجاده و دلق نیست

من معتقد هستم که همه انسانهای مهرورز و نیکوکار جهان، سزاوار تمجید و توجه هستند. همگان را چون خود بایست دوست داشت. در این هنگام از ویلیام والاس اسکاتلندی و ژان دارک فرانسوی، به نیکی یاد می‌کنم که علیه جهانخواری و جنایتکاری پادشاهی انگلیس قیام نموده، تعهد و تهور خویشرا مصروف دادگری و آزادگی نمودند. همچنین مهاتما گاندی هندی، همچون دکتر مصدق، نقش بسزایی، در استیفاء حقوق ملی مردم هندوستان از پادشاهی انگلیس داشت. البته! بسیاری از مردم انگلیس، خود، در قرون متمادی، اسیر تئوکراسی و اشراف گرایی سلطنتی بوده، ستمهای بسیاری را از سوی پادشاهی خود متحمل گشته اند.

مکتب طبیعی، مکتب الهی

مکتب طبیعی، متعالی ترین آیین است که خداوند منان، در متن غریزی و عقلی حیوانات و ذاتی نباتات نهادینه ساخته است. من سعی نموده ام که این حقیقت مستخرج از طبیعت را برای سایرین نیز تبیین نمایم. اگر نوع بشری از آیین طبیعی پیروی نماید، هرگز، به آلاینده های عقلانی، جسمانی و احساسی متمایل نخواهد شد. دین طبیعی چنان، در تعالی اخلاقی قرار دارد که نواقص ادیان منتسب، به بشری و توحیدی را نمایان می‌سازد. زندگی، در طبیعت، موقعیت فکرت را برای انسان فراهم می‌سازد. اما از این آرامش طبیعی، در

دامان جنگل اندک کسی، به ژرف نگری و تعمق فکری، درباره رابطه انسان و طبیعت اندیشیده است. قدمت مکتب طبیعی را می‌توان مقدم بر مکاتب بشری و آسمانی، پیش از پیدایش انسان خواند. مکتب طبیعی، جنبه ناتورالیستی و طبیعت گرایی یا ماتریالیستی و مادی گرایی ندارد، بلکه این مکتب را می‌توان اثری مادی و معنوی خواند. ضمن احترام، به مقام علمی چارلز داروین و نظریات علمی او، کتاب حاضر، بری از نظریات داروینیستی، به شرح تکامل ارگانیستی و فیزیکی اعضای حیوانات، طی انتخاب طبیعی یا مصنوعی نپرداخته است، بلکه سخن از تکامل مراحل آفرینش موجودات از عدم بسوی عرصه وجود رانده است. محتوای کشفیات و نظریات چارلز داروین، زیست شناس انگلیسی، در محتوای کتاب مکتب طبیعی گنجانیده نشده است؛ چه چارلز داروین، در زمانی می‌زیست که هنوز واقف، به کشفیات علمی قرن بیستم و بیست و یکم نبود، چنانکه او زمین و حیات بر روی زمین را ازلی می‌پنداشت. مارستون بیتسر و فلیپ اس همفری، در کتاب "زندگی و نظریات داروین" چنین پنداشته بودند که جهان و جانداران ازلی میباشند. از اینرو آنان، در لفافه سخن خویش، موافق با ایده آلیسم، متافیزیک و نیروی ماوراءالطبیعه نبودند. بسیاری از مجهولات علمی، همچون ژن و دی ان ای، در زمان حیات داروین، کشف نشده بود. امروزه زیست شناسی از نظریات داروین و کشفیات نوین سود می‌جوید. کارل لینه (۱۷م)، زیست شناس سوئیسی، نظریه "ایده آلیستی" (اعتقاد، به آفرینش) عرضه نمود. سپس ژان لامارک (۱۷- ۱۸ م)، زیست شناس فرانسوی، نظریه "دو آلیستی" و تکاملی (اعتقاد، به آفرینش و تکامل) را ارائه کرد. ژورژ کویه، در قرن نوزدهم میلادی، همچنان بر نظریات ایده آلیستی لینه تاکید ورزیده، تکامل و تغییر، در ارگانیسم موجودات را مردود خواند. همچنان این اختلاف بین بیولوژیست ها، در تکامل و تغییر موجودات با توجه، به ماحصل

علمی باقی است. البته نگارنده معطوف، به تفکر مدرنیستی و ماحصل تجربه‌ی علمی و از سویی معطوف، به تفکر راسیونالیستی و ماحصل قوه‌ی عقلی، در کران اعتقاد، به تفکر ایده آلیستی و ماحصل تجربه‌ی معنوی است.

اکنون می‌توان بیان نمود که محتوای کتاب، موضعی مادی و معنوی دارد، نه ناتورالیستی، داروینیستی، ماتریالیستی یا مارکسیستی؛ اما از این رهگذر، مکتب طبیعی سعی دارد که عقیده مارکسیستی و کمونیستی مبنی بر اخلاق حیوانی، متعالی ترین آیین را تایید نموده، برترین آیین الهی را آیین طبیعی بخواند. نگارنده بر آن است که مکتب طبیعی را حاصل دانش و آفرینش ایزدی بخواند، نه اتفاق و انفاق طبیعی. زمانی که نویسندگان آثار ماتریالیستی قرن نوزدهم و بیستم، به نفی آفریدگار می‌پرداختند، گمان یا یقین به حیات ازلی زمین و جهان داشتند. لیکن کشف واقعه بیگ بنگ و تشکیل زمین و دورهای زمین شناسی، نظریات و اعتقادات آنان را مخدوش ساخته است. من، در ذیل، به نقل بخشی از یک نوشته از نویسندگان ماتریالیستی می‌پردازم که صدق کلام را محرز سازد :

«... این انواع مختلف موجودات و بیرون از شماره جانوران و روئیدنی‌ها چگونه بوجود آمده اند؟ آیا اینها از "روز ازل" اینقدر مختلف بوده و با هم فرق داشته اند؟» مارستون بیتسر و فیلیپ اس همفری، زندگی و نظریات داروین، ترجمه علی سبلانی، چاپ۲۵۳۶ مصادف با ۱۳۵۶ خورشیدی، صفحه ۲۸

آزادی اندیشه و عقیده موهبتی است که بدان می‌توان، به تحول عقلی، اعتقادی، زیستی و اخلاقی افراد استعانت رساند. خوبی مکتب طبیعی، در آن است که عاری از مضامین تقلیدی، امری و دستوری یا استثماری است که متاسفانه ادیان از آنها مبرا نیستند. مکتب

طبیعی می‌کوشد که افسار عقل و احساس انسان را بری از متولی مذهبی، در اختیار شخص قرار دهد که حریت و کرامت عقلی و احساسی بشری را حرمت نهاده باشد. شالوده مکتب طبیعی، حسن اخلاق، در غرایز عقلی حیوانی است. امید بدان که این مقال، فکرت خوانندگان را بیش از پیش معطوف، به گنجینه اخلاق طبیعی نماید که خداوند، در اختیار بشری قرار داده است. اما نوع بشری امروز بدلیل دوری جستن از قوانین طبیعی، در نابسامانی و آنومی، در عرصه های مختلفه مبتلا شده است، که امید آن می‌رود، نظر عطف و عزم رجعت، به قوانین طبیعی، دگربار صحت و سلامت جامعه و حاکمه بشری را ارتقا دهد.

آیین پاک موسی نبی که طی رویای مشروحه آن را دریافت کرده ام، ساحل نجات من از سرگردانی و گمراهی، در دریای متلاطم ادیان است. حالا من با دانسته هایم خداوند را می‌شناختم، نه با   خواسته هایم. من با توجه، به تجربیاتی که، در زندگی خود و سایرین کسب نموده ام، آفریدگار را از پنجره مشرف، به تجارب و حقیقت نظاره می‌کنم، نه پنجره مشرف، به دیانت. مطالبی را درباره آفریدگار بر خلاف ادعاهای ادیان آسمانی دریافته‌ام که نقطه عطفی، در معرفت تجربی، در مقابل معرفت دینی و فلسفی است.

پس از مدتی زندگی، در محیط بکر جنگلی، واقع، در استان گیلان، طبیعت و حیوانات پیرامون خویش را، مورد تدقیق عقل و تحلیل منطق قرار دادم. گویی طبیعت با لسان بی لسان خویش مرا دعوت به درایت و کشف مکنونات اخلاقی خود می‌نمود. درباره اخلاق طبیعی، به کرات اندیشیدم. بلاخره، آن موضوعی که مرا سخت مشغول خود نموده، بود، هویدا گردید. آری! مکتب طبیعی!   آموزه های آن حس تحسین مرا برانگیخته می‌ساخت. اکنون نیک دریافته ام که حیوانات معصومیت و قداست دارند، اما نوع بشری از

شرارت و خلاقیت برخوردار است. بنابراین با عطف ، به آستان ایزدی، قطره ای از اقیانوس بی کران صفات عالیه صانع بدیع را، در انواع موجودات مییافتم. مطالب بسیاری، در حوزه اخلاق را از موجودات اخذ میکردم. اخلاق طبیعی را با اخلاق دینی و شرعی مقایسه میکردم. حالا تمیز سره از ناسره، در ادیان برایم سهل و آسان شده بود. آنچه، در ادیان با اخلاق طبیعی تطابق نداشت، فرو حیوانی بود؛ یعنی، پستیها و پلیدی هایی که حیوانات و نباتات از آنها مبرا بوده، جایگاه انسان را فروتر قرار داده است.

مکتب طبیعی، پیش از پیدایش مکتب بشری و مکتب آسمانی وجود داشته است؛ زیرا زمانی که نوع بشری گام، به عرصه نهاد، حیوانات حضور فعال، در قاره ها داشتند. مکتب طبیعی، تابع قوانین ذاتی و غریزی، در حیطه آفرینش است که مکاتب بشری و آسمانی، در دسترس از لحاظ محتوای اخلاقی فروتر از آن قرار دارند؛ زیرا هر یک دارای مضامینی از شر میباشند. از اینروست که انسانهای نخستین، در عصر حجر، به پرستش طبیعت و حیوانات میپرداختند. گویی نوع بشری از آن زمان، به تعالی اخلاق طبیعی، در مقابل اخلاق انسانی اذعان داشت. پس بشری از ابتدا دریافته بود که اخلاق انسانی فروتر از اخلاق طبیعی میباشد. لیکن این درک او منجر، به تاسیس مکتب طبیعی توسط نوع بشری نشده بود. از کنفوسیوس نقل نموده اند که روزی او، مغروق تفکر درباره نیزار شده، سعی، در استخراج معادله ای اخلاقی از نی نمود. او، در نی استواری، در مقابل وزش باد را یافت. بنابراین او استواری، در مقابل ناملایمات زندگی را از نی آموخت. سیدارتا گوتاما بودا، اعتدال، قانون طبیعی را کشف کرد که شالوده آیین خویشرا بر آن استوار ساخت. مکاتب منتسب، به بشری و توحیدی، سردمدار آموزش اخلاق هستند که سر فصلی کلی از برخی قوانین اخلاقی را همراه با نواقص اخلاقی عرضه داشته اند. اما اخلاق طبیعی فاقد نقصان

عرضه شده است؛ زیرا مکاتب بشری و توحیدی اکتسابی هستند. این، در حالیست که مکتب طبیعی، فطری میباشد. وضع قوانین دینی، عاری از خطای عقلی و احساسی نیست، لیکن وضع قوانین طبیعی، الهی و عاری از خطایی است. همه جهد و تلاش مکاتب بشری و توحیدی، تفهیم واژه پرهیزگاری است. اما پرهیزگاری مکشوفه دین بشری و دین آسمانی نیست؛ بلکه مکشوفه بشری از قوانین طبیعی میباشد، چه پرهیزگاری، در طبیعت و حیوانات گنجانیده شده است. طبیعت عاری از مضامین گستی، کژی، میگساری، عیاشی و گناهکاری است. دوری از این مضامین، تلاش زاهد بشری میباشد. اما مالاً او، به تعالی اخلاق طبیعی دست نمی‌یازد. بنابراین اکنون دریافته ایم که زاهد بشری با ریاضت و ممارست سعی، در تحصیل اخلاق طبیعی دارد که پرهیزگاری صرف محسوب میشود. این، در حالی است که متولیان و مبلغان مذهبی مصون از خطایای عقلی و اخلاقی نیستند.

دانشمندان زیست شناس بر این باورند که انسان، از انواع حیوانات اجتماعی، گیاه خوار، آب پرده دار، پستاندار، مهره دار، خونگرم، بالا خانواده میمونان (hominoidea)، خانواده نخستینان (hominidae)، زیر خانواده میمون آدم وار (homininae) ، تبار انسان تباران (hominine)، گونه انسان هوشمند (h.sapiens)، زیر گونه انسان دانای دانا (h.s.sapiens) میباشد. دانشمندان بیولوژی طی مکشوفات علمی خود، قدمت بشری نوین را ۱۳۰۰۰۰سال تخمین زده اند و اشاره، به کشف استخوان انسان نماهای هومو ارکتوس (۱,۵۵ میلیون سال ق م) و هوموهابیلیس (۱,۴۴ میلیون سال ق م) نموده اند. اما آنچه خود از سایر مطالب بیولوژیکی تحصیل نموده ام، شامل اطلاعات مفید و مختصر ذیل، درباره قدمت انسان بر روی زمین است :

●هومو ارکتوس با قدمت ۱۵۵۰۰۰۰ سال ق م

●هومو هابیلیس با قدمت ۱۴۴۰۰۰۰سال ق م

●دنیساوا با قدمت ۱۳۰۰۰۰۰ سال ق م

●پیتکانتروپوس با قدمت ۵۰۰-۱۰۰ هزار سال ق م

●نئاندرتال با قدمت ۱۰۰-۲۵ هزار سال ق م

●کرومانیون با قدمت ۲۵ – ۳ هزار سال ق م

از لحاظ علم ژنتیک، تولید نژادها و گونه های متفاوت بشری از یک جفت ممکن نیست. پس این نژاد های مختلف بشری حاصل یک جفت نیستند، بلکه هر نژادی برای تولید نژاد خود نیاز، به جفتی با همان نژاد دارد. از اینرو آدم و حوا و فرزندان آنان را نمی‌توان مولد نژادهای مختلف بشری خواند. نظریه من بر این مهم استوار است که هر نژادی از یک جفت نر و ماده با همان نژاد، در منطقه ای مشخص بر خشکی‌های زمین، تولید و تکثیر شده است؛ یعنی، خداوند، در هر منطقه یک جفت نر و ماده بشری با نژادی خاص را آفریده است. چنانکه ما می‌توانیم اختلاف اقلیمی - زیستی هر نژادی را، در مناطق خاص از زمین ملاحظه و مشاهده نماییم. چنین می‌توان استنتاج نمود که جفت اولیه چشم بادامی های زرد پوست، در خاور دور، جفت اولیه سفید پوستان، در اروپا، جفت اولیه سیاه پوستان، در آفریقا، جفت اولیه سرخپوستان، در آمریکا آفریده   شده اند. من از استعداد ذاتی خویش و ماحصل علمی، به این عقیده دست یازیده ام؛ چنانکه نافی مشی و مشیانه زرتشتی و آدم و حوای یهودی، مسیحی و اسلامی میباشم. اما مشابه عقیده خویشرا، در متن ذیل از کتاب "سرزمین جاوید" اقتباس نموده ام :

«اگر بگوییم که انسان، در یک نقطه به وجود آمد و از آنجا، به نقاط دیگر رفت، باید یک قسمت از واقعیتهای تاریخی را نادیده بگیریم و انکار کنیم، چون اگر انسان، در یک نقطه، به وجود می‌آمد و از آنجا به سایر نقاط می‌رفت، آن واقعیتهای تاریخی به وقوع نمی‌پیوست برای اینکه کوههای مرتفع و اقیانوس های بزرگ مانع از این می‌گردید که انسان بتواند خود را از قاره ای به قاره دیگر برساند. از این گذشته نژادهای انسانی، به قدری متفاوت است که ناگزیر باید تصدیق نمود که منشاء متفاوت داشته اند و بر خلاف آنچه مردم تصور می‌نمایند، زیباترین نژاد بشری نژاد سفید پوست نیست، بلکه نژاد سیاه جنوب سودان است» سرزمین جاوید، ترجمه ذبیح الله منصوری ، جلد۱، صفحه ۱۰۳

«(قبیله شیلوک (shilluk)، از قبایل حاشیه‌ی رود نیل)

اکنون با نگاهی به [اساطیر] آفریقا، افسانه‌ی آفرینش نوع بشری از خاک را، در میان شیلوک های نیل سفید می‌یابیم که در ارتباط با دلیل اختلاف رنگ پوست های اقوام مختلف، توضیحی مبتکرانه دارند و آن را به خاطر اختلاف رنگ خاک هایی که هر قومی را از آن سرشته و قالب زده اند، می‌دانند. آنها می‌گویند که جیوک (juok) آفریننده، همه‌ی انسانها را از خاک درست کرد و در مدتی که مشغول به کار آفرینش بود در گوشه و کنار جهان پرسه می‌زد. در سرزمین سفیدها، خاک یا ماسه‌ی سفید خالصی پیدا کرد و از آن انسان سفید پوست را پدید آورد. آنگاه به سرزمین مصر آمد و از گل و لای رود نیل، انسان قهوه ای یا سرخپوست را ساخت. دست آخر به سرزمین شیلوک ها آمد و با یافتن خاک سیاه در آن جا، انسانهای سیاه پوست را با آن خلق کرد ...» متون مقدس بنیادین از سراسر جهان، میرچا الیاده، ترجمه مانی صالحی علامه، جلد۱، صفحه ۲۴۷

برخی از تعالیم ادیان بشری و توحیدی، تابع مکتب طبیعی هستند. در مثال احترام، به والدین، در طبیعت بطور غریزی برای حیوانات مقرر شده است. اما اغلب انسان، از برهه کودکی، در گفتار و کردار خویش موجبات تالمات والدین را فراهم می‌سازد. از اینروست که حیوانات از بدو تولد الی زمان استقلال، هرگز، به والدین خود و خاصه مادر بی احترامی نمی‌کنند؛ زیرا حیوانات منزه از خطایای بشری هستند. بواقع مضامین شر چون: عداوت، شناعت، غیبت، تهمت، اهانت و رذالت خاص خصایل عقلی و غریزی بشری است، نه حیوانی.

حس تعاون گروهی ، در بین برخی گونه‌های اجتماع حیوانی، تحسین مرا نسبت، به طبیعت بر انگیخته است. مورچه ها، به انسان تلاش و تفاهم و یگانگی را می‌آموزند. البته حس منفعت طلبی، در غالب حیوانات و نباتات زمین یکسان است. حیوانات مگر نوع بشری، در منفعت طلبی خود رویه اعتدال را می‌پیمایند. اخلاق طبیعی با واژه حرص و حریص بیگانه است. هر موجودی، به اندازه نیاز خود از خوان طبیعت بهره مند می‌شود، نه بیشتر از نیاز خود. اخلاق طبیعی بری از تفریط و افراط میباشد. اما نوع بشری، موجود حریص است که موجبات تالم خود و سایرین را فراهم می‌سازد. ایضاً جایگاه حیوانات، آنجایی فراتر از جایگاه انسانها قرار می‌گیرد که آنها از بدو تولد الی مرگ بر قوای خویش متکی هستند. این، در حالی است که انسان از لحاظ زیستی، معیشتی و عاطفی نیازمند دیگری است. دیوانگی و عقب افتادگی عقلی، جزو نواقص بشری است، نه حیوانی. پس خداوند، در عقل حیوانات، نقص عقل پدید نیاورده است، بلکه آنها می‌فهمند آنچه که نیاز، به فهمیدن آن دارند. نوزاد بشری از لحاظ عقلی، در بدو ولادت ناتوان است. او تنها حس بویایی خود را برای جستجوی مادر و سینه مادر دارا میباشد. اگر مادر بسوی نوزاد خود

نرفته، به فرزندش یاری نرساند، او پس از مدتی جان خواهد سپرد. همین رویه آفرینش را بین جوجه پرندگان می‌توان مشاهده نمود. اما نوزاد جوندگان، درندگان و خزندگان پس از فوت ساعاتی از بدو تولد، توانایی های جسمی و عقلی منحصر، به فردی دارند. یک توله شیر بزودی، بر روی پاهای خود ایستاده، مادر خود را یافته، نزد مادر رفته، از شیر او تغذیه می‌کند. روند رشد حیوانات و نباتات سریعتر از نوع بشری است. اکنون می‌توان از مکتب طبیعی درسی آموخت :

«همواره بایست، به قوای خود متکی باشید»

مکتب طبیعی، دریای بیکران موازین اخلاقی را، در خود نهادینه ساخته است. والدین و معلمان بایست با استعانت، به کودکان و نوجوانان، شخصیت اعتقادی آنان و معیارهای اخلاقی آنان را منطبق با اخلاق طبیعی پرورش دهند، چه کودکان و نوجوانان علاقه ای وافر، به ارتباط با طبیعت و حیوانات دارند. والدین بایست کودکان را، در عرصه آزادی، اذن اظهار وجود دهند که منجر، به قوت اعتماد و اراده خواهد شد. والدین، به جبر و امر با کودکان خویش برخورد نکنند؛ زیرا شخصیت تقلیدی و تحمیلی کودک با واژه خود محور، استبداد و دیکتاتور انس خواهد گرفت. در این زمینه، منطق و دانش، به ما بیشتر کمک می‌کند. حقوق بشری و احترام، به کرامت بشری بایست از برهه کودکی، در شخصیت افراد نهادینه شود. جملات پرسشی و خبری والدین از کودک خویش برای جلب رضایت او، در کاری، بهتر از جملات امری و جبری میباشد.

« این کار را انجام بده! » جمله امری و تاثیر منفی

« آیا، در این کار مرا یاری می‌دهی ؟ » جمله پرسشی و تاثیر مثبت

« بلبل، پرنده ای نغمه سُرا است! » جمله خبری و تاثیر مثبت

جملات پرسشی و خبری، کودکان را فردی کنجکاو و پاسخگو می‌سازد و زمینه تمایلات تجربی، مسؤلیت پذیری و دمکراسی را، در عقل آنان نهادینه می‌سازد. همچنین جملات پرسشی و خبری، بُعد شخصیت تجربی، منبعث از کنجکاوی خردسالان و کودکان را بهبود می‌بخشد که منجر، به رشد شخصیت تحصیلی آنان میگردد. اما جملات خبری، بُعد شخصیت تحصیلی و اعتقادی آنان را می‌پروراند. شما با تمتع از جملات پرسشی و خبری، به تعقل فرزندان خود و افزایش ضریب هوشی آنان یاری می‌رسانید. والدین، در صورت نیاز، به فرزندان از پسوند یا پیشوند دوستانه و محترمانه سود جویند؛ زیرا رفتار کودکان، در نوجوانی، آینه رفتار والدین خواهد بود :

«پسر خوبم ! آیا آن کتاب را برایم می‌آوری؟»

بدینسان فرزندان شما ارتباط دوستانه و محترمانه را از والدین اخذ می‌کنند و آنان، در بُعد شخصیت اعتقادی خویش می‌آموزند که اختیار و اراده، جزیی از حقوق خود و سایرین است. اما والدین این اختیار و اراده کودک را بایست، در حیطه پاکی، راستی و درستی تامین نمایند؛ از اینرو نظارت بر اختیار و اراده آنان الزامی است. مشارکت و مشورت، در امور آنان نیز جزیی از برنامه رشد شخصیت اعتقادی، تجربی و تحصیلی است. فطرت اختیار بشری، مغایرت با امر و نهی دارد؛ پس کودک، از امر و نهی، خشنود نمی‌شود. شالوده شخصیت خردسالان را بایست با محبت، مودت، استعانت، گذشت، عفت، عدالت و مصالحت بنا نمود؛ خردسالان و کودکان متاثر از غریزه تقلید، اخلاق والدین را، در معیارهای اخلاقی خویش می‌گنجانند. کسی که مدبرانه، معیارهای اخلاقی خویشرا تعیین

نموده باشد، متاثر از معیارهای اخلاقی دیگران، رفتار نمی‌کند. بنابراین تعیین معیارهای اخلاقی، به استقلال عمل انسان می‌انجامد. انسان بایست ظرفیت دار و انعطاف پذیر باشد که آماده شنود انتقاد و تجدید نظر، در برخی معیارهای اشتباه اعتقادی و اخلاقی خویشرا داشته باشد. بنابراین خردسالان و کودکان را بایست دارای ظرفیت و انعطاف پرورانید. وقتی کودکی با جمله "این کار تو خوب نیست!" مواجه شود، نقد و انتقاد را می‌آموزد. پس از آن توضیح گفتار و رفتار نادرست کودک و راهکار صحیح آن از سوی والدین مدیر و مدبر، به آموزش انتقاد سازنده و تکوین بستر تجدید نظر منتهی می‌گردد.

پس از تدقیق، در امور و رفتار برخی حیوانات، نیکوکاری و فداکاری را، در آنها یافته ام. نگارنده خود، در حین نظاره مرغ مادر و جوجه هایش بودم. من، در این حین، اخلاق طبیعی را بررسی می‌کردم. مرغ مادر طی سه هفته خود را محروم از تغذیه کافی می‌نماید، چنانکه مرغ غذای خود را ، در اختیار جوجه قرار می‌دهد. خب! این نیکوکاری و فداکاری غریزی تحسین برانگیز است. اما آیا ما بایست آن مرغ را تحسین کنیم یا صانع بدیع و منیع آن مرغ را؟ هنگامیکه حیوانی گوشتخوار، به رزق خود دست می‌یابد، سایرین نیز از آن سهمی خواهند داشت. بنابراین مکتب طبیعی بطور مختصر و مفید، به ما می‌آموزد :

«نسبت، به سایرین نیکوکاری و فداکاری نمایید»

«سهمی از دارایی خویشرا انفاق کنید»

رفتار اردکهای بالغ را مورد بررسی قرار داده ام. نکات اخلاقی بسیار دارند. آنان بشدت، به بهداشت و سلامت خویش توجه دارند. نظافت جزو برنامه روزمره اردک است. بنابراین اخلاق طبیعی چنین بیان میدارد :

«تمیزی را برای خود فراهم نمایید»

روزی اردک نر، در حین نظافت خود، در کران حوض منزل ایستاده بود. اردک ماده چند متر آنطرف حوض، در حال نظافت خود بود. ناگاه اردک ماده نظر خود را معطوف، به آسمان نمود. پرنده زاغی، در مقابل چشمان او مخوف جلوه گر شد. بی درنگ اردک ماده، به هیاهو پرداخته، اردک نر را واقف، به حضور زاغی نمود. بنابراین اردک نر با تعجیل، به داخل حوض آب شیرجه رفته، خود را از مهلکه واهی نجات داد. من حس تعامل و تعاون را بین حیوانات مشاهده کرده ام. بواقع وزارت اطلاعات که انسان اینقدر دیر بدان دست یازیده است، در گونه‌های اجتماعی حیوانات، در راستای ارتقای امنیت اجتماعی آنان نهادینه بوده است. از اینرو آنروز بدین اخلاق طبیعی دست یازیدم :

«هم نوع خود را چون خود دوست بدار»

«تعاملات ، در راستای حفظ امنیت، خطرات را می‌کاهد »

منشاء نیروی آفرینش، در طبیعت برای تهیه و تدوین مکتب طبیعی، بذل دقت، ظرافت و سخاوت نموده است؛ چنانکه مکتب طبیعی بری از مضامین عوامفریبی، استثمارگری و رابطه چوپانی و گوسفندی عرضه شده است. متولی راستین مکتب طبیعی، مقام الهی است. این، در حالیست که متولیان مذاهب بشری و توحیدی، موجبات تالمات بشری و بار سنگین معنوی را با دستورهای جزمی و بدوی فراهم می‌سازند.

نباتات و حیوانات بطور مفید و مقید، در راستای هدف حیات، در حیطه اخلاق طبیعی گام می‌نهند . مکتب طبیعی، به انسان می‌آموزد که حوزه حیات طبیعی مملو از آموزه‌های

اخلاقی است. ما اعم از اینکه پیرو ماتریالیسم، دوآلیسم یا ایده آلیسم باشیم، به شایستگی اخلاق طبیعی اذعان مینماییم.

در بین حیوانات گیاه خوار اجتماعی، یک حس رقابت وجود دارد، نه حس عداوت. محافظت از منافع اعم از جان، مال و خانواده منجر، به منازعت میگردد. این حالت، در انسانها و حیوانها امری معمول و یکسان است که خشونت تدافعی خوانده میشود. اگر کفتاری وارد حوزه زندگی شیرهای نر یا ماده شود، خطر کشته شدن، آن را تهدید میکند؛ زیرا، به محدوده قلمرو شیرها تجاوز نموده است. دشمن کسی است که بطور عقلی یا جهلی متجاوز باشد. گونههای حیوانات گیاه خوار، هم نوع خویشرا، در یک رقابت هدفمند، شکست میدهند. بنابراین رفتار آنان عداوت نیست، بلکه رقابت میباشد. رقابت و منازعات حیوانات هم نوع، در راستای جفت یابی، رهبری و حریم زیستی و غذایی بوقوع میپیوندند. حیوانات رقابت و منازعات مفید و هدفمند دارند. اما اغلب انسان، در راستای اهداف بیهوده، به رقابت و منازعات پرداخته است. رقابت ورزشی، یک تنازع عبث و بیهوده میباشد؛ زیرا هدف آن تحصیل پیروزی و قهرمانی و غالباً کسب منافع مادی است. عداوت، به خیر، در فطرت گوشتخوار علیه گیاهخوار، در راستای بهره مندی از زنجیرهی غذایی و تعادل جمعیتی بوقوع میپیوندد. اما عداوت بشر، دو حوزه خیر و شر را شامل میگردد. عداوت، به خیر او علیه شر تجلی مییابد. هدایت و نجات با عداوت منافات دارد؛ لذا موسی، زرتشت و عیسی عاری از عداوت خیر و شر بودند. موسی، زرتشت و عیسی نسبت، به جاهلان و خاطیان عداوت نمیورزیدند، بلکه آنان را، به سبیل خیر و نیکو هدایت میکردند که فرصت نجات را برایشان فراهم سازند. موسی، زرتشت و عیسی با کسی اراده خشونت و جنگ نداشتند، چنانکه موسی با فرعونیان، زرتشت با ایرانیان و عیسی با عبرانیان، به

خشونت و جنگ نپرداختند. بنابراین هادی و منجی، با کسی اعم از قاسط و مقسط، دشمنی ندارد. دشمنی، دوری را فزونی می‌بخشد؛ لیکن مهربانی، نزدیکی را.

انسان خشونت تهاجمی را وسیله نیل، به امیال خویش ساخته است که حیوانات از آن بری هستند. حتی برخی ادیان، همچون قرآن و تورات انسان را بسوی خشونت تهاجمی سوق داده اند. بنابراین خشونت تهاجمی، رفتاری فرو حیوانی است. کسانی که مواجه با ستمکاری می‌شوند، از خشونت تدافعی بهره مند می‌گردند، نه خشونت تهاجمی. از اینرو، در مکتب طبیعی این قانون را می‌توان یافت :

«حق دفاع طبیعی برای همگان محفوظ است»

انسان زمانی استعداد قتل را، در خود پرورانید که گوشتخواری را برای رفع گرسنگی فرا راه خود یافت. هر انسانی گوشتخوار، تجربه قتل را با کشتن و خوردن گوشت حیوانی گیاهخوار تحصیل می‌نماید. از اینرو کشتن و خوردن، جزیی از زندگی انسان شده، منجر، به ازدیاد ستمکاری و تجاوزگری گردیده است. ادیان بشری خاور دور همچون هندوئیزم، بودیسم و جینیزم، جان از جانداری نمی‌ستانند. از سوی دیگر گوشتخواری، در ادیان مذکور نهی شده است. امروز روانشناسان نیز بدین نتیجه رسیده اند که گوشتخواری طبع انسانی را بسوی ابراز خشونت و قساوت متمایل می‌سازد. امروزه گوشتخواری سلامت انسان را بیش از ادوار پیشین تاریخ، به مخاطره افکنده است.

انسان قادر، به استعمال منطق عقلانی است که سایر حیوانات از آن برای تجزیه و تحلیل مسائل بهره ای نبرده اند. منطق، به انسان کمک می‌کند که درست را از نادرست با استدلال تمیز دهد. همچنین منطق فکرت را از کثرت بسوی وحدت فرا می‌خواند که

منجر، به کشف ماحصل معادلات علمی و اخلاقی می‌گردد. عقل و منطق دارای دو حوزه خیر و شر هستند. پس گروهی آنها را برای ابراز خیر و گروهی آنها را برای ابراز شر استعمال می‌نمایند. گرچه سایر حیوانات از منطق عقلانی بشری بهره ای نبرده اند، اما رفتارهای غیر منطقی، در حیوانات و نباتات مشاهده نمی‌شود. بنابراین آنها نیاز، به منطق عقلانی بشری برای مدیریت امور روزمره زندگی خود ندارند. یکی از دلایل همین مدعا عدم پیشرفت زیستی و علمی حیوانات است. منطق، انسان را، در توسعه زیستی و علمی یاری می‌رساند. حیوانات بسیاری از مواعظ اخلاقی ادیان را، در قالب مکتب طبیعی می‌آموزند. در مثال انجیل منقول از عیسی گفته است :

«بجویید تا بیابید. بخواهید تا به شما داده شود»

هنگامی که مرغی را، در حال یافتن غذا نظاره می‌نمودم، نیک موعظه عیسی را، در ذهنم تداعی کردم. بنابراین آن مرغ قادر است که ما را مؤعظه نماید، بی آنکه مرغ، منقار، به سخن بگشاید. حیوانات را فاقد حرص می‌یابیم. آنها، در حد نیاز خود از طبیعت برداشت می‌کنند. پس یک حیوان قادر است که مؤعظه عیسی نبی را، در نهی ثروت اندوزی و افراط گرایی، به ما بیاموزد :

«ثروت خود را روی این زمین نیندوزید» انجیل متی، ۶ / ۱۹

سعی طبیعت، برای سامان زندگی حیوانات «اعتدال» است. اگر اعتدال، به تفریط و افراط گراید، نظام طبیعی با مخاطره مواجه خواهد شد. پس خداوند طبیعت بیش از آنچه یک جاندار نیاز دارد، در اختیار قرار نداده است. اشراف گرایی عامل اسراف گرایی میباشد که خود نیازهای جامعه را فزونی می‌بخشد. مازاد بر نیاز و نیاز، عامل فساد هستند. حیوانات

بدلیل غرایز متعالی اخلاقی، به تجمیع مازاد بر نیاز نمی‌پردازند. آنچه آنها بدست می‌آورند، صرف غذای امروز یا فردا و سرما می‌گردد. حیوانات، در زمان نیاز، مبرا از فساد هستند. پس حیوانات و نباتات مصون از فساد میباشند. پس مکتب طبیعی، در حوزه اقتصادی می‌آموزد :

«نه مازاد بر نیاز و نه نیاز، بلکه همه بی نیاز. بدینسان فساد کاسته می‌شود»

مکتب طبیعی، در حیطه اخلاقی، انواع را، به نهی قتل و کشتن نوع خود، خاصه علفخواران فرا خوانده است. برخی حیوانات را می‌توان، به ندرت یافت که طی موضع تدافعی، ناشی از تجاوزگری، به قتل و کشتن روی آورند. چه انسان نیز، در متن قوانین مدون قضایی خود پذیرفته است که قتل و کشتن، در حین دفاع، معاف از مجازات است. اما اسلام با سفاکی و خونریزی گسترش یافته است، چنانکه کشتن، به بهانه کفر، شرک و ارتداد و ... بخشی از ارزش اخلاقی آن محسوب می‌شود. قرآن، کشتن مسلمان را نهی کرده است، که این مهم فقدان ارزش جان غیر مسلمان را از منظر قرآن، متجلی ساخته است. اما مکتب طبیعی، کشتن هم نوع را نهی کرده است. انسان با توجه، به دندانهای خود، موجودی علفخوار است، نه گوشتخوار. پس حیوانی علفخوار را نمی‌توان یافت که هم نوع خود را بکشد. مکتب طبیعی شما را، به اعتدال فرا خوانده، از کشتن و تعرض علیه هم نوع خود نهی می‌کند. پرندگان و علفخواران را بایست، به تدقیق نگریست که هم نوع خویشرا، به قتل نمی‌رسانند.

«هرگز، به کشتن هم نوع خود اقدام نکنید»

بی گمان برخی انسانها، بدلایل بنیادین ذیل، به رذایل عقلی و احساسی می‌گرایند :

۱- جهل

۲- جنون

۳- مرض

۴- غرض

۵- حرص

۶- غیض

۷- تعلق

۸- عشق

۹- افلاس

۱۰- تمکن

مکتب طبیعی ظلم و انظلام را بر خلاف برخی آموزه های ادیان، به کودکان شما نمی‌آموزد. مکتب طبیعی ستمکاری و ستم‌پذیری را نمی‌پذیرد. پس مکتب طبیعی به شما می‌آموزد :

«کسی را مورد ستم خود قرار ندهید»

محتوای غالب ادیان، تلفیق نسق اخلاق و نقض اخلاق میباشند. ادیان آموزه های خیر منجر به شر، شر منجر به خیر و شر منجر به شر دارند که عقل و روان کودکان را بسوی شر منحرف می‌سازند. در مثال تورات، در دسترس یهودیان از سویی ستمکاری را نهی نموده، از سویی دیگر ستمکاری را روا داشته است :

«به کسی ستمی نکنید» تورات، لاویان، ۱۹ : ۱۳

«همه مردان و زنان و اطفال را از بین بردیم» تورات، تثنیه، ۳۳/۲-۳۴

© Scotch Macaskill   www.wildlife-pictures-online.com

مکتب طبیعی بر خلاف برخی تعالیم متعرضانه ادیانی همچون اسلامی و یهودی، عاری از

مضمون برده داری ، غلامی و کنیزی میباشد. در طبیعت موجودی غلام و کنیز موجودی

دیگر نیست، بلکه همه حیوانات و نباتات از بدو تولد الی مرگ از آزادی حیوانی بری از عیاشی، گناهکاری و پلیدی زندگی می‌کنند :

«دیگران برده، غلام و کنیز شما نیستند»

قرآن، انتقام را مشروعیت بخشیده، کینه جویی را اشاعه می‌دهد که منجر، به تصمیمات غیر عقلایی و احساسی گشته، ستمی جاری خواهد شد. اگر حکم قصاص نفس عقلایی و منطقی بود، بی گمان یهودیان و مسلمین چنانکه جان را، در برابر جان می‌ستانند، زنا را، در مقابل زنا، سرقت، را، در مقابل سرقت و لواط را، در مقابل لواط قرار می‌دادند. قصاص نفس، قتل، در مقابل قتل است. قصاص، آمار قتل را می‌افزاید. از اینرو طبق فرمان قرآن، جزای هر بدی را، به اندازه همان بدی روا است. گرچه قرآن، در کران اذن انتقام، عفو از سوی منتقم را بهتر خوانده است. قرآن، در بخش‌هایی از احکام خویش، انسانی را، به اشتباه متمایل می‌سازد. اما عقل حیوانات از حس و فرمان انتقامجویی عاری است. پس این عقل حیوانی، چون عقل ایزدی قداست دارد که ما را، به نهی انتقامجویی دعوت می‌کند. در آموزه تورات، در دسترس یهودیان، نیز نهی انتقام از همسایه و بطور گسترده نهی انتقام از دیگری وارد شده است که این منطق خیر عقلی، در تورات قابل تقدیر است. معهذا تورات مبتلا، به تناقض گویی، روایت انتقام از قوم مدیان را نقل کرده است.

«انتقام، تعدی شما را از اعتدال عقلی و روانی فراهم می‌سازد»

«از انتقامجویی برحذر باشید»

سیدارتا گوتاما بودا، شخصیت غریزی و اکتسابی مهربان و محمد بن عبدالله، شخصیت غریزی و اکتسابی خشن داشتند. لذا آیین بودا عاری از مضمون غضب و خشونت علیه

حیوانات و بشریت است. این، در حالی است که آیین اسلام مملو از مضمون غضب و خشونت علیه حیوانات و بشریت میباشد. یک گله شیر درنده، در حمله، به یک گله حیوان علفخوار، یکی از آنها را می‌کشند. اما یک عده حاجی مسلمان، در عید قربان، چند گله حیوان را می‌کشند. بنابراین توحش، در یک عده حاجی مسلمان، بیش از توحش، در یک گله شیر درنده است. عید قربان، عید کشتار، اسراف و افراط است. فرامین هر دینی بر اساس شرایط اخلاقی، فرهنگی، روحی و روانی بنیانگذار یا بنیانگذاران آن وضع گردیده است. شما، در بین حیوانات، نری را مشاهده نکرده اید که همسر ماده خود را به هر دلیلی مورد ضرب و شتم قرار دهد، اما قرآن عاجز از حل مسائل زناشویی، در بحران شما را، به خشونت تشویق می‌کند. قرآن، در سوره نساء، آیه ۳۴ ضرب و شتم زن، در صورت عدم تمکین را مشروع خوانده است که فرمان فرو حیوانی و افراط گرایی است. قرآن حقی برای عدم تمکین زوجه از زوج قایل نشده است، اما همین حق را برای زوج قایل شده است که مرد سالاری و تبعیض جنسی تازی بدوی را بقا بخشد. بواقع نقض حرمت، محبت را می‌کاهد. بنابراین حرمت شکنی بین زوجین، در حیوانات مشاهده نمی‌شود. مکتب طبیعیع در اینباره می آموزد :

«زوجین حرمت یکدیگر را محفوظ نمایند و حقوق یکدیگر را پایمال نسازند»

«وظایف زن و مرد، در حوزه خانواده خاص، لیکن حقوق آنان برابر است»

«و زنان خود را بزنید» نساء/۳۴

بواقع غالب جانداران محصول پرورش جنس ماده هستند. روابط بین والدین و فرزندان، در عرصه حیوانی عاری از تنش و چالش میباشد. مدیریت و محبت جنس ماده نسبت، به

فرزندان، از اعتدال بر خوردار است. افراط و تفریط مدیریتی و عاطفی، در جنس ماده زمان پرورش فرزند مشاهده نمی‌شود. زمان استقلال فرزند را از سویی نعمت‌های آماده طبیعی و از سویی غریزه مادری، تعیین می‌کند. بنابراین مکتب طبیعی، به ما می‌آموزد :

«شرایط استقلال نوجوان خود را پس از رشد جنسی و جسمی فراهم سازید»

«بهداشت و سلامت جسمی، جنسی و روانی فرزند شما، از برهه نوجوانی، در استقلال حیات و وصلت تضمین می‌گردد»

امروزه فرزندان انسان بدلیل آنومی و نابسامانی سیاسی، اقتصادی، اجتماعی و فرهنگی، در بدو نوجوانی که رشد جسمی و جنسی   یافته اند، استقلال نمی‌یابند؛ لذا ناهنجاری اخلاقی، رفتاری و روانی آنان را تهدید می‌کند. همچنین مشکلات خانوادگی و اجتماعی افزایش می‌یابد. از اینرو جامعه بایست حاکمه را متقاعد نماید که پیرو قوانین طبیعی باشد. اکنون تحصیلات عالی، دوره سربازی و بسیاری از علل دیگر، موجبات دوری انسان از قوانین طبیعی، در زندگی فردی، خانوادگی و اجتماعی شده است. جوامع بشری بایست، اعتراض خود را، در مقابل عجز و قصور نهادهای رسمی سیاست ، در راستای گسترش فرهنگ اشتغال و وصال، به سمع رجال سیاسی برسانند. یکی از وجوه بارز ستم، وابستگی نهاد رسمی سیاست، به طبقه ای خاص همچون: تئوکراسی (مذهبی)، کمونیستی (کارگری) و آریستوکراسی (اشرافی) یا مونارشی (پادشاهی) میباشد. بطور کلی جامعه‌ای که دارای فاصله طبقاتی و حاکمه کلاسیستی و طبقاتی باشد، ستمکاری و ستمپذیری را فزونی می‌بخشد.

انسان نئاندرتال (۱۰۰-۲۵ هزار سال ق م)، در عصر حجر قدیم و انسان کرومانیون (۲۵-۳ هزار سال ق م)، در عصر حجر جدید، در مقابل گرما و سرما نیاز، به پوشش داشتند. لیکن گروهی عریان و گروهی نیمه عریان می‌زیستند. حتی این واقعیت را می‌توان، در برخی قبایل بدوی مشاهده نمود. روزی انسان، در اندیشه پوششی، در مقابل مخاطرات محیط، سرما و گرما، به ساختن پوشش لباس مبادرت ورزید. حیرت آور است که بسیاری از حیوانات، درمقابل تغییرات دمایی زمین بر اثر تغییر فصل مقاوم هستند. این، در حالی است که انسان بر اثر این تغییرات دمایی، بخصوص، در فصل تابستان و فصل زمستان متالم می‌گردد. از اینرو نیاز بشری، به آتش و لباس از همان اوان آفرینش، چنین می‌نمایاند که بدن انسان منطبق با تغییرات آب و هوایی زمین ساخته نشده است، چنانکه جان او، در گرمای طاقت فرسای تابستان یا سرمای طاقت فرسای زمستان، به مخاطره می‌افتد. دگر بار، محمد بدلیل عجز، در حل مسائل اجتماعی و فرهنگی، راهکار حفظ امنیت و عفت زن را، در حجاب چادر یافت؛ زیرا طبق روایتی، دست یکی از یاران محمد، اتفاقی، با دست عایشه جوان تماس حاصل نمود. لیکن شراره شهوت یک مرد و یک زن، حجاب چادر را درمی‌نوردد. مردی و زنی بوالهوس، سد و سنگر حجاب را می‌شکنند. بواقع حجاب، سد و سنگر نفوذ پذیر است؛ زیرا راهکار امنیت نیست. امنیت، در صحت مدیریت، صحت تربیت، صحت عفت، صحت عدالت و صحت وصلت نهفته است، نه، در حجاب. زنان مؤمنه مسلمان، در سنگر حجاب، امنیت می‌جویند، چنانکه زنان فاحشه و فاسقه مسلمان، در سنگر حجاب، امنیت می‌جویند. از سوی دیگر حُجب، در حجاب تجلی نمی‌یابد، بلکه حُجب، در عفت متجلی می‌گردد؛ زیرا همه زنان مُحجبه مسلمان از حُجب برخوردار نیستند. اگر یک زن، در حجاب و یک زن فاقد حجاب، دارای صحت تربیت و صحت عفت باشند، امنیت و

سلامت بدن خویش را محفوظ میدارند. اگر عفت باشد، حُجب باشد، نه اگر حجاب باشد، حُجب باشد. بسیاری از زنان، در ممالک غربی و شرقی فاقد حجاب، دارای صحت تربیت و صحت عفت هستند که امنیت را برایشان حاصل نموده است. حجاب، ظن و گمان شهوانی و جنسی، علیه کلیه مردان و زنان جامعه ای است. گمان، نافی عدل میباشد. برخی مدعی شده اند که حجاب چادر، اندام زن را از چشم چرانی و بوالهوسی برخی مردان مصون میدارد. لیکن شراره شهوانی مرد و زن چشم چران و بوالهوس، در حجاب رخنه می‌یابد. حجاب، جامعه ای را، به فزونی بوالهوسی و چشم چرانی بین مردان و زنان محکوم و متهم می‌کند. پیامبر اسلام و برخی امامان شیعی، بیش از بسیاری از مردان ایرانی، غربی و شرقی، متمایل، به جنس زن و تعدد زوجین بودند. روزگاری رضا خان پهلوی، به جبر و زور حجاب از سر برداشت، روزگاری آمد که مُلای اسلامی، به جبر و زور حجاب بر سر گذاشت. مؤمنان مسلمان، خود ادعا می‌کنند که الله انسانی را، در سختی‌ها می‌آزماید؛ لیکن سختی بی حجابی را بر خود گران می‌دارند؛ زیرا اطمینان، به زهد و تقوای خویش ندارند. مع الوصف، خداوند قاهر و باهر، همگان را، در تداوم تهذیب و عفت عقل، احساس و تن، توفیق عالیه عطا فرماید! در ماده ۶۳۸ از قانون مجازات اسلامی جمهوری اسلامی ایران آمده است:

«تبصره : زنانی که بدون حجاب شرعی، در معابر و انظار عمومی ظاهر شوند، به حبس از ده روز تا دو ماه و یا از پنجاه هزار تا پانصد هزار ریال جزای نقدی محکوم خواهند شد»

مکتب طبیعی عدم برابری جنسی (آپارتید جنسی) پدید نمی‌آورد. پس مکتب طبیعی پیرو قوانین طبیعی بر خلاف مکتب اسلامی و توحیدی ما را، آگاه، به حکم راستین الهی، در طبیعت می‌نماید.

« بی حجاب باش و لیکن با عفت باشد»

شما، در حیطه اخلاق طبیعی از آزادی طبیعی برخورد خواهید شد. چنین استنتاج می‌گردد که اهتمام اجتماعی و دولتی، در گسترش تربیت، عفت، عدالت و وصلت، شر آزادی بشری را می‌کاهد، مگر آنکه آموزش اخلاقیات و رشد شخصیت اعتقادی از برهه خردسالی و کودکی، در کران واژه گان مذکور تحقق نیافته باشد که جامعه ای و حاکمه‌ای فاقد امنیت خواهیم داشت. پس جامعه‌ای بشری برای اعتلای امنیت، نیاز، به گسترش موارد ذیل دارد :

۱-تربیت

۲-عفت

۳-عدالت

۴-وصلت

فقدان هر یک از موارد فوق الذکر، ناقض سه مورد دیگر است. طی تدقیق بر ماهیت چادر، برخی مضرات آن برایم هویدا گشت که عبارتند از :

۱-حجاب چادر، ضریب صحت انتخاب زوجه را می‌کاهد

۲-حجاب چادر، ضریب تمایلات ازدواج را می‌کاهد

۳-حجاب چادر، ضریب مساوات جنسی را می‌کاهد

۴-حجاب چادر، ضریب امنیت روسپی را می‌افزاید

«موضوع چادر، در متن قرآن سوره احزاب/۵۹»

عیاشی مختص، به خصال شر بشری است که کرامت عقلی او را می‌درد. سایر حیوانات مگر انسان از آن مبرا هستند. بواقع عیاشی، رفتاری فرو حیوانی است. میگساری بدلیل آنکه عقل و اعتدال را برای مدتی زایل می‌سازد، فرو حیوانی محسوب می‌شود. اما نگارنده قصد ندارد که میگساری را بدون مزاحمتی یا تعرضی نسبت، به حقوق سایرین، گناهکاری و مستوجب جزای قضایی بخواند. تورات، در دسترس میگساری را، در کران واژه هرزگی آورده است. عیسی، شاگردان خویش را از عیاشی و میگساری بر حذر داشته است (متی،۲۴/۴۸-۵۱). پُولس، در نامه خود، به مسیحیان افسس، مستی و شرابخواری را نهی کرده است (۱۸/۵).

«هر گاه شخصی پسری نافرمان داشته باشد که از فرمان پدر و مادرش اطاعت نکند و او را تنبیه کنند و از آنها اطاعت نکند پدر و مادرش او را گرفته پیش محترمین شهر و دادگاه محلی خود ببرند به محرمین شهر وی بگویند : این پسر ما منحرف و نافرمان است، از فرمان ما اطاعت نمی‌کند هرزه و میگسار است تمام مردم شهر او را با سنگ سنگسار نمایند تا بمیرد و آن فساد را از میان خود نابود کن» تورات، تثنیه، ۲۱ / ۱۸-۲۱

«اگر شما خدمتگزاران بی وفایی باشید و بگویید : خداوندمان به این زودی نمی‌آید و به همقطارانتان ظلم کنید و به عیاشی با میگساران بپردازید انگاه در لحظه ای که انتظار ندارید خداوند تان خواهد آمد و شما را به سختی تنبیه خواهد کرد و به سرنوشت ریاکاران دچار خواهد ساخت و به جایی خواهد انداخت که گریه و ناله و فشار دندان بر دندان باشد» انجیل متی، ۲۴ / ۴۸-۵۱

«از مستی بپرهیزید؛ زیرا مستی انسان را، به راه های زشت می‌کشاند. در عوض از روح خدا پر شوید – با یکدیگر درباره خداوند گفتگو کنید و سرودهای پرستشی و مزامیر برای یکدیگر بخوانید» نامه پولس، به مسیحیان افسس، ۱۸،۱۹/۵

«از تو از حکم شراب و قمار می‌پرسند؛ بگو : در این دو کار گناه بزرگ است و سودهایی برای مردم ولی زیان گناه آن دو بیش از منفعت آنهاست» قرآن، سوره بقره/۲۱۹

«از شرابخواری بپرهیزید» فرمان پنجم سیدارتا گوتاما بودا

پرهیزگاری؛ یعنی ، پیروی از اخلاق طبیعی، مد نظر متولیان مذهبی بوده است، اعم از آنکه با این سخن موافق باشند یا موافق نباشند. اما آنان هرگز، به پرهیزگاری غریزی حیوانی دست نمی‌یازند. انسان با نواقص اخلاقی زندگی می‌کند و با نواقص اخلاقی میمرد که همین جایگاه اخلاق غریزی و اخلاق عقلی انسان را نسبت، به جایگاه اخلاق غریزی و اخلاق عقلی حیوان، فروتر قرار می‌دهد. هر کسی، در زندگی خویش اشتباهی داشته است.

سقراط (۴۷۰ ق م – ۳۹۹ ق م) انسان را طبعاً حیوان سیاسی خوانده است. مدتی درباره سخن او اندیشیدم. سپس چنین دریافتم که انسان؛ یعنی، موجودی که قادر، به مدیریت، تغییرات و پیشرفت، در عرصه های زندگی خود است. حیوانی را نمی‌توان یافت که عمل و عکس العمل آن عقلی نباشد. هر حیوانی مطابق با مایحتاج زندگی خود نیاز، به عقل دارد. غالب رفتار حیوانات، ارادی و عقلی است. رفتار ارادی از تفکر، در مغز می‌تراود، اما رفتار غیر ارادی تنها از مغز. حیوانی که احساس گرسنگی می‌کند، به سیر نمودن شکم خود می‌اندیشد. همه اعمال ارادی ما ارتباط مستقیم با اندیشه دارد که مرتبط با قسمتهای خاص حسی مغز میباشد.

قوت و سلامت تن بشر بدوی یا سنتی با تلاش تامین می‌گردید. لیکن عصر مدرنیسم و ماشینسیم، انسان را از لحاظ عضلانی و روانی تضعیف ساخته، آسیب پذیر نموده است. همچنین انسان از تغذیه طبیعی بدوی و سنتی متباعد شده، غذاهای ما شینیزه صنعتی مصرف می‌کند که موجبات بروز برخی بیماری های شایع و حتی لاعلاج را فراهم می‌سازد. بنابراین انسان بدوی و سنتی بواسطه اشتغال، ورزش مستمر می‌نمود. انسان بعنوان حیوان خلاقه و عاقله، تنها از منظر علمی تعریف نمی‌شود، بلکه برخی ادیان، بدان اذعان نموده است :

«و هر جانوری، در زمین و هر پرنده ای، در هوا که، به دو بال پرواز می‌کند همگی طایفه ای مانند شما هستند» قرآن، انعام،/۳۸

نظر بر اینکه سایر حیوانات حقیقت مادی را غریزی پذیرفته، مسیر ولادت، حیات و ممات را هدف غایی وجود قرار داده اند و بیش از آنچه طبیعت، در اختیار آنها می‌نهد، نمی‌طلبند و معیارهای نیاز خود را غریزی و ارگانیستی می‌دانند و گام فراتر از آنها نمی‌نهند، بنابراین اعتدال، در زندگی آنها نهادینه است. این مهم، غریزی میباشد، نه اکتسابی و تحصیلی. از اینرو مکتب طبیعی می‌آموزد :

«همه موجودات دارای نیاز هستند . موجودات حق دارند که مترصد رفع نیاز خود باشند»

پیوند از قوانین طبیعی و علمی پیروی می‌کند. عناصر هستی و فیزیکی، در پیوند هستند، مگر گاز هلیوم و نئون که اتمهای آنها با سایر اتمهای موجود قابل پیوند نیستند. لیکن همین اتمها نیز از پیوند تشکیل شده، ذراتی چون لپتون (پوسته اتم)، نوترون، پروتون و کوارک را دارا میباشند. بنابراین ریزترین ذرات شناخته شده، خود، در پیوند هستند. قوانین فیثاغورث، نورتن، اهم و ... از معادلاتی منطقی سخن رانده اند که روزی اعداد را از کثرت

بسوی وحدت فراخواندند. در معادلات ریاضی، کثرت، به وحدت می‌انجامد. در محاسبه پیکربندی آی سی عملیاتی تثبیت ولتاژ LM723 کثرت، به وحدت انجامیده است.

$$V_O = \left[1 + \frac{R2}{R1} \right] V_{REF}$$

اکنون می‌توان گفت که مکتب طبیعی، به ما می‌آموزد :

«همه چیز، در پیوند است»

«همه چیز، در پیوند تکامل می‌یابد»

مکتب طبیعی، به نوع بشری کمیت و کیفیت پیوند را بسان انواع حیواناتی همچون طوطی PARROT یا مرغ عشق LOVE BIRD و ... که طی زندگی طبیعی خود یک زوج برای خود بر می‌گزینند و پیمان زناشویی را حرمت می‌نهند، آموخته است. از اینرو مکتب طبیعی می‌آموزد :

«میثاق زناشویی را حرمت نهید و زوجین حقوق طبیعی یکدیگر را رعایت نمایند»

بواقع میثاق زناشویی، اسارت طرفی را نمی‌آفریند، بلکه حیطه حریت را از منیت و فردیت بسوی وحدت و همیت هدایت می‌کند. اساس سعادت زوجین که خانواده را تشکیل می‌دهند، در تامین موارد ذیل تحقق می‌یابد :

۱-سامان جنسی

۲-سامان تربیتی

۳-سامان عاطفی

۴- سامان محیطی اعم از سیاسی، اقتصادی، اجتماعی و فرهنگی

سامان تربیتی و عاطفی بایست از خردسالی برای افراد تامین شده باشد. تامین موارد فوق الذکر، زوجین را مستعد می‌سازد که محیط ایمنی برای خویش و فرزندان پدید آورند. فقدان هر یک نورم و هنجار خانواده گی را تضعیف ساخته، امنیت را سلب می‌نماید. سایر حیوانات بطور غریزی از سامانهای فوق الذکر متمتع هستند، لذا هرگز تنش بین زوج حیوانی یا بین والدین و فرزندان حیوانی پدید نمی‌آید. فقدان موارد فوق الذکر انسان را موجودی طاغی می‌سازد. بنابراین دختران و پسران پیش از وصال بایست نابسامانی‌های رفتاری خود را شناساسی نموده، به زدودن آنها بپردازند. مکتب طبیعی پیرو قوانین طبیعی برایمان می‌گوید :

«میثاق زناشویی با سامان سیاسی، اقتصادی، تربیتی، عاطفی و جنسی تحکیم می‌یابد»

«پیش از استقلال و وصال، نابسامانی‌های اخلاقی و رفتاری خویشرا دریابید»

اغلب، کسانی آسیب پذیر هستند که والدین آنان، در سنین خردسالی و کودکی، به تکوین شخصیت اعتقادی فرزندان خویش، در راستای بنای اساس نیکی و مهربانی، در عرصه های سیاسی، اقتصادی، اجتماعی و فرهنگی نپرداخته اند. لذا آنان، در آتیه با نابسامانی تربیتی، عاطفی و محیطی مواجه می‌شوند. اما هرگز برای تغییر شخصیت دیر نشده است.

این عزاداری حسینی ثمره ای اخلاقی برای خردسالان و کودکان ندارد و نعومت و لطافت احساس انسانی و وجدانی آنان را با مضامین خشونت، قساوت و جنایت، در متن روایات کربلا مخدوش می‌سازد. از اینرو است که روانشناسان و حتی مؤلفان مذهبی تاکید می‌ورزند که کودکان خویشرا از محیطی و موقعیتی که خشونت را می‌آموزند، متباعد و دور

نمایید. خاصه اینکه کودکان قادر، به تحلیل وقایع نیستند. عزاداری حسینی، شخصیت کودکان را با واژه گان کشتن، سربریدن، قطع کردن، خونریزی، جنگیدن، تجاوز کردن و اسیر کردن آشنا می‌سازد. همین مهم ممکن است که منتهی، به تحریک عصبی، روانی و خوی جنایی گردد. چنین وقایعی زمینه پرخاشگری، تند خویی و جنایتکاری، را، در کودکان افزایش می‌دهد. گرچه محققان بخشی از رفتارهای جنایی را ژنتیکی خوانده اند.

خروس، حیوانی نر است که بر خلاف نر انسان، متمایل، به اختیار تعدادی ماده است. همین اواخر، خروسی را، در مزرعه برنج و بیجار مشاهده کردم که بسان محمد بن عبدالله، بنیانگذار اسلام، دارای تعدد زوجه بود. بسی برایم حیرت آور بود که مردان عرب خصال خروس داشتند.

غالب حیوانات پیش از رفتار جفت گیری، مراسم خواستگاری را رعایت می‌کنند. بدینسان بین نرها، در گونه های اجتماعی رقابت وجود دارد. حیوان نر حیوان ماده را خواستگاری می‌کند. سپس خشنودی طرفین، منجر، به جفت گیری می‌شود. برخی از انواع حیوانات ازدواج دائمی و برخی از حیوانات ازدواج مقطعی دارند. مسلمانان ازدواج مقطعی را صیغه می‌خوانند؛ یعنی، زنی مسلمان برای مدتی با مهریه ای معین و دعای خاص، در عقد مردی مسلمان قرار می‌گیرد که نیاز عاطفی، اقتصادی و جنسی خویش‌را تامین نماید. پرندگانی چون مرغ عشق، طوطی یا قناری برای زندگی خود تنها یک همسر بر می‌گزینند. اما برخی پرندگان چون کبوتر، عقاب، کلاغ و ....، در هر فصل جفتی دیگر برمی‌گزینند. از اینرو مکتب طبیعی، به انسان می‌آموزد :

«مراسم خواستگاری را رعایت کنید»

«ازدواج، به جبر نباشد»

هر پرنده ای نر با پرنده ای ماده ازدواج نمی‌کند، مگر آنکه ضمن خشنودی طرفین، تمایل عاطفی و جنسی نسبت، به یکدیگر داشته باشند. بنابراین مکتب طبیعی چنین درس می‌دهد :

« مفاهمت و محبت، اساس وصال زوجین است »

بر خلاف آموزه های قرآن، جنس ماده، در مکتب طبیعی، جنس دوم محسوب نمی‌شود. آنها از حقوق طبیعی برابر تمتع می‌جویند. لیکن حیوانات چنان، به اخلاق متعالی طبیعی مزین هستند که مگر حرمت و محبت، یکدیگر را مورد معاندت و اهانت قرار نمی‌دهند. بواقع نوع بشری بایست همسرداری را از حیواناتی بیاموزد که مزاوجت دائمی می‌نمایند. بنابراین والدین با تفهیم اخلاق طبیعی و منطق عقلانی، به کودکان خویش قادر هستند که شخصیت اعتقادی آنان را، به آموزه های اخلاق طبیعی زینت بخشند. مکتب طبیعی بر خلاف ادیان، به کودکان شما شر منجر، به خیر یا شر منجر، به شر یا خیر منجر، به شر نمی‌آموزد، بلکه یگانه آموزه آن رعایت اعتدال عقلی، روانی، زیستی و اخلاقی است. مکتب طبیعی فاقد مضمون جبر و قهر است که مضامین مذکور شخصیت اعتقادی را استبدادی و دیکتاتوری می‌آفرینند. فرمان امر، به معروف و نهی از منکر، در قرآن، زمینه شخصیت اعتقادی را، به محتوای استبداد و دیکتاتور می‌آلاید. گسترش اسلام نیز، به جبر و قهر شرعی تحقق یافت، نه به معجزه و اعجاز ایزدی و نبوی.

برخی چنین می‌پندارند که مقدرات بشری را ایزد فرید مقرر می‌نماید و آن نیروی ماورایی دخیل، در سرنوشت مادی بشری است. اما چنین نیست. آفریدگار دخلی و تصرفی، در سرنوشت مادی و فیزیکی بشری ندارد. بواقع بخشی از سرنوشت ما جبری، تحمیلی و غیر مترقبه و بخشی از سرنوشت ما اختیاری، ارادی و مترقبه تعیین می‌شود. ایزد فرید مدیریت را، در بدو آفرینش، در ذات ذرات، موجودات، حیوانات و نباتات نهادینه ساخته است . پس خداوند خبیر و منیر، مدیریت زمانی و مکانی، درعرصه آفرینش ندارد. همچنین خداوند، شفا نمی‌دهد، چه امراض برای اظهار عجز بشری و فنای جسمانی بشری میباشند. خداوند

را نمی‌توان نگاهدار و حافظ خواند، مگر آنکه ماموریتی آسمانی برای مدتی بر عهد کسی قرار دهد.

حیوانات اعم از انواع فردی یا اجتماعی، همچون انسان، متمایل، به منفعت طلبی از حوزه اقتصاد طبیعی هستند. همچنانکه انسان جهد می‌ورزد که منافع خود را تحصیل نماید، سایر حیوانات نیز چنین رفتاری و سرشتی دارند. شکار گروهی، در تحصیل رزق، در گروه شیرها و گرگ‌ها و برخی انواع اجتماعی آنها، درس نیکویی برای بشری دارد :

«تعاون، توفیق را فزونی می‌بخشد»

همچنین مکتب طبیعی دیدگان عقل و منطق بشری را، به حیواناتی معطوف می‌سازد که انفرادی، به شکار می‌پردازند. آنها صبوری دارند و جستجوی بسیار می‌کنند و استقامتی، در مسیر نیل، به هدف را مورد استفاده قرار می‌دهند.

جامعه‌ای بشری که ، به زیستن خود تداوم می‌دهد، بطور مطلق توانایی استقلال اقتصادی مطلق ندارد. بدینسان مکتب طبیعی عاری از واژه جهانخوار(imperialism) و استعمارگر (colonialism)، انسانها را چنین تعلیم می‌دهد :

«چون سایر حیوانات از استثمار یکدیگر بپرهیزید»

«استثمار، رذالت بشری است»

«عدالت را قربانی منفعت نکنید»

قانون اهیمسا (نهی خشونت علیه جانداران)، در مکاتب جینیزم، هندویسم و بودیسم، در حدود ۶۰۰ ق م بطور واضح برایم نمایان می‌سازد که بنیانگذاران ادیان بشری خاور دور

دارای شخصیت والایی بودند. آنان درک محدودی نسبت، به مکتب طبیعی داشتند. شخصیت بودا بیش از دیگران مرا مجذوب خود نموده است، چنانکه گاهی اوقات برایش دعای خیر می‌کنم. ده فرمان منتسب، به بودا و ده فرمان منتسب، به موسی همه مبانی معنوی و اخلاقی را شامل نمی‌گردد، لیکن آنها خیر منجر، به خیر هستند، نه خیر منجر، شر.

ایرانیان آریایی پیش از میلاد مسیح از گاو (neat) بعنوان حیوان مقدس یاد می‌کردند. ایرانیان راکب بر گاو می‌شدند و لبنیات آن را استفاده می‌نمودند. بواقع آریایی ها، به درک محدود از نهفته های طبیعت نایل آمده بودند. بنابراین آنان متمتع از فرهنگ غنی اخلاقی با ظهور مکتب زرتشت، به تعالی فرهنگی دست یازیدند. آیین زرتشتی افرادی بزرگ همچون کوروش دادگر و دادور را، به ایران و جهان تقدیم کرد که از قدوم او هر سرزمینی، به نسق و عدل دست می‌یازید. کورش بایست سرمشق حاکمان بشری باشد. او، در اوج قدرت، شوکت و ثروت دارای درایت، عدالت و محبت نسبت، به سایرین بود.

بی گمان متولیان دینی، در اوقات مفرح خود از نواختن، خواندن و رقصیدن اجتناب می‌ورزند. آنان پیروان خویشرا، به تباعد از موارد مذکور دعوت می‌کنند. لیکن انواعی از حیوانات، خاصه برخی پرندگان با حرکات فیزیکی خاص جسمی و صوتی، در راستای ابراز فرحت، سلامت و محبت،به نواختن، خواندن و رقصیدن می‌پردازند. متولیان مذهبی مسیر پرهیزگاری را می‌پیمایند، لیکن هرگز بسان سایر حیوانات، به پرهیزگاری طبیعی دست نمی‌یازند که تعالی اخلاقی از آن می‌تراود. لذا پرهیزگاری بشری توام با نقص و نقض عرضه می‌شود. قوانین طبیعی، موسیقی با هارمونی، رقص موزون و خواندن متین، در حیطه اخلاق را برای نوع بشری فراهم ساخته است. هنر موسیقی، ودیعه ایزدی است، چنانکه

آزادی و شادی نیاز بشری است. کسانی که رقصیدن، خواندن و نواختن، بری از عیاشی و هوسرانی را نفی می‌کنند، شخصیت اعتقادی خویشرا بسان شخصیت غریزی حیواناتی چون گاو و گوسفند پرورانیده اند. بنابراین مکتب طبیعی چنین درسی برایمان دارد :

«ایزد فرید، برخی حیوانات را، در کمال پرهیزگاری از هنر خواندن، نواختن و رقصیدن متمتع ساخته است»

«رقصیدن، نواختن و خواندن، در حیطه اخلاق اشکال ندارد»

رقصیدن جزو حرکات ورزشی محسوب می‌شود و تندرستی جسمانی و ذهنی را تضمین می‌کند. لطفاً، به موارد زیر توجه نمایید :

۱-ورزش ده گانه دو میدانی 250 الی ۸۲۰ کالری در ساعت

۲-دوچرخه سواری ۲۰۰ الی ۶۰۰ کالری در ساعت

۳-اسکیت روی یخ ۲۰۰ الی ۵۰۰ کالری در ساعت

۴-طناب بازی ۳۰۰ کالری در ساعت

۵-بازی والیبال ۳۰۰ کالری در ساعت

۶-رقصیدن ۲۰۰ الی ۴۰۰ کالری در ساعت

۷-بازی گلف ۱۳۳ کالری در ساعت

۸- پیاده روی آهسته ۱۱۵ کالری در ساعت

۹-بادبادک هوا کردن ۳۰ کالری در ساعت

۱۰-ایستادن در میهمانی ها ۲۰ کالری در ساعت

فارغ از موضع سیاسی، وقتی، به واژه آزادی می‌اندیشم،معنی متعالی آن را، در منشور حقوق بشر کوروش بزرگ می‌یابم که چشمه جوشان نیکی از آن جاری و ساری است. انسان، در عرصه دادگری کرنش می‌کند. اما همین موجود ، در عرصه ستمگری طغیان می‌نماید. پیرو مکتب طبیعی، آزادی؛ یعنی، زندگی، در حیطه قوانین الهی. برخی از دروسی که ما از مکتب طبیعی می‌آموزیم، عبارتند از:

«دزدی نکنید»

«زناکاری نکنید»

«همجنس گرایی نکنید»

«غیبت گویی نکنید»

«تهمت نزنید»

«اهانت نکنید»

ضمن احترام، به مقام رافع کوروش کبیر، بنیانگذار حقوق بشر، در دنیا، بخشی از اعلامیه حقوق بشر نمایندگان مجلس ملی فرانسه را، در ذیل می‌آورم که طی اصول ۱ الی ۵ مفهوم آزادی را مطابق با قوانین طبیعی وضع نموده است :

۱- افراد بشر آزاد متولد شده و مادام العمر آزاد مانده و در حقوق با یکدیگر مساویند. مشخصات اجتماعی مبتنی بر منافعی است که از هر کسی به هیئت جامعه می‌رسد.

۲- منظور از اجتماعات سیاسی ، صیانت از حقوق طبیعی و غیر قابل انتقال قرار جامعه است که عبارتند از آزادی، امنیت مالی و جانی و مقاومت در برابر ظلم

۳- قدرت ناشی از ملت است. هیچ هیئت و هیچ فردی نمی‌تواند اعمال قدرت و حاکمیتی در مملکت نماید مگر آنکه از جانب مردم مجاز باشد

۴- آزادی عبارت است از قدرت داشتن به اعمالی که مستلزم زیان دیگران نباشد . پس اعمال طبیعی هر کس حدی و انتهایی ندارد مگر حقوق افراد دیگر که مانند وی باید از آزادی بهره مند شوند پایمال گردد. این حدود را فقط قانون میتواند معین کند

۵- قانون حق ندارد هیچ چیز را در جامعه ممنوع کند مگر چیزهای مضر را. هرچه را که قانون منع نکرده است نمی‌توان جلوگیری کرد. هیچکس را نمی‌توان به کاری که قانون حکم نمی‌کند مجبور گرد.(تفسیر قانون اساسی ایران، صفحه ۱۸، ۱۹، چاپ ۱۳۵۷خورشیدی، انتشارات مبشری تهران)

نباتات، در طبیعت برایمان درسهایی اخلاقی دارند. در مثال نظری عقلایی، به درختی، در باغ چه معیارهای اخلاقی را هویدا می سازد؟

- ✓ موازین اخلاقی چون خاک مرغوب برای رشد سالم الزامی است.
- ✓ چون درختان مثمر ثمر باشید.
- ✓ در مواجهه با ناملایمات، همچون درختی باشید که، در برابر بادها و طوفان ها، قد برافراشته و استوار ایستاده است.
- ✓ چون درختان وقت شناس باشید.

✔ چون درختان تا فصل ثمر دهی صبور باشید.

✔ چون درختان از ثمره خودتان، به سایرین انفاق کنید.

بلوغ جنسی، در برخی حیوانات طی چند ماه بوقوع می‌پیوندد. بلوغ جنسی انسان زمانی بین ۱۳ الی ۱۸ سالگی است که برهه نوجوانی خوانده می‌شود. بلوغ جنسی زمانی است که علامت آماده گی استقلال هر جانداری محسوب می‌شود. وقتی این استقلال بواسطه ازدواج برای نوجوانی فراهم نگردد منجر به تبعات خاصی خواهد شد. یکی از تبعات استقلال دیر هنگام، افزایش تنش و چالش بین فرزندان و والدین است. سالم ترین جامعه از لحاظ جنسی، جامعه ای است که شرایط ازدواج را برای فرزندان خود، در برهه بلوغ جنسی فراهم نموده باشد که موجبات کاهش اشتباهات را پدید خواهد آورد. از اینرو مکتب طبیعی، به صحت و سلامت جنسی تاکید می‌ورزد. بلوغ جسمی دختران ۱۸ سالگی و پسران ۲۱ سالگی است که نسبت به بلوغ جنسی تاخیر دارد. اما اغلب افراد بلوغ جسمی را برای سن ازدواج مناسب یافته اند. نوع بشری بدلیل دوری از زندگی طبیعی و حیوانی خویش، صحت و سلامت تن و روان خود، خانواده و جامعه و به تبع آنها حاکمه را ، به مخاطره افکنده است. بهترین فرزندان شما افرادی نیستند که تمایل، به وصال و زندگی با جنس مخالف را پنهان می‌سازند، بلکه افرادی هستند که والدین را حتی، در برهه نوجوانی یا عنفوان جوانی واقف، به تمایل خویش می‌نمایند و از آنان راهنمایی می‌خواهند. روانشناسان بر این باورند که ازدواج به هنگام، موارد ذیل را به همراه خواهد داشت :

۱-داشتن شهروندان سالم از نظر فیزیکی

۲-داشتن شهروندان سالم از نظر احساسی

۳-بالا رفتن درصد افراد تحصیل کرده

۴-کاهش خشونت های خانواده گی

۵-کاهش آمار جرم و جنایت

۶-کاهش میان ارتکاب به جرم، در نوجوانان و جوانان

۷-کاهش میزان مهاجرت

۸-افزایش ارزش دارایی های افراد

عدالت مادی و سیرت معنوی، دو حوزه لاینفک به منظور تحقق امنیت جامعه ای بشری، در زندگی فردی و اجتماعی است. فقدان هر یک از موارد مذکور، به نقض امنیت فردی، خانوادگی، اجتماعی و سیاسی می‌انجامد. ابتدا والدین از این امنیت بایست برخوردار باشند که کودکان آنان، در محیط ایمن بالندگی یابند. سیرت معنوی، در بُعد شخصیت اعتقادی، همانا مهرورزی و نیکوکاری است که آزادی، در جنبه عبادی آن رعایت شود و تقلیدی و تحمیلی نباشد. آزادی معنوی، شما را با آفریدگاری آشنا می‌سازد که قبله ندارد و قبله خود او است، بنابراین، آفریدگار را، در هر سویی، در هر مکانی و با هر کلامی بی پیرایه، صمیمانه و صادقانه نیایش نماییم. والدین مدیر و مدبر بایست حقیقت و صحت عقاید خویشرا دریابند و ماهیت نیکی یا بدی آنها را تبیین سازند؛ سپس آنها را سرمشق کودکان خویش قرار دهند. ابزار تبیین ماهیت موازین اعتقادی و اخلاقی عبارتند از :

۱-عینیات منجر به خیر

۲-تجریبات منجر به خیر

۳-مطالعات منجر به خیر

۴-تحقیقات منجر به خیر

۵-علمیت منجر به خیر

هانری مندراس، جامعه شناس فرانسوی گفته است:

«عقاید دستخوش تغییر و تحول می‌شود»

لذا، بایست، در عنفوان نوجوانی یا جوانی بر عقاید خویش تجدید نظر نمود. همچنین حقیقت را از کذب تمیز داد، چنانکه شخصیت اعتقادی خویشرا باسازی نمود. کسانی که تحول شخصیتی ندارند، در سکون شخصیتی بسر می‌برند. آنان، به آموزه های برهه کودکی و نوجوانی بسنده می‌کنند. لذا چنین کسانی قادر، به ایجاد تحولات وتغییرات شخصیتی مثبت نیستند. هرگز مغروق عقایدی نباشیم که ما را از لذت تحقیق و کنکاش، در دریای وسیع حقایق و دانش محروم سازد. مکتب طبیعی، ما را، در تمیز سره از ناسره، در ادیان منتسب به بشری و توحیدی یاری می‌نماید. فرزندان خود را از کودکی با مکتب طبیعی آشنا سازید که بُعد شخصیت تجربی و تحصیلی آنان بسوی راستی و درستی طبیعی معطوف گردد. کودکان مانوس، به طبیعت و حیوانات هستند، از اینرو غالب داستانهای مقطع سنی خردسالان و کودکان مملو از شخصیتهای حیوانی میباشد. اما این داستانها سعی نموده اند که خصایل حیوانی را چون خصایل انسانی بنمایانند. این، در حالی است که حیوانات از سیرت شر بشری بری هستند. اغلب انسانها غریزی و اکتسابی رفتار می‌کنند، نه دینی و شرعی. از اینرو است که اغلب انسانها پایبند، به موازین دینی نیستند؛ زیرا ادیان بارهای سنگین بر دوش آنان می‌گذارند.

در ذیل جدول ازمنه زمین شناسی و دوره های زمین شناسی را از کتاب زمین شناسی عمومی، تالیف جناب مهندس امیر سرمد نهری، چاپ اول ۱۳۸۴ خورشیدی، در صفحات ۳۴- ۳۵ اقتباس نموده ام که جدول و متن را متناسب با صفحه آرایی کتاب، با اندکی تغییرات و اضافات برای استفاده خواننده گرامی عرضه نموده ام.

دوران	دوره	دوره به سال	تغییرات جغرافیایی	تغییرات زندگی
سنوزوئیک (نوزیستی) CENOZOIC	دوره چهارم دوره سوم	هولوسن ۱۱۰۰۰	پسروی یخچالها، فرو رفتن خشکیها، بالا آمدن آب اقیانوسها، فعالیتهای آتشفشانی در ناحیه اقیانوس کبیر	انسان اهلی کردن حیوانات و کشت گیاهان را آموخت. زندگی دریایی شبیه وضع امروزی . گسترش جنگلها در سراسر اروپا. گسترش انسان در نیمکره غربی

پلئیستوسن ۱۰۰۰۰۰۰	چهــار تغییــر عمــده اروپــا، آســیا و آمریکــا. تنــاوب در بــالا و پاییـن رفتـن ســطح آب دریاهــا. پیــدایش تنــدایها، دریاچــــههــا و آبشــارها. ایجـــاد چهره کنونی زمین	مهـاجرت بسـیاری از جانــداران بــدلیل تغییــــرات شـــدید اقلیمی. ظهـور فیـل هـا و اسـبها و گاوهـا. آدم نخسـتین احتمــالاً از آفریقا منشا گرفت
پلیوسن ۱۱۰۰۰۰۰۰	شـــکل گـــرفتن امـروزی قـاره هـا و اقیانوســــها. فرونشـینی خشـکی و تشـکیل دریاهـای شـمالی، مازنـدران و آرال. تکـوین کوهها و زمسـتان بسـیار سرد	محـتملاً آدم نمایـان اولیــه برخــی ابــزار سـنگی ابتـدایی بکـار بردند

		میوسن ۲۵۰۰۰۰۰۰	دریاها اروپای جنوبی و سواحل آمریکای شمالی را فرا گرفتند. فعالیت آتشفشانی بسیار شدید. چین خوردگی بسیار در سلسله های آلپ و هیمالیا	رشد تیره های سگ و گربه . میمونهای شبیه آدم در آفریقا و اروپا
سنوزوئیک (نوزیستی) CENOZOIC	دوره سوم	اولیگوسن ۴۰۰۰۰۰۰۰	افزایش وسعت خشکی ها در اثر خشکیدن دریاها. حرکات شدید زمین در آمریکا و اروپا و تشکیل سلسله های آلپ و هیمالیا. آب و هوای گرم معتدل	ظهور اجداد گربه و سگ و خرس. افزایش تعداد جانوران گیاهخوار. کاسته شدن وسعت جنگلها و توسعه مراتع

	ائوسن ۷۰۰۰۰۰۰۰	فرار راندگی. فرسایش مرتفعات. نخستین دریاها در اراضی اطراف مدیترانه. هوا اغلب گرم ولی یخچالها در رشته کوههای راکی در آمریکای شمالی دیده نمی‌شد.	پیدایش بسیاری از پستانداران جدید یعنی اجداد فیل و کرگدن و اسب و خوک و گاو
مزوزوئیک (میان زیست) MEZOZOIC	کرتاسه ۱۳۵۰۰۰۰۰۰	غرق بیشتر قاره ها در آب. سردتر شدن هوا و تداوم رسوب سنگهای آهکی در ایران	پدید آمدن پستانداران کیسه دار. انتشار درختان برگ ریز و علفها و غلات . در اواخر دوره پرندگان داندان دار و دایناسور ها و خزندگان پرنده منقرض شدند.

ژوراسیک ۱۸۵۰۰۰۰۰۰	دریاها قـاره را فـرو گرفتنـد. کوههـا ی آپـالاس فرسـایش یافتند.	خرنـدگان زمینـی و دریـایی و پرنـده هـا و ماهیهـای اسـتخوان دار و پسـتانداران و پرنـدگان باسـتانی، جـانوران غالـب ایـن دوره هستند.
تریاس ۲۳۰۰۰۰۰۰۰	عمومیـت شـرایط اقلیمـی گـرم و خشـک تقریبـاً در همـه جـا و رطـوب بیشتر در پایان ایـن دوره	پیـدایش نخسـتین دایناسورها

پالئوزوئیک (کهن زیست) PALEOZOIC	پرمین ۳۴۵۰۰۰۰۰۰	آغاز تبخیر دریاچه‌ها و تشکیل رسوبهای مهم دنیا. تشکیل کوههای بزرگی در اروپا و آسیا و سلسله آپالاس در آمریکای شمالی	از بین رفتن بسیاری از گیاهان و جانوران و انطباق بعضی دیگر با این شرایط بدلیل تغییرات شدید آب و هوا. دوره تسلط موجودات دریایی به پایان رسید. انواع حشرات پدیدار شدند.
	کریونیفر ۳۶۵۰۰۰۰۰۰	در اوایل این دوره دریاهای کم عمق توسعه دارد. قسمت اعظم اروپا و مناطق وسیعی از روسیه بر آب قرار دارد.	دوزیستان به گسترش ادامه می‌دهند. خزندگان نخستین مخلوقاتی می‌شوند که در خشکی زاد و ولد می‌کنند. حشرات بسیار درشت پدید می‌آیند.

دونین ۴۰۰۰۰۰۰۰	احتمالاً شمال اروپا به وسیله خشکی به شمال شرقی آمریکا ارتباط داشتند	ماهی های زره دار و ماهی های کوسه پدیدار شدند. جانوران خشکی پدید آمدند. دوزیستان و حشرات و عنکبوتها
سیلورین ۴۴۰۰۰۰۰۰	در اواخر دوره کوهها در اروپا آسیا و آفریقا تشکیل یافت. آب و هوا به طور کلی گرم و یکنواخت شد.	غلبه بی مهرگان دریایی ادامه داشت. اجداد عقربها پیدایش یافتند که شاید نخستین جانوران تنفس هوایی بوده اند. نخستین گیاهان در خشکی ظاهر شدند.

اوردوویسن ۵۰۰۰۰۰۰۰۰	منتهای گسترش دریاهای قاره ای. لااقل دوبار خشکیها از آب بیرون آمده است. فعالیت آتشفشانی در بعضی نواحی. تشکیل یافتن نفت، مرمر، سنگ،آهک	انحصار زندگی گیاهی به دریا و خشکی تهی از زندگی. نخستین مهره داران و ماهی های اولیه را در این دوره می‌توان یافت
کامبرین ۶۰۰۰۰۰۰۰۰	دریاها سه بار پهنه های عظیمی از قاره ها را فرا گرفتند و سپس عقب نشستند	زندگی تنها در دریا وجود دارد. تمام گروه های عمده بی مهرگان تکامل می‌یابند. جلبکها تنها منبع تغذیه جانورانی از قبیل کرمها- بلوطهای دریایی – تریلوبیتها فراوان ترین جانوران دوره است.

پر کامبرین PER-CAMBERIAN	پر کامبرین PER-CAMBERIAN از ۴٫۶ میلیارد سال قبل آغاز شد	در اوایل دوره فعالیت شدید آتشفشانی تشکیل یافتن کانیها بر آمدن کوهها و فرسایش آنها. در اواخر دوره نهشت های فراوانی آهن، مس، نیکل، طلا. تشکیل کوهها و فعالیت آتشفشانی در اواخر دوره	تشکیل پوسته جامد زمین، پیدایش اکسیژن در جو، تشکیل قاره ها و اقیانوس ها. احتمالاً گیاهان و جانوران ابتدایی دریایی فراوان بوده اند اما فسیلهایی که انتساب آنها را به این عهد مسلم نماید کشف نشده است.

قدی بر حاکمیت علی بن ابیطالب

اولی الامر، در قرآن

در ابتدا بایست دانست که اهل شیعه (خاصه) بیان نموده اند که محمد بن عبدالله، در حجۀ الوداع و سه ماه قبل از وفات، در غدیر خم خطاب، به مسلمانان گفت :

- من شما را ترک می‌کنم ولی دو دستاویز محکم ، کتاب الله و ذریه ام را ، در میان شما به جای می‌نهم

«کتاب الله و عترتی»

از سوی دیگر اهل سنت (عامه) حدیث فوق الذکر را از سوی شیعه تحریف شده خوانده، چنین بیان نموده اند :

- من شما را ترک می‌کنم ولی دو دستاویز محکم، کتاب الله و سنت ام را، در میان شما به جای می گذارم

«کتاب الله و سنتی»

قرآن گواهی می‌دهد که ابراهیم، در مقام پیامبر واقف، به آتیه ذریه خویش نبود.چه طی سوره بقره/۱۲۴ ابراهیم درباره آتیه ذریه خویش از خداوند سؤال نموده است. قرآن گواهی می‌دهد که ابراهیم به کردار و رفتار آتی فرزندان خویش واقف نبود.از اینرو الله خطاب به ابراهیم گفت :

- و هنگامیکه ابراهیم را به اموری امتحان نموده او همه را به جای آورد. الله گفت : من تو را به پیشوایی خلق برگزینم. ابراهیم گفت : به فرزندان من چه ؟ الله فرمود : عهد من به ستمکاران نمی‌رسد. بقره /۱۲۴

بنابراین سوره احقاف/ ۹ گواهی می‌دهد که محمد بن عبدالله بسان ابراهیم واقف، به آینده خویش و سایرین نبود. او اطلاعی از عاقبت دنیوی و اخروی خویش و سایرین نداشت. تحمیل ذریه محمد بن عبدالله بر اعراب بواسطه احادیث شیعی غیر منطقی و عقلایی است. از اینرو حدیث فوق الذکر از سوی اهل سنت قرین به صحت است نه حدیث اهل شیعه. پیروی از سنت الرسول جزو اساس اسلام است نه پیروی از ذریۀ الرسول که محمد بن

عبدالله واقف، به آتیه رفتاری و کرداری آنان نبود. همچنین آنان همچون سنت الرسول دوام عمر نداشتند.

- بگو ! از میان فرستاده گان فرستاده ای نوظهور نیستم و نمی‌دانم که با من و شما چه خواهد شد. من فقط آنچه به من وحی شده پیروی می‌کنم احقاف/۹

- و [محمد] کتاب و حکمت به شما می‌آموزد و آنچه نمی‌دانستید به شما تعلیم می‌دهد بقره/۱۵

- نگویید : این حلال است و این حرام؛ تا به دروغ بر الله بپردازید نحل/۱۱۶

آیات ذیل، در قرآن می‌نمایاند که مسلمان بایست تنها از الله و محمد پیروی کند. اما پیروی مسلمان از سایرین مشروط بر گسترش عدل و دانش میباشد.

-و الله و رسول را اطاعت کنید آل عمران/ ۱۳۲

-و اگر درباره چیزی نزاع داشتید آن را اگر به الله و روز قیامت ایمان دارید، به الله و رسول ارجاع دهید نساء/۵۹

پس از بررسی قرآن، نیک دریافته ام که گروهی از اصحاب محمد بن عبدالله متصدی برخی امور مسلمین، در مدینه بودند؛ لذا صاحبان و فرمانداران امر، در سوره نساء/۵۹ سخن از متصدیان حاکمیت محمد بن عبدالله دارد.شیعیان اولی الامر را ذریه معصوم محمد بن عبدالله خوانده اند، لیکن اهل تسنن خلفا و علما را اولی الامر خوانده اند که پیرو حکم ایزدی و نبوی هستند :

-ای کسانی که ایمان آورده اید، الله را اطاعت کنید و رسول را طاعت کنید و فرمانداران امر از خودتان هستندو اگر درباره چیزی نزاع داشتند آن را اگر به الله و روز آخرت ایمان دارید به الله و رسول ارجاع دهید نساء/۵۹

سوره مذکور می‌نمایاند که اطاعت از غیر الله و محمد بن عبدالله واجب شرعی و قرآنی نیست. از اینرو، در سوره نساء/۵۹ برای جمله پیوندی اولی الامر منکم بواسطه واو هرگز واژه تحکمی و امری اطیعوا وارد نشده است. بدینسان سوره مذکور، غیر الله و محمد بن عبدالله را جایز الخطا خوانده است. از سوی دیگر، در ادامه آیه مذکور، در سوره نساء اذن صدور حکم به اولی الامر واگذار نشده است. چه سوره نساء ۵۹/ تنها حکم الله و محمد بن عبدالله را مشروعیت بخشیده، مسلمانان را معطوف، به پیروی از حکم الله و محمد بن عبدالله نموده است. اگر حکومتی برای اولی الامر، در قرآن مقرر شده بود، بی گمان اذن صدور حکم به فرمانداران امر داده می‌شد. حکمران بدون اذن صدور حکم، قادر، به حکومت نیست. چه احکام الله و محمد بن عبدالله برای مدیریت و قضاوت کافی نیستند. از اینرو است که مقننین، به تهیه و تدوین قوانین می‌پردازند. چنانچه حکم سوره نساء/۵۹ تاکید بر اطاعت از اولی الامر داشت، به صراحه واژه تحکمی و امری «اطیعوا» برای اولی الامر واقع می‌گشت :

-اطیعوا الله و اطیعوا الرسول و اطیعوا اولی الامر

بنابراین سوره نساء/۵۹ سخن از ذریه محمد بن عبدالله ، معصوم منقول از شیعیان یا خلفا و علما منقول از اهل تسنن ندارد. واژه عربی «امنوا» به دفعات، در آیات قرآن وارد شده است و جمله عربی «یا ایها الذین امنوا» خطاب به عموم اعراب است. بواقع قرآن، در سوره

مائده/۵۵ جمله « والذین امنوا را انحصاری ننموده است و آنان را ولیّ (دوستدار و مددکار) مسلمانان می‌خواند. غالب آیات قرآن خطاب به کسانی است که ایمان آورده اند. بنابراین مومنان، در سوره مائده/۵۵ متمایز از سایر اهل ایمان نیستند و عمومیت دارد. سوره مذکور کسانی را اهل ایمان می‌خواند که نماز، زکاة و رکوع را، در شعائر و امور زندگی خویش گنجانیده باشند.

واژه الذین (کسانی که)، اسم کنایه، جمع و مبهمات است و مرجع روشنی برای افرادی معین ندارد و ابهامی، در آن وجود دارد. بنابراین قرآن اشاره، به همه مسلمانان مؤمن دارد. مرحوم مهدی الهی قمشه ای و حسین انصاریان، سوره مائده/۵۵-۵۶ را، در ترجمه تفسیری خود به علی بن ابی طالب نسبت داده اند. همچنین او را پس از الله و محمد ولیّ (دوستدارد و مددکار) خوانده اند. لیکن سخن از الذین (کسانی که) میباشد نه واژه مفرد الذی (کسی که) . همچنین دریافته ایم که واژه الذین (کسانی که) به جمع اشاره دارد و اسم کنایه و مبهمات است و مخاطب آن فردی یا افرادی مشخص نیست که معرفه باشد، بلکه افراد نکره را مورد نظر دارد. اگر سوره مائده/۵۵-۵۶ اشاره، به آل محمد یا آل علی داشت، بی گمان آیات مشابه ذیل وارد می‌شد :

-انما ولیکم الله و رسوله و الاقربی – دوستدار و مددکار شما الله و رسولش و نزدیکان هستند

-انما ولیکم الله و رسوله و علی – دوستدار شما الله و رسولش و علی هستند

-انما ولیکم الله و رسوله و امثال علی – دوستدار و مددکار شما الله و رسول اش و امثال علی هستند

واژه ولیّ در آیات فوق الذکر خصوصی میباشد لیکن واژه ولیّ در سوره نساء/۵۵ عمومی است. اولی الامر از منظر روایات اهل تسنن عبارت است از :

۱-طبق بیان زمخشری (۵۳۸ ق) حاکمان برحق و پیرو سنت الله و سنت الرسول

۲-طبق بیان قرطبی (۶۷۱ ق) حاکمان و عالمان پیرو سنت الله و سنت

۳-حاکمان، سلاطین، قاضیان و هرکس که ولایت شرعیه بر عهده داشته باشد

۴-اصحاب اجماع که اهل حل و عقد هستند

- دوستدار و مددکار شما الله و رسول اش و کسانی که ایمان   آورده اند کسانی که نماز بر پا می‌دارند و زکات می‌پردازند و ایشان رکوع کننده گان هستند — و کسانی که الله و رسولش و کسانی که ایمان آورده اند را به دوستداری و مددکاری بر گزینند پس حزب الله هستند و ایشان از غلبه کنندگان باشند مائده/۵۵-۵۶

-ای کسانی که ایمان آورده‌اید الله را اطاعت کنید و رسول اش را اطاعت کنید و صاحبان امر از خودتان هستند پس هر گاه، در امری اختلافی داشتید اگر به الله و روز بازپسین ایمان دارید آن را به الله و رسول ارجاع دهید این بهتر و نیک فرجام‌تر است نساء/۵۹

علی بن ابیطالب، در عرصه سیاسی :

علی ، پسر عمو و داماد محمد بن عبدالله، چهارمین خلیفه راشدین پس از کشته شدن ابوبکر، عمر و عثمان از سوی گروهی از مردم مدینه به خلافت دست یازید که مدت چهار سال و نه ماه (۳۵ ق —۴۰ ق) بر مناطقی از عراق و عربستان فرمانروایی نمود.

پس از محمد بن عبدالله، حکمران بر اساس بیعت برگزیده می‌شد. همه خلفای راشدین چنانکه تاریخ مذهبی بیان میدارد، به قتل رسیدند. عثمان فردی زاهد بود که توانایی مدیریت سیاسی و اقتصادی نداشت. حاکمیت عثمان نوعی الیگارشی و گروه سالاری مذهبی را بر جامعه اعمال نموده بود. او بنی امیه را بر مقدارات مسلمانان استیلاء بخشیده بود. عثمان با وجود مخالفتهای مردمی و سیاسی اصرار به تداوم خلافت و اسلوب خویش داشت. او تقاضای عزل از منصب خلافت از سوی معترضان اهل مدینه را تقبل نکرد که مآلاً منجر به قتل او شد. پس از قتل عثمان، در روز جمعه هیجدهم ماه ذی الحجهٔ الحرام سال ۳۵ه ق گروهی از رجال و مردم ، در مسجد الرسول در شهر مدینه تجمع کردند. عمّار یاسر طی خطابه خود علی را برای خلافت به رجال و گروه حضار پیشنهاد داد. بدینسان رجال و حضار موافق به درب منزل علی رفته، او را از تصمیم خویش واقف ساختند. علی پس از اصرار آنان خلافت را به شرط مساوات و عدالت برای همگان پذیرفت. از اینرو علی پس از ۲۵ سال خانه نشینی وارد عرصه مدیریت و سیاست شد.

طی بررسی، در حوزه سیاسی فرمانروایی علی، فقدان دمکراسی و مردمسالاری را یکی از علل شکستهای او یافته ام. علی تنها منتخب از سوی گروهی از اهل مدینه بود. زمانی که او به خلافت دست یازید بسیاری از رجال و مردم سایر بلاد عرب واقف به قتل عثمان و خلافت علی نبودند. آمار و ارقام نیروهای مخالف و موافق او، در جنگهای جمل، عسکر و صفین می‌نمایاند که علی توافق اکثریت را برای خلافت با خود همراه نداشت.

عایشه، زوجه محمد بن عبدالله، به بهانه خونخواهی عثمان و مخالفت با خلافت علی در کران طلحه و زبیر قصد جنگ با علی نمودند. پس آنان ۳۰ هزار نظامی سواره و پیاده تدارک دیدند. وقتی علی از لشکر کشی عایشه مطلع گشت، نقشه خود برای حمله به

سرزمین شام و عزل معاویه را به تاخیر افکنده، عزم نبرد با لشگر عایشه نمود. علی تنها، در مدینه قادر، به تجمیع حدود ۱۰۰۰ مرد نظامی گشت. مردم حجاز علاقه ای، به همراهی، در لشگر علی نداشتند. پس آنان علی را، در جنگ با عایشه تنها گذاردند. از اینرو علی از کوفه درخواست نیرو نمود. آن زمان ابوموسی اشعری ولایت کوفه را، در اختیار داشت.

اما ابوموسی اشعری به مخالفت با علی و لشگر کشی او پرداخت. عاقبت افراد وفادار به علی در کوفه قیام نموده، ابوموسی اشعری را از منصب حاکمیت عزل کردند. سپس اهل کوفه ۱۲۰۰۱ نفر مرد نظامی را برای یاری علی بن ابیطالب تجمیع نمودند. بواقع تعداد بیشتر نیروهای عایشه مینمایاند که قاطبه مردم، در بلاد اسلامی موافق با خلافت علی نبودند. از اینروست که عباس اقبال آشتیانی اوضاع خلافت علی را چنین شرح داده است :

«تمام دوره خلافت علی، این خلیفه، به جنگهای داخلی و زد و خورد با مدعیان جانشینی عثمان گذشت» تاریخ ایران، صفحه ۳۱۴

علی با لشگر خود وارد منطقه زاویه ، صحرایی در شمال شهر بصره شد. آن منطقه نزدیکی دروازه شهر بصره واقع شده بود. زبیر، پسر عم علی پس از مدتی گفتگوی رودرو از طغیان خویش اظهار ندامت نموده، جنگ را ترک گفت. لیکن عایشه و طلحه بر انعقاد جنگ اصرار داشتند. پس جنگ جمل در ماه نخست خلافت علی در محل خریبه واقع در عراق به سال ۳۶ ه ق بوقوع پیوست که منجر به شکست سنگین لشگر عایشه، همسر محمد بن عبدالله شد. طلحه نیز در این جنگ به قتل رسید. اما علی به احترام پیامبر اسلام، آسیبی به عایشه وارد نساخته، به او امان داد. پس از آن علی نومید از همراهی اهل حجاز و مدینه، مرکز فرمانروایی خود را از شهر مدینه به شهر کوفه انتقال داد.

«وقتی کوفی‌ها از او دلیل آن تغییر مقر را پرسیدند پاسخ داد: من مردم مدینه را دوست نمی‌دارم و به همین جهت از مدینه به کوفه هجرت می‌کنم» جواد فاضل ،علی بن ابیطالب ، صفحه ۳۸۰

پس از جنگ سه روزه جمل، علی مترصد تسخیر سرزمین شام و عزل معاویه گشت. پس او مبادرت، به تجمیع قوای نظامی گردید. وقتی علی در شهر مدینه بسر می‌برد عبدالله ابن عباس را به فرمانداری شام برگزید، لیکن او این ماموریت را تقبل نکرد؛ زیرا معاویه را از نظر سیاسی و نظامی توانمند و سرزمین شام را خودمختار خواند. علی سهل بن حنیف را برای فرمانداری شام برگزیده، او را رهسپار شام نمود. اما فرماندهان مرزی از عبور او ممانعت ورزیده، خلافت علی را نپذیرفتند. پس از فوت مدتی، پایگاه سیاسی خلافت علی، در شهر کوفه با بی‌اعتنایی رجال و مردم اهل کوفه، تضعیف شد. حتی مردم راغب به تقبل فرمان جهاد از سوی علی نبودند. معاویه بن ابی سفیان مترصد تسخیر مصر شده، لشکری را اعزام نمود. علی، در جنگ جمل ۱۷۸۰۰ نفر از اقوام مخالف را بخاطر مسائل حکومتی و سیاسی مقتول ساخت. تو گویی حکومت و قدرت خوشایند کسانی است که مخالف بسیار دارند و جنایت بسیار را بخاطر حفظ حاکمیت، به منصه ظهور می‌رسانند. شایان ذکر است که چنین افرادی جنایات حکومتی و دولتی خویش را ابزار خدمت و عدالت جلوه می‌دهند. از اینرو چنین افرادی، در مواجهه با عدم مشروعیت مردمی حاکمیت و قدرت را تفویض نکرده، موجبات خشونت، جنگ و مصیبت گسترده را فراهم می‌سازند. چنانکه محمد بن عبدالله پس از غارت قافله ابی سفیان و قوافل مکه، موجبات انعقاد جنگ بدر را فراهم ساخت .

همچنین حسین ابن علی، باتفاق یک گردان نیروی مسلح بسوی شهر کوفه رهسپار شده، نزاع کربلا را منعقد ساخت. حسین بن علی، در ماه حرام محرم عزم کوفه و بیعت برای تحصیل حاکمیت و بیعت نمود. بنابراین حسین بن علی برای نیل به تحصیل حاکمیت کوفه از فرامین قرآن عبورنمود. از آنجائیکه جنگ، در ماههای حرام منقول از قرآن گناه بزرگ محسوب می‌شود، حسین بن علی محرک جنگ کربلا، گناه بزرگ را مرتکب شد. حسین بن علی ابتدا به اتفاق یک گردان نیروی نظامی، در کران خانواده رهسپار کوفه بود. لیکن پس از ترک بسیاری از یاران تنها یک گروهان با ۷۲ نفر نیرو برای حسین باقی ماند که منجر به شکست نیروهای حسین در مقابل لشگر ابن زیاد گشت.

علی نیز به جنگ افروزی متمایل بود، چنانکه، در جنگ جمل او بسوی بصره رهسپار شد و آهنگ تهاجم به سرزمین شام یا سوریه فعلی را بر سر پرورانید. بواقع آنان همچنان از فرهنگ بربریستی و وحشیگری عربی برای نیل به اهداف سیاسی – اعتقادی خویش سود می‌جستند :

«زمزمه ی حمله به شام و خلع معاویه، در میان امرای عراق آغاز شد و این زمزمه روز افزون روشنایی و رونق می‌گرفت تا روز چهارشنبه‌ی پنجم شوال سال ۳۶ هجری به صورت لشکر عظیمی در آمد که از نخیله به سوی شام بسیج شده بود» جواد فاضل، علی ابن ابیطالب، صفحه ۴۰۳-۴۰۴

«امیر المومنین علی از نو بسیج عمومی کرده و تصمیم گرفته طی چند حمله متوالی و بی امان کشور شام را تسخیر کند » همان، صفحه ۴۸۰

علی رویه سیاسی ابوبکر، عمر و عثمان را سرلوحه حاکمیت خود قرار داده بود و قصد داشت که همچنان استقلال سایر سرزمین های ایران، عراق، شام، یمن و مصر را نقض نموده، آنها را تحت حاکمیت خود قرار دهد. لذا فرماندارانی برای سرزمین های مذکور تعیین نمود که برخی از آنان با مخالفت اهل آن سرزمین‌ها و حتی مرگ مواجه شدند. بواقع علی اساس آزادی طبیعی و بشری سایر سرزمین ها را به رسمیت نشناخته بود. بنابراین استکبار اسلامی و عربی بر سایر کشورهای منطقه حاکم بود. او فرماندارانی را برای اقصی نقاط ایران فرستاد که خود گواهی بر نقض حقوق بشری و نقض حقوق آزادی بشری و اجتماعی و استقلال سایر ممالک بشری بود.علی پس از عثمان استکبار عربی و اسلامی را با تعیین فرمانداران سیاسی، به خصوص افراد عربی؛ بر سایر ممالک منطقه خاورمیانه و ایران تحمیل می‌کرد :

۱-یزید بن قیس، فرماندار مداین

۲-محنف بن سلیم ، فرماندار اصفهان و همدان

۳-قرطه بن کعب انصاری، فرماندار حیره

۴-قدامهٔ بن مظعون ازدی، فرماندار استخر

۵-عدی بن حارث، فرماندار کرمانشاه

۶-ابوحسان بکری، فرماندار سیستان

۷-حریث بن جابر حنفی، فرماندار خراسان

۸-شنب بن جرمک ، فرماندار غور

هدف سیاسی و اسلامی علی، در قبال سایر سرزمین های منطقه، نقض استقلال، نقض حقوق بشری و نقض آزادی آن ملل بود. چنانکه ابوبکر، عمر و عثمان بدان پرداخته بودند. لذا، در محتوای خطابه معاویه، در سرزمین شام، نقض استقلال و آزادی از سوی علی وارد شده است :

«[معاویه خطاب به مردم سرزمین شام گفت :] علی می‌خواهد کشور شام را از دست شما بگیرد و به عراقی های عثمان کش تسلیم کند. علی می‌خواهد شما را به برده گی ملت عراق وادارد و زن و فرزند شما را غلام و کنیز خویش بشمارد» همان ، صفحه ۴۰۵

علی بن ابیطالب، پنج وجهه اساسی دیکتاتوری را ، در قالب خلافت خویش گنجانیده بود :

۱-نقض مردمسالاری

۲-عدم خشنودی اکثریتی

۳-نظام تبلیغاتی

۴-نقض آزادی بشری

۵-خشونت و سرکوبگری

علی، از سوی گروهی از اهل مدینه برگزیده شد واغلب رجال و مردم سرزمین های اسلامی عراق، شام و مصر با او دست بیعت نداده بودند. همچنین او پس از خلافت، استقلال و آزادی   سرزمین‌های اسلامی را به رسمیت نشناخته بود. عدم خشنودی اکثریت مردم از خلافت علی، در روایت او محرز است؛ چه مردم مدینه و کوفه بیعت با علی را بدعت نهادند. علی، در شهر مدینه، مرکز محل اخذ بیعت، قادر به تجمیع هزار تن مرد نظامی

برای جنگ جمل شد. سایر شهرها وقعی به خلافت علی نگذاردند. فقدان درایت سیاسی و مدیریتی علی عمده دلایل دوری رجال و مردم مدینه و کوفه از حاکمیت او بود. سیاست علی، در سخنوری او بود و مدیریت علی، در جنگاوری او . بنابراین علی بیش از سخنوری و جنگاوری نمی‌دانست. علی، بیش از آنکه دغدغه پیشرفت و عدالت، در عرصه های مختلفه سیاسی، اقتصادی، اجتماعی و فرهنگی برای بلاد تحت حاکمیت خود داشته باشد، به عداوت و منازعات با والی سرزمین شام می‌اندیشید؛ لذا مردم چنین پنداشته بودند که علی برای جنگ و منازعت آمده است، نه خدمت و عدالت؛ زیرا او برنامه ای مدون برای تعالی عرصه های مختلفه، در اختیار نداشت. علی عرصه حاکمیت را برای مجاهدت و جنگ می‌خواست؛ لذا آرزوی شهادت، در نبردی را بر سر می‌پرورانید. در بعد نظام تبلیغاتی، همواره به انعقاد خطبه بر سر منبر می‌پرداخت. بخشی از خطبه نخست علی پس از بیعت در مسجد رسول شهر مدینه در ذیل آمده است :

«من شما را به راه راست خواهم راند و روش رسول اکرم را، درمیان شما تجدید و تحکیم خواهم کرد. من فرمان الهی را، در زندگی شما به جریان خواهم انداخت و از قرآن کریم پیروی خواهم داشت. اگر سر تسلیم و اطاعت فرود آورید خشنود خواهم بود و خدا یار من است» جواد فاضل، علی بن ابیطالب، صفحه ۳۰۵

علی خود اذعان میدارد که شناخت کافی به اصول نظامی دارد و لیکن او توانایی مدیریت سیاسی، اقتصادی و اجتماعی نداشت :

«من آن سربازم که میدان های نبرد را دقیقاً می شناسم و با فنون جنگ استادانه آشنا هستم» جواد فاضل، علی بن ابیطالب، صفحه ۵۰۲

با توجه به مطلب فوق الذکر، علی سزاوار فرماندهی ارتش بود، نه فرمانروایی و کشورداری. روایتی منقول از علی، کشتار انسان را خونخواری و سنگدلی خوانده است و روایاتی او را دخیل، در کشتار ۱۷۸۰۰ نفر مسلمان، در جنگ جمل، در حوالی بصره و ۴۰۰۰ نفر مسلمان، در جنگ نهروان واقع، در نهروان. اگر براستی کشتار انسان، خوانخواری و سنگدلی میباشد، آیا علی جزو افراد خونخوار و سنگدل نیست؟

«علی [در جنگ سه روزه جمل] که مثل همیشه در صف مقدم سربازان خود پیش می‌تاخت ان قدر مرد کشت و آن قدر کشته بر هم پشته ساخت که سه بار ذوالفقار در دستش خم شد» جواد فاضل، علی ابن ابیطالب، صفحه ۳۶۵

«[علی در مسجد شهر بصره] به فتنه ترکان و غلبه‌ی آنها چنین اشاره می‌فرماید : گویی آنان را همی بینم که چهره ای همچون سپر گرد و درشت و مخوف دارند و اندامشان فربه و ضخیم باشد. معهذا جامه‌های دیبا پوشیده و بر اسب‌های رهوار سوار شوند و سخت خونخوار و سنگین دل باشند. از کشته ها پشته سازند و زخمداران را بر توده های کشته فرو افکنند» جوا فاضل ، علی بن ابیطالب، صفحه ۳۷۹

بدینسان روایات فوق الذکر می‌نمایاند که علی خشونت خویشرا مقبول و خشونت سایرین را مشئوم می‌پنداشت.

در ادامه بررسی جنگ صفین، محمد رضا شاکری، مؤلف نوشته "علی دراوج سیاست" بیان داشته است که علی، معاویه بن ابی سفیان را به بیعت با خود فراخواند و لیکن معاویه از بیعت امتناع ورزید. عاقبت علی به عزل معاویه رای داد. لیکن رجال و مردم سرزمین شام

معاویه را در مقام خود ابقا نمودند. علی به لشکر کشی بسوی شام اقدام ورزیده، آهنگ جنگ با شامیان نمود.

«از ماه رجب الاصم سال سی و ششم هجرت که جنگ سرد میان عراق و شام بر پا شد تا ماه صفرا الخیر سال سی و هفتم که سپاه علی و معاویه بن ابی سفیان، در صحرای صفین برابر هم اردو زده بودند این جنگ همچنان دوام داشت. البته طی این هفت ماه گاه و بی گاه حمله ای از جانب نیروی شام به وجود می‌آمد و نیروی عراق به دفاع اقدام کرد اما وضع این مبارزه تا ان اندازه شدت و حدت نداشت که جنگ نامیده شود» جواد فاضل ، علی بن ابیطالب، صفحه ۴۱۳

«غزه ماه صفر، در آن سال به روز چهارشنبه افتاده بود از غزه ماه صفر سال سی و ششم هجرت جنگ صفین آغاز شد و این جنگ هفدهم صفر سال سی و هفتم هجرت طول کشید و با این ترتیب جنگ صفین یعنی عظیم ترین و شورانگیزترین جنگهای داخلی اسلام و حتی جنگهای داخلی عربستان دوازده ماه و هفده روز دوام داشت» جواد فاضل ، علی بن ابیطالب، صفحه ۴۱۷

«به هر حال جنگ صفین از خونین ترین و خروشان ترین   جنگهاست که در جزیرهٔ العرب به وجود آمده است در این جنگ شخصیت های بزرگی از سپاه دو طرف به خاک و خون غلتیدند و ما اکنون به شهدای صفین ابتدا می‌کنیم» جواد فاضل ، علی بن ابیطالب، صفحه ۴۲۸

«لیلهٔ الهریر شبی بود که سپاه کوفه و شام به جان هم افتاده بودند ولی دیگر هلهله و هیاهو نداشتند. بلکه از معرکه ی نبردشان صدای شبیه به هریر شنیده می‌شد. این آوای

دردناک علامت شدت رنج و خستگی و فشار بود. اما سپاه عراق همچنان در راه دین و عقیده‌ی خود پیش می‌رفتند و تصمیم داشتند که به هر قیمت شده کار جنگ را به سامان برسانند» همان ، صفحه ۴۴۵

«همین که روز روشن شد ناگهان چشم سپاه عراق به پانصد سوار غیر مسلح افتاد که پانصد جلد کتاب کلام الله کریم را بر سر نیزه زده و پیشاپیش نیروهای خود نگاه داشته اند شعار این ستون پانصد نفری این بود : یا معشر العرب الله الله فی شفائکم و بناتکم فمن للروم و الاتراک و اهل فارس غداً الله الله فی دینکم هذا الکتاب الله بیننا و بینکم – ای قبایل عرب خدا را فراموش مدارید. بر زن ها و دختران خود رحم کنید. فکر کنید با رم و ایران و ترک ها چه کسی خواهد جنگید. شما که اکنون با دست خود تیشه بر ریشه خویش گذاشته اید خدا را به یاد بیاورید. کلام خدا است که میان ما و شما قرار گرفته و حکومت خواهد کرد» همان ، صفحه ۴۴۵-۴۴۶

مالک اشتر نخعی، یار علی موافق با توقف جنگ صفین نبود و لشکر علی را از مصالحه بر حذر داشت؛ زیرا بیش از یک سال، در نبرد بودند. لیکن زمزمه مخالفت با تداوم جنگ،؛ در میان امرای عراق آغاز شد.

نخستین کسی که این آهنگ را نواخت اشعث بن قیس کندی بود. به دنبال او عده ای هم شمشیرها را به غلاف کشیدند و از جنگ کناره گرفتند. شعث بن قیس خطاب به لشکر علی خطابه ای انعقاد نموده، گفت :

«من دیگر پیر شده ام. از مرگ هراسی ندارم. فقط بخاطر زنانی که بیوه می‌شوند و کودکانی که در رنج بی پدری در به در می‌افتند صلح را ترجیح می‌دهم» جواد فاضل، علی بن ابیطالب، صفحه ۴۴۷

علی وقتی با مخالفت یاران خویش مواجه شد و همهمه مردم را شنید که می‌گفتند :

«ما قرآن را به حکومت بر گزیده ایم»

بناچار او را مجاب به تسلیم نمود. حتی او اجازه داد که تهدیدش کنند و به جبر صلح با معاویه را بپذیرد. چنانکه عباس اقبال آشتیانی، در نوشته تاریخ ایران بخش اسلام آورده است، در جنگ صفین ۴۵۰۰۰ نفر از لشگریان معاویه و ۲۵۰۰۰ نفر از لشگریان علی جان باختند. علی حتی خطاب به معاویه پیشنهاد جنگ تن به تن داده بود که معاویه از آن استقبال نکرد؛ زیرا همگان به مهارت نظامی و قدرت جسمانی علی اذعان داشتند. بدینسان آتش جنگ صفین بدون نتیجه ای برای طرفین خاموش شد. علی و معاویه معاهده صلح را انعقاد نمودند و در متن آن آوردند :

«ملت های عراق و شام تا پایان ماه رمضان از هر گونه جنگی نسبت به یدکیدگر بپرهیزند و طرفین یک داور برگزیده، حل دعوی را به آنان واگذار نمایند و در صورتی که حکمین قادر به توافق نشدند، دوباره بین مردم عراق و شام منازعه برقرار شود»

امرای عراق، علی را مجاب به انتخاب عبدالله بن قیس اشعری برای داوری نمودند. اما اهل شام عمرو بن عاص را برای داوری برگزیدند. پس از مذاکره، در منطقه دومهٔ الجندل، چنین توافق شد که همان روز حکمین معاویه و علی را از مقام خلافت خلع نموده، عبدالله بن عمر بن خطاب را به خلافت برگزینند یا مساله انتخاب خلافت را به شورای عمومی

مسلمین واگذارند. لیکن عمرو عاص بر پیمان خویش پایبند نگشته، در حضور مردم معاویه را خلیفه مسلمین خوانده، او را برگزید. ابوموسی اشعری، در پی خدعه عمرو عاص و شکست مذاکره صلح، به شهر مکه گریخت و همچنان دعوی خلافت بین معاویه و علی باقی ماند. علی دگر بار مترصد نبرد نظامی با شامیان بود. لیکن او، در عراق مواجه با قوای خوارج گشت که مخالف خلافت معاویه و علی بوده، آنان را عامل تفرقه بین مسلمین می‌خواندند.

پس از انعقاد معاهده صلح بین معاویه و علی، گروهی از لشگریان و امرای کوفه از بیعت با علی خارج شدند. تعداد آنان را ۱۲۰۰۰ نفر آورده اند. آنان اصرار علی به جنگ و برگزیدن حکمین را اساس بدعت علی از قرآن خوانده، او را کافر شمردند. خوارج، در شهر کوفه به دو دسته قائم و معتقد به جنگ و قائد و معتقد به موضع بیطرفی تقسیم شدند. آنچه مسلم است علی، در مواردی به نقض قرآن پرداخته، تفسیری از آیات قرآن را عرضه داده است نه نص صریح آیات قرآن. نهی قتل مؤمن، در سوره نساء/۹۳ وارد شده است. سوره نساء/۱۳۷ اهل ایمان را افرادی خوانده است که به الله، ملائکه، کتب، رسولان و قیامت کفر نورزد و کفر بدانها را گمراهی محسوب نموده است. بنابراین معاویه و خوارج اهل ایمان بودند؛ چنانکه جواد فاضل، مؤلف کتاب علی بن ابی طالب بدان گواهی می‌دهد و ایراد معاویه را، در تجمل گرایی خوانده است که فاقد ساده زیستی بود. اما ایراد مذکور از منظر قرآن ستمی علیه مردمی که، در ستم بسر نمی‌برند، محسوب نمی‌گردد. بلکه سوره شوری/۴۲ ایراد را بر کسی وارد می‌سازد که بر مردم ستم نماید و در زمین به ناحق سرکشی و ستمکاری کند. چنانچه معاویه بن ابی سفیان فردی ستمگر بود، قادر به تجمیع نیروی ۱۵۰ هزار نفری، در جنگ صفین نمی‌گشت. چه مردم، در سرزمین شام از او حمایت

می‌کردند. زمانی که علی آهنگ جنگ با معاویه نمود؛ خلیفه شام، فردی کافر، منافق یا متعرض و متجاوز علیه مسلمین نبود. چه از منظر قرآن حکم کافر محارب، منافق و متجاوز به حقوق مسلمین مرگ است.

خواهشمند است رجوع شود به سوره حجرات/۹ و سوره مائده/۳۳، بقره/۱۹۱ و احزاب/۶۱ :

«و اگر دو گروه از مؤمنان به قتال یکدیگر پرداختند میان آنان آشتی و صلح برقرار کنید و اگر یکی از آن دو گروه بر دیگری تجاورز کند، با آن گروهی که تجاوز می‌کند به قتال بپردازید تا به حکم الله بازگردد و چون بازگشت میانشان به عدل صلح برقرار کنید و دادگر باشید» قرآن، حجرات/۹

«کیفر آنان که با الله و رسول اش می‌جنگند و در زمین به فساد و تباهی می‌کوشند جز این است که کشته شود یا به صلیب آویزند یا دست راست و پای چپ آنان بریده شود یا نفی بلد گردند» قرآن ، مائده/۳۳

«[منافقان] را هر جا که یافت شوند دستگیر شوند و به سختی به قتل برسانند» قرآن/ ۶۰- ۶۱

«ایراد متوجه کسانی است که به مردم ستم می‌کنند و بناحق در زمین سرکشی و ستمکاری نمایند» قرآن، شوری/۴۲

۱-در صلح طلبی دشمنان، صلح طلب باش قرآن، انفال/۶۱

چنانچه بررسی شد، علی بن ابیطالب مایل به صلح، در مقابل صلح طلبی لشکریان شام نبود و اهل عراق او را مجاب به تقبل صلح نمودند:

«علی بن ابیطالب به ناچار تسلیم شد؛ دست از جنگ کشید و حکومت به عهده قرآن افتاد» جواد فاضل، علی بن ابیطالب، صفحه ۴۷۵

چنانکه پیشتر وارد شد، پس از شب لیلة الهریر و نبرد سخت طی روز در جنگ صفین، پانصد نفر از سپاه شام سوار بر مرکب و غیر مسلح به حضور سپاه کوفه آمدند و درحالیکه پانصد قرآن بر سر نیزه ها داشتند طی نطق خواستار صلح بین عراق و شام شدند. لیکن ابتدای امر با مخالفت جدی علی مواجه شدند:

جواد فاضل مؤلف علی بن ابیطالب، سیاست را مذمت نموده است. لیکن همه امور روز مره بشری بر حسب سیاست تعیین می‌گردد و نفس سیاست در کران عدالت و حقیقت ملزوم بر حیات بشری است. بنابراین سیاست، دو حوزه خیر وشر دارد :

۱-سیاست پیرو عدالت و حقیقت

۲-سیاست پیرو رذالت و کذب

علی بن ابیطالب نیز از سیاست تمتع می‌جست و توسعه طلبی، جبرگرایی و خشونت گرایی، در حاکمیت او نهادینه شده بود. بواقع علی علیه اهل بصره، کوفه و سرزمین شام، به سیاست پرداخت. سیاست جنگ افروزانه و زیادی خواهانه علی در مسیر شر بود نه خیر. اکثریت مطلق مردم حجاز، شام و مصر از خلافت وحاکمیت او خشنود نبودند. همچنین عدالت از منظر علمای اسلامی رعایت احکام قرآن بود که علی ناقض آنها گشت. چه او به قتل مؤمن بر خلاف فرمان صریح سوره نساء/۹۳، جنگ افروزی بر خلاف سوره انفال/۶۱ و برادرکشی بر خلاف سوره آل عمران/۱۰۳ پرداخت. علی بخاطر بقای خلافت و حاکمیت خود، بسیاری از اهل ایمان را، به قتل رسانید که آنان پیرو اصول دین، در سوره نساء/۱۳۶؛

یعنی، الله، ملائکه، کتب، پیامبران و قیامت بودند. حتی کسانی که علی به قتل آنان بخاطر خلافت و حاکمیت تن داد، طبق سوره شوری/۳۷ از کبائر و گناهان بزرگ و فواحش دور بودند. همچنین قربانیان حاکمیت علی، طبق سوره حجرات/۹، مائده/۳۳ و احزاب/۶۰- ۶۱ به ترتیب متجاوز، قاتل، محارب و مفسد و منافق نبودند که حکم قتل مشروع آنان صادر شده باشد. بواقع علی مخالفان خلافت و حاکمیت خویشرا، به قتل میرساند، نه مخالفان قرآن و اسلام. اساس اختلاف، در تفسیر قرآن و معیارهای اعتقادی بشری، در حکمرانی بود. بواقع خلفای راشدین (ابوبکر ، عمر ، عثمان، علی و حسن) در خط مشی سیاسی- مذهبی خویش پیرو اعتقادات ذیل بودند :

۱-توسعه طلبی expansionism

۲-جبرگرایی determinism

۳-خشونت گرایی acrimonism

۴-دولت نظامی militarism

۵-جنگ افروزی warmongerism

«و اگر دشمنان، به صلح گرایند تو هم به صلح گرای و بر الله توکل کن که او شنوا و داناست» قرآن ، انفال/۶۱

۳- در نزاع به حکم الله و رسول اش بازگردید قرآن ، مائده/۵۶

علی چنانکه در موارد پیش آورده شده است ناقض تعدادی از احکام قرآن است. پس از وفات محمد بن عبدالله،حکم قرآن تنها فرمان نافذ بود و دعاوی براساس سر فصل احکام

قرآن باید حل و فصل می‌گشت. لیکن علی از حدود الهی از منظر قرآن تجاوز نمود و احکام نهی قتل مؤمن (نساء/۹۳)، صلح گرایی (انفال/۶۱)، برادر دینی(آل عمران/۱۰۳) و ... را نقض نمود. این انقضاء احکام قرآن را، در انعقاد منازعه جمل، صفین و نهروان تکرار کرد. از منظر قرآن، حکومت و خلافت نبایست دلیلی بر نقض قرآن گردد؛ چه ارزش قرآن از منظر اسلامی بیش از اساس حاکمیت و خلافت یا ولایت است. بنابراین علی بن ابیطالب چنانکه خوارج اصرار می‌ورزیدند به نقض احکام قرآن پرداخته، خویش و انسان را برای داوری و صدور حکم برگزید. چنانکه ابوموسی اشعری را اذن صدور حکم و مشورت، در کران عمروبن عاص داد. بنابراین خوارج از منظر قرآن حق می‌گفتند :

«لا حکم الا لله»

خوارج معترض نقض احاکم ذیل از سوی علی بودند :

۱-و هر کسی بر خلاف آنچه الله نازل کرده است حکم کند پس ایشان کفران هستند قرآن، مائده/۴۴– مائده/۴۵- مائده/۴۷

علی، در زمان خلافت به سرنوشت عثمان مبتلا شده بود. چنانکه مخالفان، در شهر مدینه، سرزمین حجاز، عثمان را مجاب به توبه نمودند. خوارج نیز در شهر کوفه، سرزمین عراق، علی را مجاب به توبه نموده بودند. خوارج طبق آیات فوق الذکر علی را کافر می‌دانستند، زیرا مصالحه با مصالحه جو را پذیرا نشده بود. بدینسان خوارج علی را ناقض احکام قرآن می‌خواندند :

«[خوارج] فقط می‌گفتند : علی کافر شده و تا توبه نکند ما به حضورش باز نخواهیم گشت» جواد فاضل، علی بن ابیطالب ، صفحه ۵۲۰

«ای عثمان از خدا بترس، سفهای بنی امیه را برگردن رجال اسلام منشان، بیت المال مسلمانان را برکسان و ناکسان خود وقف مکن . نوشته بودند : توبه کن ای عثمان! به سوی خدا بازگرد وگرنه روز روشن را، در چشم تو شب را تار خواهیم کرد» جواد فاضل، علی ابن ابیطالب ، صفحه ۲۴۳

علی، در کران لشگر خود، در نبرد نهروان از ۱۲۰۰۰ خوارج ۴۰۰۰ تن از آنان را قتال نمود. تعداد ۸۰۰۰ نفر از خوارج، بطور موقت از جنگ با علی امتناع ورزیدند. لیکن همواره آنان مخالف علی باقی ماندند. بنابراین علی بخاطر بقای حاکمیت خویش ۱۷۸۰۰ نفر را، در جنگ جمل، ۷۰۰۰ نفر را، در جنگ صفین و ۴۰۰۰ نفر را، در جنگ نهروان، به کام مرگ سپرد که مجموع این تلفات ۹۱۸۰۰ نفر است. حکومتهای دیکتاتوری، در تاریخ بشری بخاطر حفظ بقای خود، قتل و قتال فراوان انجام داده اند؛ زیرا حاکمیت آنان همراه خشنودی اکثریت مردم استقرار نیافته است. علی، در اندیشه تقویت وحدت نبود، بلکه در حاکمیت خود تشتت را گسترانید؛ زیرا مردی مغرور و جنگاور بود؛ از اینرو او بخاطر جلوگیری از جنگ نهروان حاضر، به توبه نزد خوارج نشد که امتناع او، موجبات تشتت بیشتر مردم از حاکمیت اش را فراهم ساخت. حالا علی حتی، در کوفه نیز، در اکثریت نبود و مردم برای مشارکت، در امور سیاسی و نظامی رغبت نداشتند. جواهر لعل نهرو، مؤلف نوشته‌ی «نگاهی به تاریخ جهان» درباره شخصیت تازی و عربی چنین آورده است :

«این صحرانشینان مردمی مغرور و حساس و جنگجو بودند که بصورت قبیله ها و خانواده های بزرگ زندگی می کردند و اغلب میان خانواده ها و قبیله ها جنگ وجود داشت» جواهر لعل نهرو، نگاهی به تاریخ جهان ، جلد اول ، صفحه۲۸۹

احمد فاضل، به دفعات، در روایت خویش به تناقض گویی پرداخته، سعی، در ترور شخصیتی مخالفان علی دارد. در مثال، بخشی از نوشته خویشرا به توصیف صفات عالیه ایمانی خوارج اختصاص داده است، اما بخشی از آن را صرف تخریب شخصیت آنان. تعلق خوارج به قرآن می‌نمایاند که آنان متعهد، به احکام کتاب مذهبی خود بودند. چنانکه روای شیعی کتاب مذکور این حقیقت را کتمان نکرده است. بواقع متولیان شیعی نسبت به مخالفان خود، به شانتاژ و ترور سیاسی و شخصیتی می‌پردازند که متعلقات خویشرا اسطوره و اسوه جلوه دهند؛ لیکن قضاوت ما بر حسب توصیف فضایل اخلاقی راوی از افراد نیست، بلکه گفتار و کردار یا تناقض و تطابق آنها نسبت به یکدیگر از سوی محقق تبیین می‌گردد و تحت تاثیر مداحی راوی قرار نمی‌گیریم :

« امیرالمؤمنین اصراری هم نداشت که در این بسیج از گروه خوارج کمک بگیرد، ولی از آن طرف هم توقع نداشت که این گروه دست به قتل و غارت و بی شرمی دراز کنند و موجبات آشفتگی داخلی را فراهم سازند» جواد فاضل، علی بن ابیطالب، صفحه ۵۲۰

«آنچه مسلم است این است که خوارج از قرّاء قرآن و از مردان زاهد و پارسای عراق و شاید از زاهد ترین و پارساترین   شخصیت های اسلام بوده اند. قومی معتقد و مؤمن ولی، در ایمان و اعتقاد خویش سخت یک دنده و متعصب. ما دین خوارج را فقط به عنوان احساسات منحرف می‌توانیم تعریف کنیم. این قوم، در قرآن مجید آیاتی را شناخته بودند که بر حکومت مطلقه الهی دلالت می‌کرد» همان، صفحه۴۷۴

پیش از نبرد نهروان، در سال ۳۹ هجری قمری، علی قبیله بنی ناجیه را بدلیل ارتداد و پذیرفتن آیین مسیحی قتل عام نمود و ریشه اشان را برافکند. بواقع علی تدقیق و تحقیق،

در قرآن نداشت، چه قرآن عاری از فرمان قتل برای ارتداد است. همچنین قرآن ، در سوره
نساء/۱۳۷ فردی که دومین ارتداد خویشرا مرتکب شود، از غفران و آمرزش محروم ساخته
است. قرآن طی سوره نساء/۱۳۸ آنان را منافق خوانده است که منافق، در فرمان قرآن، به
قتل محکوم شده است. اما قبیله بنی ناجیه، در ارتداد نخستین قرار داشتند. اما بطور کلی
قرآن مجازات مرگ را برای ارتداد مقرر نکرده است. بواقع جبر، قهر و شر قرآن و تازی،
شخصیت علی را متاثر از خود ساخته بود. علی، در بعد سیاسی و نظامی از دیترمینیسم
(جبرگرایی)، اکریمونیسم   (خشونت گرایی) ، و بربریسم (وحشیگری) پیروی مینمود؛
لذا نقض حقوق بشری، در اعمال او به وفور یافت میشود.

«کسانی که ایمان آوردند سپس کفر ورزیدند، باز ایمان آورند سپس کفر ورزیدند، سپس
بر کفر خود افزودند الله بر آن نیست که آنان را بیامورزد- منافقان را خبر ده که یقیناً برای
آنان عذابی دردناک است» نساء/۱۳۷،۱۳۸

علی بن ابیطالب، در مدت خلافت خود، به جدل و قتل تهاجمی پرداخت. لذا اعمال جنگی
علی را نمیتوان خشونت تدافعی خواند. گرچه علی، در عرصه اخلاقی قوانینی فراتر از
بدویت وضع نموده بود، لیکن تلفیق خیرو شر از آن میتراود. از اینرو علی، در کران خیر،
به شر میپرداخت. علی، قادر، به استقرار عدالت سیاسی، اقتصادی، اجتماعی و فرهنگی
نبود. او دارای حکومتی دیکتاتوری، اقتصادی فئودالی و فرهنگی دیترمینیستی (جبرگرا)
بود که موجبات چالش و تنش فزاینده را بین حاکمه و جامعه فراهم ساخت. شر، منبعث از
جهل، حرص، غیض و تعلق است که علی، در آن چهار آفت آرامش و عدل، غوطه ور بود. او
جهل مدیریت، در عرصه های مختلفه داشت. حرص علی، در ابراز خشونت، محرز میباشد.
اما غیض او منبعث از سیرت و عداوت او با مخالف بود. همچنین جبرگرایی و خشونت

گرایی بر عقل و احساس و او استیلاء یافته بود. سیدارتا گوتاما بودا فردی دارای غضب و خشونت را سزاوار رهبری نمی‌خواند. علی برهه خلافت خویشرا صرف ایجاد تنش، چالش و جدل نمود، نه عدل و اعتدال. علی، در نهج البلاغه همچون بسیاری از سیاستمداران، شعارهای عدالتخواهانه سر داده است که بواقع قادر، به تحقق آنها نبود. از اینرو علی دارای دشمنان بسیار گشت. او، در تاریخ شیعی، خدمتی شایسته برای سامان عرصه های مختلفه زندگی اجتماعی ندارد. چه او را نمی‌توان سرمشق حکومتداری یافت. هر جامعه ای از آراء و عقاید متفاوت تشکیل شده است، اما اسلوب حکومتی علی برای ایجاد وحدت بین افراد جامعه با آراء و عقاید متفاوت ساخته نشده بود، بلکه همگان را، در سایه تاریکی جبر، هم رای و عقیده خود می‌خواست. علی از درک مردمسالاری و آزادی بشری عاجز بود. علی بن ابیطالب، در سراسر حاکمیت خود مرتکب جنایت علیه بشریت شد.

علی، در عرصه اقتصادی و اجتماعی :

تصمیم اقتصادی علی مبنی بر تقسیم بیت المال، به مساوات، موجبات ابقای جامعه کلاسیستی (طبقاتی) و فئودالی (ارباب و رعیتی) را فراهم ساخته، تهیدستان را همچنان، در خط فقر و زیر خط فقر قرار داده بود. اما زدودن سرمایه داری و تهیدستی ، هدف اقتصادی یک حاکمه دادگر است. خلیفه چهارم راهکاری برای سامان اقتصادی مگر تقسیم بیت المال به مساوات نداشت. اما انفاق و صدقه تنها مساکین را از گرسنگی و مرگ می‌رهاند. بواقع انفاق و صدقه عدالت اقتصادی نمی‌آفرید.

«کیسه های لبریز از سکه های طلا به میان آمد و مهاجرین و انصار، آقاها و نوکرها، سفیدها و سیاه ها با یک وجه امتیاز فقط امتیاز اسلام حضور یافتند و بنا به سرشماری و تقسیم به هر کدام سه دینار می‌رسید» جواد فاضل، علی ابن ابیطالب، صفحه ۳۰۹

طبق روایات نظام فئودالیستی پس از استقرار حاکمیت محمد بن عبدالله همچنان بر جامعه عرب سایه گستردانیده بود. قرآن برده داری (slavery) را نهی نکرده است؛ لذا برده داری نوین و مشروع پس از اسلام همچنان ابقاء یافته بود. قرآن به دفعات از کنیزان و غلامان مسلیمن سخن رانده است که ملکیت آنان را بعهده داشتند. واژه ما ملکت (آنچه از انسان در مالکیت دارید) مکرر، در قرآن بیان شده است که حاکی از مشروعیت برده داری نوین، در صدر اسلام میباشد.

«ای پیامبر! برایت حلال کردیم همسرانی که مهریه آنان را داده ای و کنیزانی که الله غنیمت به تو داده است» قرآن، احزاب/۵۰

«کنیز با ایمان از زن آزاد مشرک بهتر است» قرآن، بقره/۲۲۱

«و الله برخی از شما را در رزق بر برخی فزونی داده است پس آنانکه فزونی یافته اند حاضر نیستند از رزق خود به برده گان خود بپردازند» قرآن، نحل/۷۱

ملکیت انسانی، برده داری است که قرآن آن را شنیع و قبیح نخوانده است؛ بلکه برده داری را با لفظ غلامی و کنیزی مشروعیت بخشیده است.. در برهه حاکمیت خلفای راشدین؛ یعنی، ابوبکر، عمر، عثمان، علی و حسن، غلامی و کنیزی و تملک انسان برای خدمت، به ارباب همچنان مرسوم بود.

«[علی] : درمیان شما گروهی به سر می‌برند که دهکده های آباد و نهر های سرشار و اسب های گران بها و کنیزان زیبا روی در کنار دارند» جواد فاضل، علی بن ابیطالب، صفحه ۳۰۶

«در روز دوم جنگ [جمل] هنگامی که در برابر صفوف لشکر بصره ایستاده بود مردم را به پایداری و استقامت تشویق می‌کرد. مروان بن حکم در میمنه سواران ایستاده رویش را به سمت غلامش برگردانید و ...» جواد فاضل، علی بن ابیطالب، صفحه ۳۷۰

«وقتی [طلحه] چشم از این بی هوشی بازکرد نالید و گفت : اناالله و انا الیه راجعون – این تیز از کمان قضا و قدر به سوی من آمد و بعد بی آنکه بخواهد با عایشه صحبت کند یا درباره نقشه های نظامی عقیده ای بدهد به غلامش نگاهی کرد و ...» همان، صفحه ۳۷۲

«در گرمگاه حمله‌ها [در مجادله صفین] و دفاع ها ابوالعاذیه فزاری به عمار حمله ور شد زخم نیزه ای که به پهلویش زد از اسبش انداخت. غلامش راشد دست و پا کرد و عمار را از میدان جنگ به خیمه های اردو رسانید» همان، صفحه ۴۳۰

«نافع از ابله ، در سلک خدمت گذاران مالک اشتر قرار گرفت و در طول راه آن قدر از خود صمیمیت و صفا نشان داد که از غلامان دیگر پیش افتاد. این غلام مدنی کاری کرد که همه کاره امیر شد و...» همان، صفحه۴۹۲

متولیان فرقه شیعه اسلامی،سعی داشته اند که مخالفان و معاندان امامان شیعی را نزد پیروان خود منفور سازند و آنان را ترور شخصیتی نمایند. لذا عبدالرحمن بن ملجم مرادی را مورد عداوت و اهانت قرار داده اند. این، در حالیست که عبدالرحمن، قاتل علی بن ابیطالب فردی مؤمن، به قرآن و اسلام بود.

«این عبدالرحمن مرادی از قبیله بنی مراد، مقیم یمن بود. در آن بسیج عمومی که امیرالمؤمنین بر ضد معاویه به عمل آورده بود، عبدالرحمن هم با آل مراد از یمن به کوفه آمد و در ردیف سپاهیان رزم جو با امیرالمؤمنین بیعت کرد» همان،صفحه ۵۴۰

پس از جنگ جمل، عبدالرحمن نیز از بیعت با علی خارج شد و به خوارج پیوست. او نیز بسان سایرین علی را بدلیل عدول از فرامین قرآن، کافر خوانده بود و پیرو شعار لا حکم الا الله بود. در بخشی از نهج البلاغه، منقول از علی آمده است :

«آنان حق می‌گویند و ناحق می‌خواهند»

عبدالرحمن پس از نبرد نهروان، به مکه گریخت. در مکه حزب قائد، منشعب از خوارج طرح ترور علی، معاویه و عمروبن عاص را پیشنهاد کردند؛ زیرا آن سه شخصیت را عامل فتنه و تفرقه می‌انگاشتند که بر خلاف قرآن رفتار می‌نمودند. عبدالرحمن، جنگاور و متهور برای قتل علی داوطلب شد. او بدلیل کینه جویی و انتقامجویی بسوی قتل علی شتابان نگشت؛ بلکه متاثر از فرامین قرآن به چنین عملی متمایل شد. چه تعصبات و تعلقات مذهبی بر عقل و منطق عبدالرحمن مستولی یافته بود. او بسان سایرین، علی را ناقض قرآن می‌پنداشت؛ بنابراین عاقبت علی همچون عثمان، به قتل رسید. در کارنامه زندگی عبدالرحمن، ستمی علیه بشری وارد نشده است و تنها اوج ایمان خوارج، به قرآن است که همگان، به آن اذعان   داشته اند. عده بسیاری بدست علی و به خاطر پیروی او از قرآن قربانی شدند و مالاً علی نیز قربانی قرآن شد. طی بررسی دلایلی را دخیل، در قتل مشروع علی از قرآن استخراج نموده ام که قتل علی را مشروع می‌سازد.

قرآن طی سوره توبه/۵ ترور مخالفان را شرعی خوانده است. بنابراین خوارج پیرو قرآن، به ترور پرداختند. فعل امری فاقتلوا   (پس به قتل برسانید) ، قید مکان حیث (هر جا، هر کجا) و واژه مرصد (کمینگاه)، در کران یکدیگر سخن از ترور افراد رانده است.

«پس هنگامی که ماه های حرام سپری شود، مشرکان را هر جا یافتید، به قتل برسانید و به اسیری بگیرید و آنان را محاصره کنید و برای آنان همه جا کمینگاه باشد» قرآن، توبه/۵

علی خود قربانی فرامین قرآن، همچون سوره فوق الذکر شد که مآلاً مستحق ترور گردید. جواد فاضل، روایت نموده است :

«محمد [بن ابی بکر] (فرماندار مصر)، در آستانه مرگ، در چنگال دشمن خونخوار از حق گویی هراسی نداشت. بار دیگر تصریح و تاکید کرد که عثمان بن عفان چون از راه حق انحراف گرفت قتلش ضروری بود»

«و من لم یحکم بما انزل الله فاولئک هم الکافرون ... اولئک هم الظالمون ... اولئک هم الفاسقون. کفر و ظلم ورزید و به فرمان خدا به اعدام محکوم شد و آنانکه سعادت قتل وی را دریافته اند، مردی رستگارند» جواد فاضل، علی بن ابیطالب، صفحه ۵۰۰

خوارج نیز درباره علی چنین عقیده ای داشتند و چنانکه جواد فاضل روایت نموده است، به آیات سوره مائده/۴۴،۴۵،۴۷ رجوع نموده، علی را، به عدول از احکام قرآن محکوم کرده بودند. بنابراین عثمان و علی بر اساس آیت ذیل، به قتل رسیدند :

«و من لم یحکم بما انزل الله فاولئک هم الکافرون» قرآن، مائده/۴۴

علی پس از جنگ صفین و شکست، در داوری حکمین عمرو بن عاص و ابوموسی اشعری، دگر بار عزم تهاجم ، به شام نمود. بنابراین علی ناقض صلح بود؛ زیرا تمایل، به نزاع از سوی

معاویه اتخاذ نشد. خوارج معاویه، علی و عمروبن عاص را عامل تفرقه و فتنه می‌خواندند. نقض صلح و فتنه جویی بین مسلمین از سوی علی، خوارج را بر آن داشت که طبق سوره نساء/ ۹۱ ناقض صلح و فتنه گرا را، به قتل برسانند :

«به زودی گروهی دیگر را می‌یابید که می‌خواهند از ناحیه شما و قوم خود ایمن و آسوده باشند. هر بار به فتنه دعوت شوند، با سر، در آن فرو می‌افتند. پس اگر کنار نگرفتند و پیشنهاد صلح نکردند و بر ضد شما دست بر نداشتند آنان را هر جا یافتید بگیرید و به قتل برسانید» قرآن، نساء/۹۱

اکنون می‌توان دریافت که خوارج طبق فرامین قرآن، به جان علی تعرض نمودند و قرائت آنان از قرآن، بر ترور علی دلالت داشت. چنانکه جواد فاضل روایت نموده است، شعار اعتقادی خوارج بدین شرح بود :

«لا حکم الا الله و لوکره المشرکون – حکمی مگر حکم الله سزاوار نیست، هر چند مشرکان بیزار باشند» همان، صفحه ۵۲۰

«مشرکان را هر جا یافتید، به قتل برسانید» قرآن، توبه/۵

علی، به نقض، نفاق، قتال و قتل بین مسلمین محکوم شده بود؛ لذا بسان معاویهٔ بن ابی سفیان و عمروبن عاص ترور شرعی شد. معاویهٔ بن ابی سفیان، برک بن عبدالله، عامل ترور خویشرا عفو نمود، که این عفو معاویه، منقول از قرآن خود کفاره گناهان و بخشش از گناهان محسوب شده است؛ اما علی بن ابیطالب، عبدالرحمن را مورد عفو قرار نداد؛ چه او را، به قصاص محکوم کرد :

«رسولُ اللّهِ صلی الله علیه و آله : ما مِن رَجُلٍ مُسلمٍ یُصابُ بشَیءٍ فی جَسَدِهِ فَیَتَصَدَّقُ بهِ إلاّ رَفَعَهُ اللّهُ بهِ دَرجَةً و حَطَّ عَنهُ بهِ خَطیئةً - پیامبر خدا صلی الله علیه و آله : هیچ مرد مسلمانی نیست که به قسمتی از بدنش آسیبی وارد شود و از [قصاص] آن درگذرد، مگر این که خداوند به سبب آن یک درجه بالایش برد و یک گناه از او بزداید» کنز العمّال : ۳۹۸۵۰

«عنه صلی الله علیه و آله : مَن عَفا عَن دَمٍ لم یَکُن لَهُ ثَوابٌ إلاّ الجَنّةُ - پیامبر خدا صلی الله علیه و آله : هرکه از [قصاص]خونی گذشت کند، او را پاداشی جز بهشت نباشد» کنز العمّال : ۳۹۸۵۴

علی تحت تاثیر فرهنگ بربریستی تازی و قرآنی قرار داشت، از اینرو خشونت و جنگ منطق عرب، در بحران محسوب می‌شد. علی مترصد گسترش حیطه حاکمیت خود بود، نه گسترش عدالت. این اسلوب سیاسی خلفای راشدین طی حدود ۳۰ سال خلافت بر مسلمین بود. حکومت خلفای راشدین، میلیتاریستی (دولت نظامی) مدیریت می‌شد. خلیفه خود فردی نظامی و جنگی بود. جوانمردی عبدالرحمن بن ملجم را می‌توان زمانی آشکار یافت که شمشیر زهر آگین خویشرا مگر بر سر علی، بر سر اصحاب او فرود نیاورد. زیرا او پیرو قرآن بود :

« الله لایحب المسرفین »

« الله لا یحب المعتدین »

« الله لا یحب الظالمین »

مآلاً، در زندگی خصوصی علی می‌توان سخن از ۹ همسر او راند که بر خلاف آیت صریح قرآن، در سوره احزاب/۵۰ رفتار نموده است؛ چه آیت مذکور تعدد نامحدود زوجه را، خاص محمد بن عبدالله خوانده است؛ این در حالی است که سوره احزاب/۵۰ سخن از حکم تعدد زوجه مسلمین در آیتی دیگر رانده است که بی گمان حکم مذکور را می‌توان، در سوره نساء/۳ یافت. از اینرو علی و برخی امامان شیعی که تعدد زوجه بیش از چهار همسر داشته اند، از احکام قرآن تخطی نموده اند. امامان شیعی بر خلاف ادعاهای متولیان آیین شیعی، پایبند، به برخی احکام قرآن نبودند. حاصل ازدواج علی با ۹ زن، ۱۸ دختر و ۱۸ پسر بود :

«ای پیامبر ما برای تو آن همسرانی را که مهرشان را داده‌ای حلال کردیم و [کنیزانی] را که خدا از غنیمت جنگی در اختیار تو قرار داده و دختران عمویت و دختران عمه‌هایت و دختران دایی تو و دختران خاله‌هایت که با تو مهاجرت کرده‌اند و زن مؤمنی که خود را [داوطلبانه] به پیامبر ببخشد صورتی که پیامبر بخواهد او را به زنی گیرد [این ازدواج از روی بخشش] ویژه توست نه دیگر مؤمنان ما نیک می‌دانیم که در مورد زنان و کنیزانشان چه بر آنان مقرر کرده‌ایم تا برای تو مشکلی پیش نیاید و خدا همواره آمرزنده مهربان است» قرآن، احزاب/۵۰

«و اگر در اجرای عدالت میان دختران یتیم بیمناکید هر چه از زنان [دیگر] که شما را پسند افتاد دو دو سه سه چهار چهار به زنی گیرید پس اگر بیم دارید که به عدالت رفتار نکنید به یک [زن آزاد] یا به آنچه [از کنیزان] مالک شده‌اید [اکتفا کنید] این [خودداری] نزدیکتر است   تا به ستم گرایید [و بیهوده عیال‌وار گردید]» قرآن، نساء/۳

کتاب نهج البلاغه - شامل نامه ها و خطبه های منتسب، به علی بن ابیطالب - از سوی سید رضی، در قرن ۴۰۰ هجری قمری تهیه و تدوین شده است که نگارش و متن آنرا نمی‌توان، به علی بن ابیطالب نسبت داد؛ گرچه متن نهج البلاغه تکرار مکررات قرآن و اسلام میباشد، لیکن اسنادی معتبر از نامه ها و خطبه های علی بن ابیطالب وجود ندارد که نهج البلاغه را کلام علی بخواند، نه کلام سید رضی. از اینرو نهج البلاغه‌ی سید رضی همچون اناجیل متی، لوقا، مرقس و یوحنا فاقد مستندات اولیه است.

اکنون ما با فرهنگ جبر، قهر و شر عربی و اسلامی آشنا شده ایم؛ اما نیکو است که آنان با فرهنگ فر، مهر و فروز ایرانی و زرتشتی   آشنا شوند :

«من دین مزدا پرستی را باور دارم که جنگ را براندازد و رزم افزار را به کنار گذارد و پیوند بین انسانها را فرمان دهد؛ دین پاکی که در میان همه دینهای کنونی و آینده، بهترین و زیباترین دین است، دین اهورایی زرتشتی. همه نیکی ها را سزاوار اهورا مزدا میدانم. چنین است باور معتقد، به دین مزدا پرستی. » اوستا، یسنه،هات ۱۲، بند۹

برده داری، در ادیان توحیدی

واژه "ما مَلَکَت" به معنی، آنچه، در تصرف و ملکیت باشد، در قرآن برای تصاحب و تصرف انسان، طی سوره نساء/۳،۲۴،۲۵،۳۶، نحل/۷۱،نحل/۷۵، نحل/۷۶،زخرف/۳۱، مؤمنون/۶، نور/۳۱،۳۳،۵۸، روم/۲۸، احزاب/۵۰،۵۲ وارد شده است. قرآن، در آیات مذکور اشاره، به کنیزان و غلامان مسلمین دارد. وقتی انسانی، انسانی را، به ملکیت و تصرف خود دارد، برده داری هویدا می‌گردد. قرآن طی سوره احزاب/۵۰ ملکیت و غنیمت انسان را برای محمد بن عبدالله مشروعیت بخشیده است. بنابراین اسلام همچنان، در فرهنگ بدوی و بربریستی تازی غوطه است. قرآن را، در حوزه های مختلفه نمی‌توان آیین آزادگی یافت، بلکه جبر، قهر و شر، بر آن مستولی است. چنانکه نگارنده، در متن نقدی بر حاکمیت علی بن ابیطالب آورده است که برهه خلافت علی، رجال اسلامی دارای غلامان و کنیزان بودند. طلحه، عمار یاسر و مالک اشتر از غلام بهره مند بودند. غلامی و کنیزی، در قرآن، به معنای بنده گی و اسیری، در برابر سایر بنده گان است. قرآن اسیر، در دام برده داری سنتی عرب با روشی و نگرشی نوین است. قرآن، در آیات خود، به کنیزان و غلامان آزادی تام اعطا نکرده، بهره برداری از زنان و مردان اسیر را مشروع خوانده است. این، در حالیست که کوروش کبیر و دادگر، برده داری و بیگاری را، در متن نخستین منشور حقوق بشر، نهی نمود.

«ای پیامبر برایت حلال کردیم همسرانی که مهریه آنان را داده ای و کنیزانی که الله غنیمت، به تو داده است» قرآن، احزاب/۵۰

«[الله] برای شما از خودتان مثالی زده است آیا در آنچه به شما روزی داده‌ایم شریکانی از برده گانتان دارید که در آن مساوی باشید؟» قرآن، روم/۲۸

«و الله بعضی از شما را در روزی بر بعضی دیگر برتری داده است و کسانی که فزونی یافته اند روزی خود را به بردگان خود نمی‌دهند تا در آن با هم مساوی باشند آیا باز نعمت‌خدا را انکار می‌کنند» قرآن، نحل/۷۱

تورات منتسب، به موسی و در دسترس یهودیان بر خلاف قرآن سخن از آزادی غلامان و کنیزان رانده است؛ لیکن آن را مشروط ساخته است. تورات مذکور برده داری انسانی را تقبیح و ممنوع نخوانده است، بلکه خریداری انسان را مشروع نموده است. لیکن آزادی مشروط برای برده گان قایل شده است که البته ذات اقدس ایزدی و جایگاهی قدسی موسی نبی منزه و مبرا از آن سخنان میباشند. لیکن عدل و منطق تورات بر قرآن رجحان دارد:

«هرگاه غلامی عبرانی بخرید چه مرد باشد چه زن ، باید پس از شش سال خدمت، در سال هفتم او را آزاد کنید – او را دست خالی روانه نکنید « تورات، تثنیه، ۱۵/۱۳،۱۲

«اما وقتی برده ای را آزاد میکنید نباید ناراحت شوید چون طی شش سال برای شما کمتر از نصف دستمزد یک کارگر عادی خرج داشته است. خداوند، خدایتان برای اینکه او را آزاد ساخته اید، شما را در هر کاری برکت خواهد داد» تورات، تثنیه، ۱۵/ ۱۸

آنچه محرز است، قرآن، تورات و انجیل استثمار انسان را محکوم نکرده اند، بلکه مثلث استثمار دینی را تشکیل داده اند. کتب مذکور سعی، در بهبود حقوق برده گان داشته اند نه نقض اساس برده داری. لیکن فرهنگ و مکتب نیاکان زرتشتی ایرانیان، نهی و نفی برده داری، غلامی و کنیزی بوده است. کوروش، منجی یهودیان و مسیح موعود که یشعیای نبی، در ۱۶۰ سال قبل از پادشاهی هخامنشی، سخن از او رانده بود، کنیزی و غلامی و

برده داری را محکوم و ممنوع نمود. بواقع ایرانیان بنیانگذار حقوق بشری بودند. متولیان دینی همچون سایرین از کمال اخلاق و وجدان برخوردار نیستند. همین نقصان، در اخلاق و وجدان دینی، منجر، به فجایع تاریخی و مذهبی و نقض حقوق بشری شده است. طی جنگ اسرائیل و فلسطین، در قرن بیستم و بیست و یکم، آخوندهای اسلامی از کشتار بی دفاعان اسرائیل خشنود بوده اند، چنانکه خاخام های یهودی از کشتار بی دفاعان فلسطین خشنود بوده اند. اخلاق و وجدان را می‌توان، در دو واژه مهربانی و نیکوکاری ضمیمه شخصیت خویش نماییم که نیاز، به پیروی از سایرین را مرتفع می‌سازد. عیسی نبی پاکدلان، فروتنان، مظلومان، مهربانان و مصالحه جویان را وعده برکات ملکوتی داده است که بنده، به صدق برخی سخنان منتسب، به عیسی، در اناجیل چهار گانه ایمان دارم. من موسی، زرتشت و عیسی را سرور خود می‌خوانم. معهذا انجیل، همچون تورات و قرآن، برده داری را نفی نکرده، آن را پذیرفته است.

«نمی‌توانی، به دو ارباب خدمت کنی. باید فقط یکی از آنها را دوست داشته باشی و فقط به یکی وفادار بمانی. همچنین نمی‌توانی هم بنده خدا باشی و هم بنده پول» انجیل متی، ۲۴/۶

«آن دسته از مسیحیانی که غلام هستند، باید برای ارباب خود خوب کار کنند و به او احترام بگذارند تا نگویند که مسیحیان کارکنان خوبی نیستند. نگذارید از این راه نام خدا و تعالیم مسیحی مورد اهانت قرار گیرد – اگر ارباب هم مسیحی باشد نباید از او سوء استفاده نمایند و از زیر کار شانه خالی کنند بلکه بر عکس باید بهتر کار کنند چون به یک برادر مسیحی خدمت می‌کنند. این نکات را به ایمانداران تعلیم ده و ایشان را تشویق نما تا آنها را اجرا کنند» نامه اول پولس، به تیموتائوس،۱/۶ -۲

زرتشت، منادی توحید

همواره از زرتشت نبی ، که رسالت خویشرا ، در سرزمین ایران، به انجام رسانید ، یاد می‌کنم. زرتشت، پیامبری بود که ایرانیان متمدن و لیکن گروهی طبیعت پرست را بسوی وحدانیت و عبودیت رهنمون گردانید. او ایرانیان را از کذب، شرک ، فریب و خرافات بر حذر داشته، تعالی فرهنگ آریایی را پدید آورد؛ چنانکه فرهنگ ایرانی را، به چکاد اخلاقی رسانید. آیین واقعی زرتشت، منافاتی با آیین واقعی موسی و عیسی ندارد؛ زیرا آیین سه پیامبر مذکور، یکتاپرستی، بندگی، مهرورزی و نیکوکاری است و بس. آفریدگار فرید، در آیین زرتشتی، شادی را از مردم دریغ ننموده است. شادی و عیاشی، دو مقوله متمایز میباشد. شادی، اخلاقی و عیاشی، هوسرانی است.

چنانکه بررسی نموده ام، زرتشت نبی، بیش از سایر پیامبران دارای ذکاوت و درایت بود؛ زیرا زرتشت خود بسوی یافتن حقیقت گام نهاده، واقف، به وجود خدای هستی گشت . پس اهورا مزدا ایشان را، به پیامبری خویش برگزید. موبدان زرتشتی، مگر، در نیمه دوم عصر ساسانی، خدمات شایانی برای ارتقای فرهنگی و اخلاقی ملت ایران عرضه داشتند که سزاوار قدردانی میباشد. جوهره دین زرتشت، پندار نیک، گفتار نیک و کردار نیک است که همانا اشاعه نیکی، اساس خوشبختی مادی و معنوی نفوس بشری را فراهم می‌سازد. گروهی از ماتریالیستها و اسلامگراها، سعی، در مخدوش ساختن وجهه آیین زرتشتی، در کشور ایران داشته اند؛ زیرا گرایش نوجوانان و جوانان غیور، خردمند و اندیشمند، به دین وحدانی - زرتشتی، سیر فزونی را پیموده است.

ایرانیان، آفریدگار یکتا را اهورا مزدا میخوانند، چنانکه مسلمانان، آن وجود لایزال را الله و
یهودیان، یهوه نامیده اند. حضرت زرتشت، ایران باستان را، به گسترش و اعتلای وحدانیت
عقلی نایل گردانید. شریعت زرتشت، به گواه کلام گاهان، مناسک مذهبی خویشرا با گیاه
هوم و تقدس آتش زندگی بخش، گرما بخش، روشنایی بخش و فروزش الهی انجام میداد.
ذات و صفات اهورایی، همچون اشه؛ به معنی خیر و تقوا- رایومند؛ به معنی، دارنده جلال و
شکوه و فروغ و رتومند؛ به معنی، دارنده سروری و بزرگی است. اهورا مزدا، صانع دو دنیای
مینوی یا دنیای روحانی و دنیای استومند یا دنیای مادی میباشد. او خواستار پندار نیک،
گفتار نیک و کردار نیک است که همگان را از دروند؛ یعنی، پیروی از دین دروغین، به
اشون؛ یعنی، پیروی از دین راستین فرا میخواند. دروج یا دروغ، گناه بزرگی است که اهورا
مزدا آن را نهی کرده است. اهورا مزدا، آفریدگاری است که از قربانی کردن منزجر بوده،
ناهی آن میباشد. نزد اهورا مزدا، سپنتا مینو، فرشته مقرب میباشد که مقابل انگره مینو یا
اهریمن قرار دارد. اهورا مزدا مودت و مصالحت را خواستار است، نه خشونت و جنگ.
بنابراین شخصیت زرتشت، مترادف با شخصیت موسی و عیسی، نافی و ناهی خشونت و
جنگ میباشد. همچنین سخن از بهشت و دوزخ رانده شده است. بخشی از آگاهی ما،
شخصی و بخشی اکتسابی میباشد؛ از اینرو متن زیر را درباره دوره زندگی زرتشت، از کتاب
اوستا، به گزارش جلیل دوستخواه، اقتباس نموده ام که مستند واقع شود؛ گرچه منابع
دیگری را می‌توان، در اینباره یافت.

«روایت سنتی زرتشتیان، زمان زندگی زرتشت را در حدود سیصد سال پیش از اسکندر؛
یعنی، از حدود نیمه دوم سده هفتم تا اوایل سده ششم پیش از میلاد (سالهای ۶۶۰ تا
۵۸۳ ق م) می‌داند. این روایت- که مبتنی بر متنهای پارسی میانه (بنده هشتن و جز آن)

است – زاد روز زرتشت را خرداد روز (ششم) ماه فروردین و درست در آغار چهارمین هزاره آفرینش جهان تعیین می‌کند و ناگفته پیداست که از بینش اساطیری و نگرش دینی مایه می‌گیرد.» اوستا،جلیل دوستخواه، پیشگفتار، چاپ پانزدهم، جلد۱، صفحه۱۱

همچنین متن زیر را از کتاب تاریخ جامع ادیان، نوشته جان بی ناس اقتباس نموده ام که آشنایی خواننده گرامی را بطور مستند، با رسالت زرتشت، بیشتر فراهم می‌سازد.

«روایات باستانی بر آن است که زردشت، در پانزده سالگی نزد آموزگاری تعلیم یافت و از او "کشتی" (نام کمربند مقدس زردشتیان است، شبیه به زنار هندوان و این شباهت در دو مذهب نیز قابل توجه میباشد) دریافت کرد و هم از آغاز عمر به خوی مهربان و سرشت لطیف معروف گردید. در هنگام بروز قحط سالی که در ایام جوانی او اتفاق افتاد وی نسبت به سالخوردگان حرمت و رافت و درباره جانوران محبت و شفقت به عمل می‌آورد. چون سنین عمرش به بیست رسید، پدر و مادر و همسر خود را رها کرده، برای یافتن اسرار مذهبی و پاسخ مشکلات روحانی که اعماق ضمیر او را پیوسته مشوش می‌داشت در اطراف جهان سرگردان شد و از هر سو رفت و با هرکس سخن گفت، شاید که نور اشراق درون دل او را منور سازد. گویند روزی در انجمنی، از دانایان پرسش کرد که نیکوترین کاری که شایسته آسایش روان باشد، چیست؟ در پاسخ گفتند: سیر کردن گرسنگان، خوراک دادن به چهارپایان، فروزان داشتن آتش، افشاندن شیره هوما و آب و پرستش دیوان بهترین کارهاست. زردشت در این سخن اندیشه کرد و گفت : از این همه چهار کار نخستین را که در خور مردمی دادگر و روانی آمرزیده است می‌توان پذیرفت مگر پرستش دیوان که کاری است دشوار و جان بهشتی از آن بیزار. در منابع یونانی که کمابیش درباره زردشت روایاتی گفته شده که زردشت مدت هفت سال در بن غاری درون کوهی به سر آورده، به خاموشی

مطلق می‌گذرانید. آوازه کار او از شرق به گوش مردم روم رسید و شهرت یافت که مردی مرتاض بیست سال تمام در بیابانها گذرانیده و جز پنیر طعامی نخورده است. چون زردشت به سی سالگی رسید(سنی که غالباً در دماغهای صاحبان افکار روحانی و اذهان نوابغ مذهبی دوره بروز بحرانهای فکری است) مکاشفاتی به او دست داد. روایات در این باب به قدری فراوان و اغراق آمیز است که برای او معجزات عجیب و کرامات غریب ذکر کرده اند. گویند نخستین بار که برای او کشف و شهود دست داد، وی در سواحل رود دیتیا، در نزدیکی موطن خود بود، ناگهان خیال شبحی که بلندی قامت او نه برابر انسان متعارف بود در برابر نظرش نمودار گردید که او را فرشته وهومنه (بهمن)؛ یعنی، پندار نیک نام داده اند. پس فرشته با او گفت و شنود کرد و به او فرمان داد که جامه عاریتی کالبد را از جان دور سازد و روان را پاک و طاهر فرماید، آنگاه صعود کرده، در پیشگاه اهورا مزدا، یعنی خدای حکیم حاضر گردید. وی چنان کرد و خدای متعال که پیرامونش صفوف فرشتگان جای داشتند بر او نظر فرمود. از چگونگی حضور او، در محضر الاهی سرگذشتی بسیار جاذب و جالب روایت می‌کنند که خلاصه آن این است : چون زردشت، در آن انجمن آسمانی و جایگاه برین درون آمد، سایه او محو گردید؛ زیرا پرتو تابش فرشتگان و اشعه درخشان ارواح علوی در پیرامون او وجود او را چنان مستغرق نور ساخته بود که ظلی باقی نماند. پس اهورا مزدا به او تعلیم داد و او را به پیغامبری برگزید و امر فرمود که حقایق و تعالیم و تکالیف بهی را، به عالمیان بیاموزد» تاریخ جامع ادیان، جان بایر ناس، ترجمه علی اصغر حکمت، چاپ نهم، صفحه ۴۵۳-۴۵۴.

« ای مزدا اهوره! مرا از آنچه خواهد شد و آنچه نخواهد شد، بیاگاهان تا در پرتو دادِ اَشَه و منش نیک،آنچه را برای من بهترین است برگزینم و از آن پاداشی که به من خواهی داد، به

شادکامی برسم – بهترین پاداش، ارزانی فرزانه ای خواهد بود که پیام منثره مرا بر مردمان آشکار کند و آنان را در پرتو اشه به رسایی و جاودانگی رهنمون شود» اوستا، گاهان، یسنه، هات ۳۱/۵-۶

احادیث مؤلف

حدیث یکم

خدا را بخاطر ترس از جهنم، پاداش بهشت و زندگی جاودانی ستایش نکنید؛ بلکه خدا را بخاطر کمال، توان، دانش و بخشش ذاتی‌اش ستایش کنید.

حدیث دوم

خداوند ما را مورد آزمایش قرار نمی‌دهد؛ زیرا او از حاصل اعمال ما واقف است ؛ بلکه خداوند از ما تلاش می‌خواهد که حاصل آن حسن عمل باشد؛ از اینرو دنیا عرصه تلاش و مزرعه آخرت است.

حدیث سوم

خدا را با خواسته‌هایتان نشناسید ؛ بلکه خدا را با دانسته‌هایتان بشناسید.

حدیث چهارم

آنگاه که آفریدگار را در وجود خود یافتی، عبادتگاه و قبله را در وجود خود ساختی.

حدیث پنجم

ما عبادتگاه و قبله گاه ارزنده خدا هستیم که وجودمان مآلامال از دانشها، نظامها، شگفتیها و پیچیدگی های آفریدگار است.

حدیث ششم

حق آنجا است که عدل و نسق باشد.

حدیث هفتم

تنها اسیر خدا باش؛ آزاد و شاد باش.

حدیث هشتم

انسان، شرارت و خلاقیت دارد؛ حیوان، قداست و معصومیت دارد.

حدیث نهم

پیروی از اخلاق حیوانی و منطق عقلانی، دوری از عیاشی و گناهکاری است.

حدیث دهم

رفیقی بهتر و وفادارتر از والدین مدیر و مدبر نخواهی یافت.

حدیث یازدهم

عشق افراط عاطفی، نابسامانی عاطفی و جنسی است . عشق، دشمن منطق، اعتدال و عدل است. آفریدگار را با مهرورزی بخوان، نه با عشق.

حدیث دوازدهم

نقض، نقص است و آنکه نقص داشته باشد، کمال ندارد؛ هرگز خدا اختیار مقرر بشری را نقض نکرده، بلای آسمانی نازل نکرده است؛ زیرا خدا کمال دارد.

حدیث سیزدهم

سرشت و احساسات، آفریده خدا است. او منزه از سرشت و احساسات است. سرشت و احساسات، آمیزه ای از قوت و ضعف است.

حدیث چهاردهم

مظلوم والاتر از ظالم است؛ اما منظلم فروتر از ظالم است.

حدیث پانزدهم

خداوند، به علمیت خود، مدیریت را، در بدو خلقت، در ذرات و کائنات نهادینه کرده است. خداوند فارغ از مدیریت بسر می‌برد.

حدیث شانزدهم

از خدا شفا نخواهید ؛ زیرا او شفا نمی دهد. خداوند امراض را برای اظهار ناتوانی و نابودی دنیوی انسان مقرر کرده است.

حدیث هفدهم

خدا را حافظ نخوانید؛ زیرا او حفظ نمی‌کند؛ مگر کسی را که مدتی مامور او باشد.

حدیث هیجدهم

خداوند را، در تجربیات زندگی مادی و معنوی خویش و سایرین بشناس، نه ، در متن دین.

حدیث نوزدهم

بخشی از سرنوشت بشری ، جبری و تحمیلی و بخشی اختیاری و ارادی است.

حدیث بیستم

از خدا حاجت مادی نخواهید؛ زیرا او حاجت مادی نمی‌دهد، مگر حاجت معنوی. حاجات موجودات زمین، در بدو خلقت، طبق مشیت الهی، در طبیعت گسترانیده شده است.

حدیث بیست و یکم

خداوند دخلی و تصرفی، در سرنوشت بشری ندارد، مگر، برگزیدگان را در حیطه معنوی، وسیله راهنمایی و رهایی قرار دهد.

حدیث بیست و دوم

انسانها را با دین اشان ارزیابی نکنید، بلکه انسانها را با فضایل اشان ارزیابی کنید.

حدیث بیست و سوم

کمال، ویژه خالق است و نقصان، ویژه مخلوق است.

حدیث بیست و چهارم

کثرت، به وحدانیت و وحدت نمی‌انجامد. پس کثرت، در شریعت از کذب می‌تراود.

ماشیح، منجی یهودیان، سوشیانس، منجی زرتشتیان، عیسی، منجی مسیحیان،مهدی، منجی شیعه اثنی عشری، اسماعیل، منجی شیعه اسماعیلیه، ابومنصورالحاکم، منجی شیعه دروزیه

حدیث بیست و پنجم

گنجی بهتر از دانایی و رنجی بدتر از نادانی نیست.

حدیث بیست و ششم

عدل و نسق، در عرصه آفرینش، نسبی مقرر شده است، نه قطعی. همواره، در کران هر عدلی، ظلمی خواهید یافت. عیسی نبی، منادی دادگستری الهی و منادی انتهای زندگی زمینی، در برهه پایانی است.

حدیث بیست و هفتم

بازگشت ما پس از مرگ، بسوی خداوند نیست؛ بلکه همواره خداوند محیط بر تن و نفس ما و نافذ، در تن و نفس ما است.

حدیث بیست و هشتم

خداوند را ستار نخوانید؛ چه خطایا را می‌یابید و می‌شناسید.

حدیث بیست و نهم

کسی، در راه خدا جنگ نکند، مگر علیه خدا؛ زیرا، در راه خدا بایست محبت کرد.

حدیث سی ام

خداوند را بزرگ مخوان؛ زیرا هر بزرگی محیطی و حدودی دارد؛ چنانکه فیل و زرافه بزرگ هستند. بلکه خداوند را، در ماهیت، ذات و صفات، بی انتها بخوان.

حدیث سی و یکم

خداوند برای هر نسق، نقیض مقرر کرده است و شر، نقیض خیر میباشد.

حدیث سی و دوم

آفرینش نسق مطلق ندارد؛ بلکه نقیض و نقصان دارد.

حدیث سی و سوم

وجود نیاز، انسان را، به تلاش مادی و وجود شر، انسان را، به تلاش معنوی فرا می‌خواند. بدینسان پاداش اخروی، حاصل تلاش معنوی خواهد بود.

حدیث سی و چهارم

خودخواهی، در ارتزاق و کاستی، در تعلق، با آغاز بلوغ، بین انسان و حیوان یکسان است؛ بنابراین آموزش خردسالان، بایست نوع دوستی و مهرورزی نسبت، به سایرین باشد که خودخواهی و   بی مهری، در عقل و احساس آنان پرورش نیافته، روابط اجتماعی را فرو حیوانی نسازد.

اشعاری از مؤلف

به نام ایزد ثری و سپهر

تاب نمود زندگانی به مهر

معظم آستان یار بهر خلق

جهیز سعادت اندر آیات حق

هاتف رسل بشیر و نذیر

ایزد فرید اوست خبیر

ستارگان را گرمی و درخشندگی

زمین را همه مولودی و زندگی

ذرات را زگسست به پیوستن

وصال دختر و پسر در آسمان بستن

نداری نی انبازی و نی یاری

دل شقایق را نقش مینایی

خدایا گر مینو داری خود مینویی

فـروغ دیــدگان و آن مه رویی

بسـی آفریـدی بدایع به فـعل

بسی خـوان نعیمی در این مـحفل

فرتـاش و کائن را دادی جلالـی

خـود آن قـدوس باذل در کمالی

****

گر خواهی قصه محبت آغاز کن

گـر خواهی رهی به دل باز کن

زین تـن سوی یزدان پرواز کن

صوت نیایش در ملکوت ساز کن

نشـاید با افسار بندگان زیسـتن

خـدا یعـنی به آزادگی پیوستن

داد و کردار و تـدبر تابـناک

الا خرد و کلان بدانها است پاک

****

بـــه کرم واعظ بر رستگاران بود

چو شـــــمع محفل سپید پوشان بود

صادر ز عصای موسی پنج فرمان

خوشبخـــــتی بشر براستی بود در آن

نخستین هـــــمگان باشید خدا ترس

دومین به ثـــنای یـــزدان فرید برس

ســـومین والدین را احترام نهادن

چهارمین مشفق سایرین و مهر نمودن

پنجمین در ورطه احســـان پوییدن

نــهال آزادی و شادی در خود روییدن

چو تجلی گاه حق شد حضرت موسا

در ملکوت نگریستم آن رهنما و سها

موسی مـــغروق در فروتنی بود بسی

بری آن بـــاهر ملـــکوتی ز خسی

دستاربندی ردایی و محـاسن مشگی

هر سنــــــگی از او چو قطره اشگی

بر کمر پیامبر بود حریر خضرایی

پا افــــزاری داشت ز کنف نبی نعمایی

نــــهورش بود مهـــــو مجلد کتابی

در دســــتش کتاب آرمــــیده و قراری

ملک هاتف بود نزدش در ســـــیار

دســـــت یمین بر دوش و مهرش نثار

آری راعـــــی ادب گـــــفتا به گفتار

موسی پـــــیامبر بزرگ خداوند دادار

****

خدایا اشــــک ز دیدگانم جاری شد

خدایا بخشش تو لحظه امیدواری شد

خدایا رخســــارم ز غـم عاری شد

تـن و روان مــــن ز تــو بهاری شد

خدایا رهنما در عنفوان جوانی بودی

الا یارا که تو راه رهـــایی بودی

خدایا مرا آیین راستی موسی آموختی

نیکی و مهربانی و درستی آموختی

ای موسی که مهتر پیمبر خدا هستی

دستگیر که فروتن و مهربان هستی

****

آسمان نیلگون مهربانی است مادر

بذل گنجای الهی است مادر

چشمه ساران پاکی است مادر

گل بانوی بهشتی است مادر

وفاداری و فداکاری است مادر

یاد او برایم جاودانی است مادر

****

سزد به کیمیای نیکی تن آراستن

سزد به گنجای مهربانی خویش آراستن

بسوزی چو شمعی در محفل یاران

بسازی چـو عیسی آلاله ای در گلستان

خزان احساس را بـــه دوستی بهاران

پیوستن انسان به زلال چشـــمه ساران

بسان موسی دستـــــــگیر باش بینوایان

بسان زرتشت ناهی دروج و دروندان

نی آدم و حـــوا نی مشی و مشیان

قصص اقـــوام بشری نخستین انسان

مردم نـــــی از آدم بـــه یـک تن

مردم گـــــوهری خدایی به یک شان

پدیدار هر نژاد در جـــغرافیای زمین

سپید و ســـرخ و زرد و سیاه رنگین

گهی جـــفایی شد و گهی عـدلی عیان

گهی ناراستی شد و گهی راستی امان

در فـــراز و فرود فکار تجلی خدایان

در فـر و مهر و فروز خدای عالمیان

آفـریــــنش را به علـــمی یگانه داستان

خـــلایـــق را به عقلـــــی یگانه یزدان

برهما و اهورا و الله و ادونای وحـدان

خدا گسترانید بـــــهر همه این خوان

خدای کردگار در نهـــاد خویش یافتن

قبله و عبادتگاه در نهاد خویش ساختن

بودا و کنفوسـیوس و نانک ز نـیکان

رهنما بسوی راستی و درستی کریمان

گر مـــحمد را رســـــول خدا ندانستن

بـــهر هــــر کسی دعای خیر بایستن

لـعن و کین و جـــــدل ز عقل بیختن

تن و عقل و احساس مهربان پرهیختن

به جـــفای دهر مشو ز خیر گـریزان

به نــــدای خیر شنو ز مهر گلریزان

****

گفتا ملک سـجده کرد ســـــوی آدمی

گفتا خــلیفه بر زمـــــین کرد بنی آدمی

وقتی هـــــوای کعبه کرد آن مصطفی

ســجده ســــوی بتخانه کرد آن مصطفی

امتی را به گـــــفتار کرد عابد الله همی

امتی را به کردار کرد ساجد بتخانه همی

وصل کرد چنان آدم را به شـــــوکتی

عـــــزل کرد چـــــنین آدم را به ذلتی

تلفیق کرد دین وحـــدانی و تشریـــکی

نقیــــض کرد ثنـــــای عبادی و شرعی

انســـــانی که بنـــا کرد او را خــدای

بنـــــای انســــانی کرد او را مبتلای

خــردمند مبتلا کرد خـــود به خــدای

خــــود را بنا کرد ارزنده خانه خدای

خدایا ! ترا می‌خوانم که آبی آسمان روز هستی.

خدایا ! ترا می‌خوانم که تاریکی آسمان شب هستی.

خدایا ! ترا می‌خوانم که گرمای خورشید هستی.

خدایا ! ترا می‌خوانم که روشنایی خورشید هستی.

خدایا ! ترا می‌خوانم که گستره کهکشانها هستی.

خدایا ! ترا می‌خوانم که امواج دریاها هستی.

خدایا ! ترا می‌خوانم که سبزی مرغزارها هستی.

خدایا ! ترا می‌خوانم که زلالی نهرها هستی.

خدایا ! ترا می‌خوانم که استواری کوه ها هستی.

خدایا ! ترا می‌خوانم که زیبایی گلها هستی.

خدایا ! ترا می‌خوانم که باران ابرها هستی.

خدایا ! ترا می‌خوانم که ثمره فصلها هستی.

خدایا ! ترا می‌خوانم که گنجینه عقلها هستی.

خدایا! ترا نافذ، در ذرات، طبیعت و موجودات می‌خوانم.